Callum MacDonald ist Professor für Geschichte an der Universität von Warwick. International bekannt wurde er 1981 mit dem Buch »The United States, Britain and Appeasement«. Neben zahlreichen Fachartikeln veröffentlichte er 1986 die ebenfalls vielbeachtete Untersuchung »Korea – The War before Vietnam«. Callum MacDonald lebt in Leamington Spa in Großbritannien.

Bildnachweis:

Bundesarchiv Koblenz. S. 1 unten, S. 8.
Czechoslowak News Agency Prague/Camera Press: S. 2, 3, 7, 9, 10 oben, S. 11, 12, 13, 14, 15 unten links und rechts.
Imperial War Museum, London: S. 1 oben, S. 4, 5, 10 unten.
Sammlung des Autors: S. 6, 15 oben.

Dieses Buch wurde auf chlor- und säurefreiem Papier gedruckt.

Vollständige Taschenbuchausgabe April 1993
Droemersche Verlagsanstalt Th. Knaur Nachf., München

Titel der Originalausgabe »The Killing of SS Obergruppenführer Reinhard Heydrich«
Aus dem Englischen von Christian Spiel
Umschlaggestaltung Adolf Bachmann, Reischach
Umschlagfoto Bilderdienst Süddeutscher Verlag, München
Druck und Bindung Ebner Ulm
Printed in Germany
ISBN 3-426-04858

2 4 5 3 1

Callum MacDonald

Heydrich – Anatomie eines Attentats

Knaur

Inhalt

Einführung

An einem höchst unerwarteten Ort, im Park einer Kleinstadt in den englischen Midlands, gedenkt ein schlichtes Monument einer der kühnsten Geheimoperationen des Zweiten Weltkriegs – ANTHROPOID –, des Attentats auf SS-Obergruppenführer Reinhard Heydrich. Heydrich, Chef der Sicherheitspolizei des Dritten Reichs und stellvertretender Reichsprotektor des besetzten Böhmen und Mähren, war einer der mächtigsten Männer in Nazideutschland. Manche sahen in dem ehrgeizigen, rücksichtslosen und intelligenten Mann den wahrscheinlichsten Kandidaten für eine Nachfolge Hitlers. Als er im Frühsommer 1943 getötet wurde, sprach der »Führer« von einer verlorenen Schlacht. Heydrich wurde als »Märtyrer« des Nationalsozialismus beigesetzt, und seine heute nicht mehr auffindbare letzte Ruhestätte sollte künftige Generationen von SS-Männern zu Höherem inspirieren. Heydrich war der einzige prominente Nazi, der während des Krieges von in England ausgebildeten Agenten getötet wurde, in einer Operation, die bis heute Gegenstand von Diskussionen und Spekulationen geblieben ist. Wenn man einer der Darstellungen folgt, wurde er vom British Secret Service getötet, weil er im Begriff war, einen hochgestellten deutschen Verräter verhaften zu lassen, der London mit wichtigen Geheiminformationen versorgt hatte. Einer anderen zufolge sollte das Heydrich-Attentat die Vernichtung des europäischen Judentums verhindern, die »Endlösung«, deren Urheberschaft ihm zugeschrieben wurde. Einer üppigeren Phantasie entsprang die Behauptung, die Briten hätten Heydrich aus dem Weg geschafft, weil er zuviel über die verräterischen Aktivitäten des Herzogs von Windsor im Sommer 1940 gewußt habe. Die Wahrheit sieht anders aus, ist jedoch nicht minder dramatisch. Es ist eine Geschichte, die von Heroismus und Selbstaufopferung, aber auch von eigennützigen Motiven, Verrat und Tod handelt. In diesem Drama spielte der British Secret Service nicht die Hauptrolle. Die Operation gründete sich auf Überlegungen Eduard Beneš', des tschechischen Exilpräsidenten, und wurde von Angehörigen des tschechischen militärischen Geheimdienstes mit Unterstützung der SOE, der britischen Special Operations Executive, geplant.

Die vorliegende Darstellung versucht, ANTHROPOID in den

richtigen Kontext zu rücken, und stützt sich dabei auf bisher unveröffentlichtes Material aus den Archivbeständen des englischen Außenministeriums und der Special Operations Executive wie auch auf die Erinnerungen ehemaliger tschechoslowakischer Geheimdienstoffiziere. Jedes Buch über das Heydrich-Attentat ist den Memoiren von Oberst František Moravec und den Forschungsergebnissen des tschechischen Journalisten Miroslav Ivanov verpflichtet, der vor zwanzig Jahren zahlreiche noch lebende Angehörige des Widerstands aufspürte, die an der Operation beteiligt gewesen waren. Die vorliegende Arbeit hätte auch nicht ohne die Mithilfe einer Reihe von Personen, von denen einige anonym bleiben müssen, geschrieben werden können. Meinen besonderen Dank möchte ich Stanislav Berton in Roseville, New South Wales, aussprechen, der mich überaus großzügig mit Material aus seinem Archiv über die Besetzung der Tschechoslowakei unterstützt hat, und Mr. C. M. Woods, dem SOE-Berater im britischen Außenministerium. Zu Dank verpflichtet bin ich auch Major M. F. Kašpar von der Vereinigung tschechoslowakischer Legionäre, Josef Süsser, einem ehemaligen Funknachrichtenoffizier beim tschechischen militärischen Geheimdienst, George Ženatý, ehemals Angehöriger des Widerstands im Protektorat, und Sir Peter Wilkinson, dem ehemaligen Chef der tschechischen Abteilung in der SOE. Gustav Kay von der University of Warwick stellte Hintergrundmaterial über die Erfahrungen der tschechoslowakischen Armee während des Krieges zur Verfügung, während Ron Hockey, früher bei der RAF-Staffel für Spezialaufgaben, zahlreiche Details über den Absprung des ANTHROPOID-Teams beisteuerte. Professor Eduard Táborský, während des Krieges Präsident Beneš' Sekretär, machte mich auf eine Tagebucheintragung aufmerksam, die sich auf die Operation bezog. Professor M. R. D. Foot unterstützte die Recherchen mit nützlichen und praktischen Ratschlägen. Peter Hinchliffe von Brew Technical Translation Services übersetzte die tschechischen Dokumente. Die Rohfassungen des Buches profitierten von der konstruktiven Kritik meines Kollegen Robin Okey und meines Lektors im Verlag Macmillan, Adam Sisman. Meiner Agentin Gill Coleridge, die mir in jedem Stadium der Arbeit mit Zuspruch zur Seite stand, bin ich zu besonderem Dank verpflichtet. Die Recherchen wurden durch ein Stipendium der British Academy gefördert. Für die Erlaubnis zu zitieren gilt mein Dank folgenden Personen und Institutionen: HM Stationery Office, dem Public Record

Office, dem BBC Written Archives Centre, den National Archives of the United States, Stanislav Berton, Ron Hockey und Professor Táborský.

Callum MacDonald
Warwick, 1988

Teil I

Das Ziel

1. *Begräbnis in Berlin*

Am 9. Juni 1942 wurde SS-Obergruppenführer Reinhard Heydrich mit der aufwendigsten Begräbnisfeier, die das Dritte Reich zeit seines Bestehens veranstaltete, zu Grabe getragen. Er war im Mosaiksaal der neuen Reichskanzlei aufgebahrt, inmitten einer Blumenfülle, während eine Ehrengarde stahlhelmtragender SS-Männer die Totenwache hielt. Die Straßen Berlins waren schwarz drapiert, in ganz Deutschland wehten die Fahnen auf Halbmast. Um 15.00 Uhr setzte das Berliner Philharmonische Orchester mit dem Trauermarsch aus Wagners *Götterdämmerung* ein – der letzte Akt begann. Vor einer Versammlung, die aus Hitler und der Elite des Dritten Reichs bestand, hielt Heinrich Himmler, Reichsführer SS, eine lange Ehrenrede auf Heydrichs Leben und Werk, in der er ihn einen Märtyrer des Nationalsozialismus, das »stets vor Augen schwebende, vielleicht niemals mehr zu erreichende Vorbild« nannte. Es sei »unsere heilige Pflicht«, Heydrichs Tod zu rächen und die Feinde des deutschen Vaterlandes zu vernichten. Nach ihm sprach Hitler, der, sichtlich bewegt, nur wenige Worte fand. Reinhard Heydrich »war einer der besten Nationalsozialisten, einer der stärksten Verteidiger des Deutschen Reichsgedankens und einer der größten Gegner aller Feinde dieses Reiches«. Dann legte der »Führer« einen Kranz auf den Sarg und heftete an das schwarze Samtkissen mit Heydrichs Ehrenabzeichen die höchste Stufe des Deutschen Ordens, eigens für jene geschaffen, die Partei und Vaterland außergewöhnliche Dienste geleistet hatten. Wie geistesabwesend tätschelte er Heydrichs kleinen Söhnen die Wangen und murmelte: »Heydrich, er war der Mann mit dem eisernen Herzen.« Danach verließ er die Trauerzeremonie. Der mit einer Hakenkreuzfahne bedeckte Sarg wurde auf eine Geschützlafette gehoben, die von sechs Rappen gezogen wurde. Angeführt von einer Kompanie Waffen-SS und gefolgt von einem Trauerzug aus Größen der Partei und Spitzen der Wehrmacht, wurde der Leichnam in einem langsamen Marsch zum Invalidenfriedhof überführt und dort nahe dem Scharnhorstdenkmal inmitten der Heroen aus Deutschlands früheren Kriegen beigesetzt.

Dieses Schauspiel, von einer Kommission unter Leitung des Reichspropagandaministers Josef Goebbels sorgfältig einstudiert, sollte Heydrich als den idealen Nationalsozialisten porträtieren, als einen heldischen Märtyrer, dessen Eigenschaften ihn allen

Deutschen als Vorbild empfahlen. Der Heydrich-Kult war besonders ausgeprägt in der SS und wurde von Himmler planmäßig gefördert. An die SS-Offiziersschule in Bad Tölz wurde eine Totenmaske in Bronze zusammen mit einem Album der Aufnahmen des Begräbnisses und einer Kopie von Himmlers Ehrenrede geschickt. Heydrich verehrte man in Bad Tölz als einen »blonden Gott ... fast schon eine mystische Gestalt. Es gab kaum ein Zimmer in der Junkerschule, in dem nicht sein Bild hing«. Eine andere Totenmaske schmückte Himmlers Arbeitszimmer, und der Reichsführer SS wandte mehrere Wochen daran, einen passenden Entwurf für Heydrichs Grabstein auszuwählen. Doch hinter dem hochtrabenden Pathos der Reden im Mosaiksaal und dem Prunk des Staatsbegräbnisses verbarg sich die nüchterne Tatsache, daß nur wenige im Dritten Reich Heydrich wirklich betrauerten. Selbst Himmler dachte zwiespältig über das Abtreten einer Figur, die als sein Protegé begonnen, sich aber allmählich zu einer Bedrohung entwickelt hatte. Geheimpolizisten wissen immer mehr, als ihren Kollegen angenehm sein kann, und Heydrich bildete keine Ausnahme. Er hielt es für »äußerst wichtig, alles über die dunklen Punkte im Leben seiner Mitarbeiter und überhaupt der führenden Persönlichkeiten des Dritten Reiches zu erkunden ... Viele führenden Persönlichkeiten ... wußten, daß Heydrich belastendes Material sammelte. Man haßte ihn deswegen, aber man fürchtete ihn noch mehr ... jeder hatte irgend etwas zu verbergen.« Solange er lebte, wirkte seine bloße Gegenwart wie ein Eishauch auf jede Versammlung. Es wurde gemunkelt, daß sein Privattresor umfangreiche Dossiers über andere NS-Funktionäre enthalte, deren Enthüllung Unerfreuliches heraufbeschwören könnte. Nach Heydrichs Tod bemächtigte sich Himmler sogleich des Schlüssels zu diesem Erpressungsmaterial, das er sich zu seinem ausschließlichen persönlichen Gebrauch aneignete.

Diejenigen, die Heydrich kennenlernten, registrierten seinen Ehrgeiz, seine Rücksichtslosigkeit und Falschheit. Eugen Dollmann, der ihn 1938 als Dolmetscher auf einer Reise nach Italien begleitete, berichtete: »Ich bekenne: Vor Reinhard Heydrich hatte ich Angst.« Diesem Urteil schloß sich der Chef des italienischen Geheimdienstes an, der bemerkte, an Himmlers Stelle würde er einen solchen Mann niemals in seiner Nähe dulden. Selbst innerhalb der zwielichtigen Welt der Sicherheitspolizei war Heydrich mehr gefürchtet als geliebt. Sogar sein Protegé Walter Schellenberg, der es 1942 zum Leiter der Spionageabwehr und später zum Leiter des

Auslandsnachrichtendienstes brachte, fand sein Äußeres sinister: ». . . eine große imponierende Gestalt mit einem langen, schmalen Gesicht und einer ungewöhnlich hohen Stirn. Weniger einnehmend waren die lange, scharfe Nase und die unruhigen, schrägen Augen, mit denen er mich ungeniert eine Zeitlang musterte. Als er mich schließlich begrüßte, frappierte mich seine Stimme – sie war für den großen, starken Körper viel zu hoch.«

Schellenberg beschrieb seinen Chef als eine Intrigantennatur. »Eine seiner besonderen Gaben schien es zu sein, die persönlichen, fachlichen, aber auch die politischen Schwächen anderer Menschen sofort zu erkennen und in seinem phänomenalen Gedächtnis als auch in seiner ›Kartei‹ zu registrieren und im richtigen Augenblick auszuspielen . . . Daneben war er von einem unersättlichen Ehrgeiz befallen, ständig mehr zu wissen als die anderen, überall der Beherrschende zu sein. Diesem Ziel ordnete er alles unter.« Wilhelm Hoettl, ein anderes Mitglied der Sicherheitspolizei, erinnerte sich an Heydrich als einen Mann ohne Moralbegriffe. Wahrheitsliebe und Redlichkeit hätten keinen wirklichen Wert für ihn besessen, sondern seien nur Werkzeuge gewesen, um immer mehr Macht zu erlangen; Heydrich sei von einer grausamen und kalten Intelligenz, sein Leben eine ununterbrochene Kette von Mordtaten gewesen. Pierre Huss, ein amerikanischer Journalist, der ihn gut kannte, schrieb, Heydrichs Denken und Mentalität habe etwas von einer Rechenmaschine gehabt, er habe nie etwas vergessen, sei nie ins Sentimentale abgeglitten. Er habe Kritik übel aufgenommen und ausländische Journalisten barsch abgefertigt. »Ein einziger Abend – selbst wenn er sein bestes Benehmen zeigte – überzeugte jeden von uns, daß mit ihm nicht gut Kirschen essen war, wenn man zur falschen Partei gehörte.« Diese Charakterzüge leisteten Heydrich gute Dienste im Dschungel Nazideutschlands, wo die Schwächeren an die Wand gedrückt wurden und die politischen Raubtiernaturen aufs prächtigste gediehen. Als er mit achtunddreißig Jahren starb, hatte er Tausende in den Tod geschickt, galt aber im mörderischen Spiel der Politik des Regimes als ein Mann des Erfolgs. Innerhalb der Sicherheitspolizei nahm man an, daß ihn seine Bestimmung zu den höchsten Positionen führen werde und daß er letztendlich nichts Geringeres anstrebe, als Hitlers Nachfolger und »Führer des Tausendjährigen Reichs« zu werden.

Diese bedenkenlose und amoralische Gestalt wurde am 7. März 1904 in Halle an der Saale als Sohn katholischer Eltern geboren, als das zweite der Heydrich-Kinder, nach der älteren Schwester Maria und vor dem jüngeren Bruder Heinz Siegfried. Der Vater, Bruno Heydrich, war ein Selfmademan, ein Sänger und Gelegenheitskomponist, der dank seinem Fleiß und einer vorteilhaften Heirat mit Elisabeth Kranz, Tochter aus wohlhabender Familie, deren Oberhaupt Leiter des Königlichen Konservatoriums in Dresden war, ins Bürgertum hatte aufsteigen können. 1899 eröffneten die Heydrichs eine Musikschule in Halle, die den Kindern der aufstrebenden Mittelschicht die Möglichkeit musikalischer Ausbildung bot. Es besteht kaum ein Zweifel, daß ihnen eine Musikerlaufbahn für ihren ältesten Sohn vorschwebte. Schon während seiner Schulzeit hatte sich Reinhard zu einem talentierten Geiger entwickelt, und die Liebe zur Musik begleitete ihn, solange er lebte. Obwohl die Familie aus der Musikschule ein ordentliches Einkommen bezog, litt man an ungestillten Ambitionen. Elisabeth betrachtete Halle immer als Ort zweiter Wahl und hoffte, zusammen mit ihrem Ehemann einst das angesehene Dresdner Konservatorium von ihren Eltern übernehmen zu können. Doch da ihre Brüder diesen Plan durchkreuzten, war sie gezwungen, das Leben in der Provinz weiterhin zu ertragen. Bruno Heydrich selbst war ein zutiefst frustrierter Mann. Als Opernsänger war er schon früh gescheitert, und als Komponist erreichte er nie die ersehnte Anerkennung. Die Aufführungen seiner von Wagner beeinflußten Opern in Köln und Leipzig fanden zwar Beifall bei der Kritik, aber an die Berliner Hofoper schaffte er es nie, und ebensowenig erkannten die staatlichen Behörden ihm den prestigeträchtigen Titel eines Professors zu, um den er sich wiederholt bewarb.

In Bruno Heydrichs beruflichen Problemen spiegelte sich mehr als ein bloßer Mangel an Begabung. Ein Fragezeichen stand hinter dem Status der Heydrichs, die von der besseren Gesellschaft in Halle nie ganz akzeptiert wurden. Bruno Heydrichs einfache Herkunft gereichte ihm zweifellos zum Nachteil im wilhelminischen Deutschland mit seinen starren Klassenschranken, wo es üblich war, »jenen, die sich die materiellen Voraussetzungen für den Eintritt in eine höhere Klasse geschaffen hatten, die gesellschaftliche Anerkennung zu versagen«. Auch war es in einem überwiegend protestantischen Milieu für die Familie kein Vorteil, katholisch zu sein. Ein gewisses Hindernis für Bruno Heydrichs sozialen Aufstieg bildete überdies das sich hartnäckig behauptende Gerücht, er sei Jude. Nach der Erinnerung eines früheren Hallensers sollen die meisten Bewohner der Stadt nicht den geringsten Zweifel an seiner jüdischen Abstammung gehabt haben. In Wahrheit war dieses Gerücht völlig unbegründet. Nach dem Tod seines Vaters hatte sich Bruno Heydrichs Mutter wieder verheiratet, mit einem Schlosser namens Gustav Süß. Dies hatte zur Folge, daß der Name der Familie manchmal als Heydrich-Süß angegeben wurde. Mit diesem Doppelnamen wurde Bruno Heydrich in das Londoner Musical Directory, Ausgabe von 1916, aufgenommen; diese Eintragung wurde allerdings in den folgenden Auflagen abgeändert, nachdem er sich bei dem Verleger beschwert hatte. Süß war kein Jude und mit Bruno Heydrich nicht direkt verwandt, doch der Umstand, daß viele jüdische Familien diesen Namen trugen, nährte Spekulationen. Bruno Heydrich versuchte zwar, die Sache als Witz zu nehmen, aber sie schadete ihm doch. Der Antisemitismus war im kaiserlichen Deutschland weit verbreitet, namentlich bei bestimmten Teilen des Bürgertums, die sich durch das rasche Tempo der Industrialisierung und des sozialen Wandels bedroht fühlten. Diese Gruppen lehnten die kapitalistische Ordnung des ausgehenden 19. Jahrhunderts ab und forderten die Wiederherstellung einer mythischen *Volksgemeinschaft*, basierend auf Blutsbanden und gemeinsamer Kultur, in der die Klassenkonflikte aufgehoben und die gesellschaftliche Harmonie auf der Grundlage der Rassenzugehörigkeit wiederhergestellt sein sollten. Solche Ideen verbanden sich mit einem extremen Nationalismus, der die erhabene Bestimmung des deutschen Volkes propagierte, und waren stark verbreitet bei Gruppierungen wie dem Alldeutschen Verband, der eine imperialistische Außenpolitik verfocht. In dieser völkischen Ideologie war das Judentum die Verkörperung der verhaßten Moderne, Urheber des sozialen Wandels, der Gewerkschaften, Sozialismus und Konzerne hervorgebracht hatte. Nicht minderen Einfluß hatten die romantische Sicht der deutschen Vergangenheit, wie sie Wagner beschwor, und ein halbverdauter Darwinismus, der den Kampf zwischen den Rassen als ehernes Gesetz der Geschichte postulierte. Diese Elemente wurden von Schriftstellern wie Houston Stewart Chamberlain zusammengefaßt und popularisiert. Chamberlains rassistischer »Klassiker« *Grundlagen des Neunzehnten Jahrhunderts* fand bei seinem Erscheinen im Jahr 1899 ein starkes Echo, wurde achtmal aufgelegt und bis 1914 in 100 000 Exemplaren verkauft. In politischer Hinsicht erreichte der Antisemitismus seinen Höhepunkt während der Wirtschaftskrise der neunziger Jahre und schien mit der Rückkehr der Prosperität in der ersten Dekade des neuen Jahrhunderts wieder an Boden zu verlieren. Gesellschaftlich jedoch sah das Bild anders aus: Völkisches Gedankengut fand in einem weiten Bereich des deutschen Bürgertums Widerhall.

Es war Bruno Heydrichs Pech, in einer Region Deutschlands zu leben, wo der Antisemitismus fest verwurzelt war. Ironischerweise wurde gerade er, ein entschiedener Verfechter der völkischen Ideologie, der seine gesellschaftlichen Frustrationsgefühle durch extremen Nationalismus und bedingungslose Treue zum Kaiser wettzumachen versuchte, zum Opfer des antisemitischen Vorurteils. Seine Ehefrau war praktizierende Katholikin, er selbst aber nahm die Religion allem Anschein nach nie sehr ernst und gab einer Weltanschauung den Vorzug, die auf Rassismus und »Lebenskampf« gründete. Das irritierende Gerücht über seine Abstammung konnte an seiner Haltung nichts ändern. Im Gegenteil, er vertrat sie noch entschiedener, um so die Verleumdung zu widerlegen und gesellschaftlich akzeptiert zu werden. Bruno Heydrich war ein glühender Bewunderer Wagners, dessen Stil er in seinen eigenen Opern kopierte, und er erinnerte sich gern an einen kurzen Studienaufenthalt bei Cosima, der Witwe des Meisters, im Sommer 1890 in Bayreuth. Wie Wagner war Bruno Heydrich ein überzeugter Antisemit, der in den Juden eine Gefahr für Deutschland sah. Er ließ sich von den eingangs erwähnten Schriften Houston Stewart Chamberlains inspirieren, der sich dazu bekannte, Wagner viel zu verdanken, und 1908 dessen Tochter Eva ehelichte. Chamberlain zufolge gab es nichts Wichtigeres als die Rasse; bestimmender Faktor in der Geschichte sei der Rassenkampf, der Leben und Tod von Nationen diktiere; in dieser pseudodarwinesken Sicht waren die Deutschen am besten dafür ausgerüstet, sich durchzusetzen und zu herrschen. Dies war eine Philosophie, die Bruno Heydrich seinen Kindern, namentlich seinem Liebling Reinhard, einprägte, dessen Blondhaar und blaue Augen ganz dem Stereotyp des nordischen Helden entsprachen. Trotz Bruno Heydrichs Ruf als glühender Patriot hatte die Familie weiterhin unter dem Gerücht über seine jüdische Abstammung zu leiden. Seine Söhne wurden in der Schule damit gehänselt, und dies erklärt wahrscheinlich den ausgeprägten Minderwertigkeitskomplex, den Reinhard Heydrich zeit seines Lebens an den Tag legte. Möglicherweise war er sich der Grundlosigkeit der Gerüchte nie ganz sicher und hegte infolgedessen immer Zweifel an seiner eigenen Identität. Ein Bekannter von ihm berichtete später, daß Reinhard Heydrich als Heranwachsender großspurige Reden über seine

Herkunft geführt habe; er habe entweder panische Angst gehabt, für einen Juden gehalten zu werden, oder sei sich nicht sicher gewesen, ob es nicht doch zutraf. Während sein jüngerer Bruder Heinz gewalttätig wurde, auf dem Spielplatz ein Messer zog und die Quälgeister bedrohte, wich Reinhard Heydrich direkten Konfrontationen aus. Er wurde zu einem launischen Einzelgänger, der seine Überlegenheit gegenüber den Kameraden dadurch zu demonstrieren versuchte, daß er sie in der Schule und auf dem Sportplatz in den Schatten stellte. Bereits als Schuljunge legte er jene verbissene Energie und Zielstrebigkeit an den Tag, die ihm später in der Hierarchie des Dritten Reichs den Weg nach oben bahnen sollten.

Reinhard Heydrich war zehn Jahre alt, als der Erste Weltkrieg ausbrach, und dieser Krieg formte seine frühe Jugend. Ohne Frage übernahm er den Glauben seines Vaters an den Endsieg, trotz der militärischen Pattsituation an der Westfront und der zunehmenden Versorgungsmängel, zu denen die britische Blockade führte. So trafen ihn die Abdankung des Kaisers und der Waffenstillstand 1918 als ein furchtbarer Schlag. Deutschlands Demütigung durch den Versailler Vertrag und die sozialen Unruhen, die das Land erschütterten, ließen sein Weltbild wanken. Wie viele Deutsche wollten auch die Heydrichs nicht wahrhaben, daß ihr Vaterland auf dem Schlachtfeld besiegt worden war, und gaben die Schuld dem inneren Feind, den Juden, die sich mit den Alliierten verschworen hätten, die Heimatfront zu unterminieren. In der Anarchie, die auf den Waffenstillstand folgte, stellten sich die Heydrichs auf die Seite der paramilitärischen Kräfte der Rechten, der Freikorps, bestehend aus ehemaligen Soldaten, die kein anderes Ziel hatten, als die Revolution niederzuwerfen und die Ordnung wiederherzustellen. Mit fünfzehn Jahren schloß sich Reinhard Heydrich einer der berüchtigsten dieser Gruppen, dem Freikorps Maercker, an, das im Frühjahr 1919 eine besonders blutige Kampagne gegen revolutionäre Elemente in Halle, Magdeburg und Dresden führte. Später behauptete er, er habe als Melder gedient, obwohl sich seine Aufgaben vermutlich auch auf die Denunzierung von »Roten« erstreckten – seine erste geheimdienstliche Tätigkeit. Als das Freikorps weiterzog, traten Heydrich und sein Vater in eine »Bürgerwehr«, die Hallensische Selbstschutzorganisation, ein, die von Maerckers Truppen bewaffnet und ausgebildet war. Zu dieser Zeit schloß sich Heydrich auch dem Deutschen Schutz- und Trutzbund an, einer vehement nationalistischen und antisemitischen Gruppierung. Ihr Symbol, eine blaue Kornblume und ein Hakenkreuz, zierte zusammen mit dem Kampfspruch »Wir sind die Herren der Erde« die Wand seines Schlafzimmers. Es heißt, er habe seine Mitgliedschaft bei dieser Organisation als einen Versuch gerechtfertigt, die Familienehre wiederherzustellen: Wie sollte der alte Heydrich Jude sein, wenn sein Sohn ein so scharfer Antisemit war? Doch dieser Schritt war mehr als nur ein Versuch, sich vor die Familie zu stellen, er lag für einen Jungen, der mit völkischen Ideen aufgewachsen war, einfach nahe. Es gibt keinen Beleg dafür, daß Reinhard Heydrich sich als Heranwachsender jemals gegen die Einstellung seines Vaters aufgelehnt hätte. Im Gegenteil, er wandte sich vom Glauben seiner Mutter ab und gab sich keine Mühe mehr, den Anschein eines praktizierenden Katholiken zu erwecken. Die deutsche Niederlage und die Revolution stärkten nur die Vorurteile, die er als Junge aufgesogen hatte, und machten ihn vollends zu einem extremen Nationalisten.

Obwohl die Gefahr einer kommunistischen Revolution abgewendet wurde, hielten die Heydrichs, wie die politische Rechte überhaupt, nicht viel von der Weimarer Republik, die auf das Kaiserreich folgte. Sie war demokratisch und liberal, das genaue Gegenstück zur idealen *Volksgemeinschaft*, und galt als Geschöpf von Juden und Sozialisten, den »Novemberverbrechern«, die dem deutschen Heer den Dolch in den Rücken gestoßen hätten. Außerdem wurde ihr der verhaßte Vertrag von Versailles angelastet, der umfangreiche deutsche Gebiete »minderwertigen Völkern« wie den Polen zugesprochen hatte. Was die Heydrichs betraf, wurden diese Vorurteile durch die Auswirkungen des sozialen Wandels noch verstärkt. Der Aufstieg der Arbeiterklasse bedrohte die gesellschaftliche Position der Familie, während die Inflation der Nachkriegszeit ihre Ersparnisse vernichtete. Bruno Heydrich sah sich gezwungen, beim Magistrat von Halle einen Zuschuß zu erbitten, wobei er auf die Rolle seines Konservatoriums für das hallensische Kulturleben verwies und emphatisch bestritt, Jude zu sein. Sein Ansuchen wurde abgelehnt, der letzte Schlag von seiten einer Gesellschaft, die ihn nie wirklich akzeptiert hatte. Die Revolution und die finanzielle Unsicherheit bestimmten Reinhard Heydrichs Berufswahl. Das praktisch bankrotte Konservatorium hatte kaum Zukunftsaussichten, und der Beruf eines Chemikers, den er gleichfalls erwog, erforderte ein Studium, das seine Eltern nicht mehr finanzieren konnten. Am 30. März 1922 meldete er sich am Tor der Marinewerft Kiel als achtzehnjähriger Seekadett zum Dienstantritt.

Die Wahl war nicht so sonderbar, wie sie auf den ersten Blick erscheinen könnte. Die Marine hatte bei den bürgerlichen Schichten des Kaiserreiches immer in besonderem Ansehen gestanden und als eine wirklich nationale Gemeinschaft gegolten, als die authentische Verkörperung der Machtstellung Deutschlands und seiner Ansprüche auf Weltrang. Sie war eine von der Technik geprägte Waffengattung, die Begabten eine Karriere bot, in der ein bürgerlicher junger Mann mit entsprechender Ausbildung seinem Vaterland dienen konnte. Der Bau der Hochseeflotte unter Admiral Tirpitz zu Beginn des Jahrhunderts hatte sich einer weitverbreiteten Popularität erfreut, die von der Leitung der Reichsmarine bewußt gefördert worden war. Als Junge war Reinhard Heydrich tief beeindruckt von den Kriegsschiffen gewesen, die er bei einem Ferienaufenthalt in Swinemünde zu sehen bekam, und während des Ersten Weltkriegs hatte er die Wände seines Zimmers mit Abbildungen von Schlachtschiffen und Seehelden vollgeklebt. Nach dem Waffenstillstand besuchte Graf Felix Luckner, der berühmte »Seeteufel«, der auf eigene Faust einen Kaperkrieg führte, häufig die Familie Heydrich und hielt die Jungen mit Schilderungen seiner Taten in Bann. Das Prestige der Marine nahm 1918 schweren Schaden, als die großen Meutereien den Beginn des deutschen Zusammenbruchs ankündeten. Sie stellte jedoch am 31. Januar 1920 ihre Ehre wieder her, als sich die von den Briten in Scapa Flow internierte deutsche Hochseeflotte selbst versenkte, ein Akt stolzen Trotzes, der von der deutschen Rechten begeistert gefeiert wurde. Die Mitglieder der Besatzungen wurden zu Volkshelden, denen ein triumphaler Empfang zuteil wurde, als sie nach Deutschland repatriiert wurden. So nimmt es nicht wunder, daß die Marine einen großen Reiz für den jungen Heydrich hatte. Sie verhieß ihm eine gesicherte Identität als Offizier, in scharfem Kontrast zu einer ungewissen Zukunft als Zivilist in Halle. Die Marine war untadelig nationalistisch gesinnt und derart elitär, daß sie weder Juden noch Angehörige der unteren Klassen als Kadetten akzeptierte. Einer seiner Schulfreunde berichtete später: »Nicht zuletzt aber hat sein Trauma von der angeblichen jüdischen Abstammung eine Rolle gespielt. Er wollte immer ›nordischer‹ sein als andere. Deswegen sein Zug zur nordischen Marine . . .«

Auch in anderer Hinsicht wirkte eine Laufbahn bei der Marine auf jemanden von Heydrichs Hintergrund und ideologischer Einstellung anziehend. Obwohl durch den Versailler Vertrag in ihrem Umfang scharf begrenzt, war die Reichsmarine der zwanziger

Jahre für ihren Chef, Admiral Erich Raeder, der Kern einer künftigen Hochseeflotte. Das Offizierskorps spielte eine Schlüsselrolle in seinen Plänen. Raeders Offiziere bildeten eine selbstbewußte Elite mit einem Verhaltenskodex, der sie von der zivilen Gesellschaft und dem Weimarer System abhob. Sein Ziel war, in der Marine einen neuen Stil zu schaffen. »Die Durchsetzung dieses Stils, in dem sich Raeders patriarchalische und konservative Denkweise spiegelte, erfaßte sämtliche Aspekte des Offizierslebens – Kleidung, Religion, Familie, ja sogar seine Ehefrau, von der erwartet wurde, daß sie sich nach Raeders Verhaltenskodex richtete. Raeder erwartete von den Marineoffizieren, daß sie ein Vorbild für ganz Deutschland, besonders aber für die deutsche Jugend abgaben.« In einer Zeit nationaler Demütigung sollten seine Männer die Vision eines wiederbewaffneten Deutschland mit einer machtvollen Flotte durchsetzen, die wieder Respekt und Bewunderung der Welt erzwingen würde. Dieser neue Stil wurde von Ehrengerichten aufrechterhalten, die den ungeschriebenen Regeln Geltung verschafften und mit Strenge gegen alle vorgingen, die gegen sie verstießen. Die Marine tat sich etwas darauf zugute, nicht nur Offiziere, sondern Herren hervorzubringen. Obwohl vermeintlich unpolitisch, hatte sie wenig Respekt vor der liberalen Republik, der sie angeblich diente. Zahlreiche Offiziere waren nach dem Waffenstillstand in den Freikorps aktiv gewesen und sehnten sich nach der Errichtung eines autoritären Systems, unter dem Deutschland sich wiederbewaffnen und den ihm zustehenden »Platz an der Sonne« erringen sollte. Der Marine also wandte sich der junge Heydrich, bereits extrem nationalistisch eingestellt, auf der Flucht aus der bürgerlichen Welt zu, in der es ihm nicht gefiel und die er nicht verstand. Die Marine sollte ihn in den folgenden acht Jahren formen und ihm Dinge beibringen, die er später in einer neuen und unheilvolleren Karriere nutzbringend verwendete.

Der hochgewachsene, linkische Jüngling, der mit einer Geige, dem Abschiedsgeschenk seines Vaters, in Kiel eintraf, wurde schon bald zum einzelgängerischen Sonderling in seiner Ausbildungseinheit. Heydrich hatte nicht viel gemein mit den anderen Kadetten, die seine kulturellen Prätentionen mit Argwohn betrachteten. Seine hohe Stimme trug ihm den Spitznamen »Ziegenbock« ein, und er wurde von den Ausbildern schikaniert, die nicht abgeneigt waren, ihren künftigen Vorgesetzten das Leben sauer zu machen. Einer von ihnen ließ ihn regelmäßig aus dem Bett holen und sich die Toselli-Serenade auf der Geige vorspielen, ein demütigendes Ritual, das bei ihm eine lebenslange Aversion gegen das Stück bewirkte. Das Gerücht über seine jüdische Abstammung, das ihm die Schulzeit vergällt hatte, verfolgte ihn auch in der Marine. Ein Kadett erinnerte sich, daß Heydrich in seinem Jahrgang mehr oder weniger als Jude gegolten habe, da ein anderes Gruppenmitglied, ebenfalls aus Halle, ihnen erzählte, die Familie habe früher Süß geheißen. Nicht lange, und seine Kameraden nannten ihn den »blonden Moses«. Obwohl Heydrich seine Grundausbildung erfolgreich absolvierte und schon bald befördert wurde, blieb er introvertiert und ein Einzelgänger. Er versuchte, seine Schwierigkeiten im Umgang mit anderen dadurch zu überwinden, daß er sich besonders pflichteifrig zeigte, und legte eine Neigung für die technischen Dinge in der Marine an den Tag. Er wurde 1926 Nachrichtenoffizier und verbrachte den Rest seiner Laufbahn zur See beim Nachrichtenwesen. Er erweiterte seine Kenntnisse in modernen Sprachen, legte Prüfungen in Englisch, Französisch und Russisch ab, aber für fremde Kulturen hatte er nur Verachtung übrig. Als junger Offizier träumte er vom Sturz der Weimarer Republik und von einem Regime, das Deutschlands Wirtschaftskraft und technische Erfindungsgabe in den Dienst des Strebens nach Weltgeltung stellen würde. Er war ein strenger Zuchtmeister und unbeliebt bei den Mannschaften, weil er seine Männer rücksichtslos antrieb, um sie auf das bevorstehende Ringen vorzubereiten.

Heydrichs professionelle Qualitäten fielen schon bald seinen Vorgesetzten auf, die ihm vorteilhafte Leistungsbeurteilungen ausstellten. Er versuchte sich auch im Sport hervorzutun und wurde zu einem ausgezeichneten Segler, Schwimmer, Fechter und Reiter. Er wurde für die Fünfkampf-Mannschaft der Marine ausgewählt und besuchte die Sportschule in Wunsdorf, wo er sich bei Reitunfällen zweimal die Nase brach. Für Heydrich war die sportliche Betätigung nicht bloßer Zeitvertreib, sondern ein Mittel, seine Überlegenheit zu demonstrieren, Spiegelung des Glaubens an das Kämpferische, in dem er aufgezogen worden war. Er konnte es nicht ertragen zu verlieren und leistete sich oft ein wehleidiges und unsportliches Verhalten. Als er beim Offiziersfechtturnier in Dresden in den Vorrunden ausschied, schleuderte er in einem Wutausbruch seinen Säbel auf den Boden, was ihm einen Tadel von den Schiedsrichtern eintrug. Später hieß es von ihm, sein einziges Freizeitvergnügen bei der Marine seien die Musik und Spionageromane gewesen, die er verschlungen habe. Es trifft jedoch nicht zu, daß er apolitisch war. Die Thriller bestärkten ihn nur in seinem Verdacht, Deutschland sei von ausländischen Agenten durchsetzt, denen es um nichts anderes gehe als darum, die Knechtschaft des Versailler Vertrags aufrechtzuerhalten – eine Auffassung, die in den Offiziersmessen der Marine gang und gäbe war. Außerdem interessierte er sich für politische Literatur und betrachtete die radikale Rechte als künftige Retterin Deutschlands. Bereits in diesem frühen Stadium wußte er von der Existenz der Nazibewegung. Sein Patenonkel, Freiherr Ernst von Eberstein, hatte einen Sohn namens Friedrich Karl, zehn Jahre älter als Heydrich, der aus den Freikorps seinen Weg in Hitlers Parteizentrale in München gemacht hatte. Die beiden korrespondierten miteinander, während Heydrich bei der Marine war, und die Verbindung sollte bedeutsame Auswirkungen auf Heydrichs künftigen Weg haben. In dieser Phase lernte er auch Wilhelm Canaris, den 1. Offizier des Kreuzers *Berlin*, kennen, auf dem er 1923-1924 diente. Canaris war sowohl ein Kriegsheld als auch ein Mann mit unzweideutiger politischer Reputation. Er stand im Geruch der Mitwisserschaft bei der Ermordung von Karl Liebknecht und Rosa Luxemburg durch Rechtsextremisten und galt als Sympathisant des Kapp-Putsches, mit dem 1920 die Republik gestürzt werden sollte. Er wurde natürlich von Heydrich bewundert und nahm den einsamen jungen Mann rasch unter seine Fittiche. Canaris teilte mit seinem linkischen Schützling die Ablehnung des Weimarer Systems und die Liebe zur Musik. Heydrich war schon bald häufiger Gast im Heim seines Vorgesetzten, wo er zusammen mit Canaris' Frau Erika, ihrerseits eine begabte Cellistin, in Quartetten spielte. Die Freundschaft eines höheren Offiziers von Canaris' Ruf schmeichelte dem unsicheren jungen Fähnrich, der später erzählte, daß er sich damals zum erstenmal in der Marine akzeptiert gefühlt habe. Schon nach wenigen Jahren sollten sich die Wege der beiden Männer wieder kreuzen – diesmal unter ganz anders gearteten Umständen.

Nach sechs Jahren auf See wurde Heydrich zum Leutnant zur See befördert und der Nachrichtenstaffel des Marinestabs in Kiel zugeteilt. Dieses für ihn wichtige Ereignis zeigte das Vertrauen seiner Vorgesetzten in seine politische Zuverlässigkeit und sein technisches Können. Über seine Tätigkeit in dieser Phase ist nichts bekannt, doch beschränkte sie sich wohl kaum auf die eines Nachrichtenoffiziers. Nach der offiziellen NS-Version war er von 1928 bis 1931 dem Nachrichtendienst der Reichsmarine attachiert. Obwohl nie handfeste Beweise zur Untermauerung dieser Behauptung ans Licht gekommen sind, ist sie nicht ohne Plausibilität. Der hochgeheime B-Dienst hatte seine Basis in Kiel, während Heydrich dorthin abkommandiert war. Es handelte sich um eine Abhör- und Dechiffriereinheit, die Deutschland während des Ersten Weltkriegs gute Dienste geleistet hatte und entgegen dem Versailler Vertrag nach dem Waffenstillstand nicht aufgelöst worden war. Ihr Auftrag bestand darin, durch Abhören und Dechiffrieren von Funksprüchen Nachrichtenmaterial über Deutschlands wahrscheinlichste künftige Gegner zu gewinnen, wobei sie unter dem Deckmantel der Inspektion des Torpedo-Minenwesens operierte. Heydrichs technisches Wissen und seine fremdsprachlichen Qualifikationen empfahlen ihn für eine derartige Einheit. Außerdem stand sein Mentor Canaris schon seit langem mit dem Marine-Nachrichtendienst in Verbindung und hat möglicherweise den Einsatz Heydrichs für nachrichtendienstliche Arbeit befürwortet. Aber wie Heydrichs Pflichten auch beschaffen waren, es kann ihm nicht entgangen sein, daß die Reichsmarine seit den großen Meutereien im Jahr 1918 mit Argusaugen nach Anzeichen von politischer Subversion oder Antimilitarismus Ausschau hielt. Dies war eine Rolle, die Heydrich als Chef des Sicherheitsdienstes des Dritten Reichs vervollkommnen sollte. 1931 jedoch schien er für ein Leben in der Marine bestimmt und betrachtete seine Stabsstellung als Chance zu weiterem Aufstieg. Als junger Leutnant träumte er davon, Admiral zu werden, Symbol dessen, wie weit man es in der Marine bringen konnte. Er hatte kaum einen Zweifel, daß seine Karriere ihren Gipfel in Kriegszeiten erreichen werde. Als sich nach 1929 die Weltwirtschaftskrise verschärfte, wurde die Weimarer Republik in ihren Grundfesten erschüttert. Bei den Reichstagswahlen 1930 gelang den Nazis ihr erster landesweiter Durchbruch. Sie errangen 6,4 Millionen Stimmen und 107 Mandate im Reichstag, ein Erfolg, der Beobachtern die Sprache verschlug. Heydrich hoffte, daß die Republik bald allen Kredit verlieren und durch ein autoritäres Regime ersetzt werden würde, das bereit war, Deutschlands Ressourcen für den Griff nach der Weltmacht einzusetzen. Eine nationale Revolution würde den inneren Feind, die Juden und ihre marxistischen Verbündeten, zermalmen und die Fesseln des Versailler Vertrags sprengen. Als er die Ergebnisse der Reichstagswahlen erfuhr, bemerkte er gegenüber einem seiner Bekannten: »Nun wird Hindenburg wohl nichts anderes übrigbleiben, als Adolf Hitler zum Reichskanzler zu ernennen. Dann hat unsere Stunde geschlagen.« Heydrich verrechnete sich darin um drei Jahre, und als das Ereignis eintrat, war er nicht mehr Offizier bei der Reichsmarine.

Der ehrgeizige junge Leutnant hatte eine Schwäche, die ihn in Konflikt mit seinen Vorgesetzten brachte: einen unersättlichen sexuellen Appetit. In seinen Beziehungen zum weiblichen Geschlecht war er, wie auf dem Sportplatz, nie ganz Gentleman, ein Manko, das gegen den Ehrenkodex der Marine verstieß. 1928 war aus dem linkischen Jüngling ein gutaussehender junger Mann von vierundzwanzig Jahren geworden, dessen nordische Erscheinung nur von der gebrochenen Nase und der Stimme beeinträchtigt wurde, die seltsamerweise sehr hoch blieb. Heydrich machte sich sein Äußeres und das Prestige, das ihm die Uniform verlieh, zunutze und wurde zu einem berüchtigten Schürzenjäger. Dieser Aspekt seines Charakters ging, wie seine Besessenheit im Sport, auf den Drang zurück, zu siegen und zu herrschen, um seine Überlegenheit zu beweisen, und war Ausdruck der kämpferischen Einstellung zum Leben, die ihm anerzogen worden war. Wie in anderen Lebensbereichen konnte Heydrich es nicht ertragen, wenn seine Absichten vereitelt wurden – ein Charakterzug, der ihn schon während eines Besuchs seiner Einheit im Mittelmeer beinahe in große Schwierigkeiten gebracht hätte. Ein Offizierskamerad berichtete, bei einer Einladung in den Deutschen Klub in Barcelona habe Heydrich eine junge Dame von untadeliger Herkunft kennengelernt und sich bei einem Spaziergang im Garten derart danebenbenommen, daß sie ihm eine Ohrfeige verpaßte. Die betreffende Dame habe sich beschwert, und Heydrich habe sich am nächsten Tag bei ihr entschuldigen müssen. Bei dieser Gelegenheit blieb ihm ein Verfahren vor dem Ehrenrat der Marine erspart, aber schließlich ließ ihn sein Glück im Stich. Im Dezember 1930 lernte er auf einem Ball in Kiel Lina von Osten kennen, die ein Lehrerinnenseminar besuchte. Nach nur viertägiger Bekanntschaft bat er sie, seine Frau zu werden. Ihre Anziehungskraft beruhte zum Teil auf ihrer nordischen Erscheinung, die Heydrichs Drang verstärkte, sich seiner eigenen Identität zu versichern und die Gerüchte über seine jüdische Abstammung zu widerlegen. Ihr Familienhintergrund zählte gleichfalls. Ihr Vater war zwar nur ein schlichter Schulmeister auf der Ostseeinsel Fehmarn, aber die Familie war adeliger Abstammung, was für jemanden mit Heydrichs Minderwertigkeitskomplex einiges für sich hatte. Was Lina von Osten betraf, war ein Marineoffizier ein ansehnlicher Fang, der das Prestige und den Status versprach, der, wie sie fand, ihrer Familie zustand. Die autoritäre Geisteshaltung, die von ihr als der Frau eines Marineoffiziers erwartet wurde, war kein Problem für sie. Die Familie von Osten war selbst extrem nationalistisch und obendrein antisemitisch eingestellt. Sowohl Lina von Osten als auch ihr Bruder traten schon früh in die NSDAP ein und sahen in Hitler den einzigen Mann, der Deutschland erretten und ihm seine Größe wiedergeben könne.

An Weihnachten 1930 fuhren Heydrich und Lina von Osten nach Fehmarn und erlangten von ihrem Vater die Zustimmung zur Hochzeit. Heydrich kehrte auf seinen Posten zurück und ließ Lina bei ihrer Familie zurück, mit der sie den Rest der Ferien verbrachte. Die Bekanntgabe seiner Verlobung im Januar 1931 erwies sich als Auftakt zur jähen Beendigung seiner Marinelaufbahn. Als Lina nach Kiel zurückkam, erwartete sie am Bahnhof der erregte Heydrich, der ihr offenbarte, daß etwas Schreckliches geschehen sei. Er sollte durch eine frühere Freundin wegen Bruchs eines Heiratsversprechens vor einen Ehrenrat gebracht werden. Nach Heydrichs Angaben hatte er dieses Mädchen auf einem Ball nach der Kieler Regatta kennengelernt. Sie sei eines Abends in seinem Quartier erschienen und habe ihn gebeten, sie für die Nacht bei sich aufzunehmen. Zwischen ihnen sei es zu nichts gekommen, aber der Vater des Mädchens verlange jetzt, daß Heydrich durch eine Heirat ihre Ehre sichere. Nach einigem Zögern ließ sich Lina von Osten davon überzeugen, daß Heydrich sich nichts habe zuschulden kommen lassen, fragte aber, ob ein solches Vorkommnis genüge, um eine Verlobung zu begründen. Ihr Verlobter antwortete bitter: »Ach, du kennst die Marine nicht.« Der Ehrenrat bekam eine andere Darstellung zu hören und ließ sich im Unterschied zu Lina von Heydrichs Version nicht überzeugen. Die Beweislage sprach dafür, daß Heydrich selbst das Mädchen nach Kiel eingeladen und ihm vorgeschlagen hatte, die Nacht bei ihm zu verbringen, weil Hotels zu teuer seien. »Sie willigte notgedrungen ein, widerstand aber Heydrichs Annäherungsversuchen.« Die Sache wurde dadurch verschlimmert, daß das Mädchen gute Beziehungen hatte. Ihr Vater war Direktor der Marinewerft in Kiel und mit Admiral Raeder persönlich befreundet. Da Raeder bekanntermaßen engstirnig und kleinlich dachte, hatte Heydrich allen Anlaß zur Besorgnis über den Ausgang des Verfahrens vor dem Ehrenrat. Sein Verhalten bei der Verhandlung war nicht dazu angetan, die Situation zu bessern. Er versuchte, den Vorfall zu verharmlosen, und zeigte eine arrogante Geringschätzung für den Verhaltenskodex der Marine, die den Ehrenrat gegen ihn einnahm. Dieser kam zu dem Ergebnis, es sei »die Frage anzuschneiden, ob das Verbleiben eines solchen Offiziers in der Marine noch möglich sei«. Admiral Raeder schloß sich dem Gutachten an. Im April 1931 wurde Oberleutnant Heydrich aus der Reichsmarine entlassen. Die Wirtschaftskrise war auf ihrem Höhepunkt, und Heydrich saß auf dem trockenen, weder Offizier noch Gentleman, einer von mehr als fünf Millionen Erwerbslosen.

Er kehrte zu seinen Eltern nach Halle zurück, wo er zusammenbrach und sich weinend in seinem Zimmer einschloß. Lina Heydrich berichtete später, die Entlassung aus der Marine sei der schwerste Schlag seines Lebens gewesen, denn er habe mit jeder Faser seines Wesens an der Offizierskarriere gehangen. Seine Mutter gab der Verlobten die Schuld an dem Desaster, und das Verhältnis zwischen den beiden Frauen blieb immer kühl. Die Familie von Osten wiederum sah Heydrich als künftigen Schwiegersohn jetzt in einem neuen Licht. Ein geschaßter Marineoffizier war etwas ganz anderes als ein Oberleutnant zur See mit einer gesicherten Zukunft. Obwohl Lina sich weigerte, die Verlobung zu lösen, war an eine Heirat erst dann zu denken, wenn Heydrich eine andere Erwerbsmöglichkeit gefunden hatte. Zuerst hoffte er auf eine Wiederaufnahme in die Marine, aber ein Einspruch gegen das Urteil des Ehrenrats scheiterte, was ihn zwang, ernsthaft eine Zukunft im Zivilleben zu erwägen. Er erkundigte sich nach Möglichkeiten in der Handelsmarine, aber die Wirtschaftskrise machte sich hier bemerkbar, und seine Entlassung aus der Reichsmarine sprach gegen ihn. Die Hanseatische Jachtschule war bereit, ihn zu einem respektablen Gehalt als Lehrer einzustellen, aber daran fand er keinen rechten Geschmack. Er trauerte seinem verlorenen Offiziersstatus nach und hatte nichts übrig für die Idee, ein bloßer Angestellter zu werden, bezahlt, um die Kinder reicher Leute zu unterrichten. Doch seine Nostalgie nach dem Soldatenleben fand schon bald Erfüllung in den Reihen der NSDAP, die zusehends Anhänger gewann, während die anhaltende Wirtschaftskrise die Fundamente der Weimarer Republik unterspülte. Lina von Osten und ihr Bruder waren ohnedies begeisterte Nazis, und Heydrich hatte Beziehungen zu der Hitler-Bewegung durch Karl von Eberstein. In Hitlers primitivem Antisemitismus und seiner Philosophie des Lebenskampfes fanden die Vorurteile, die Heydrich durch seine Erziehung eingepflanzt worden waren, ein Echo, und bereits 1930 hatte er sich beifällig über den Führer der NSDAP geäußert. Hitler wandte Heydrich sich nun zu, nicht nur um mitzuhelfen, Deutschland zu erretten, sondern auch um seine Karriere wieder in Gang zu bringen. Er ersuchte seinen Freund Karl von Eberstein darum, sich bei der Parteizentrale in München für ihn zu verwenden.

Während Heydrich beim Marinestab in Kiel Dienst tat, war Karl von Eberstein Führer der SA von München und Oberbayern gewesen. Die SA lieferte Hitlers Bewegung Schlägertypen in Braunhemden, die sich auf Straßenschlachten und die Einschüchterung politischer Gegner im Stil der früheren Freikorps spezialisierten. 1931 trat Karl von Eberstein in eine andere Organisation, die sogenannte Schutzstaffel, abgekürzt SS, ein. Obwohl der SA unterstellt, betrachtete sich die 1925 als Hitlers Leibgarde gegründete SS bereits als eine Elitetruppe. Ihr »Ethos« wurde weitgehend von dem neunundzwanzigjährigen Sohn eines Münchner Lehrers, Heinrich Himmler, bestimmt, der im Januar 1929 Reichsführer SS wurde und die Organisation rasch erweiterte. Himmlers gemütliche Art und sein dickliches, bebrilltes Gesicht waren nur eine Fassade, hinter der sich rücksichtsloser Ehrgeiz und Machtwille verbargen. Er träumte davon, die SS in eine teutonische Aristokratie, eine Truppe nordischer Supermänner zu formen, die die Führung eines neuen, rassisch reinen Deutschland, gereinigt von jüdischen und marxistischen Einflüssen, stellen sollte. Er sah die SS als einen arischen Orden, der sich in Abstammung, äußerer Erscheinung, Disziplin und Haltung seiner Mitglieder selbstbewußt von der übrigen Nation abhob. Himmler wollte seine Männer im neuen NS-Deutschland als Garde der Nation sehen. Diesem Ziel entsprechend war das Verhalten des einzelnen SS-Mannes durch einen Kodex geregelt, der nicht nur für die Dienstpflichten, sondern auch für das Verhalten im Privatleben und die Familienangelegenheiten galt. Selbst die Wahl der zukünftigen Ehefrau blieb dem SS-Mann nicht freigestellt. Der Reichsführer SS überprüfte persönlich die moralische und rassische Reinheit der Bräute seiner SS-Männer. Der Empfehlung Karl von Ebersteins folgend, der jetzt Himmlers Stab angehörte, trat Heydrich im Juni 1931 mit der Mitgliedsnummer 544916 in die NSDAP ein. Er schloß sich der SA in Hamburg an und beteiligte sich schon bald an blutigen Straßenschlachten gegen die Kommunisten und andere Nazigegner. Er tat diesen Schritt in der Annahme, daß seine Verbindung mit den SA-Schlägern nur vorübergehender Natur sein und Karl von Eberstein sich für einen raschen Wechsel zur SS einsetzen werde. Man begreift unschwer den Reiz dieser Elitetruppe auf Heydrich, der in den Augen seiner eigenen Klasse ein Versager war. Himmlers schwarzer Orden bot sowohl die Chance, zur Macht aufzusteigen, als auch ein Instrument, mit dem sich Heydrich an einer Gesellschaft rächen konnte, die ihn ebenso wie seinen Vater abgewiesen hatte. Als SS-Angehöriger konnte er Mitglied einer neuen Aristokratie werden, die eine Alternative zum Marineoffizierskorps darstellte, das ihn aus seinen Reihen verstoßen hatte. Außerdem symbolisierte die SS die Erschaffung eines rassereinen Deutschland, bot also eine Vision, der Heydrich schon seit seiner Schulzeit in Halle anhing, und bannte das Gespenst von Gustav Süß. Solange Heydrich lebte, sollte er mit dem rücksichtslosen Machtstreben der SS identifiziert werden – zuerst innerhalb Deutschland und später in ganz Europa. Die Organisation entsprach dem Mann perfekt.

Die Vergrößerung der SS unter Himmler wurde von Hitler gefördert, der die Organisation als ein Instrument betrachtete, potentielle Rivalen innerhalb der Partei im Auge zu behalten, die ihn entweder unter ihren Einfluß bringen oder gar ersetzen wollten. Zu dieser Überwachungsaufgabe kam hinzu, daß die SS über die Aktivitäten nazifeindlicher Gruppen wie Kommunisten und Sozialdemokraten berichtete. Bis 1931 war dies amateurhaft, planlos und schlecht koordiniert vor sich gegangen, was Himmler schnellstens ändern wollte. Er blickte bereits in eine Zukunft, in der Hitler Deutschland beherrschte. Wissen war Macht, und wenn die SS sich nicht nur innerhalb der Partei, sondern auch im Staat durchsetzen sollte, brauchte sie einen richtigen Nachrichtendienst. Daher begann er nach jemandem Ausschau zu halten, der imstande wäre, einen Nachrichtenapparat der SS auf professioneller Basis aufzubauen. Karl von Eberstein legte ihm Heydrichs Papiere vor. Himmler war von Heydrichs nordischem Aussehen, das seiner Idealvorstellung von einem SS-Mann entsprach, und seiner Vergangenheit bei der Reichsmarine beeindruckt. Er zog den ehemaligen Offizier zusammen mit einem zweiten Kandidaten, einem ehemaligen Polizeihauptmann namens Horninger, in die engere Wahl. Heydrich erfuhr, daß er für eine wichtige Position in der SS in Betracht gezogen werde, und wurde in die Parteizentrale in München bestellt. Doch in letzter Minute, als Lina schon seine Sachen für die Reise packte, telegraphierte Karl von Eberstein, Himmler sei an einer schweren Erkältung erkrankt und das Vorstellungsgespräch auf unbestimmte Zeit verschoben. Heydrich geriet in Panik, aber seine Verlobte drängte ihn dazu, die Sache zu forcieren. Sie kündigte Eberstein Heydrichs Ankunft für den nächsten Morgen an, und dieser nahm in Hamburg den Nachtexpreß.

Sein Freund empfing ihn am nächsten Morgen nicht gerade erfreut, fand sich aber bereit, Himmler in seiner Hühnerzucht in einem Münchner Vorort anzurufen und um einen Termin zu bitten. Obwohl er offenkundig mißgestimmt war, weil Heydrich praktisch auf seiner Schwelle stand, ließ Himmler sich dazu bewegen, ihn zu empfangen. Als der zudringliche Kandidat eintraf, verschwendete der Reichsführer SS keine Zeit mit Artigkeiten. Er teilte Heydrich knapp mit, er habe zwanzig Minuten, um seine Pläne für einen SS-Nachrichtendienst zu skizzieren. Heydrich, dem der Zweck des Gesprächs unbekannt war, zeigte sich erst verblüfft, meisterte die Situation aber rasch. Ob er nun jemals für den Nachrichtendienst der Marine gearbeitet hatte oder nicht – Himmler nahm es offensichtlich an –, seine organisatorischen Kenntnisse machten ihm die Aufgabe relativ leicht. Er entwarf rasch eine kurze Denkschrift, die Himmler, der von dem Thema nicht das geringste verstand, derart beeindruckte, daß Heydrich auf der Stelle eingestellt wurde. Sein hingeworfenes Gekritzel wurde zur Basis des Sicherheitsdienstes (SD), der zur »größten Spitzelorganisation des Nationalsozialismus« heranwuchs. Himmler hatte, ohne es zu ahnen, einen Glücksgriff getan. Der zweite Kandidat, Horninger, war ein Spitzel der politischen Abteilung der Münchner Polizei.

Im August 1931 machte sich Heydrich in München an seine neue Aufgabe. Er sollte der SS gute Dienste leisten und Himmler unwandelbaren Gehorsam bezeigen, was seiner sonst so unaufrichtigen Art gar nicht entsprach. Die Gründe lagen auf der Hand. Ohne den Reichsführer SS und seine Eliteorganisation wäre Heydrich nur einer von den zahl- und namenlosen Männern ohne Beschäftigung gewesen, ein Offizier a. D. ohne Zukunft. Sein Rausschmiß aus der Marine bereitete ihm nach wie vor Unbehagen, und um sich bei den »alten Kämpfern« lieb Kind zu machen, behauptete er, er sei entlassen worden, weil er sich für die NSDAP betätigt habe. In seinem SS-Dossier wurden die peinlichen Details übergangen; es wurde nur festgestellt, daß er aus nichtdienstlichen Gründen und entgegen dem Rat seiner unmittelbaren Vorgesetzten entlassen worden sei. Er stieg in den Rängen der SS rasch auf, und schon im Juli 1932 brachte er es zum Standartenführer (Oberst). Obwohl er nur ein mageres Gehalt bezog und dies nur unregelmäßig, konnte er an Weihnachten 1931 Lina von Osten heiraten; ein mit den Nazis sympathisierender protestantischer Geistlicher vollzog die Trauung. Die Kirche war mit einem Hakenkreuz geschmückt, und die Orgel spielte das Horst-Wessel-Lied, das Marschlied der SA. Heydrich hatte schon lange Zeit vorher seinen Glauben verloren; daß er katholisch getauft war, bildete kein Hindernis für die Heirat. Lina Heydrich folgte ihrem Mann nach München, wo sie sich in die Rolle der musterhaften nationalsozialistischen Frau und Mutter stürzte. Als frischgebackener Parteigenosse war Heydrich sehr darauf bedacht, seine Vorgesetzten für sich einzunehmen. Insgeheim verachtete er Himmler, der sich für eine Reinkarnation des mittelalterlichen Königs Heinrich der Vogler hielt, und belustigte sich mit seiner Frau über den »verrückten Mystizismus« seines Chefs, doch in der Öffentlichkeit war ihre Beziehung korrekt und förmlich. Heydrich redete Himmler in unterwürfigstem Ton an und versuchte sich unentbehrlich zu machen, wobei er nutzte, was er bei der Marine über die Kunst gelernt hatte, sich einem schwierigen Vorgesetzten angenehm zu machen. Der Reichsführer SS seinerseits war beeindruckt von den Fähigkeiten seines neuen Untergebenen und sich bewußt, daß er für diese Aufgabe den richtigen Mann ausgesucht hatte. Himmler zufolge war Heydrich ein geborener Geheimdienstmann, »eine lebendige Registriermaschine, das Gehirn, das alle Fäden kannte und sie immer wieder knüpfte«. Die Informationen, die er lieferte, kamen Himmlers eigenen Intrigen zustatten und legten das Fundament zu einer Partnerschaft, die beide Männer immer weiter nach oben in der NS-Hierarchie führen sollte. Lina Heydrich behauptete später, ihr Mann sei in Wahrheit die treibende Kraft hinter dem farblosen Himmler gewesen und habe ihn schonungslos vorangetrieben. Wahrscheinlicher aber ist, daß beide einander ausnutzten, daß Heydrichs Wissen und organisatorisches Können Himmlers Ehrgeiz und seine gesicherte Position in der Partei ergänzten. Eine weniger formelle Beziehung unterhielt er zu Ernst Röhm, dem Führer der SA, der zusammen mit Himmler im Juli 1933 Patenonkel von Heydrichs erstem Kind Klaus wurde. Heydrich hatte insgeheim Vorbehalte gegenüber Röhm, einem berüchtigten Homosexuellen, betrachtete aber die Verbindung zu dem mächtigen SA-Führer als ein Mittel, seinen eigenen Aufstieg zu fördern. Röhm war Hitlers engster Freund und befehligte die Organisation, der die SS damals noch untergeordnet war. Seine Freundschaft konnte einem Mann, den viele aus der alten

Garde der NSDAP als Emporkömmling verachteten, nur nützlich sein. Als sich nach Hitlers Machtübernahme die Situation veränderte, empfand Heydrich keine Skrupel, bei Röhms Ermordung unterderhand mitzumischen.

Die größte Gefährdung seiner Karriere in diesen frühen Jahren bildete das alte Gerücht über seine Familie, das wieder aufkam und ihm zu schaffen machte. Seine Frau erzählte später, im Februar 1932, ein paar Monate nach ihrer Hochzeit, hätten frühere Marinekameraden ihres Mannes, nachdem sie von seiner Zugehörigkeit zu SS erfahren hatten, gegenüber dem Gauleiter von Halle erklärt, Heydrich heiße eigentlich Süß und sei Jude. Diese Denunziation bezeugte seine anhaltende Unbeliebtheit bei seinen früheren Kameraden, die sich schon in frühesten Kadettentagen fest eingewurzelt hatte. Der Gauleiter meldete die Sache unverzüglich an die Parteizentrale in München, wo eine gründliche Untersuchung der rassischen Vergangenheit von Heydrichs Familie in Angriff genommen wurde. Sie führte zu dem Ergebnis, daß Heydrich »frei von farbigem und jüdischem Bluteinschlag« sei, konnte aber das Gerücht nicht zum Verstummen bringen. Es machte weiterhin in führenden NS-Kreisen die Runde und war den ausländischen Journalisten in Berlin bestens bekannt. 1935 und 1937 sah sich Heydrich genötigt, mit gerichtlichen Schritten gegen Leute zu drohen, die behaupteten, er sei jüdischer Abstammung, und noch 1940 wurde ein hallensischer Bürger ins Gefängnis geschickt, weil er die unwahre Behauptung wiederholt haben soll, »Heydrich und sein Vater seien nichtarischer Abstammung«. Doch zu diesem Zeitpunkt mußte jemand schon sehr tapfer oder sehr töricht sein, wenn er es riskierte, Heydrichs Zorn zu erregen, indem er öffentlich seine Vergangenheit aufrührte. Wer das wagte, hatte alle Aussichten, in dem totalitären Polizeiapparat, den Heydrich geschaffen hatte, spurlos zu verschwinden.

Die zwei Jahre bis zu Hitlers Machtergreifung verbrachte Heydrich damit, den SD aufzubauen, Spitzel im Parteiapparat zu enttarnen und sich den unerwünschten Aufmerksamkeiten der politischen Abteilung der Münchner Polizei zu entziehen. Es war eine gefährliche, von Ungewißheit erfüllte Zeit. Mörderische Straßenschlachten zwischen den Nazis und ihren Gegnern waren an der Tagesordnung, und viele sprachen von einem bevorstehenden Bürgerkrieg. SA und SS waren zeitweise verboten, so daß Heydrich sich gezwungen sah, im Untergrund zu arbeiten. Sein Gehalt ging nach wie vor unregelmäßig ein, und zusammen mit seinen

Gehilfen mußte er sich oft mit einer dünnen Suppe, die seine Frau gekocht hatte, halbwegs den Magen füllen. Doch all das schreckte ihn nicht ab. Er war bereit, mit ganzem Einsatz für den Sieg der Nazis zu kämpfen; sein eigenes wie auch Deutschlands Heil war für ihn unlösbar mit Hitlers Triumph verbunden. Von Anfang an legte Heydrich eine große Begabung für die Geheimdienstarbeit an den Tag. Er richtete eine Zentralkartei potentieller Nazigegner ein und unternahm Fahrten durchs Land, um ein Korps von Agenten anzuwerben, darunter seinen Bruder Heinz, der inzwischen in Berlin als Journalist tätig war. Heydrichs Ziel war es, einen aus Profis bestehenden Geheimdienst als eine separate Elite innerhalb der SS auf die Beine zu stellen. Er war selbstsicher genug, sich mit intelligenten jungen Männern zu umgeben, behielt aber seine Untergebenen scharf im Auge, gewährte ihnen nie Einblick in das Gesamtbild und ließ ebensowenig zu, daß sie Zugang zu höheren Parteikreisen erhielten. Er holte sich seine Mitarbeiter aus lokalen SS-Gruppen und brachte seinen Stab in einem abgelegenen Haus in einem Münchner Vorort unter, weit weg von der Parteizentrale, wo ihm zu viele Leute in die Karten schauen konnten. Er wollte den SD als Sonderorganisation innerhalb der SS aufbauen, die nur ihm persönlich verantwortlich war. Der SD sollte seinen eigenen Nimbus, seinen eigenen Stil bekommen, ebenso exklusiv wie der des Marineoffizierskorps, das ihn ausgeschlossen hatte. Heydrichs Vorbild war der British Secret Intelligence Service (SIS), dem er nur auf den Seiten der Spionageromane begegnet war, die er in der Marine verschlungen hatte. Wie zahlreiche Nazis war er vom Britischen Empire fasziniert und schrieb sein Gedeihen der raffinierten Spionage der Briten zu. Er war der Überzeugung, daß die Briten die Spionage als ehrenwerten Beruf betrachteten, eines Gentlemans und Patrioten keineswegs unwürdig. In Heydrichs Augen war jeder Engländer bereit, dem Secret Service zu helfen, und betrachtete dies als seine selbstverständliche Pflicht. Die Macht Großbritanniens beruhte folglich im Grunde auf dem Secret Service, da die Bestinformierten einen großen Vorteil gegenüber anderen hatten – was für die Handelskonkurrenz ebenso gut wie für die Politik galt. Diese englische Einstellung zur geheimdienstlichen Arbeit als einer Sache für Gentlemen hatte die SS Heydrichs Worten nach als ihr Ideal übernommen. Die englischen Agenten seien die Crème des Establishments, eine Elite innerhalb der Elite. Heydrich machte sich daran, dieses Muster zu kopieren, und bemühte sich, junge Männer bürgerlicher Herkunft mit akademischer Ausbildung anzuwerben wie etwa seinen späteren Protegé Walter Schellenberg, einen Rechtsanwalt, der sich 1934 der SS anschloß, weil sie in ihren Reihen den besseren Menschentyp habe. Heydrich zufolge sollten die Angehörigen des SD »Vertrauensleute« sein, tätig aus ideellen Motiven, Personen, »die aufgrund ihrer Lebensleistung, ihrer fachlichen Tüchtigkeit und ihres objektiven, nüchternen Urteils Ansehen in der Bevölkerung genießen«. Es hieß sogar, er habe sich die Bezeichnung »C« zugelegt, weil dies der traditionelle Deckname für den Chef des SIS war. Allerdings ist zweifelhaft, ob Heydrich in jenen frühen Zeiten des SD über eine solche Information verfügte; vermutlich fand er sein Vorbild in größerer Nähe. Es kann ihm nicht unbekannt geblieben sein, daß Hitler von Altnazis »der Chef« oder »C« genannt wurde. Daß er sich die Bezeichnung aneignete, ist bezeichnend sowohl für sein Verlangen, sich mit dem »Führer« zu identifizieren, wie für die Machtgier, die seine ganze Persönlichkeit prägte.

Obwohl ihm das englische Vorbild so großen Eindruck machte, schuf Heydrich eine Organisation ganz nach seiner Vorstellung. In den SD gelangten Söhne der bürgerlichen Schichten, die ebenso wie er die Weimarer Republik ablehnten, junge Männer, ungehemmt von den allgemein akzeptierten Verhaltensnormen. Es wäre jedoch ein Fehler, Heydrich als bloßen Machttechniker zu betrachten, einen amoralischen Opportunisten, der seine Fertigkeiten der SS anbot, um den Konsequenzen seiner Entlassung aus der Marine auszuweichen. Sein kalt wirkendes Äußeres verdeckte mächtige ideologische und emotionale Triebkräfte, die Heydrich zu einem wirklich gefährlichen Menschen machten. Ganz bewußt gestaltete er den SD als das Werkzeug von Hitlers »nationaler Revolution«. Sobald die NSDAP an die Macht gelangt war, sollte er Juden und Marxisten ausrotten, an der inneren Front den Feind zermalmen als Vorspiel zu einem Eroberungskrieg, der Versailles rückgängig machen und ein Tausendjähriges Reich einleiten werde. In diesem letzten, umwälzenden Ringen um Deutschlands Lebensraum sollte es keinen Dolchstoß geben wie 1918. Zudem waren die Juden und die Marxisten nicht seine einzigen Ziele. Heydrichs Drang zur Macht wurde angefeuert von einem primitiven Verlangen nach Rache nicht nur an den »Novemberverrätern«, sondern auch an den Symbolen des alten, kaiserlichen Deutschland. Sein Haß auf diese Symbole – das Offizierskorps, das Beamtentum, die Kirchen – war grenzenlos, und bis zum Ende seines Lebens sollte er nach ihrer Vernichtung streben. Die Anhäufung von Macht im Namen der Sicherheit sollte Heydrich die Mittel verschaffen, ein konservatives Establishment zu bestrafen, das seine Familie gedemütigt und ihn aus der Marine ausgestoßen hatte. Womit er sich nicht verbünden konnte, das wollte er beiseite fegen und durch eine neue, arische Aristokratie, die SS, ersetzen. Dies war in der Frühzeit in München noch ein fernes Ziel. Vor Hitlers Machtergreifung war der SD eine winzige Organisation mit einem Stab von nur sieben Leuten in der Zentrale und nicht mehr als vierzig vollamtlichen Mitarbeitern, die über ganz Deutschland verteilt waren. Er war nicht einmal die einzige Geheimdienstorganisation der NSDAP. Doch Heydrich träumte bereits davon, Hitlers oberster Geheimdienstmann zu werden. Er stellte sich den SD als den Kern eines NS-Sicherheitssystems vor, das er formen und steuern konnte, ein Instrument für seinen eigenen, hochfliegenden Ehrgeiz. Er war scharfsichtig genug zu erkennen, daß »in den modernen totalitären Herrschaftssystemen das Prinzip der Staatssicherheit keine Grenze kennt und folglich der Inhaber dieser Funktion zu annähernd unumschränkter Macht gelangen muß«.

2. *Hitlers Geheimpolizist*

Hitlers Ernennung zum Reichskanzler im Jahr 1933 ermöglichte einen legalen Zugang zur Macht und holte die Politik von der Straße. Die Nazis stürzten die politische Ordnung nicht, sondern infiltrierten den Staat und eroberten ihn von innen. Himmler und Heydrich erkannten rasch, daß in der durch Hitlers Ernennung zum Kanzler geschaffenen Situation SS und SD für ihre Ambitionen zu klein und zu schwach waren. Nun kam es darauf an, einen Vorposten in der Staatsbürokratie zu erobern und zu halten, der dann so geformt werden konnte, wie es ihren eigenen Zwecken dienlich war. Da die SS in der Partei eine polizeiähnliche Rolle innehatte, war es naheliegend, daß sich ihre Bemühungen auf die Polizei und namentlich auf die politische Polizei konzentrierten, die den größten Spielraum für Aktivitäten bot, die sich am Rande und außerhalb der Legalität bewegten. Im Deutschland der Weimarer Republik gab es keine gesamtstaatliche Polizei; die polizeilichen Hoheitsaufgaben wurden von den Regierungen der verschiedenen Länder wahrgenommen. Himmler und Heydrich planten, dieses System zu zentralisieren, es mit der SS zu verschmelzen und ein neues Staatsschutzkorps als Instrument des »Führerwillens« zu schaffen. Es sollte Hitler direkt unterstehen und frei von rechtlichen und politischen Beschränkungen sein. Dieses Sicherheitsimperium würde der SS eine führende Rolle im neuen Deutschland garantieren und könnte gegen Widersacher inner- wie außerhalb der Partei eingesetzt werden. Im Januar 1933 gab Heydrich vorübergehend seine Position als Stabsführer des SD auf, um in Himmlers Stab die direkte Verantwortung für die Ausführung dieses Vorhabens zu übernehmen. Die kleine Geheimdienstorganisation wurde in den Hintergrund geschoben, während ihre Schöpfer sich darauf konzentrierten, sich der Hebel der Staatsmacht zu bemächtigen.

Viele Hindernisse waren zu überwinden, bis die SS den gesamten deutschen Polizeiapparat in der Hand hatte. Nach dem Januar 1933 verlagerte sich das Zentrum der Tätigkeit der NSDAP von München nach Berlin, während Hitler geschickt seine Position auf Kosten der traditionell-konservativen Politiker konsolidierte, die ihm zur Kanzlerschaft verholfen hatten. Himmler und Heydrich wurden an den Rand des Geschehens verwiesen. Noch nicht in die Spitze der Partei aufgerückt, mußten sie in München untätig abwarten, während anderswo Politik gemacht wurde. Bayern wurde noch nicht von Nazis regiert, und Hitler zögerte, die Landesregierung aus dem Weg zu räumen, ehe seine eigene Position besser gefestigt war. Ministerpräsident Held drohte, er werde sich jedem Versuch widersetzen, seine Regierung zu stürzen, und seine politische Polizei machte den Nazis weiterhin Schwierigkeiten. Solange diese Situation fortbestand, war der SS-Plan zum Scheitern verurteilt. Die einzige offizielle Funktion, die Heydrich Anfang 1933 angeboten wurde, war die eines »Sicherheitsexperten« bei der deutschen Delegation, die an der internationalen Abrüstungskonferenz in Genf teilnahm. Er war in der Welt der Diplomatie, die alle seine bitteren Ressentiments gegen das alte Deutschland weckte, ein Fremdkörper und lehnte das ganze Konzept der Abrüstung ab, weil er darin ein Werkzeug sah, um die Fesseln des Versailler Vertrags zu verewigen. Aus seiner Sicht waren Verhandlungen eine Sache von Schwächlingen und eines wahren Deutschen unwürdig. Er machte kein Hehl aus seiner Verachtung für die Diplomaten mit ihren »schäbigen Kompromissen« und erregte mit seiner zur Schau getragenen Unverschämtheit allgemein Ärgernis. Er war schnell berüchtigt für sein hemmungsloses Benehmen in den Genfer Bars und Nachtklubs. Heydrichs Entsendung fand ein abruptes und würdeloses Ende, als er auf Ersuchen des Botschafters zurückbeordert wurde, weil er, um den Manager des Hotels zu ärgern, in dem die deutsche Delegation wohnte, heimlich eine Hakenkreuzfahne vom Dachfirst herabgelassen hatte.

Die politische Bedeutungslosigkeit Himmlers und Heydrichs währte bis nach den Wahlen im März 1933, als der Reichstag das Ermächtigungsgesetz verabschiedete, das die letzten Reste des Parlamentarismus beseitigte und Hitler beinahe unumschränkte Macht gewährte. Erst da fühlte sich der neue »Führer« sicher genug, die bayerische Landesregierung in München zu entlassen und einen Generalstaatskommissar einzusetzen. Damit das offizielle Telegramm auch ja seinen Adressaten erreichte, drang Heydrich mit einem Stoßtrupp in das Münchner Telegraphenamt ein und holte sich die wichtige Nachricht mit vorgehaltener Pistole. Dann raste ein Konvoi aus schwarzen Limousinen, besetzt mit bewaffneten Nazis, zu den Regierungsgebäuden und zum Polizeipräsidium, die kampflos fielen. Der Sicherheitsapparat in Bayern wurde über Nacht reorganisiert. Himmler wurde Chef der politischen Polizei und Heydrich sein Stellvertreter. Von Anfang an zeigte sich Heydrich daran desinteressiert, ob seine Beamten, von denen viele im Auftrag des vorigen Regimes die Nazis verfolgt hatten, weltanschaulich eine weiße Weste vorweisen konnten. Statt drastische Säuberungen vorzunehmen, behielt er qualifizierte Beamte, die ihm gute Dienste leisteten. Zu diesen gehörte Heinrich Müller, ein Mitglied der politischen Abteilung der Münchner Polizei, der sich auf das Schlimmste gefaßt gemacht hatte und statt dessen von Heydrich in seiner Position belassen wurde; später sollte er als Gestapochef berüchtigt werden. Mit klarem Blick erkannte Heydrich, daß das pure Eigeninteresse die Loyalität dieser neuen Untergebenen verbürgte, die ohne den Schutz der SS einer düsteren Zukunft entgegenblicken mußten. Der von Heydrich geschaffene neue Apparat wurde von Himmler dafür eingesetzt, jeglichen Widerstand gegen die Konsolidierung der NS-Herrschaft in Bayern zu zerschlagen. Die Polizei wurde zu einem Instrument des administrativen Terrors, dem die Gerichte keine Zügel anlegten. Die führenden Persönlichkeiten der Parteien, der Gewerkschaften und der jüdischen Gemeinden wurden verhaftet und in ein neugeschaffenes Konzentrationslager bei Dachau verbracht. Bis Ende 1933 hatten hinter seinen Stacheldrahtzäunen schon über 16000 Opfer schwere Mißhandlungen und Erniedrigungen erduldet. Die Mehrzahl wurde nach einem kurzen Aufenthalt unter Auflagen entlassen, damit sie weitererzählten, welches Schicksal die Gegner der Nazis erwartete. Himmler achtete darauf, diesen Zwangsapparat durch eine Politik des Teilens und Herrschens in der Hand zu behalten. Heydrich blieb die Zuständigkeit für Dachau vorenthalten, dessen Kommandant SS-Oberführer Theodor Eicke, ein vormaliger Polizist, wurde. »Papa« Eicke stellte seine eigenen brutalen Regeln auf, stachelte die Wachmannschaften zu einem giftigen Haß auf die Insassen an und schärfte ihnen ein, daß Mitleid mit einem Staatsfeind eines SS-Mannes unwürdig sei.

Von ihrer gefestigten Position in Bayern aus konnten Himmler und Heydrich darangehen, die Polizei in den kleineren deutschen Ländern zu übernehmen. Preußen jedoch, das größte Land, blieb ihnen trotz unablässiger Intrigen verschlossen. Solange Preußen nicht gewonnen war, mußte der Traum eines von der SS gesteuerten totalitären Polizeisystems Stückwerk bleiben. Die Macht in Preußen lag in den Händen Hermann Görings, der zuerst Innenminister, dann Ministerpräsident war. Während Heydrich mit seinen Schweizer Eskapaden beschäftigt war, konsolidierte Göring mittels der Kontrolle über die preußische Polizei seine Stellung in der vordersten Reihe der NSDAP. Ja, es sah ganz danach aus, als würde er den SS-Plan verhindern, indem er ihn selbst übernahm. Die uniformierte Polizei wurde durch NS-Elemente verstärkt, während antinazistische Beamte entlassen wurden. Im April 1933 wurde die politische Polizei Preußens der Kontrolle durch das Gesetz entzogen und zu einem eigenen Apparat umgestaltet, der Geheimen Staatspolizei (Gestapo), die als Hauptquartier eine ehemalige Kunstschule in der Prinz-Albrecht-Straße in Berlin bezog. Göring brüstete sich offen damit, daß seine Sicherheitskräfte über dem Gesetz stünden und eingesetzt würden, um jegliche Opposition zu zermalmen. Himmlers Repräsentant in Berlin, Gruppenführer Kurt Daluege, verband sich mit Göring, da er Himmler als Reichsführer SS zu verdrängen hoffte, wenn er sich jemandem anschloß, der wirklich Macht besaß. Als Heydrich im März 1933 Daluege aufsuchte, um Himmlers Einfluß durchzusetzen, wurde er nicht vorgelassen und wie ein lästiger Bittsteller abgefertigt. Göring soll sich gebrüstet haben, daß Himmler und Heydrich »niemals nach Berlin kommen« würden.

Die anhaltenden Machtkämpfe unter den Naziführern boten ihnen jedoch schon bald die ersehnte Gelegenheit. Hitler beseitigte 1933 zwar die politische Opposition und die Gewerkschaften, aber er zögerte, andere Machtfaktoren herauszufordern, insbesondere das Offizierskorps, dem zuzutrauen war, daß es sein Regime stürzte, falls dieses die Privilegien der Militärs anzutasten wagte. Hitlers Vorsicht fand nicht überall in der Partei Anklang, und seine zögerliche Haltung verärgerte besonders Ernst Röhm, den Stabschef der SA, der eine gründliche Säuberung forderte. Röhm, ein brutaler Gesetzesverächter ohne die bürokratischen Talente Himmlers und Heydrichs, verlangte eine »zweite Revolution«, aus der seine Braunhemden als Sieger hervorgehen sollten. Er machte kein Hehl aus seinem Verlangen, das Militär unter seine Kontrolle zu bringen und der traditionellen Machtstellung des deutschen Offizierskorps ein Ende zu bereiten. Er schmähte die Generäle als »alte Trottel« und lag Hitler mit der Forderung in den Ohren, ihn zum Kriegsminister zu machen. Seine Verachtung wurde von den Spitzen der Wehrmacht, die die SA als eine Bande von »Kassendieben, Trunkenbolden und Homosexuellen« betrachteten, von Herzen erwidert. Hitler fand zusehends weniger Gefallen an Röhms Treiben. Er hatte sich im Kampf um die Macht der revolutionären Drohung bedient, die die SA darstellte, aber jetzt wurden ihre Forderungen politisch lästig: »Fortan war er der Staat, und es war seiner unwürdig, alten Kameraden um den Bart zu gehen, deren Erinnerungen allein darin bestanden, wie sie Straßenschlachten geliefert und der Polizei die Köpfe verdroschen hatten.« In dem erbitterten Streit zwischen SA und Wehrmacht ergriff Göring die Partei der Generale. Er hatte ebenfalls das Kriegsministerium im Visier und sah in Röhm einen gefährlichen Rivalen. Und diese Situation konnten Himmler und Heydrich ausnutzen, um ihre eigene Position zu verbessern. Im April 1934 übergab Göring im Tausch für die Unterstützung der SS bei seiner Fehde gegen Röhm widerstrebend die Gestapo im Himmlers Hände. Beide Seiten hatten nicht den geringsten Zweifel an der wahren Bedeutung dieses Handels, der auf nichts Geringeres abzielte als die Ermordung der gesamten SA-Führung.

Göring und Himmler überließen die Details ihrer Verschwörung Heydrich, der mit seiner gewohnten Kombination von Zynismus und Effizienz ans Werk ging. Offensichtlich bereitete es ihm keinerlei Skrupel, den Tod eines Mannes zu planen, der nur ein paar Monate vorher Pate seines ersten Kindes gewesen war. Heydrichs Aufgabe bestand darin, die wachsenden Spannungen zwischen Wehrmacht und SA zu nutzen, um Hitler zu einem drastischen Schritt gegen seinen einstigen Kampfgefährten zu zwingen. Seine Männer machten sich an die Arbeit; sie fabrizierten schon bald »Beweise«, daß Röhm einen Putsch plane, und setzten Gerüchte in die Welt, die dazu bestimmt waren, die Situation aufzuheizen. Heydrich fand willige Komplizen in den Generalen, die bereit waren, jeden als Bundesgenossen zu akzeptieren, der ihnen half, Röhm zu Fall zu bringen. Der Chef des Wehrmachtsamtes im Reichswehrministerium, General Walther von Reichenau, war regelmäßiger Besucher in der Gestapozentrale. Reichenau, »der in Heydrich einen kongenialen Partner erkannt hatte, stellte dem SD-Chef Kasernen, Waffen und Transportmittel für den großen Coup zur Verfügung«. Die Armee gedachte sich aus der Säuberung herauszuhalten, während die SS die Drecksarbeit machte. Hitler selbst zögerte zunächst, mit Röhm abzurechnen, aber am 30. Juni 1934 schlug er schließlich zu und vernichtete die politische Machtstellung der SA. Ob er nun tatsächlich glaubte, Röhm plane einen Putsch, oder nicht – klar war, daß das Offizierskorps ein Fortdauern der Situation nicht dulden und das Regime sich ohne die Unterstützung der Wehrmacht nicht würde halten können. Heydrichs Bemühungen hatten Hitler den Vorwand für einen Schritt geliefert, der zu einer politischen Notwendigkeit geworden war. Während die Soldaten in ihren Kasernen blieben, traten die

Todeskommandos der SS in Aktion. Röhm wurde an seinem Ferienort in Bayern von Hitler verhaftet und im Gefängnis Stadelheim in München zusammen mit seinem Stab exekutiert. Zur gleichen Zeit schwärmten in Berlin Heydrichs Männer aus, bewaffnet mit Todeslisten, die schon lange vor dem angeblichen Staatsnotstand zusammengestellt worden waren. Die SA-Führung in der Hauptstadt wurde kampflos zusammengetrieben und in der SS-Kaserne in Lichterfelde von einem Erschießungskommando liquidiert. Aber die Gestapo erledigte nicht nur prominente SA-Männer, sondern auch andere Personen, die dem Regime im Weg waren. Heydrich hatte es unter anderen auf Franz von Papen abgesehen, der Hitlers Vizekanzler und konservatives Mitglied der Zentrumspartei war. Papen gehörte zu jenen, die versucht hatten, Hitler zu manipulieren; zu spät merkte er, daß er sich verrechnet hatte. Beeinflußt von seinen Beratern, hatte er sich dazu hinreißen lassen, an den Nazis öffentlich Kritik zu üben. Am 30. Juni schlugen SS-Männer die Türen zu seinem Amtssitz ein, erschossen seinen Pressesekretär und verhafteten seine übrigen Mitarbeiter. Die Panzerschränke wurden aufgesprengt, ihr Inhalt beschlagnahmt. Nur das Eingreifen Görings rettete Papen vor einer SS-Kugel. Andere hatten nicht soviel Glück. Ein konservativer Katholik, Dr. Erich Klausener, Ministerialrat im Verkehrsministerium, wurde von einem SS-Mann erschossen, der von Heydrich den Befehl erhielt, das Verbrechen als Selbstmord zu tarnen.

Die Säuberungsaktion im Zusammenhang mit dem »Röhm-Putsch« stellte den Sieg von Technokraten der Macht über den gedankenlosen Aktionismus auf der Straße dar. Im Unterschied zu Himmler und Heydrich hatte Röhm nicht begriffen, wie wichtig es war, den Staat zu infiltrieren, und dies teuer bezahlt. Hitler hatte schon vor dem 30. Juni Himmler ausgezeichnet, indem er den SD zum alleinigen Geheimdienstapparat der NSDAP machte – ein Symbol der Bedeutung, die er der SS als entscheidender Garantin seiner Autorität innerhalb der Bewegung beimaß. Nach der Säuberungsaktion konnte die SS weitere bedeutsame Gewinne verbuchen. Die SA wurde Viktor Lutze unterstellt, einer politischen Null, und an die Peripherie der Macht verbannt. Die SS war nicht länger den diskreditierten Braunhemden unterstellt und wurde zu einer selbständigen, nur Hitler verantwortlichen Organisation. Im Kielwasser dieser Veränderungen bauten Himmler und Heydrich ihr Sicherheitsimperium mit Nachdruck aus. Die Gestapo wurde mit Hilfe von Männern wie Müller, die nach Berlin versetzt wurden, reorganisiert und ihre Zuständigkeit auf ganz Deutschland ausgedehnt. Zugleich wehrte die SS die Versuche des Innenministers, des farblosen Wilhelm Frick, ab, sich ihrer expandierenden Repressionsmaschinerie zu bemächtigen. Auch dem Reichsjustizministerium wurde nicht gestattet, in die geschlossene Welt der Sicherheitspolizei einzudringen. Anwälte, mochten sie auch Parteigenossen sein, waren den politischen Soldaten der SS verhaßt, die keine andere Autorität als den Willen des »Führers« anerkannten. Die Einrichtung dieses autonomen Systems wurde im Juni 1936 offiziell anerkannt, als Himmler zum Chef der Deutschen Polizei ernannt wurde, eine Position, die er mit seinem Parteiamt als Reichsführer SS verband. Heydrich wurde Chef der Sicherheitspolizei (SIPO), die die Gestapo und die Kriminalpolizei einschloß, während seinem früheren Rivalen Kurt Daluege die Ordnungspolizei (ORPO) unterstellt wurde. Das Personal der SIPO wie der ORPO wurde schrittweise in die SS übernommen, so daß ein Apparat entstand, der weder dem Staat noch der Partei, sondern allein Hitler verantwortlich war. Der SD wurde nicht formal in die SIPO integriert, obwohl ihre Funktionen einander teilweise überlagerten, und zwischen ehrgeizigen jungen SD-Intellektuellen wie Walter Schellenberg und Berufspolizisten wie »Gestapo-Müller« kam es zu Reibereien. Obwohl Heydrich zunächst erwog, den Nachrichtendienst der Partei mit der politischen Polizei zu verschmelzen, fand er es nützlich, den unabhängigen Status des SD zu erhalten, so daß es nie zu einem vollkommenen Zusammenschluß kam. Im September 1939 wurden beide dem neugeschaffenen Reichssicherheitshauptamt unterstellt. Das RSHA, eigentlich eine Dachorganisation für die verschiedenen von Heydrich gelenkten Ämter, war ein wahrer Dschungel konkurrierender Zuständigkeiten und kleinlicher Intrigen, der nur von der Person seines Chefs zusammengehalten wurde.

Von Anfang an sahen Himmler und Heydrich in der Polizei ein politisches Herrschaftsinstrument. Himmler definierte die Aufgabe der von der SS geführten Polizei als »innere Verteidigung«, ein Begriff, der sich beliebig erweitern ließ. Nach Heydrichs Auffassung waren die alten Feinde der Bewegung durch die Machtergreifung der NSDAP nicht ausgerottet worden. Sie seien einfach abgetaucht und arbeiteten im Untergrund und im Bunde mit dem »Weltjudentum« weiterhin an der Zerstörung des neuen Deutschland. Unablässige Wachsamkeit sei vonnöten, um sämtliche Quellen einer potentiellen Opposition zu entlarven und auszumerzen.

Er war der Chirurg, der das Vaterland retten würde, indem er erbarmungslos jede Spur von weltanschaulicher oder moralischer Infektion tilgte. In Verfolgung dieser Grundsätze wurde die Gestapo von den letzten Überbleibseln einer Kontrolle durch die Justiz befreit und zu einem autonomen Organ. Sie hatte die Befugnis, Personen ohne Prozeß in Gewahrsam zu halten, und konnte ihre Gefangenen direkt dem wachsenden KZ-Imperium der SS unter Theodor Eicke zuführen. Es waren nicht nur politische Gegner, die unter diesem System zu leiden hatten. Heydrichs Sicherheitspolizei versuchte auch, Deutschland von »antisozialen Elementen« wie Gewohnheitsverbrechern, Homosexuellen, Trinkern und »Arbeitsscheuen« zu säubern. Leute, die diesen Kategorien angehörten, wurden einfach aufgrund ihres Strafregisters festgenommen und in die Lager eingeliefert. In der Sicherheitspolizei besaß Heydrich ein Werkzeug der Tyrannei, wie es in der deutschen Geschichte noch nicht dagewesen war, doch seine Machtgier war damit noch immer nicht gestillt. Ständig intrigierte er um die Zuständigkeit für die Konzentrationslager, um damit die gesamte Repressionsmaschinerie in die Hand zu bekommen. Über den brutalen »Papa« Eicke hielt jedoch Himmler die Hand, der sich davor hütete, seinem energischen Untergebenen die gewünschten grenzenlosen Vollmachten zu gewähren. »Der Name Eicke bezeichnete ein empfindliches Loch im Kontrollnetz Heydrichs.«

In Heydrichs Bemühungen, Deutschland von »antisozialen« Elementen zu säubern, nahmen die Juden einen besonderen Platz ein. In der NS-Mythologie waren die Juden der Feind schlechthin, die Agenten einer bösartigen internationalen Verschwörung gegen die arische Rasse. Von Anfang an wurden jüdische Organisationen von der Sicherheitspolizei scharf überwacht; schon 1939 war die SS in der »Judenfrage« tonangebend. Für Himmler und Heydrich sah die Lösung einfach aus: Die Juden hatten im neuen Deutschland nichts zu suchen und mußten durch eine Kombination von Enteignung und Deportation aus dem Land getrieben werden. Die reichen Juden waren zu zwingen, die Auswanderung ihrer ärmeren Glaubensbrüder zu bezahlen. Den ersten Schritt in diese Richtung tat ein junger SD-Beamter namens Adolf Eichmann, nachdem sich die Nazis im März 1938 Österreichs bemächtigt hatten. Er vervollkommnete ein zentralisiertes, bürokratisches Verfahren zur Ausplünderung und Vertreibung der österreichischen Juden, wobei er moderne Managementmethoden in den Dienst des irrationalen Antisemitismus stellte, der dem Nationalsozialismus wesenseigen war. Im Januar 1939 wurde das System auf das übrige Reich ausgedehnt, als Resultat einer Direktive zur Einrichtung einer »Zentralstelle für jüdische Auswanderung« – eine Aufgabe, die Heydrich zuerst an »Gestapo-Müller« und dann an Eichmann delegierte. Diese Direktive, die sich über konkurrierende Zuständigkeiten von Staat und Partei hinwegsetzte, symbolisierte, daß sich die SS im Ringen um die »Judenpolitik« durchgesetzt hatte. Das war nicht weiter überraschend. Die »jüdische Frage« wurde von Anfang an als eine Angelegenheit der nationalen Sicherheit definiert, bei der es um die Wahrung der »Rassereinheit« des deutschen Volkes ging; damit war sie naheliegenderweise Sache der Sicherheitspolizei. Für die SS wie für Hitler sollte die »rassische Säuberung« des Reichs ebenso wie die Wiederaufrüstung der Vorbereitung für den Krieg dienen, das Endziel des nazistischen Staats. Ehe der unvermeidliche Kampf um den »Lebensraum« begann, sollte das Reich vom inneren Feind gesäubert werden. Nie mehr durfte es dazu kommen, daß Deutschland durch einen »Dolchstoß« um seine Bestimmung als Weltmacht gebracht wurde.

Die Polizei war nicht nur ein Repressionsinstrument, sondern auch eine Waffe im politischen Dschungel des Dritten Reichs. Himmler verfolgte das Ziel, alle Konkurrenten inner- wie außerhalb der Partei aus dem Weg zu räumen und schließlich einen von der SS beherrschten Nazistaat zu errichten. Mit dem Mord an Röhm war ein Anfang gemacht worden, aber es blieben noch viele hemmende Schranken, namentlich der anhaltende Einfluß, den die alten Eliten noch in den ersten Jahren des Hitler-Regimes ausübten. Anders als Röhm suchte Himmler keinen offenen Streit mit dem Establishment, sondern ging indirekt vor, unterspülte die Position der tonangebenden Kreise mit einem Strom von Intrigen und Verunglimpfungen. In dieser Kampagne spielte Heydrichs Sicherheitsapparat eine vorrangige Rolle. Für seinen Angriff auf die Überreste der alten Ordnung hätte Himmler sich keinen besseren Gehilfen aussuchen können. Heydrich legte von Anfang an einen tiefen persönlichen Haß auf das alte Deutschland an den Tag und suchte dessen Repräsentanten nicht nur zu diskreditieren, sondern auch zu demütigen, oft mittels – echter oder erfundener – Sexualskandale. Ein Angriffsziel der SS war die institutionalisierte Religion, insbesondere die katholische Kirche. Himmler war voller Argwohn gegenüber einer Institution, die eine eigenständige Existenz innerhalb des NS-Staats aufrechtzuerhalten versuchte und deren entscheidende Loyalität Rom galt. Er betrachtete sie als eine ideologische Herausforderung an die SS, die Jesuiten der neuen arischen Ordnung, und ihren Einfluß auf die Jugend als verderblich. Heydrich betrieb den Kampf der SS gegen die Kirche mit schonungsloser Gehässigkeit. Er verachtete zwar den archaischen teutonischen Mystizismus, dem Himmler erlegen war, aber ebensosehr das Christentum als eine Religion der Schwachen, als Antithese zur Philosophie des Daseinskampfes, die allein Deutschland groß machen könne. In den Katholiken sah er eine besondere Gefahr, da sie dem Papst die sittliche Gefolgschaft schuldeten und damit die Vision einer hinter dem Führer geeinten deutschen Rassegemeinschaft bedrohten. Es kam nicht von ungefähr, daß die SS während des »Röhm-Putsches« prominente Katholiken wie Papen und Dr. Klausener aufs Korn genommen hatte, denn sie war entschlossen, die politische Macht, die die Kirche in der Weimarer Zeit ausgeübt hatte, mit Stumpf und Stiel auszurotten. Heydrich konnte sich nicht verzeihen, daß er Papen damals verfehlt hatte, und saß ihm noch im Nacken, als dieser 1934 Botschafter in Wien wurde. Ein Mitarbeiter Papens wurde der Homosexualität bezichtigt und mußte ins Exil gehen. Ein anderer verschwand, als Österreich im März 1938 »angeschlossen« wurde, und seine verstümmelte Leiche wurde in der Donau entdeckt. Papen hatte keinen Zweifel, daß die Gestapo dafür verantwortlich war, und fürchtete für sein eigenes Leben, solange Heydrich unter den Lebenden weilte.

Die SS hatte es nicht nur auf die Ausrottung des politischen Katholizismus, sondern darüber hinaus auf die Zerstörung der Kirche selbst als eines Zentrums der Macht und der sittlichen Autorität abgesehen. Heydrich versuchte, die Geistlichkeit dadurch zu diskreditieren, daß er eine Reihe von Schauprozessen inszenierte, basierend auf Anklagen wegen Devisenschmuggels oder sexueller Delikte, angeblich begangen von Priestern und Nonnen, über die das SS-Organ *Das schwarze Korps* ausführlich berichtete. Später entwickelte er einen ausgeklügelteren Plan, um Niedergang und Auflösung des Katholizismus zu beschleunigen. Dem SS-Sturmbannführer Wilhelm Hoettl zufolge beabsichtigte Heydrich, die Kirche von innen her zu zersetzen, indem er seine eigenen Männer auf Priesterseminare schickte. »In 15 bis 20 Jahren, so kalkulierte Heydrich, könnten diese Emissäre Schlüsselpositionen erreicht haben und ihr Vernichtungswerk beginnen.« Ähnlich sollte gegen die protestantischen Kirchen vorgegangen werden. Doch dieses Vorhaben wurde nie ausgeführt, da Hitler beschloß, die Endabrechnung mit dem Christentum auf die Zeit nach dem Krieg zu verschieben, so daß sich Heydrich 1941 gezwungen sah, seine Kampagne zu zügeln. Seine Attacken auf den Klerus führten zu einem Bruch mit seiner Mutter, die trotz ihrer Nazisympathien eine strenggläubige Katholikin blieb. Sie söhnte sich nie mit ihrem Ältesten aus, obwohl er sie aus seinem SS-Gehalt finanziell unterstützte.

Ein weiteres Angriffsobjekt der SS war das deutsche Offizierskorps, das der Säuberung im Rahmen des »Röhm-Putsches« stillschweigend Vorschub geleistet hatte. Die Generale, die Himmler geholfen hatten, die SA zurechtzustutzen, mußten feststellen, daß sie sich einen neuen und noch gefährlicheren Rivalen geschaffen hatten. Die traditionelle Position der Armee als der einzigen Waffenträgerin der deutschen Nation geriet in Konflikt mit Himmlers Verlangen, militärische SS-Formationen auf die Beine zu stellen. Als Belohnung für die Dienste, die er Hitler in der Röhm-Affäre geleistet hatte, durfte Himmler drei Infanterieregimenter zur Ausführung der »inneren Sonderaufgaben« aufstellen, die der SS vom »Führer« zugewiesen wurden. Diese speziellen SS-Verbände waren als politische Stoßtruppen gedacht, zu Hitlers direkter Verfügung für die Unterdrückung innerer Unruhen, die Elitegarde des neuen NS-Staats. Die Entscheidung fand wenig Beifall beim Oberbefehlshaber des Heeres, Generaloberst Werner von Fritsch, einem monokeltragenden Repräsentanten der preußischen Tradition, der entschlossen war, eine weitere Ausdehnung von Himmlers militärischem Imperium zu verhindern. Die Folge war, daß er schon bald zum Ziel von Heydrichs schmutzigen Intrigen wurde. Dadurch, daß Heydrich den Streit zwischen SS und Wehrmacht vorantrieb, beglich er eine persönliche Rechnung. Das Offizierskorps repräsentierte eine Tradition, die ihn verstoßen und gedemütigt hatte, wofür er nach Rache dürstete. Außerdem war der Generalstab ein Rivale auf dem Gebiet, das er sich gewählt hatte. Es kam zu wachsenden Reibereien zwischen Heydrichs expandierendem Polizeiapparat und der Abwehr, der militärischen Spionage- und Gegenspionageorganisation, namentlich als der SD nach 1933 in den Bereich der Auslandsaufklärung einzudringen begann. Die Profis in der Abwehr betrachteten Heydrichs ungestüme junge Männer als stümperhafte Amateure – oft durchaus mit Grund, denn die anfänglichen Operationen des SD auf fremdem Boden waren alles andere als geschickt aufgezogen. 1934 versuchte Heydrich, Rudolf Formis, einen Rundfunkingenieur und Mitglied der abgespaltenen Naziorganisation Schwarze Front, entführen zu lassen. Formis strahlte über einen Geheimsender jenseits der tschechischen Grenze Propagandasendungen gegen Hitler aus. Die Operation wurde einem kleinen Team unter SS-Untersturmführer Alfred Naujocks anvertraut, der mehr für seine Muskelkraft als für seine Intelligenz bekannt war. Statt Formis ohne Aufsehen zu kidnappen, ließ sich Naujocks mit diesem in einem Hotelzimmer in eine Schießerei ein, bei der er selbst verwundet und Formis getötet wurde. Während ein Kumpan mit vorgehaltener Pistole das Hotelpersonal in Schach hielt, zerstörte Naujocks mit einer Thermitbombe den Sender, wobei er sich schwer verbrannte. Die beiden Männer flohen über die Grenze und hinterließen für die tschechische Polizei eine brandheiße Spur, darunter ihren Wagen, den sie an der Grenze einfach stehenließen. Die Affäre mußte auf Regierungsebene vertuscht werden, und Heydrich war erbost über seine beiden Untergebenen, deren Pfuscharbeit ein schlechtes Licht auf Autorität und Prestige des SD warfen.

Heydrich versuchte mit ständigen Intrigen die Abwehr zu diskreditieren und zu schwächen. Ende 1934 war die Situation so ernst geworden, daß der Reichswehrminister, Generalfeldmarschall von Blomberg, den Chef des militärischen Nachrichtendienstes, einen phantasielosen Marineoffizier namens Patzig, ablöste. An seine Stelle trat Wilhelm Canaris, ein Offizier, der, wie es schien, der ideale Mann war, um die Spannungen abzubauen. Er hatte während des Ersten Weltkriegs im Nachrichtendienst der Marine gearbeitet und war ein überzeugter Nationalkonservativer, der nach dem Waffenstillstand die Freikorps unterstützt hatte. Außerdem war Heydrich als junger Marineoffizier Canaris' Protegé und Bewunderer gewesen, ein Umstand, der die Rivalität zwischen Abwehr und SD vielleicht vermindern konnte. Oberflächlich gesehen entwickelte sich schon bald ein herzliches Einvernehmen zwischen dem kleinen, weißhaarigen Admiral und seinem ehemaligen Untergebenen. Die beiden Familien wohnten nicht weit voneinander entfernt in einem gediegenen Berliner Vorort und kamen zu Picknicks, Krocketpartien und Musikabenden zusammen, die Erinnerungen an die alten Tage in Kiel aufleben ließen. Die beiden Nachrichtendienstchefs trafen sich jeden Morgen zum Ausritt im Tiergarten. Dieses freundschaftliche Verhältnis schien sich auf beruflicher Ebene widerzuspiegeln. 1935 wurde zwischen Canaris und Heydrich ein Kompromiß zustande gebracht, der die Befugnisse von Abwehr und SD gegeneinander abgrenzte. Doch diese sogenannten Zehn Gebote waren kaum unterzeichnet, da wurden sie schon gebrochen. Hinter der Beziehung Heydrich – Canaris verbarg sich die Fortsetzung eines erbitterten politischen Ringens. Welche Maske Heydrich in der Öffentlichkeit auch aufsetzte, er traute dem »levantinischen« Canaris so wenig wie den »schrägen Fürsten« des Generalstabs. Im Sommer 1935 wurden in Telephonapparaten des Reichswehrministeriums und der Abwehr Wanzen entdeckt, die zweifellos von Agenten Heydrichs eingebaut worden waren. Canaris wiederum versuchte Belege für Heydrichs angebliche jüdische Abstammung zu sammeln, die sich in dem unterirdischen Kampf zwischen Wehrmacht und SS als nützlich erweisen mochten.

Dieser umfassendere Konflikt verengte sich rasch auf die Person von Werner von Fritsch, dem führenden militärischen Kritiker an der SS. Himmler und Heydrich unternahmen eine Reihe von Versuchen, den Heereschef zu diskreditieren. 1935 und 1936 streuten Heydrichs Agenten, um Fritschs Entlassung zu erzwingen, Gerüchte aus, er plane einen Militärputsch. Außerdem setzte eine verdeckte Kampagne ein, die Fritsch, einen spartanisch lebenden Junggesellen, in einen Sexskandal verwickeln sollte. Der Generaloberst war so unklug gewesen, einem arbeitslosen Mitglied der Hitler-Jugend Unterkunft anzubieten; den jungen Mann hatte die Gestapo auf ihn angesetzt, um ihm homosexuelle Neigungen nachweisen zu können, die sowohl gegen das Strafrecht als auch gegen den militärischen Ehrenkodex verstießen. Dieser Trick mißlang zwar, aber Heydrich konnte mit einem Erpresser, einem Kleinkriminellen namens Schmidt, aufwarten, der zu der Aussage bereit war, er habe beobachtet, wie Fritsch auf einem Berliner Bahnhof einen Jugendlichen angesprochen und sich mit ihm homosexuell betätigt habe. Doch weder die ausgestreuten Gerüchte über einen Putsch noch das Dossier über Fritschs angebliches Sexualleben konnten Hitler zum Handeln bewegen. Dieser war nach wie vor nicht bereit, sich mit dem Offizierskorps zu überwerfen, dessen Unterstützung er für sein Wiederaufrüstungsprogramm brauchte. Als Himmler im August 1936 die auf Schmidts Aussage basierende Akte vorlegte, wurde er von Hitler angewiesen, »diesen Dreck« zu verbrennen. Heydrich gab jedoch nicht auf. Die Akte wurde nicht vernichtet, sondern für eine günstigere Gelegenheit aufbewahrt, und als Fritsch 1937 einen Urlaub in Ägypten verbrachte, wurde er von SD-Agenten beschattet, weil man hoffte, er werde die Gelegenheit nutzen, um die fleischlichen Freuden

Kairos zu genießen. Da der Heereschef lediglich einen Bronchialkatarrh auskurieren wollte, erlebten die Bluthunde der SS abermals eine Enttäuschung.

Die Fehde der SS mit dem Generalstab stand auch hinter Heydrichs Beteiligung an der Tuchatschewski-Affäre 1937, einer der umstrittensten Auslandsoperationen, die der SD vor dem Kriegsausbruch startete. Durch Kontaktmänner in russischen Emigrantenkreisen in Paris erfuhr Heydrich, daß Marschall Tuchatschewski einen Putsch gegen Stalin plane und daß ihm prominente deutsche Generale dabei Hilfestellung leisten wollten. Dieses Phantasiegespinst war vermutlich von sowjetischer Seite in die Welt gesetzt worden, im Rahmen der Vorbereitungen für die große Säuberung der sowjetischen Armee, die im Sommer 1937 stattfand. Heydrichs Informant war ein Doppelagent, der im Sold sowohl des SD als auch des NKWD stand. Die Wahrscheinlichkeit spricht dafür, daß Heydrich dies wußte, aber die Möglichkeit sah, die Information zu seinem eigenen Vorteil zu nutzen. So teilte er seinem Protegé Walter Schellenberg mit: »Es läßt sich beweisen, daß diese Kontakte einen zweifachen Militärputsch zum Ziel haben, und zwar in Moskau und in Berlin, um Stalin und um den Führer aus dem Wege zu räumen. Wir können zwei Fliegen mit einer Klappe schlagen.« Wärend die SS Stalin einen Vorwand lieferte, seinen Generalstab zu säubern, konnte sie auch jene deutschen Offiziere aus dem Weg schaffen, die sie als unzuverlässig betrachtete. Es konnte nicht schwierig sein, ein Dossier zu produzieren, das Beweismaterial für verräterische Handlungen in Moskau wie in Berlin enthielt. Nach dem Ersten Weltkrieg hatte die deutsche Armee eng mit den Russen zusammengearbeitet, um die Abrüstungsbestimmungen des Vertrags von Versailles zu umgehen – ein verdecktes Programm, das Hitler aus weltanschaulichen Gründen eingestellt hatte. Man brauchte lediglich aufbereitetes Material aus dieser Zeit mit Dokumenten, die die Fälschungsabteilung des SD lieferte, zu kombinieren, um die Existenz einer Verschwörung zu demonstrieren. Wahrscheinlich war Fritsch neuerlich eines der Hauptziele Heydrichs. Als Chef des Heeres war er für diesen eine naheliegende Wahl als »Komplize« Tuchatschewskis. Überdies war er in den zwanziger Jahren ein eifriger Befürworter der geheimen Kooperation mit den Sowjets gewesen, die die Nazis beendet hatten.

Nach Schellenbergs Darstellung stießen Heydrichs Pläne für einen Doppelschlag gegen die militärische Elite der Sowjetunion und Deutschlands bei Hitler auf Widerstand. Als Himmler das Thema anschnitt, verlangte der »Führer«, die Operation müsse unbedingt darauf begrenzt bleiben, sowjetische Generale zu belasten. Die Rote Armee ihrer Spitze zu berauben war eine Sache, sich auf die Seite der SS gegen die Wehrmacht zu stellen aber eine ganz andere. Heydrich war gezwungen, seinem Ehrgeiz Zügel anzulegen und diese Einschränkung hinzunehmen. Seine Akte über die »Tuchatschewski-Verschwörung« wurde im Mai 1937 durch den »Helden« der Formis-Affäre, Alfred Naujocks, der sich als korrupter SD-Agent ausgab, den Russen gegen drei Millionen Rubel in bar ausgehändigt. Es ist zu bezweifeln, daß der NKWD auf dieses durchsichtige Täuschungsmanöver hereinfiel, zumal er den angeblichen Putschplan sowjetischer Generale vermutlich selbst erfunden hatte. Es paßte nur zu gut zu der ganzen zynischen Affäre, daß die Sowjets Heydrichs Meisterstück mit Falschgeld bezahlten, was sich später zum Nachteil für SD-Agenten in der Sowjetunion auswirkte, als diese die Banknoten in Umlauf zu bringen versuchten. Welche Rolle das Dossier bei der anschließenden Verhaftung und Hinrichtung Tuchatschewskis und seiner »Komplizen« spielte, ist ungeklärt, doch Heydrich nahm das Verdienst daran sogleich für sich in Anspruch. Für ihn war es gleichgültig, ob Stalin sich seiner bedient hatte oder nicht. Wichtig war nur, wie die Affäre in Deutschland gesehen wurde, wo man sie als einen schlauen Schlag der SD-Meisterkonspirateure gegen den roten Feind darstellte. Canaris, der von Heydrichs Rolle erst nach Tuchatschewskis Hinrichtung erfuhr, war schokiert. In seinen Augen offenbarte sie nicht nur das Ausmaß von Heydrichs Ambitionen im geheimdienstlichen Bereich, sondern zeigte auch den ganzen Zynismus, dessen er fähig war. Von diesem Augenblick an machte er sich keine Illusionen mehr über die SS. Im Oktober 1937 klagte er gegenüber seinem Vorgänger Patzig über Heydrich und seine Leute, »von oben bis unten wären sie alle Verbrecher, die Deutschland zugrunde richteten«. In den folgenden Jahren war Canaris in eine Reihe von Konspirationen gegen Hitler involviert. Er übernahm dabei zwar nie eine führende Rolle, ließ jedoch zu, daß die Abwehr einer Gruppe engagierter antinazistischer Offiziere, vor allem seinem Stellvertreter, Oberst Hans Oster, Unterschlupf gewährte. So überrascht es kaum, daß Heydrich, der von dieser Entwicklung schon bald Wind bekam, den militärischen Nachrichtendienst als ein Nest von Verrätern betrachtete.

Solange Hitler den Forderungen, das Offizierskorps zu säubern, nicht nachgab, konnten die Intrigen der SS gegen die Wehrmacht nicht an ihr Ziel gelangen. Doch Ende 1937 begannen die Beziehungen zwischen Hitler und der militärischen Spitze einen gereizten Ton anzunehmen. Die Generale unterstützten zwar die Wiederaufrüstung, aber sie hatten zusehends stärkere Vorbehalte gegen Hitlers Pläne für eine bewaffnete Expansion. Diese, fürchteten sie, würden Deutschland in einen Krieg reißen, auf den es noch nicht vorbereitet sei. Diese Situation hofften Himmler und Heydrich zu ihrem Vorteil zu nutzen. Den entscheidenden Schritt tat aber nicht die SS, sondern Göring. Im Januar 1938 heiratete der Reichskriegsminister, Generalfeldmarschall Werner von Blomberg, eine junge Sekretärin, und an der Trauung in kleinem Kreis nahm auch Hitler teil. Unglücklicherweise war Blombergs junge Frau eine Dame mit Vergangenheit. Ihre Mutter hatte im Amüsierviertel Berlins einen Massagesalon geführt, und sie selbst hatte für pornographische Aufnahmen posiert, die sich in den Aktenbeständen der Kriminalpolizei befanden. Die Gestapo war seit Beginn der Liebschaft bestens informiert. Trotzdem ließen Himmler und Heydrich zu, daß die Hochzeit stattfand, um so eine zweite Zeitbombe ins Fundament des Generalstabs zu praktizieren. Die Intrige erreichte ihr Ziel vorzeitig, als Göring zu Anfang des neuen Jahres die kompromittierenden Photographien in die Hand bekam. Er brachte das Beweismaterial sofort zu Hitler, in der Hoffnung, einen Skandal auszulösen, der die Ablösung Blombergs und seine eigene Ernennung zum Reichskriegsminister – worauf er seit 1933 spekulierte – zur Folge haben werde. Himmler und Heydrich nutzten die vorzeitigen Enthüllungen über Blomberg, um ihre eigene Fehde mit dem Heer weiterzutreiben. Das alte Dossier über Fritsch wurde ausgegraben und Hitler als weiterer Beweis für die moralische Verkommenheit der militärischen Führung vorgelegt. Die SS hoffte, das Offizierskorps zu demütigen, indem sie das echte Beweismaterial gegen Frau von Blomberg benützte, um den falschen Anklagen gegen Fritsch Glaubwürdigkeit zu verleihen. Das Heer, gefangen in seinem preußischen Traditionsdenken, war sicher außerstande, Widerstand zu leisten. Sein starrer Ehrenkodex konnte eine Dirne als Frau des Kriegsministers und einen Homosexuellen als Heereschef niemals tolerieren. Die Situation muß Heydrich eingedenk der Umstände seiner eigenen Entlassung im Jahr 1931 eine besondere Befriedigung gewährt haben.

Mit der Neubelebung der Vorwürfe gegen Fritsch hätten sich Himmler und Heydrich beinahe übernommen. Hitler stürzte sich auf den Doppelskandal, um das Oberkommando zu reorganisieren, seine Kritiker zu beseitigen und sich das Kriegsministerium persönlich zu unterstellen. Zugleich war er darauf bedacht, das Heer nicht zum Äußersten zu treiben, und konzedierte eine Untersuchung der Anklagen gegen Fritsch durch ein militärisches Ehrengericht – eine Entwicklung, die Heydrich nicht vorausgesehen hatte. Schon bald wurde klar, daß das »Beweismaterial« gegen den Oberbefehlshaber des Heeres nur fabriziert worden war, um der SS zu nützen. Canaris sah in dieser Situation die Chance, einen gefährlichen Rivalen zu diskreditieren und hochgestellte Kommandeure dazu zu bewegen, die Entlassung Himmlers, Heydrichs und der gesamten Führung der Sicherheitspolizei zu fordern, weil sie die Ehre des deutschen Heeres beleidigt hätten. Eine Zeitlang war die Situation in der Schwebe, und Berlin schwirrte von Gerüchten über einen bevorstehenden Militärputsch. Heydrich war sich der gefährlichen Lage vollauf bewußt und ließ eine Erregung erkennen, die seiner sonst zur Schau getragenen eiskalten Gelassenheit deutlich widersprach. Man traf Vorbereitungen für die Verteidigung der Gestapozentrale gegen Truppen der Berliner Garnison, und Schellenberg, ein Meisterschütze, fand sich zu seiner Überraschung zum Abendessen im Dienstzimmer seines Chefs eingeladen, wozu er seine Pistole und reichlich Munition mitbringen sollte. Die Krise wurde durch den Einmarsch in Österreich am 12. März entschärft, das Verfahren gegen Fritsch vertagt. Als das Gericht drei Wochen später wieder zusammentrat, erwies sich rasch, daß die Vorwürfe der Gestapo auf einer Falschaussage beruhten, worauf Fritsch freigesprochen wurde. Das Heer verlangte jedoch weder seine Wiedereinsetzung noch Himmlers und Heydrichs Entlassung. So kurz nach dem »Anschluß« Österreichs waren nicht viele Offiziere bereit, dem triumphierenden »Führer« entgegenzutreten. Fritsch wurde in Pension geschickt, und der Machtkampf zwischen Heer und SS, Abwehr und SD, blieb ungelöst. Der wahre Gewinner war Hitler, der seine Macht über das Offizierskorps konsolidierte und ein mögliches Hindernis für seine expansionistischen Pläne aus dem Weg räumte. Fritsch verwand nie, was er hatte durchmachen müssen. 1939 suchte er einen ehrenvollen Tod auf dem Schlachtfeld – bei der Belagerung von Warschau fiel er der Kugel eines Scharfschützen zum Opfer. Heydrich quittierte die Nachricht mit einer typischen höhnischen Bemerkung über den Selbstmord des alten Mannes.

Am 1. September 1939 begann Hitlers Überfall auf Polen und

damit der Kampf um »Lebensraum«, den Heydrich schon in seinen Tagen als junger Marinekadett herbeigesehnt hatte. Achtundvierzig Stunden später erklärten Großbritannien und Frankreich Nazideutschland den Krieg. Hitler hatte ursprünglich beabsichtigt, die große Auseinandersetzung mit den Westmächten auf ein späteres Datum zu verschieben, und versuchte, ihnen einen Vorwand zu liefern, ihren Verpflichtungen gegenüber dem polnischen Bundesgenossen auszuweichen. Zu diesem Zweck wurde Heydrich angewiesen, eine Reihe von Grenzzwischenfällen zu inszenieren, um die Verantwortung für den deutschen Einmarsch »auf andere Schultern« abzuwälzen, eine Operation, die den Decknamen TANNENBERG erhielt. Heydrichs Plan sah eine Reihe fingierter polnischer Angriffe auf deutschem Gebiet vor, die am Vorabend der Invasion stattfinden sollten. Die Vernichtung Polens konnte dann der Welt als legitime Reaktion auf eine unverschämte Provokation dargestellt werden. Heydrich betonte: »Ein tatsächlicher Beweis für polnische Übergriffe ist für die Auslandspresse und für die deutsche Propaganda nötig.« Deshalb mußten auf den Schauplätzen der »Grenzzwischenfälle« Leichen in polnischen Uniformen gefunden und der Presse vorgeführt werden. Diese sollten aus den Leichenhallen des Konzentrationslagers Sachsenhausen beschafft werden, eine Aufgabe mit dem makabren Codenamen KONSERVEN, mit der »Gestapo-Müller« beauftragt wurde. Mitte August 1939 waren die Vorbereitungen für TANNENBERG abgeschlossen. Unter strenger Geheimhaltung wurde eine Sondereinheit des SD in der Polizeischule Bernau zusammengestellt und mit polnischen Uniformen, Waffen und Papieren ausgestattet. Sie erhielt drei Ziele in Schlesien zugewiesen, von Heydrich persönlich ausgewählt – die deutsche Zollstation in Hohenlinden, das Forsthaus in Pitschen und den Gleiwitzer Sender.

Der Sender in Gleiwitz wurde als das wichtigste Ziel betrachtet, denn er sollte der Öffentlichkeit mit unmittelbarer Anschaulichkeit die polnische Aggression demonstrieren. Der Sender sollte besetzt werden, während er in Betrieb war, und der Lärm von Schüssen, gefolgt von einer Schimpfkanonade auf polnisch, über das Rundfunknetz in ganz Deutschland verbreitet werden. Diesen Teil der Operation übertrug Heydrich Alfred Naujocks, dem SD-Schläger, der auf gewalttätige Einsätze spezialisiert war. Naujocks verbrachte mit einem sechs Mann starken Trupp mehrere Tage im Gebiet von Gleiwitz, wo er das Ziel auskundschaftete und auf die verschlüsselte Nachricht aus Berlin wartete, die den Überfall auslösen sollte: »Großmutter gestorben.« Sie kam am Abend des 31. August, während sich die Wehrmacht auf die Poleninvasion im Morgengrauen des folgenden Tages vorbereitete. Naujocks und seine Männer fuhren in zwei Autos zu einem Wald in der Nähe des Senders, wo sie polnische Uniformen anzogen. Um 20.00 Uhr drangen sie in den Betriebsraum des Senders ein, schossen mit Pistolen in die Luft und schrien polnische Worte. Das Personal wurde mit Handschellen gefesselt, während ein polnisch sprechender Agent sich anschickte, seinen vorbereiteten Text ins Mikrophon zu sprechen. Doch nun kam es zu Schwierigkeiten, da Naujocks und seine Männer den Schalter nicht finden konnten, der betätigt werden mußte, um die Sendung zum Sender Breslau und damit landesweit auszustrahlen. Da die Zeit knapp wurde, gab man den Versuch auf, und der vorbereitete Aufruf wurde in aller Eile über die Frequenz des Senders Gleiwitz heruntergeleiert, bevor die Angreifer sich absetzten. Als Naujocks das Gebäude verließ, stolperte er über eine Leiche, die neben dem Eingang auf den Boden gelegt worden war. Anders als die Toten, die zur gleichen Zeit an den Schauplätzen der anderen Überfälle deponiert wurden, stammte dieser nicht aus einem Konzentrationslager. Es war die Leiche eines Mannes aus der in der Region ansässigen polnischen Minderheit, der für seine nationalpolnische Gesinnung bekannt und auf Heydrichs Befehl ermordet worden war, um den »Überfall« auf den Sender Gleiwitz noch glaubwürdiger zu machen.

Obwohl es nicht gelang, mit der Operation TANNENBERG eine englisch-französische Kriegserklärung an Deutschland zu verhindern, bereute Heydrich die Angelegenheit nicht. Auch hatte er keinerlei Gewissensregungen wegen der kaltblütigen Ermordung von KZ-Häftlingen. Was ihn betraf, waren die Opfer Verfügungsmasse für den Staat seines »Führers«. Der Krieg, den er führte und der mit den Mordtaten im Zusammenhang mit der Operation TANNENBERG begann, setzte sich rasch mit umfassenderen Massenmordaktionen fort. Die rassische Säuberung, die er in Deutschland eingeleitet hatte, wurde auf die besetzten Territorien ausgedehnt und 1941 zu einem Programm eiskalten Völkermords, der Juden, Zigeuner, Slawen und andere »unerwünschte Elemente« verschlang, die erbarmungslos ausgerottet wurden, um den Weg zu einem arischen Imperium zu ebnen. Dieser schauerliche Prozeß begann mit der Besetzung Polens. Am 22. August 1939 erklärte Hitler gegenüber Himmler, daß Polen von der Landkarte getilgt werden solle. Die herrschende Klasse solle beseitigt, die übrige Bevölkerung versklavt werden. Diese politische Aufgabe war ungeeignet für die reguläre Armee, die Wehrmacht, und so erwartete der »Führer«, daß die SS alles Notwendige tun werde. Himmler übertrug die Mordaktionen Spezialeinheiten aus Heydrichs Sicherheitspolizei, den berüchtigten Einsatzgruppen, die hinter der vorrückenden Front rasch eine Terrorherrschaft errichteten. »Die kleinen Leute«, erklärte Heydrich, »wollen wir schonen, der Adel, die Popen und die Juden müssen aber umgebracht werden.« Schon drei Wochen nach der Invasion konnte er prahlen, daß von der polnischen Oberschicht nur noch drei Prozent am Leben seien. Das Ausmaß dieser Greueltaten führte zu neuen Reibereien mit der Wehrmacht, die die Legalität von Heydrichs Mordkampagne in Frage stellte. Vertreter der Wehrmacht im Führerhauptquartier weigerten sich, SS-Leuten die Hand zu geben, und es kam zu Protesten bei Hitler. Diese Atmosphäre machte sich Canaris zunutze, der hoffte, Druck von seiten der Generalität könne die wachsende Macht der SS im Zaum halten. Wieder wurde von einem Militärputsch gemunkelt, und die Abwehr schickte einen Agenten nach Rom, um im Vatikan die Aussichten auf einen Kompromißfrieden mit den Alliierten zu sondieren. Schließlich aber wichen die Generale zurück. Die Wehrmacht wurde durch den triumphalen Feldzug im Westen abgelenkt, der mit dem Fall Frankreichs im Juni 1940 endete, und Polen blieb der SS und den Nazis auf Gnade und Ungnade ausgeliefert. Heydrich, dem Gerüchte über Canaris' Aktivitäten zu Ohren gekommen waren, nahm die Information als einen weiteren Anklagepunkt gegen die Abwehr zu seinen Akten.

Die Massaker in Polen waren, wie sich zeigen sollte, nur das Vorspiel zu einem viel umfassenderen makabren Programm, der »Endlösung der Judenfrage«, mit deren Durchführung Heydrich im Sommer 1941 beauftragt wurde. Trotz des Wütens der Einsatzgruppen in Polen blieb die Lösung, die die Sicherheitspolizei favorisierte, zunächst die Zwangsemigration. Im Sommer 1940, nach der Kapitulation Frankreichs, begann Eichmann einen Plan auszuarbeiten, der aus der Insel Madagaskar ein »jüdisches Reservat« machen sollte, überwacht und ausgebeutet von der SS. Doch aus dieser Idee wurde nichts, weil Großbritannien weiterkämpfte und die Blockade des Kontinents aufrechterhielt. Da die Auswanderungsrouten durch die Ausdehnung der Feindseligkeiten zerschnitten wurden und immer mehr ausländische Juden unter die

Fuchtel des Dritten Reichs gerieten, entwickelte sich eine radikalere Linie. Nun ging es darum, die seelenlosen bürokratischen Techniken, die Eichmann vervollkommnet hatte, nicht für eine Emigration, sondern für Deportation und Massenmord einzusetzen, für die der totale Krieg die Tarnung bot. Es ist ungeklärt, wann die Politik des Genozids endgültig beschlossen wurde, aber sie entwickelte sich unstreitig aus der Operation BARBAROSSA, dem Überfall auf die Sowjetunion im Juni 1941. Hitler begriff sie als einen Rassenkrieg um Lebensraum, als die entscheidende Vernichtungsschlacht im ewigen Konflikt zwischen Germanen und Slawen. In diesem Ringen sollte die »jüdisch-bolschewistische Intelligenzija« beseitigt werden. Hitler machte seinen Generalen klar, daß die normalen Kriegsregeln außer Kraft gesetzt würden und daß kommunistische Kommissare kurzerhand zu erschießen seien, eine Entscheidung, die den Chefs der Heeresgruppen in dem berüchtigten »Kommissarbefehl« mitgeteilt wurde.

Die »Sonderaufgaben«, die dieser Ausrottungskrieg mit sich brachte, wurden der SS zugeteilt. Abermals wurden aus den Reihen von Heydrichs Sicherheitspolizei Einsatzgruppen gebildet, die den vorrückenden Armeen folgen, in den rückwärtigen Gebieten für »Ordnung« sorgen und die Kriegsgefangenenlager nach kommunistischen Parteibeauftragten durchsuchen sollten. Heydrich war sehr darauf bedacht, jede Einmischung der Wehrmacht zu vermeiden, wodurch die polizeilichen Operationen während des Polenfeldzugs behindert worden waren, und von vornherein die genaue Beziehung zwischen den Einsatzgruppen und der Wehrmacht festzulegen. Die Vereinbarung, die er erzielte, teilte seinen Einheiten »sicherheitspolizeiliche Sonderaufgaben« hinter der Front zu und ermächtigte sie zu »Maßnahmen gegen die Zivilbevölkerung«, eine Wortwahl, die unscharf genug war, daß seine Kommandos »jedes vor Gott und den Menschen bekannte Verbrechen begehen konnten, solange sie ein paar Kilometer von der Kampflinie entfernt waren«. Trotzdem hütete sich Heydrich, seine Aufgabe in ihrem ganzen Umfang zu benennen. Sie wurde den Einsatzgruppenkommandeuren erst in einer mündlichen Einweisung enthüllt, die sie kurz vor Beginn der Operation BARBAROSSA erhielten. In diesen Geheiminstruktionen wies Heydrich seine Mordkommandos an, über die Erfüllung des »Kommissarbefehls« hinauszugehen und sämtliche Juden in ihren Einsatzbereichen zu ermorden: Das »Ostjudentum« sei »der Hort des Bolschewismus« und müsse »ausgerottet werden«. In den ersten Wochen nach dem Einmarsch wurden in den Berichten der Einsatzgruppen die Massenmorde als Partisanenbekämpfung getarnt, was bezeugt, daß Heydrich noch immer mögliche Beschwerden von seiten der Wehrmacht gewärtigte. Erst als feststand, daß diese, auf Hitlers Version des totalen Krieges im Osten eingeschworen, keine Einwände erheben würde, wurde die Tarnung aufgegeben und die Ausrottung des russischen Judentums offen zugegeben.

Das Massaker an den russischen Juden dehnte sich noch nicht auf die jüdische Bevölkerung in Deutschland und im besetzten Europa aus. Doch während die Einsatzgruppen ihre Mordaktionen hinter der russischen Front betrieben, wurde Heydrich am 31. Juli 1941 von Göring angewiesen, sämtliche notwendigen Vorbereitungen in organisatorischer und finanzieller Hinsicht zu treffen, um eine vollständige Lösung der jüdischen Frage in der deutschen Einflußsphäre in Europa herbeizuführen. Die volle Bedeutung dieser Direktive wurde niemals klar ausgesprochen, doch im Herbst desselben Jahres begann die SS mit dem Bau von Konzentrationslagern in Belzec und Chelmo in Polen, und im September wurden in Auschwitz die ersten Vergasungsexperimente durchgeführt. Heydrich war an diesem Aspekt der »Endlösung« nicht beteiligt. Seine Aufgabe bestand darin, die Deportation der europäischen Juden gen Osten, ihrem Schicksal entgegen, zu koordinieren, eine Rolle, die ihm in Nürnberg zweifellos ein Todesurteil eingetragen hätte, hätte er den Krieg überlebt. Eine solch gewaltige Aufgabe erforderte penibelste Vorbereitungen. Als erstes mußte Heydrich das Zusammenwirken der verschiedenen Bürokratien sicherstellen, die zur Durchführung der »Endlösung« gebraucht wurden, von den Bahnverwaltungen, die die Deportationszüge bereitstellen sollten, bis zum Auswärtigen Amt, das für die Auslieferung von Juden aus Satellitenstaaten wie Ungarn und der Slowakei zu sorgen hatte. Im November 1941 berief er Vertreter der einschlägigen Staats- und Parteibehörden zu einer Konferenz in den hübschen Berliner Vorort Wannsee. Die Gäste wurden informiert, daß Getränke und ein Imbiß ihnen den anstrengenden Tag erleichtern würden. Die Zusammenkunft wurde zweimal verschoben und fand erst am 20. Januar 1942 statt. Heydrich umriß den versammelten Funktionären und Beamten seine Vorstellungen zur »Endlösung«: Europa sollte von West bis Ost nach Juden durchkämmt werden, die in Durchgangslagern festzuhalten waren, ehe sie weiter nach Osten transportiert würden. »In großen Arbeitskolonnen, unter Trennung der Geschlechter, werden die arbeitsfähigen Juden straßenbauend in diese Gebiete geführt, wobei zweifellos ein Großteil durch natürliche Verminderung ausfallen wird.« Die Überlebenden, die Widerstandsfähigsten ihrer Rasse, sollten »entsprechend behandelt« werden. Über das Schicksal derjenigen, die ohnedies arbeitsunfähig waren, schwieg er sich aus. Adolf Eichmann, sein »Judenexperte« und Protokollant der Konferenz, hatte keinen Zweifel an Heydrichs diesbezüglichen Plänen. Bei seinem Prozeß in Jerusalem, wo er zum Tod verurteilt wurde, sagte er aus, die Teilnehmer hätten hinter der Fassade der Bürokratensprache in vollem Wissen über Massenmord gesprochen. Niemand erhob einen Einwand gegen die geplante Vernichtung von elf Millionen Menschen. Die Konferenz beschäftigte sich einzig und allein mit den praktischen Details des Abtransports der europäischen Juden in den Tod.

Eichmann, der großen Respekt vor seinem Chef hatte, berichtete, nach der Zusammenkunft habe sich Heydrich mit seinen Mitarbeitern zu einer gemütlichen Plauderei mit Schnaps und Zigarren an einen offenen Kamin gesetzt. Die Folge der Wannsee-Konferenz war, daß das, was vorher bruchstück- und sprunghaft erfolgt war, nun systematisch, umfassend und zielgerichtet durchgeführt wurde. Die Eisenbahn, die Beamtenschaft und die Diplomaten sollten in harmonischem Zusammenwirken auf ein Ziel hinarbeiten. Schellenberg zufolge hatte Heydrich insgeheim Vorbehalte gegen die »Endlösung«. Er soll gesagt haben, es sei reiner Wahnsinn gewesen, »diese jüdische Frage« zu schaffen. Allerdings wird Schellenbergs Darstellung von keiner anderen Quelle gestützt. Im Gegenteil, Heydrich führte seine Weisungen mit einer gnadenlosen Effizienz aus, die keine Ausnahmen zuließ. Einmal flog er sogar die lange Strecke von Berlin nach Minsk, um persönlich einen Beamten zur Rede zu stellen, der versucht hatte, bestimmte Gruppen deutscher Juden der Liquidierung zu entziehen. Der Krieg hatte Heydrich von einem überzeugten Antisemiten in einen Massenmörder verwandelt. Er war berauscht von Hitlers Vision eines arischen Imperiums, das tausend Jahre währen würde, und betrachtete die Vernichtung der jüdischen Rasse als notwendige Voraussetzung für die Verwirklichung dieses Zieles. Darin betete er die Auffassung Hitlers nach, der nur zehn Tage nach der Wannsee-Konferenz im Reichstag verkündete, die Juden seien die unversöhnlichen Feinde der germanischen Rasse. Entweder der eine oder der andere werde zugrunde gehen. Nach Hitlers Überzeugung würde der Krieg nicht mit der »Ausrottung der Arier«, sondern mit der »völligen Vernichtung der Juden« enden. Das war alles, was Heydrich zu seiner Rechtfertigung brauchte. Auf Kritik an seinen Aktivitäten antwortete er, weder er noch das Reichssicherheitshauptamt hätten diese Liquidierungen veranlaßt, sondern Hitlers persönliche Weisung.

Was Heydrich in den besetzten Gebieten im Osten »vollbrachte«, bestätigte sein Ansehen als das des idealen SS-Mannes, eine Rolle, nach der er sich schon immer gesehnt hatte. Sein »germanisches« Aussehen verschaffte ihm einen Vorteil vor dem Brillenträger Himmler, der trotz seiner Uniform und der imposanten Titel immer wie ein Schulmeister am falschen Platz wirkte. Darüber hinaus legte er in allem die physische und moralische Härte an den Tag, die vom neuen NS-Menschen erwartet wurde. Ein früherer SS-Ordensschüler berichtete später: ». . . Ich kann die Beinamen nicht alle wiedergeben, mit denen er geschmückt wurde. Besonders eine Eigenschaft wird bei ihm hervorgehoben: seine Härte! . . . Interessant ist auch, daß ihn die Bilder fast ausnahmslos als Gewinner des ›Reichsgepäckmarsches‹ zeigen.« Heydrich vertrat die Überzeugung, die SS müsse körperliche Härte demonstrieren, um ihre Überlegenheit gegenüber den alten herrschenden Klassen zu zeigen und der deutschen Jugend ein Vorbild zu geben. Wie schon in der Marine warf er sich mit absoluter Entschlossenheit zu gewinnen auf den Sport. Er wurde häufig als Kapitän des Fechterteams der SS abgebildet und überredete Himmler, Weisung zu geben, daß alle höheren SS-Chargen mit dem Säbel zu üben hätten. Da er sich mit dem Dasein eines Schreibtischsoldaten nicht begnügen mochte, lernte er das Fliegen und kaufte sich eine eigene Kunstflugmaschine, obwohl Himmler protestierte, sein Leben sei zu wertvoll für solche Risiken. Zu Beginn des Polenfeldzugs schloß er sich als Reserveoffizier der Luftwaffe an und flog als Kanzelschütze in einer Bomberstaffel mit. 1940 flog er Jäger über Norwegen und Frankreich, zur tiefen Besorgnis Himmlers, den die Entschlossenheit seines Untergebenen, sich der Gefahr auszusetzen, mit ehrfürchtiger Bewunderung erfüllte. Heydrichs Fliegerlaufbahn nahm erst ein Ende, als er in den ersten Wochen der Operation BARBAROSSA östlich der Beresina abgeschossen wurde und von deutschen Truppen gerettet werden mußte. Damit war für Himmler das Maß voll, und Heydrich erhielt Startverbot. Er hatte es bis zum Fliegermajor gebracht und das Eiserne Kreuz erster und zweiter Klasse sowie die Frontflugspange in Bronze und Silber errungen. In der Kampffliegerei zeigte sich Heydrichs Obsession, besser als andere zu sein. Sie bewies auch seine ungebrochene Entschlossenheit, die Überlegenheit der SS zu demonstrieren. Er wollte seinen Kritikern aus der Wehrmacht zeigen, daß die SS kein Verein von Asphaltsoldaten war, die hinter der Front lauerten, sondern eine Kriegerelite, würdig, im Tausendjährigen Reich eine führende Rolle zu spielen.

Körperliche Härte verband sich bei Heydrich mit emotionaler Härte, jener Eigenschaft, die in der SS als das Höchste geschätzt wurde. Nach dem Polenfeldzug sagte Himmler vor SS-Offizieren: »Wir mußten hart bleiben . . . Wir mußten hart durchgreifen und Tausende von führenden polnischen Leuten erschießen . . . Ich möchte Ihnen noch einmal sagen, selbst wenn Sie lamentieren: Es ist oft leichter, mit einer Kompanie im Gefecht vorzurücken, als einer feindlich gesinnten Bevölkerung niederster Kulturstufe Herr zu werden, sie zu erschießen, zu deportieren, die heulenden und wimmernden Weiber einzufangen.« Als Chef der Sicherheitspolizei hatte sich Heydrich auf diesem Gebiet bereits bewährt, und seine Aktivitäten im besetzten Osten lieferten jede Bestätigung, falls es einer solchen bedurft hätte. SS-Offiziere hatten körperliche und moralische Härte mit »deutschem Anstand« zu verbinden. Himmler drückte es später so aus: »Ein Grundsatz muß für den SS-Mann absolut gelten: Ehrlich, anständig, treu und kameradschaftlich haben wir zu den Angehörigen unseres eigenen Blutes zu sein und zu sonst niemandem.« SS-Angehörige mußten imstande sein, für das Hitler-Reich Akte äußerster Brutalität zu begehen und zugleich in ihrem Privatleben dem deutschen Volk ein Vorbild an sauberer, arischer Lebensführung zu geben. Heydrich erfüllte diese Rolle, indem er als braver Ehemann und guter Vater posierte, dem der traute Familienkreis alles war. In einem am Vorabend des Polenfeldzugs an seine Frau geschriebenen Brief, den sie im Falle seines Todes öffnen sollte, schrieb er: »Ich mag Fehler haben . . . und in der Tat, ich habe Dich unendlich lieb und ebenso liebe ich meine Kinder. Denke bitte in Achtung und Liebe an unser gemeinsames Leben zurück, gib, wenn die Zeit geheilt, den Kindern wieder einen Vater, nur, ein Kerl muß es sein, wie ich einer sein wollte.« Er legte seiner Frau ans Herz, ihre Söhne im Geist des SS-Kredos großzuziehen, »zur Güte, zur Großzügigkeit gegen die Menschen des eigenen Volkes, zur Härte gegen alle Feinde im Inland und im Ausland«. Bei seinem Begräbnis 1942 wurde seine Ehe als ein überragendes Beispiel nationalsozialistischen Familienlebens gepriesen, im Politischen wie im Persönlichen.

Doch das Privatleben dieses Ausbunds an nazistischer Tugend entsprach mitnichten dem Bild, das der Öffentlichkeit präsentiert wurde. In Wirklichkeit war Heydrich eine tiefgespaltene Persönlichkeit. Der Sportler, Pilot und Vater, wie ihn die offizielle Propaganda porträtierte, war eine bekannte Figur im Berliner Amüsierviertel. Oft zwang er seine Untergebenen, ihn auf Streifzügen durch Nachtlokale und Bordelle der Stadt zu begleiten; diese Expeditionen waren bei seinem Stab gefürchtet, weil er im Zustand der Trunkenheit gefährlich unberechenbar werden konnte und eine stark sadistische Ader zeigte. Sie lernten die nachmittäglichen Anrufe ihres Chefs fürchten, die lüsterne Stimme und den Vorschlag, mit ihm zu Abend zu essen und dann loszuziehen. Heydrich war und blieb ein zwanghafter Schürzenjäger, für den sexuelle Betätigung eine Demonstration von Macht war, bei der es die Partnerinnen zu unterwerfen und zu erniedrigen galt. Dies verschaffte ihm bei den Berliner Prostituierten einen üblen Ruf, und seine Adjutanten mußten Kupplerdienste für ihn leisten. »Selbst die armseligste kleine Hure wollte ihn nicht ein zweites Mal und hätte jeden anderen Kunden dem Heydrich vorgezogen, wenn sie gekonnt hätte.« Eugen Dollmann, der SS-Offizier, der während eines offiziellen Italienbesuchs für Heydrich dolmetschte, wurde in einem neapolitanischen Bordell Zeuge eines bizarren Schauspiels. Vor seinem staunenden Blick versammelte Heydrich im großen Salon das gesamte Personal, entleerte mit einer dramatischen Geste eine Geldbörse voller Goldmünzen auf den Fußboden und forderte die Mädchen auf, um die Münzen zu kämpfen. »Und jetzt brach ein Chaos aus, wie man es sich nicht vorstellen konnte. Rund zwanzig fast unbekleidete Mädchen rasten, balgten sich in den unmöglichsten Stellungen um das Geld, wurden in den Wandspiegeln des Plüschsalons hundertfach wiedergegeben, krochen unter Kanapees, Sessel, stiegen auf Stühle und Sofas, gierig, betrunken, orgiastisch.« Der bewegende Brief an seine Frau, am Vorabend des Krieges verfaßt, wurde bezeichnenderweise nach einem in den Bars und Bordellen von Breslau verbrachten Abend geschrieben, wo er die Erlaubnis feierte, mit der Luftwaffe zu fliegen. So nimmt es kaum wunder, daß seine Ehe nicht glücklich war. Seine Frau nahm ihm übel, daß er oft so lange abwesend war, während er sie einer Reihe von Liebschaften verdächtigte, darunter einer Liaison mit Walter Schellenberg, seinem Untergebenen, und sie von der Sicherheitspolizei überwachen ließ. Die Wahrheit sah so aus, daß Heydrich keinem Menschen wirklich zugetan war und niemandem traute. ». . . Eingeschlossen lebte er in einer Welt, die von den selbstgeschaffenen Chimären eines feindseligen Mißtrauens bevölkert war, witterte hinter allem Verrat, Intrige oder die Schlingen verborgener Gegnerschaften und dachte nur in Abhängigkeitsverhältnissen.« Seine Energien, seine Fähigkeiten, sein Intellekt standen im Dienst eines Charakters, dem es an einem klaren moralischen Kern fehlte. Die einzigen Realitäten, die er anerkannte, waren die Macht und der Kampf um die Macht, Charakteristika, in denen sich präzise die wahre Natur der Bewegung spiegelte, der er sich seit seinem Hinauswurf aus der Marine zur Verfügung gestellt hatte.

3. Die tschechische Verbindung

Als Hitler seine Pläne zur Unterwerfung Europas umzusetzen begann, schwappte der Machtkampf zwischen Abwehr und SD, Wehrmacht und SS über die deutschen Grenzen. Nirgends zeigte sich das deutlicher als in der Tschechoslowakei, einem frühen Opfer des nazistischen Expansionismus. Die Tschechoslowakei, aus den Ruinen des Habsburgerreiches gegründet, hatte innerhalb ihrer Grenzen eine starke deutschsprachige Minderheit dicht an der Grenze zu Hitlers Reich angesiedelt. 1938 lieferten die Beschwerden, die die Sudetendeutschen gegen Prag vorbrachten, Hitler einen bequemen Vorwand, seine Machtsphäre in Mitteleuropa auszudehnen. Die Tschechoslowakei mit ihrer gut ausgerüsteten Armee und modernen Schwerindustrie stellte eine strategische Bedrohung dar, die vor dem großen Krieg, den Hitler bereits ins Auge gefaßt hatte, beseitigt werden mußte. Außerdem betrachtete er die tschechischen Gebiete als einen historischen Teil des deutschen Lebensraums. Böhmen war früher deutsch gewesen und sollte es wieder werden. Der tschechische Staat mußte erbarmungslos liquidiert werden. Im Mai 1938 teilte Hitler hochgestellten Militärs mit: »Es ist mein unabänderlicher Entschluß, die Tschechoslowakei in absehbarer Zukunft durch eine militärische Aktion zu zerschlagen.« Himmler und Heydrich waren bei diesem Vernichtungswerk seine willigen Werkzeuge. Sie träumten davon, die eroberten tschechischen Gebiete in einen SS-Staat zu verwandeln, ein totalitäres Modell, das dereinst auch auf das Reich selbst übertragen werden sollte.

Der Wortführer der Sudetendeutschen war Konrad Henlein, ein bebrillter Turnlehrer von mäßiger Intelligenz, der ein bekannter Mann wurde, als die Wirtschaftskrise der frühen dreißiger Jahre die Lage im Sudetenland der Krise entgegentrieb. Henleins Ziel bestand darin, der Prager Regierung eine weitgehende Autonomie abzuringen, die es den Sudetendeutschen ermöglichen würde, ihr Geschick selbst in die Hand zu nehmen. Henleins Bewegung war zwar rein weltlich und nationalistisch, aber Henlein wurde vom Kameradschaftsbund unterstützt, einer obskuren Geheimgesellschaft, stark beeinflußt vom Vorbild des österreichischen Klerikalfaschismus und den Ideen des katholischen Philosophen Othmar Spann. Der Kameradschaftsbund hatte sich zum Ziel gesetzt, das Sudetenland in ein Gemeinwesen zu verwandeln, das von einer geistigen Elite regiert wurde, die zugleich deutsch, katholisch und autoritär gesinnt war. Daß diese Gruppe an der Führerschaft der sudetendeutschen Bewegung partizipierte, behagte Henleins radikaleren Anhängern nicht; es kam zu Spannungen, die sich später die SS zunutze machte. Henlein akzeptierte bereitwillig eine Finanzspritze von den Nazis, suchte aber auch nach Mitteln, um Prag unter Druck zu setzen. Durch Kontaktleute aus dem sudetendeutschen grundbesitzenden Adel stellte er Verbindungen zum englischen Außenministerium her, worauf er 1935 und 1937 nach London eingeladen wurde. Henlein hoffte die wachsende Macht Nazideutschlands gegen die Kriegsfurcht der Briten auszuspielen und so zu erreichen, was er für die Sudetendeutschen erträumte. Das war ein gefährliches Spiel, und es trug ihm die dauerhafte Feindschaft der SS ein. Heydrich sah in Henlein einen Mann, der auf zwei Schultern trug und den Tschechen in die Hände spielen konnte. Mit tiefem Argwohn betrachtete er Henleins Kontakte zu den Briten und noch mehr dessen Hintermänner im Kameradschaftsbund, in denen er Werkzeuge Roms sah, die Henlein einen Faschismus anpriesen, der ganz und gar nicht im Einklang mit der Weltanschauung und den Interessen des Großdeutschen Reichs stand. So machte Heydrich sich daran, die Stellung des Führers der Sudetendeutschen zu untergraben und seine Bewegung in ein zuverlässiges Werkzeug der Expansion des Dritten Reichs umzuformen.

In Verfolgung dieses Zieles nahm Heydrich Verbindung zum radikalen Flügel von Henleins Bewegung auf, der für einen Anschluß ans Reich und die Durchsetzung der »rassischen Überlegenheit« des Deutschtums in den tschechischen Gebieten eintrat. Dieser Flügel wurde von einem Buchhändler aus Karlsbad namens Karl Hermann Frank angeführt – ein Name, der sich während seiner ganzen Laufbahn eng mit dem Heydrichs verband. Frank war wie sein Meister eine schwer geschädigte Persönlichkeit, die Tüchtigkeit und Intelligenz mit einem brutalen Vernichtungswillen und einer ebensolchen Rachsucht verband. In seinen Augen genügte es nicht, eine sudetendeutsche Identität durchzusetzen. Die Tschechen galt es zu demütigen und schließlich als Volk zu vernichten, ein Ehrgeiz, der ihn zum idealen Exekutor der SS-Pläne machen sollte. Einer seiner Kritiker erklärte später, Frank habe in seiner Person einen abgrundtiefen Haß auf alles Tschechische mit einer bis dahin und seither nicht mehr erlebten Falschheit vereint. Während Heydrich Verbindung zu Franks Gruppe aufnahm, versuchte er Henlein und seine Freunde aus dem Kameradschaftsbund zu diskreditieren. Er schwärzte Henlein als einen Agenten des englischen Geheimdienstes an und förderte Angriffe auf Henleins Führungsposition. Der Chef der Auslandsspionageabteilung des SD, SS-Oberführer Heinz Jost, berichtete später: »Himmler und Heydrich ergingen sich in Beschimpfungen aller Art über den Chef der Sudetendeutschen Heimatfront. Ich erhielt den Befehl, Henlein und seine nähere Umgebung ständig zu überwachen . . . .« In Dresden wurde zu diesem Zweck eine SD-Niederlassung eingerichtet, die durch spezielle Telephon- und Fernschreibverbindungen mit Berlin verbunden war. Im November 1937 wurde einer der engsten Berater Henleins, Heinz Rutha, von der tschechischen Polizei festgenommen und wegen homosexueller Delikte unter Anklage gestellt. Zwei Wochen später erhängte er sich in seiner Gefängniszelle. Heydrich fand in Anklagen wegen homosexueller Vergehen immer ein probates Mittel, seine Gegner zu verunglimpfen, was es wahrscheinlich macht, daß das Material über Rutha den Tschechen vom SD zugespielt wurde. Nach der Annexion Österreichs im März 1938 wurde der geistige Vater des Kameradschaftsbunds, Othmar Spann, von der Gestapo verhaftet und in ein Konzentrationslager eingeliefert. Seine sudetendeutschen Jünger sollten ihm bald folgen.

Während Heydrich mit Karl Hermann Frank intrigierte, wurde Henlein von Canaris und der Abwehr unterstützt. Canaris trat für die Selbstbestimmung der Sudetendeutschen und ihre Aufnahme ins Reich ein, allerdings nicht um den Preis eines Krieges. Der Admiral hätte der SS gern Zügel angelegt und fürchtete, eine Allianz zwischen Heydrich und den sudetendeutschen Radikalen könnte Deutschland in einen Konflikt stürzen, für den es nicht vorbereitet war und der mit einer Katastrophe enden werde. Deshalb versuchte er, Henleins Position gegen seine antisemitischen, antikatholischen Rivalen zu stärken. Mit dieser Aufgabe wurde die Abwehrabteilung II (Minderheiten und Sabotage) unter Major Helmut Groscurth betraut, einem Nationalkonservativen, der die Ansicht seines Chefs teilte, die SS sei eine kriminelle Organisation, und an mehreren konspirativen Aktionen gegen Hitler aktiv beteiligt war, bis er 1943 in Stalingrad in Gefangenschaft geriet. Groscurths Aufgabe war zweigleisig. Ihr militärischer Aspekt bestand darin, eine fünfte Kolonne unter den Sudetendeutschen aufzustellen, die mit den einmarschierenden deutschen Truppen kooperieren sollte. Zu diesem Zweck ließ er geheime Waffenlager anlegen, sammelte nachrichtendienstliches Material über tschechische Verteidigungsanlagen und schulte Sabotagetrupps. Zugleich bemühte er sich, Henleins Stellung zu stärken und auf eine Verhandlungslösung des Problems der Sudetendeutschen hinzuarbeiten, was zu endlosen Reibereien mit Heydrichs SD und seinem Polizeiapparat führte. Bei seinen Versuchen, den Gemäßigten unter den Sudetendeutschen den Rücken gegen die Intrigen des SD zu stärken, erreichte Groscurth einen gewissen begrenzten Erfolg, doch zu Beginn des Jahres 1938 neigte sich die Waagschale Heydrich zu. Unter dem Druck der Radikalen und beeindruckt von Hitlers Triumph in Österreich kapitulierte Henlein und fand sich bereit, Hitler als Werkzeug zu dienen. Jost berichtete später: »Was also sollte er tun? Von der Bühne der Politik abtreten und Karl Hermann Frank den Schauplatz überlassen oder bleiben und zu retten versuchen, was noch zu retten war? Er entschied sich, nachzugeben.« Bei einer Zusammenkunft mit Hitler im März 1938 erklärte er sich bereit, die Klagegründe der Sudetendeutschen aufzubauschen, um die Tschechen von ihren Verbündeten zu isolieren und dem »Führer« einen Vorwand für ein militärisches Eingreifen zu liefern. Diese Kapitulation führte dazu, daß Heydrich vorläufig seine Intrigen gegen Henlein einstellte, aber die Entwicklung sollte zeigen, daß er nichts vergessen und vergeben hatte.

Die Tschechoslowakei sah sich mit dieser Bedrohung unter ihrem zweiten Präsidenten, Eduard Beneš, konfrontiert. Beneš, Sohn eines kleinen böhmischen Bauern, war vor dem Ersten Weltkrieg in der gegen das Habsburgerreich tätigen Unabhängigkeitsbewegung aktiv gewesen. Ein geborener Radikaler, stand er als junger Student unter dem Einfluß des Mannes, der zum Sprecher der nationaltschechischen Erneuerung wurde, Tomáš Masaryk, Professor der Philosophie an der Prager Universität, und die beiden Männer gingen eine enge Verbindung miteinander ein. Der Kriegsausbruch 1914 einte sie in der Überzeugung, daß der Konflikt den Untergang des Hauses Habsburg nach sich ziehen werde und eine einzigartige Chance für die nationale Befreiung biete. Während Masaryk ins Exil ging, um auf dieses Ziel zuzuarbeiten, blieb Beneš in Prag, um die Verbindung zwischen dem einheimischen Widerstand, der sogenannten »Maffia«, und den Emigranten aufrechtzuerhalten. 1915 war auch Beneš gezwungen, ins Ausland zu fliehen, und entkam mit einem falschen Paß im letzten Augenblick der Polizei. Er mußte seine Frau zurücklassen, die vier Jahre in einem österreichischen Gefängnis saß, ehe sie ihren Ehemann wiedersah. Beneš gelangte über die Schweiz nach Frankreich und verbrachte die übrigen Kriegsjahre damit, bei den Alliierten für die tschechische Unabhängigkeit zu werben. Er hielt engen Kontakt zu den Widerstandskreisen in der Heimat, die die emigrierten Politiker unablässig mit wertvollem politischem und militärischem Geheimmaterial versorgten. Dieses Material wurde an das alliierte Oberkommando weitergeleitet und half Beneš, der tschechoslowakischen Sache in Paris und London Gehör zu verschaffen. Als der Krieg zu Ende ging, hatten Großbritannien, Frankreich und die Vereinigten Staaten die Bildung einer unabhängigen Tschechoslowakei auf den Trümmern des Habsburgerreiches gebilligt – ein Ergebnis, das großenteils Beneš' Hingabe und klarblickender Diplomatie zu verdanken war. Seine Erfahrungen im Befreiungskampf verstärkten die distanzierte und verschlossene Seite seines Charakters und verliehen ihm eine Neigung zum Intrigieren. Er selbst äußerte später: »Noch nie hat es eine Revolution ohne Spionage und Konspiration gegeben.« Sie vermittelte ihm auch die Überzeugung, daß die Tschechoslowakei eine aktive Außenpolitik betreiben müsse, wenn sie ihre Unabhängigkeit wahren wollte.

In der Nachkriegszeit war Beneš lange Jahre Außenminister und versuchte eine Rolle zu kultivieren, die ihn über die Innenpolitik hinaushob. Regierungen mochten kommen und gehen, Beneš blieb. Er war ein einsamer, spartanisch lebender Mann, hatte keine engen Freunde und lebte nur für sein Vaterland. Er konnte gesellschaftliche Veranstaltungen nicht ausstehen, rauchte nicht und trank nicht. Selbst seine Bewunderer mußten zugeben, daß ihm Tomáš Masaryks menschliche Wärme fehlte. Nach Robert Bruce Lockhart war es schwer, an ihn heranzukommen, denn sein Denken sei »in seiner kompakten Ordnung maschinenähnlich und seine Reserviertheit . . . beinahe undurchdringlich gewesen«. Seine Neigung zu langweiligen Vorträgen fiel dem englischen Diplomaten Harold Nicolson auf, der in Versailles mit ihm zu tun hatte. Trotzdem nannte Nicolson Beneš einen »einnehmenden kleinen Mann mit liberalen Ansichten« und registrierte seine »intelligenten Augen, ähnlich denen von Keynes« und seine schön geformte Stirn. Andere zeigten sich weniger beeindruckt, und in manchen Kreisen, vor allem im englischen Außenministerium, erwarb sich Beneš den Ruf, allzu durchtrieben zu sein, was ihm während der Münchner Krise schaden sollte. Trotz seiner kalten und trocken-präzisen Art war er ein geborener Optimist mit dem festen Glauben des 19. Jahrhunderts an die Unaufhaltsamkeit des Fortschritts. So schrieb er später: »Ich gerate auch in der heikelsten Lage nie in Verzweiflung. In der Politik verhalte ich mich immer so, als spielte ich Tennis. Wenn mein Gegner vierzig zu null führt und der nächste Ball vielleicht der letzte sein wird, bin ich trotzdem noch überzeugt, daß ich das Match gewinnen kann.« Eitel zeigte er sich nur, was sein Äußeres betraf. Ein kleiner Mann, nur gut anderthalb Meter groß, war er immer gut gekleidet und bestand darauf, daß die Photographen ihn aus einem Winkel aufnahmen, der seine Kleinwüchsigkeit verbarg. Compton Mackenzie, sein Biograph, schrieb dazu: »Es wäre absurd, ihn einen Dandy zu nennen, aber man hatte immer den Eindruck, daß seine Krawatten und Hemden und der Anzug so ausgewählt waren, daß sie zusammenpaßten. Er erinnerte mich oft an einen Buchfinken, der sich gut geputzt hat.«

Beneš' Vergangenheit als Freund und Mitarbeiter Masaryks machte ihn zum naheliegenden Kandidaten für die Nachfolge des Vaters der Republik, als sich der alte Mann 1935 aus Gesundheitsgründen zum Rücktritt genötigt sah. Sein Amtsantritt fiel mit der akzelerierenden Krise im Sudetenland zusammen, die das Naziregime sich zunutze machen wollte. Bei der Behandlung dieses Problems hielt Beneš an der Vorstellung von einem Staat fest, der Tschechen und Slowaken einte. Er war nicht bereit, den Sudetendeutschen oder anderen Minderheiten die Autonomie zu konzedieren, weil er fürchtete, damit einen Prozeß in Gang zu setzen, der mit der Auflösung der tschechoslowakischen Republik enden mußte. Ähnlich mißtrauisch stand er den Forderungen vieler Slowaken nach Selbstverwaltung gegenüber. Wie Masaryk war auch Beneš bereit, eine slowakische Identität anzuerkennen, aber nur innerhalb eines Einheitsstaates. Es steht außer Frage, daß er, wenn er dem tschechoslowakischen Nationalismus Ausdruck gab, dies in dem Bewußtsein tat, daß der 1919 geschaffene Staat ein fragiles Gebilde war, allzeit in Gefahr, angesichts der einander widersprechenden Forderungen der Bevölkerungsteile auseinanderzubrechen und zum Opfer seiner größeren Nachbarn zu werden. Bei der Verteidigung der Republik leitete ihn die Entschlossenheit, Tomáš Masaryks Vision treu zu bleiben. Dies war nicht immer einfach für den prosaischen Beneš, dem die charismatische Persönlichkeit seines Vorgängers fehlte und der keinen vergleichbaren Anspruch auf Größe erheben konnte. Er wurde zwar manchmal bewundert, doch nie geliebt und häufig kritisiert. Dies bewirkte bei ihm starke innere Spannungen, die bisweilen in einem unaufrichtigen Verhalten und einer Intoleranz gegenüber Andersdenkenden zum Ausdruck kamen. Hinter seiner trockenen Gelehrtenart verbarg sich ein missionarischer Eifer, der wie bei de Gaulle ans Messianische grenzte. Zeit seines Lebens hielt Beneš an der Idee fest, als Masaryks Nachfolger wisse er besser als irgend jemand sonst, was für das Wohl seines Landes am besten war. Angesichts des Sudetenproblems versuchte Beneš, die internationale Position der Tschechoslowakei zu stärken, wobei der Geheimdienst eine Schlüsselrolle spielte. Geheiminformationen hatten den Tschechen während des Ersten Weltkriegs in den Hauptstädten der Alliierten Gehör verschafft, und das gleiche Mittel wurde nun eingesetzt, um die Unabhängigkeit des Landes auch in Zukunft zu sichern. 1935 stand an der Spitze des tschechoslowakischen Geheimdienstes Oberstleutnant František Moravec, ein Berufsoffizier mit schütterem Haar, der wie Beneš bei Tomáš Masaryk studiert hatte. Moravec war 1916 aus der österreichischen Armee desertiert, zu den Russen übergelaufen und hatte als Angehöriger der Tschechischen Legion, die nach dem Krieg großen Einfluß in der Tschechoslowakei gewann, gegen die Bolschewiken gekämpft. Wie Beneš hatte auch Moravec schwere Zeiten und das Exil erlebt. Er teilte mit seinem Chef eine Begabung zur Intrige und eine absolute Hingabe an die nationale Sache. Den größten Tag seines Lebens erlebte er, als die Tschechische Legion 1919 in Prag, der Hauptstadt der neuen Republik, einzog. »Nur wenigen Menschen ist es beschieden, so etwas zu erleben. Es sollte dazu beitragen, den Charakter einer ganzen Generation zu formen. Ich habe oft gedacht, daß die Männer, die mit Masaryk in Prag einmarschierten, die gleich Hingabe beseelte wie die Gefolgsleute Garibaldis, Bolívars und Washingtons. Ein Land war im Kampf errungen worden. Ich glaube, daß der Gründergeneration immer etwas von der Inbrunst dieses Tages geblieben ist.« Es war Moravec' Tragödie, daß er in zwei Kriegen für die Sache der Tschechoslowakei kämpfte und dann im Exil starb, fern seiner geliebten Heimat.

Als Moravec im März 1934 der nachrichtendienstlichen Abteilung des Generalstabs zugeteilt wurde, fand er eine im Sterben liegende Organisation vor, die wie besessen auf Österreich, die frühere imperiale Macht, starrte und die Gefährlichkeit der deutschen Wiederaufrüstung nicht erkannte. Ihr Agentennetz in Wien lieferte regelmäßig »detaillierte Informationen . . . über Privatleben und Liebesaffären ehemaliger Erzherzöge . . . was sich wie das Libretto einer Lehár-Operette las«. Ein ranghoher Offizier klagte: »Ich habe keine Ahnung von der Gefechtsgliederung der deutschen Divisionen auch nur in Friedenszeiten, aber sie erzählen mir, welcher Erzherzog mit wem geschlafen hat . . . Unser Geheimdienst ist sicher der schlechteste auf der Welt.« Es lag auf der Hand, daß dieser betrübliche Zustand nicht fortdauern durfte, und Moravec machte sich daran, das System zu reformieren. Er sorgte dafür, daß das Budget erhöht wurde, stellte eine neue Gruppe junger, begeisterter Offiziere ein und konzentrierte die Arbeit des tschechoslowakischen Geheimdienstes auf Nazideutschland, dessen Kontakte zu Henlein inzwischen wachsende Besorgnis auslösten. Diese Veränderungen waren Teil einer umfassenden Reform des Generalstabs und gingen einher mit einer massiven Steigerung der Militärausgaben und dem Bau moderner Verteidigungsanlagen längs der Grenze zu Deutschland. Schon nach zwei Jahren konnte Moravec Resultate vorweisen. »Obwohl die Anwerbung von Agenten im Reich bei Null beginnen mußte«, schrieb er später, »stellten wir schon bald fest, daß selbst ein brutaler Polizeistaat wie das Hitler-Regime unterwandert werden konnte. Ja, wir sollten entdecken, daß sich das dichte, von der Gestapo gestützte Sicherheitssystem des Dritten Reichs vollkommen durchlöchern ließ.« Das war zwar eine Übertreibung, doch es wurde schon bald und weithin anerkannt, daß Beneš über eine der besten Geheimdienstorganisationen in Europa verfügte, ein Umstand, der starken Einfluß auf die nachfolgende Entwicklung haben sollte.

Beneš hoffte, die Großmächte überzeugen zu können, daß es in ihrem ureigensten Interesse liege, die Tschechoslowakei zu unterstützen. Die Tschechoslowakei hatte bereits 1924 ein Bündnis mit Frankreich geschlossen, und im Mai 1935 suchte sich Beneš durch einen neuen Vertrag mit der Sowjetunion zusätzlich abzusichern. Darin verpflichteten sich die Russen, der Tschechoslowakei gegen eine Aggression beizustehen, allerdings nur dann, wenn zuerst die Franzosen ihre militärischen Verpflichtungen erfüllten. In diesem Pakt spiegelte sich Beneš' Überzeugung, daß die Tschechoslowakei nur innerhalb eines europäischen Sicherheitssystems fortbestehen könne, das Ost und West einschloß. Er sah keinen Vorteil darin, die Sowjets auszuschließen, und glaubte, daß die Tschechoslowakei zu einer Gratwanderung zwischen Kommunismus und Kapitalismus imstande sei, wobei sie sich von beidem das Beste zu eigen machen könnte. Der Geheimdienst spielte eine wichtige Rolle in der militärischen Kooperation mit Paris und Moskau.

Moravec hielt engen Kontakt zum Vertreter des Deuxième Bureau in Prag, Major Henri Gayou, einem liebenswerten, aber etwas beschränkten Mann mit dem Spitznamen »Smidra« (wegen seiner Ähnlichkeit mit dem tölpelhaften Dorfpolizisten in der tschechischen Volkssage). Moravec kam auch regelmäßig mit dem Chef des Deuxième Bureau, Oberst Fauché, und anderen führenden französischen Geheimdienstleuten zusammen. Durch diese Kanäle konnten die Tschechen Informationen über den Fortgang der deutschen Wiederaufrüstung und Hitlers militärische Pläne weitergeben. Doch trotz dieses Stroms hochwichtigen Materials fand Moravec die Franzosen ausgesprochen kühl. Sie lehnten es ab, gemeinsame Geheimdienstoperationen gegen die Nazis zu erwägen; sie nahmen alles, was die Tschechen ihnen lieferten, ohne sich dafür erkenntlich zu zeigen. Diese Haltung bestand auch in der militärischen Sphäre, wo die Franzosen sich weigerten, einen gemeinsamen Operationsplan für den Fall eines Krieges zu erstellen. Anfang 1938 begann Moravec das Vertrauen zu Frankreich zu verlieren. Er konstatierte in Paris eine sonderbare Mischung aus Selbstgefälligkeit und Defätismus und kam privat zu dem Schluß, daß die Franzosen im Fall einer Krise nicht kämpfen würden. Dennoch blieb ihm nicht viel anderes übrig, als den Kontakt zum Deuxième Bureau aufrechtzuerhalten und auf das Beste zu hoffen.

Die nachrichtendienstliche Zusammenarbeit mit der Sowjetunion war weniger eng, verlief aber nach einem ähnlichen Muster. Moravec, der 1917 gegen die Bolschewiken gekämpft hatte, dachte skeptischer als Beneš über Verbindungen mit Moskau, gehorchte aber als braver Soldat. Wie er später sagte, ließ ihn Hitlers Aufstieg die Sowjetunion aus einem anderen Blickwinkel betrachten. Im Sommer 1936 wurden Moravec und die führenden Experten seines Stabs zu Gesprächen mit den Russen nach Moskau geschickt. Seine Gruppe wurde herzlich willkommen geheißen und führte zwei Wochen lang Gespräche mit General Urizky vom sowjetischen militärischen Geheimdienst und anderen hochgestellten Offizieren. Moravec erkannte bald, daß die Beziehung einseitig sein würde: »Wir waren für die Konferenz gut vorbereitet und informierten unsere sowjetischen Kollegen mit einer Reihe von Berichten, die ein Bild von allen wesentlichen Verbänden der deutschen Streitkräfte vermittelten . . . Die Russen hörten aufmerksam zu und machten sich ausgiebig Notizen, ohne sich irgendeine Reaktion anmerken zu lassen . . . Nur die Daten, die unsere Seite vorlegte, wurden diskutiert und analysiert. Die Russen steuerten selbst nur wenig bei.« Moravec kam zu dem Schluß, dies habe seinen Grund weniger in der sowjetischen Manie, keine Geheimnisse preiszugeben, sondern in dem Umstand, daß sie über fast keine Informationen zur Entwicklung in Deutschland verfügten. Die Zerschlagung der KPD durch die Gestapo hatte sie »geblendet«. Urizky selbst gab zu, daß es Schwierigkeiten bereite, Agenten ins Reich einzuschleusen. Er bat die Tschechen, ihm bei der Errichtung neuer Agentennetze zu helfen, die von einer großen sowjetischen Geheimdienstmission mit Sitz in Prag gesteuert werden sollten. Doch Moravec schreckte vor der Idee zurück, den Russen in der Tschechoslowakei freie Hand zu lassen, und Urizky akzeptierte schließlich einen bescheideneren Vorschlag. Der sowjetische Nachrichtendienst durfte einen Residenten nach Prag schicken, doch dieser mußte unter Moravec' Kontrolle arbeiten. Sämtliche Operationen waren mit den Tschechen abzustimmen, und an sie waren alle Informationen weiterzuleiten, welche die Agentennetze beibrachten. Auf dieser Basis begann die geheimdienstliche Zusammenarbeit.

Kurz nach Moravec' Rückkehr aus Moskau traf ein sowjetischer Repräsentant ein. Hauptmann Kusnetzow, ein liebenswürdiger Offizier der regulären Truppe, erhielt den Decknamen Rudolf Eins und berichtete über einen Leitoffizier im sowjetischen Konsulat nach Moskau. Kusnetzow hielt sich nicht lange; er wurde schon nach wenigen Monaten nach Moskau zurückbeordert und verschwand dort im Zuge der großen Säuberungen. Sein Nachfolger, Rudolf Zwei, war, so zeigte sich, alles andere als ein Aktivposten: ein Trinker mit ungeschliffenen Manieren, offensichtlich mehr aus Gründen der politischen Zuverlässigkeit als wegen seines Köpfchens ausgesucht. Nach Moravec' Darstellung waren seine Operationen schreckliche Fiaskos, und zumeist war er in Bars anzutreffen, »wo seine primitiven Ausschweifungen mitunter ans Bestialische grenzten. Mein Amt mußte mehrmals unappetitliche Skandale vertuschen, zu denen seine amourösen Eskapaden führten«. Dieses Verhalten war vielleicht verständlich, bedenkt man, was sich in der Sowjetunion abspielte. Während der Säuberungen galt jeglicher Kontakt mit Ausländern als verdächtig, und eine Versetzung ins Ausland war häufig das Vorspiel zu einem Todesurteil. Trotz dieser Probleme setzte Moravec die Zusammenarbeit mit den Russen fort, so gut es ging. Der tschechische Geheimdienst erleichterte den Transit russischer Soldaten, die in Spanien während des Bürgerkriegs kämpften, und leitete Informationen über die deutsche Wiederaufrüstung und militärische Planungen weiter. Doch die Kooperation blieb weitgehend einseitiger Natur. Wie die Franzosen waren auch die Sowjets bereit zu nehmen, nicht jedoch zu geben. Die Tschechoslowakei, eine kleine Macht, die um ihre Unabhängigkeit kämpfte, hatte kaum eine andere Wahl, als sich mit diesen ungünstigen Bedingungen abzufinden. Die Alternative wären Isolation und Untergang gewesen.

Obwohl die Tschechoslowakei keinen Beistandspakt mit Großbritannien hatte, arbeitete Moravec auch eng mit dem SIS zusammen. Beneš erkannte, daß London eine Schlüsselrolle spielen könnte, sollte es wegen des Sudetenlands zur Krise kommen. Wenn Großbritannien sich entschlossen zeigte, einer Aggression entgegenzutreten, würde dies Hitler abschrecken und Frankreich und Rußland ermutigen, fest zu ihren Verpflichtungen gegenüber der Tschechoslowakei zu stehen. Sollte Großbritannien Distanz wahren, stand zu befürchten, daß die Tschechoslowakei von ihren früheren Verbündeten preisgegeben würde. Daher war es von vorrangiger Bedeutung, das britische Bild von Nazideutschland zu beeinflussen, eine Mission, mit der der tschechische militärische Geheimdienst betraut wurde. Informationen aus Moravec' Agentennetzen wurden dazu benutzt, London von der deutschen Gefahr zu überzeugen und den günstigen Eindruck zu neutralisieren, den Henlein in gewissen hochgestellten politischen Kreisen Londons hinterlassen hatte. Schon 1936 war eine gedeihliche Arbeitsbeziehung zum SIS-Stationschef in Prag, Major Harold »Gibby« Gibson, hergestellt, der von der Gesandtschaft aus unter der durchsichtigen Tarnung eines Paßkontrollbeamten operierte, eine Tätigkeit, die in ganz Europa als gleichbedeutend mit Spionage bekannt war. Er war ein alter SIS-Hase, sprach fließend russisch und hatte vor seiner Versetzung nach Prag im Jahr 1933 von Istanbul, Bukarest und Riga aus gegen die Sowjetunion operiert. Sein Hintergrund und seine Erfahrungen waren beispielhaft für die Kommunismusangst, von der der SIS seit den zwanziger Jahren besessen war. Der britische Geheimdienst hatte sich von einem Netz russischer Emigranten abhängig gemacht, das völlig unzuverlässig und von den sowjetischen Sicherheitsorganen unterwandert war. Doch im Jahr nach Gibsons Ankunft in der Tschechoslowakei wurde Deutschland als potentieller Gegner Nummer eins eingestuft, worin die wachsende Besorgnis über die Nazis zum Ausdruck kam, und die Prioritäten verlagerten sich. Gibson begann Agenten ins Reich einzuschleusen, doch ihre Beiträge wurden schnell durch die erstklassigen nachrichtendienstlichen Erkenntnisse überboten, die Moravec lieferte. Dies war sowohl Gibson als auch seinen Vorgesetzten willkommen, da diese Schwierigkeiten hatten, ihre eigenen Agentennetze aufzubauen, und finanziell kurz gehalten wurden. Das Schatzamt erhöhte zwar 1936 das SIS-Budget, aber der Nachrichtendienst wurde bis zum Kriegsausbruch durch Geldknappheit behindert. »Bis 1939 konnte er [der SIS] sich nicht einmal Funkgeräte für seine Agenten leisten.« Somit subventionierte Moravec praktisch die britischen Geheimdienstoperationen; wie im Fall der Franzosen und der Russen sah er sich gezwungen, mehr zu geben, als er empfing. Auf lange Sicht jedoch sollte seine Zusammenarbeit mit Gibson unvorhersehbare Folgen haben, die den Fortbestand des tschechischen militärischen Geheimdienstes sicherten, nachdem das Land, dem er diente, von Hitler verschlungen worden war.

Die tschechische Reputation im Bereich der Geheimdienstarbeit beruhte weitgehend auf einem einzigen Agenten, der den Decknamen A-54 trug. Informationen aus dieser Quelle waren es, die Paris, Moskau und London aufmerksam werden ließen und eine Kooperation mit Moravec lohnend machten. Obwohl Moravec sich rühmte, nach 1934 Heydrichs Sicherheitsschirm durchstoßen zu haben, fand nicht er selbst seinen erfolgreichsten neuen Mitarbeiter, sondern A-54 fand *ihn.* Der für die Tschechen wichtigste Agent kam aus eigenem Antrieb und gehörte damit zu einem der unsichersten Kantonisten in der düsteren Welt der Geheimdienste. Seine Verbindung zu den Tschechen begann im März 1937, als Moravec einen persönlichen Brief mit Einzelheiten über deutsche Mobilisierungspläne erhielt, in dem der Absender weitere Informationen gegen Barzahlung anbot. Wie Moravec selbst zugab, fand er diese Kontaktaufnahme beinahe zu schön, um wahr zu sein, und seine Mitarbeiter kamen einhellig zu dem Schluß, bei der ganzen Sache handle es sich um eine Falle der Nazis. Nichtsdestoweniger beschloß Moravec, das Risiko einzugehen, und begann eine Zusammenarbeit mit A-54, die sowohl vor Kriegsausbruch als auch während des Krieges erstklassiges Material in immer größeren Quantitäten erbrachte. Das wahre Motiv von A-54 ist bis heute ein Geheimnis geblieben, und seine Identität war dem tschechoslowakischen Geheimdienst selbst dann noch unbekannt, als er schon seit längerem Informationen lieferte. Tatsächlich handelte es sich um einen in Dresden stationierten Angehörigen der Abwehr namens Paul Thümmel. Da Dresden die Hauptbasis der Operationen gegen die Tschechoslowakei war, befand sich Thümmel in einer günstigen Position, um Moravec über deutsche militärische Pläne und Verbindungen mit Henlein ins Bild zu setzen. Seine Bedeutung beschränkte sich jedoch nicht darauf. Thümmel war ein alter Parteigenosse, Träger des Goldenen Parteiabzeichens und mit vielen wichtigen Personen aus der »Kampfzeit«, unter ihnen Heinrich Himmler, persönlich befreundet. Dies verschaffte ihm Zugang zu Informationen, an die er sonst vielleicht nicht herangekommen wäre, und ermöglichte es ihm wie nur wenigen anderen, mit einem Bein in der Welt der Partei und mit dem anderen in der Sphäre der Wehrmacht zu stehen. Die Frage bleibt offen, warum jemand wie er den Tschechen seine Dienste antrug. Er wurde zwar bezahlt, erhielt aber nie so viel, daß es ihn für die Risiken entschädigte, die er auf sich nahm, und er setzte seine Arbeit für Moravec auch dann noch fort, als Hitler den Staat Tschechoslowakei ausgelöscht hatte. Dies läßt an sich die Möglichkeit offen, daß er ein Doppelagent war, was Beneš manchmal argwöhnte, doch eine solche Folgerung ist problematisch. Bestimmte Informationen Thümmels können den Tschechen nicht bewußt, als Teil eines Täuschungsmanövers, von den Deutschen zugespielt worden sein – das Material war einfach zu wichtig.

Nach der Aussage eines Mannes, der später mit Thümmel in Theresienstadt inhaftiert war, war persönlicher Groll der Schlüssel zu Thümmels Charakter. Er hatte gehofft, in der NS-Bewegung sozial aufzusteigen, aber feststellen müssen, daß auch nach 1933 seine Herkunft aus der Arbeiterschicht gegen ihn sprach. Hingegen akzeptierte ihn die feine Gesellschaft in Prag, während er dort stationiert war – zu seinem Umgang zählten auch Filmstars. Daß er sich als Spion betätigte, war eine Form der Rache an einem System, das er verachten gelernt hatte. Er war voll Geringschätzung gegenüber dem Sicherheitssystem des NS-Staates und zweifelte nicht an seiner Fähigkeit, seine Vorgesetzten zu überlisten. Wie seine wahre Rolle auch beschaffen war, A-54 sollte sich als ein zuverlässiger Aktivposten für Moravec erweisen, bis er 1942 schließlich enttarnt und verhaftet wurde.

Trotz aller Bemühungen gelang es Beneš nicht, internationalen Beistand für die Tschechoslowakei zu mobilisieren, als Hitler 1938 die Münchner Krise vom Zaun brach. Neville Chamberlain lehnte es ab, Frankreich Großbritanniens Unterstützung für den Kriegsfall zuzusichern, und versuchte statt dessen, eine Verhandlungslösung der Sudetenfrage zustande zu bringen. Die Franzosen nahmen dies als Vorwand, um untätig zu bleiben. Da Frankreich keinen Krieg führen wollte, wurden die vertraglichen Verpflichtungen der Sowjetunion hinfällig, so daß die Tschechoslowakei isoliert dastand. Beneš, der 1919 den neuen tschechoslowakischen Staat in Versailles vertreten hatte, mußte erleben, daß er von der Münchner Konferenz im September 1938 ausgeschlossen blieb, auf der Großbritannien, Frankreich, Deutschland und Italien über seinen Kopf hinweg die Abtretung des Sudetenlands vereinbarten. Es war ein bitterer Augenblick für Beneš und das Volk der Tschechoslowakei. Beneš stand unter großem Druck seitens der Armee, Chamberlains Vermittlung zurückzuweisen und allein gegen Deutschland zu kämpfen, kam aber zu dem Schluß, daß dies zum Untergang seines Landes führen müsse. Es war eine umstrittene Entscheidung, die ihm später und bis zuletzt viele anklagend vorhalten sollten, denn mit der Abtretung des Sudetenlands samt Grenzbefestigungen lieferte der Präsident Prag Hitler auf Gnade und Ungnade aus. Der »Führer« zögerte nicht lange, von seiner Macht Gebrauch zu machen. Gleich nach München machten die Deutschen klar, daß sie nicht gedachten, mit dem tschechoslowakischen Rumpfstaat zu verhandeln, solange Beneš Präsident blieb. Hitler haßte ihn und identifizierte ihn – zu Recht – mit dem Geist des tschechischen Nationalismus, den er zu vernichten entschlossen war. Beneš wurde zum Rücktritt gezwungen und durch Emil Hácha ersetzt, einen alternden ehemaligen Beamten, der schon bei seiner Ernennung ein kranker Mann war. Mit vierundfünfzig Jahren mußte Beneš sich abermals mit dem Gedanken vertraut machen, ins Exil zu gehen, denn es stand außer Frage, daß sein Leben in Gefahr war, falls er im Land blieb. Ende Oktober flog er nach London, um sich ärztlich behandeln zu lassen. Unangemeldet traf er auf dem Flughafen Croydon ein, wo erst ein paar Wochen vorher Chamberlain aus München angekommen war und einer jubelnden Menge »Frieden für unsere Zeit« verheißen hatte. Anfang des folgenden Jahres trat er eine Schiffsreise in die Vereinigten Staaten an, wo man ihm die Professur für Soziologie an der Universität von Chicago angeboten hatte. Doch Beneš hatte nicht die Politik gegen das Leben eines Gelehrten eingetauscht. Wie er, ehe er seine Heimat verließ, einer Gruppe von Freunden erklärte, war er überzeugt, Hitler werde eines Tages den Bogen überspannen und einen europäischen Krieg provozieren. Die Staatenkoalition, die in München gescheitert war, könnte sich wieder zusammenfinden und Deutschland in die Knie zwingen. Wenn es dazu kam, hoffte er, wie schon früher Sprecher der tschechischen Sache zu werden. Die Schmach von München würde getilgt und die Tschechoslowakei als Mitglied einer siegreichen Anti-Hitler-Allianz wiederhergestellt werden. Für Beneš wurde die Annullierung des Münchner Abkommens sowohl zu einem nationalen Kreuzzug als auch zu einer persönlichen Obsession. So schrieb er später: »Nach dem September 1938 dachte ich im Schlafen wie im Wachen beständig an dieses Ziel – lebte dafür, litt dafür, arbeitete dafür mit jeder meiner politischen Aktionen.«

Die neue Prager Regierung, von ihren Verbündeten im Stich gelassen, beeilte sich, bei den Deutschen das Beste herauszuschlagen, was sich herausschlagen ließ. Die Politik des Landes wurde der deutschen untergeordnet. Der Pakt mit der Sowjetunion wurde gekündigt, die kommunistische Partei verboten. Die Armee, das Symbol der Nation, wurde über Nacht demobilisiert. Bilder von Masaryk und Beneš verschwanden aus den Schulen. Hitler wurde sogar vorgeschlagen, einen Deutschen als Kabinettsmitglied zu nominieren. Die Slowakei erhielt die Autonomie, was zu einer Situation führte, die die Nazis sich schon bald zunutze machten, und die Tschechoslowakei hieß fortan Tschecho-Slowakei, worin die Abkehr von den unitarischen Prinzipien zum Ausdruck kam, auf denen der Staat errichtet worden war. Was die Deutschen betraf, die sich noch auf dem verkleinerten Territorium der Republik befanden, erhielten sie unter Druck Berlins extensive Privilegien gewährt und definierten sich als Teil einer von Hitler geführten nationalsozialistischen Volksgemeinschaft. Diese Versuche, den »Führer« zu beschwichtigen, wirkten sich unmittelbar auf Moravec aus, der angewiesen wurde, die Operationen gegen das Reich einzustellen. Die Arbeit seines Gegenspionagedienstes im Sudetenland hatte ihm den Haß von Henleins Anhängern eingetragen, und es wurde Druck ausgeübt mit dem Ziel, ihn entlassen und festnehmen zu lassen. Er wurde ständig von SD-Agenten überwacht, und sein Leben war offenkundig in Gefahr. Angesichts dieser Umstände faßte Moravec einen dramatischen Entschluß. Er wollte die Arbeit des tschechischen militärischen Geheimdienstes ins Ausland verlagern, dem mörderischen Zugriff von Heydrichs Gestapo entziehen. Wie viele Armeeoffiziere hatte er das Münchner Abkommen abgelehnt und die Ansicht vertreten, die Tschechoslowakei hätte eher kämpfend untergehen sollen, als dem englisch-französischen Druck nachzugeben. Die Ereignisse im September 1938 bedeuteten für ihn kein Ende, sondern einen Anfang. Wie seine

Regierung sich auch politisch verhalten mochte, Moravec hatte Hitler den Krieg erklärt. Doch wo eine neue Geheimdienstbasis aufbauen? Wie die meisten Tschechen konnte Moravec den Franzosen nicht verzeihen, daß sie während der München-Krise einen Rückzieher gemacht hatten. Verbitterung und Desillusionierung schlossen eine Übersiedlung nach Paris aus. Die Russen waren aus den Ereignissen im September mit größerem Ansehen hervorgegangen. Stalin war an dem schändlichen Schacher um das Sudetenland nicht beteiligt gewesen. Es konnte ihm nicht zum Vorwurf gemacht werden, er habe einen Krieg gescheut, solange Frankreich eine Beschwichtigungspolitik verfolgte. Doch wie populär die Russen in der Tschechoslowakei auch sein mochten, Moravec hatte kein Verlangen, sich in Moskau zum Führer der tschechischen Kommunisten, Klement Gottwald, zu gesellen. Er blieb gegenüber Stalin mißtrauisch eingestellt und war nicht bereit, sich dem einen Diktator zu entziehen, um in die Fänge eines anderen zu geraten. Folglich blieb nur England übrig, was angesichts von Neville Chamberlains Verhalten in München als sonderbare Wahl anmuten mußte. Aber welche Rolle die Briten dort auch gespielt hatten, London hatte keine feierlich beschworenen Vertragspflichten gebrochen und nicht die Verachtung auf sich gezogen, die die Tschechen Paris gegenüber empfanden. Deshalb wandte sich Moravec mit seinem Fluchtplan an seinen Freund Gibson.

Gegenüber den Briten verfügte Moravec über *einen* Trumpf: A-54. Er hatte eigentlich erwartet, daß sein Spitzenagent sich nach Hitlers Triumph absetzen werde. Wie er später darlegte, hatte A-54 wie nur wenige Spione die Chance, einfach zu verschwinden und von seinen Einkünften zu leben, statt sich für ein geschlagenes und gedemütigtes Land weiterhin Gefahren auszusetzen. Doch Thümmel traf sich mit seinem Führungsoffizier, Hauptmann Fryč, an der neuen Grenze und erklärte, daß er bereit sei, auch weiterhin für die Tschechen zu arbeiten. Dem SIS war sehr daran gelegen, sich den Zugang zu den Erkenntnissen von A-54 zu sichern. Im Herbst 1938 drangen alle möglichen beunruhigenden Meldungen über Hitlers Kriegspläne über die deutschen Grenzen. Ein englischer Geheimdienstmann berichtete später: »Es gab so viele verbürgte Gerüchte . . . daß, was auch geschah, immer irgend jemand sagen konnte: ›Ich hab's Ihnen ja gesagt.‹« Der Chef des SIS, Admiral Sir Hugh Sinclair, wurde von der Regierung bedrängt, Informationen zu liefern, und was er liefern konnte, war ihm oft peinlich. Unter diesen Umständen war es wichtig, sich Zugang zu einer gut plazierten Nachrichtenquelle zu sichern. Außerdem bestand die Möglichkeit, daß die britische Strategie und das Ansehen des SIS, falls Hitler wirklich losschlug, auf die Art Informationen angewiesen waren, die A-54 liefern konnte. Moravec' Mannschaft war nicht der einzige ausländische Geheimdienst, den sich der SIS zunutze machte. Im Januar 1939 wurden in Paris bei einer Zusammenkunft englischer, französischer und polnischer Geheimdienstexperten die ersten Schritte in Richtung auf eine Zusammenarbeit auf dem Gebiet der Entschlüsselung unternommen. Dies verschaffte dem SIS Zugang zu polnischen Erkenntnissen über die von den deutschen Streitkräften benutzte Verschlüsselungsmaschine Enigma und lieferte die Basis für ULTRA, den größten nachrichtendienstlichen Coup des Krieges, als der deutsche Code geknackt wurde, was den Wert altmodischer Agenten wie Thümmel reduzierte. Zunächst jedoch blieb die Entschlüsselung bruchstückhaft und verwirrend. Solange diese Situation fortdauerte, konnten sich die Tschechen zunutze machen, daß sie über den geheimnisvollen A-54 verfügten. Moravec' Darstellung zufolge brauchte er nicht den ersten Schritt zu einer Kooperation mit dem SIS zu unternehmen, denn im Winter dieses Jahres trat Gibson mit dem Angebot eines Flugzeugs an ihn heran, das den Chef des tschechischen militärischen Geheimdienstes und seinen Stab nach England bringen sollte. Ob diese Version nun zutrifft oder nicht, klar ist, daß Thümmel der Schlüssel zu den Verhandlungen war. Zu Beginn des Jahres 1939 war das Fundament für Moravec' kühnen Plan gelegt. Er hatte die Operationen auf eine Reihe von Außenstellen in ausländischen Hauptstädten übertragen, Geheimfonds ins Ausland transferiert und eine Liste der Mitarbeiter zusammengestellt, die ihn ins Exil begleiten sollten. Der SIS hatte sich grundsätzlich bereit erklärt, ihm ein Refugium zur Verfügung zu stellen. Nur über die Zeitplanung für den letzten Akt war noch zu entscheiden. Diese wurde schließlich von Hitler diktiert, und nur eine Warnung von A-54 verhinderte, daß Moravec' Plan von den Ereignissen überholt wurde.

Die Tinte auf dem Münchner Abkommen war kaum getrocknet, da rollten die deutschen Verbände schon durch die aufgegebenen tschechischen Grenzbefestigungen ins Sudetenland. Im Kielwasser der vorrückenden Kolonnen folgten Heydrichs Sicherheitskommandos. Die Parteizeitung der Nazis, *Völkischer Beobachter*, meldete am 10. Oktober voll Stolz: »Gleichzeitig haben innerhalb der Sicherheitspolizei die Männer der Geheimen Staatspolizei in engster Zusammenarbeit mit den vorrückenden Wehrmachtsstreifen sofort mit der Säuberung der befreiten Gebiete von marxistischen Volksverrätern und anderen Staatsfeinden begonnen.«

Wie Major Groscurth während einer Fahrt durch das Gebiet rasch feststellte, waren diese Definitionen sehr weit gefaßt und betrafen auch viele von Henleins engsten Genossen. Heydrich nutzte die Gelegenheit, um die Fehde wieder aufzunehmen, die auf Hitlers Weisung im Frühjahr vorläufig eingestellt worden war. Henleins Frau schwebte in Todesangst, ihr Mann könnte ermordet werden. Gegenüber Groscurth klagte sie: »Sie versuchen alles, um ihn loszuwerden . . . Er hat bei der Gestapo ebenso viele Feinde wie bei den Tschechen. Heydrich haßt ihn besonders.« Das Verhalten der SD-Kommandos und der Waffen-SS-Einheiten, die die Wehrmacht begleiteten, bestätigte Groscurths Äußerung über die »Schweine« von der SS. Die Abwehr versuchte den Führer der Sudetendeutschen Partei und seinen Anhang zu schützen, allerdings mit geringem Erfolg. Henlein hatte in der Nazipropaganda eine zu bedeutende Rolle gespielt, als daß man ihn hätte aus dem Weg räumen können, fand sich jedoch als Gauleiter des Sudetenlands auf einen Posten mit kaum wirklicher Macht abgeschoben. Seine Gesinnungsgenossen im Kameradschaftsbund hatten weniger Glück. Nach monatelangen Schikanen durch die Gestapo wurden sie zusammen mit mehreren hundert Mitgliedern der Sudetendeutschen Jugendgemeinschaft verhaftet und homosexueller Vergehen beschuldigt. Als Staatsfeinde verurteilt, wanderten sie in ein Konzentrationslager, wo sie bis 1945 blieben. Der wahre Gewinner unter den Sudetendeutschen war nicht Henlein, sondern Karl Hermann Frank, der schon bald den Lohn für seine Loyalität gegenüber der SS einheimsen sollte.

Trotz seines Triumphs in München fühlte sich Hitler durch Chamberlains Intervention hereingelegt. Schon im Oktober 1938 plante er, dem tschechoslowakischen Rumpfstaat ein Ende zu bereiten, wobei er Himmler, Heydrich und der SS eine Schlüsselrolle zuteilte. Während einer Inspektionstour durch das Sudetenland erklärte er hochrangigen Militärs, um »Böhmen und Mähren einzuverleiben«, brauche er »die Armee nicht. Alles werde auf politischer Ebene erledigt werden . . . ›Ich bitte Sie nur, dafür zu sorgen, daß die Einsatzbereitschaft der Streitkräfte sichergestellt bleibt. Keine Mobilisierung, keine unnötigen Verteidigungsmaßnahmen. Es mag sein, daß die Tschechen entrüstet schreien werden, wir werden ihre Alarmrufe ersticken, bevor sie ihnen aus der Kehle fahren. Und wer würde ihnen schon zu Hilfe kommen?‹«

Hitler plante, die Tschechoslowakei durch eine Kombination innerer Intrigen mit militärischem Druck von außen zu zerstören. Die slowakische Provinzregierung sollte dazu ermuntert werden, sich unabhängig zu erklären und Berlin um Schutz zu bitten. Sodann sollten deutsche Truppen in die tschechischen Gebiete Böhmens und Mährens einrücken, um die »Ordnung« zu sichern, und das gesamte Gebiet sollte auf Dauer Teil des deutschen »Lebensraums« werden. Im Januar 1939 traf Hitler in Berlin mit Himmler und Heydrich zu einer geheimen Besprechung zusammen, um die Sezession der Slowakei in die Wege zu leiten. Danach, so erklärte er seinen Zuhörern, werde es einfach sein, den tschechischen Teil der Republik zu erledigen. Mit dieser Mission wurde der Mann betraut, der 1934 bei der Entführung von Rudolf Formis so stümperhaft vorgegangen war: Alfred Naujocks. Schon bald war Naujocks emsig damit beschäftigt, Kontakt zu separatistischen Politikern aufzunehmen und für faschistische Organisationen Waffen in die Slowakei zu schmuggeln. Anfang März erhielt die Wehrmacht die Weisung, sich auf eine »Befriedungsoperation« in Böhmen und Mähren, koordiniert mit dem geheimen SD-Plan, vorzubereiten. Den Generalen wurde mitgeteilt, daß mit einem Widerstand der Tschechen nicht gerechnet werde.

Kaum hatte Thümmel von der bevorstehenden Invasion erfahren, fuhr er über die tschechische Grenze und nahm Kontakt zu Hauptmann Fryč auf. Er brachte Details des deutschen Aufmarschplans mit, der vorsah, daß im Morgengrauen des 15. März vier Divisionen einmarschierten und um 9.00 Uhr Prag besetzten. Die Truppen begleiten sollten Sonderkommandos der Sicherheitspolizei mit dem Auftrag, Angehörige des tschechischen Geheimdienstes aufzuspüren und mit »besonderer Strenge« zu verhören, um ihre Informationsquellen in Deutschland aufzudecken. Thümmel war über diese Aussicht begreiflicherweise besorgt, wurde aber mit der Auskunft beruhigt, daß die Tschechen Notfallpläne hätten. Daraufhin erklärte er sich bereit, seine Arbeit fortzusetzen, und bekam Kontaktadressen in Holland und in der Schweiz, an die er sich nach der Einnahme Prags wenden konnte. Moravec mußte nun entscheiden, was er mit der brisanten Information anfangen sollte, die ihm zugespielt worden war. Seine erste, instinktive Regung sagte ihm, er müsse die Regierung warnen, sowenig er auch mit ihrer prodeutschen Politik seit München einverstanden war. Die Minister konnten nicht glauben, daß Hitler einen Akt solch flagranter Aggression gegen die ohnedies schon unterwürfige Tschechoslowakei begehen könne. Außerdem wurde Moravec mit der diskreditierten Politik Beneš' identifiziert, und zudem hatte er auch aus seiner antinazistischen Einstellung kein Hehl gemacht. Man verdächtigte ihn, daß er eine Provokation inszenieren wolle, um zwischen Prag und Berlin Unfrieden zu stiften. Als er am 11. März vor das Kabinett zitiert wurde, empfahl er, die Regierung solle nach der Zerstörung sämtlicher militärischer Ausrüstung, der Sprengung des Kriegsministeriums und der Lahmlegung der wichtigsten Rüstungsbetriebe ins Exil gehen. Dieser drastische Vorschlag wurde höhnisch abgetan. Man erklärte Moravec, er solle sich beruhigen und »uns in Zukunft bessere Nachrichten bringen«. Es war die größte Demütigung seines Lebens.

Moravec hatte ursprünglich vorgehabt, um die offizielle Genehmigung einzukommen, seine Operationen ins Ausland zu verlagern. Nun mußte er auf eigene Faust handeln, was er damit rechtfertigte, daß die Regierung die Nation verraten und jeden Anspruch auf moralische Autorität verloren habe. Da die Zeit drängte, wandte er sich an seinen Kollegen Gibson mit der Bitte um Beistand. Spätabends am 13. März erschien ein Fahrzeug der englischen Botschaft in der unterirdischen Garage des Kriegsministeriums, wo es mit Moravec' wichtigsten Dossiers beladen wurde. Diese wurden mit der britischen Kurierpost aus dem Land geschmuggelt. Am nächsten Vormittag verließ Moravec wie gewohnt sein Heim – ohne Frau und Kindern etwas von den dramatischen Ereignissen zu sagen, die sich anbahnten. Er berichtete später: »Ich sagte nur, daß ich irgendwo in Mähren übernachten würde, und bat meine Frau, mir ein paar Hemden und eine Zahnbürste einzupacken.« Als er im Kriegsministerium eintraf, rief er seine elf besten Offiziere zu sich und ließ die Bombe hochgehen: Sie sollten ihn am Nachmittag in einer außerplanmäßigen KLM-Maschine, die Gibson nach Prag umleiten ließ, nach London begleiten. Sie durften sich nicht von ihren Familien verabschieden. Angesichts dessen, daß es in Prag von Nazispitzeln wimmelte und die Regierung entschlossen war, ihre Unterwürfigkeit gegenüber dem Reich zu demonstrieren, wäre es verhängnisvoll gewesen, wenn das Geringste durchgesickert wäre. Die Männer hörten Moravec schweigend zu. Niemand erhob Einspruch. Er hatte zu Recht angenommen, daß keiner seiner ausgewählten Begleiter persönliche Überlegungen über die Pflicht gegenüber der Nation stellen würde. Am Nachmittag leerte Moravec die Tresore und traf Vorbereitungen für die Vernichtung der verbliebenen Geheimdossiers, während seine Männer allein oder zu zweit das Kriegsministerium verließen, um nicht etwaige Gestapoagenten mißtrauisch zu machen. Auf dem Flughafen blickten sympathisierende Zollbeamte weg, während Moravec und sein Stab inmitten eines blendenden Schneesturms, der alle anderen Flugzeuge am Start gehindert hatte, ihre KLM-Maschine bestiegen. Der Kontrast zwischen diesem heimlichen Entweichen und dem siegreichen Einzug in Prag anno 1919 war bitter, aber die Flucht war unvermeidlich. Moravec schrieb später: »Während ich in der nach England fliegenden KLM-Maschine saß . . . überschwemmten mich plötzlich schwarze Gedanken. Das bittere Ringen der vergangenen Jahre, das Blut und der Schweiß so vieler, was hatte es alles gebracht? Masaryks Republik war tot. Zum zweitenmal in meinem Leben ging ich ins Exil. Meine Frau und Kinder waren für mich verloren, im Stich gelassen dort unten in dem unglücklichen Land, irgendwo unter den wirbelnden Flocken, den Invasoren auf Gnade und Ungnade preisgegeben. Bitterkeit stieg in mir auf. Als unsere Maschine das Grenzgebirge der Tschechoslowakei überflog, drückte ich den Kopf in die Hände und weinte.«

Während am Tag darauf die britische Presse Spekulationen über das Eintreffen einer geheimen Maschine mit elf mysteriösen Fluggästen auf dem Flugplatz von Croydon anstellte, wurden die letzten Überreste der tschechischen Unabhängigkeit von den Nazis liquidiert. Am 14. März erklärte sich die Slowakei unter starkem deutschen Druck unabhängig. Später am selben Tag bestieg der leidende Hácha einen Zug nach Berlin, wo er den »Führer« zu bewegen hoffte, die Autorität der Prager Regierung zu gewährleisten. Statt dessen mußte er die barsche Erklärung hinnehmen, daß am folgenden Tag deutsche Truppen Böhmen und Mähren besetzen würden. Beim geringsten Widerstand würde die Luftwaffe Prag in Schutt und Asche bomben. Er habe sein Volk unter den »Schutz« des Naziregimes zu stellen. Nach stundenlangen Einschüchterungen, in deren Verlauf Hácha ohnmächtig wurde und mit einer Injektion wieder zu Bewußtsein gebracht werden mußte, unterzeichnete er in den frühen Morgenstunden weinend das vorbereitete Dokument. Verbände der Waffen-SS hatten bereits die in München festgelegten Grenzen überschritten, die gerade nur gute vier Monate gehalten hatten. Mit rutschenden Fahrzeugen trafen im Schneetreiben die ersten Einheiten der Wehrmacht in Prag ein, unter den starren Blicken der Einwohnerschaft. »Manche der Zuschauer verloren die Fassung und weinten; manche gaben sich einem ohnmächtigen Zorn hin; manche rannten umher und brüllten den deutschen Truppen Beschimpfungen zu.« Lediglich das 8. Schlesische Regiment in Místek verweigerte den Gehorsam und leistete kurz, aber aussichtslos Widerstand. Im Kielwasser der Soldaten folgte die Gestapo, die sofort eine Razzia nach deutschen Emigranten, Kommunisten und anderen »subversiven Elementen« einleitete. In der ersten Woche nach der Besetzung Prags wurden im Rahmen der Aktion GITTER 1600 Personen verhaftet, eine Zahl, die sich schon bald auf 4639 erhöhte, als Heydrichs Männer den Druck auf die tschechische Polizei verstärkten. Daß die Regierung nicht auf Moravec' Warnung gehört hatte, verschaffte Hitler nicht nur die großen Škoda-Rüstungswerke in Pilsen, sondern auch die komplette Ausrüstung der tschechoslowakischen Armee und Luftwaffe, darunter 600 Panzer und 1000 Flugzeuge, Kriegsmaterial, das sich im Polen- und im Rußlandfeldzug als sehr nützlich erweisen sollte. Zusätzlich zu dieser Beute bemächtigten sich die Nazis großer Rohstofflager und der gesamten Goldreserven der Nationalbank. Nur im geheimdienstlichen Bereich kamen die Deutschen nicht auf ihre Rechnung. Als eine Sondereinheit der Abwehr im Kriegsministerium eintraf, um Moravec' kostbare Dossiers abzutransportieren, bevor die Gestapo sie beschlagnahmen konnte, fand sie nichts als pulverisierte Asche, die über den zertrampelten Schnee trieb.

Am Abend dieses unblutigen Schlags traf Hitler in Prag ein und wurde auf dem Hradschin, dem Amtssitz des Präsidenten, von einer SS-Ehrengarde begrüßt. Er war früher gekommen als Hácha, dessen Zug absichtlich aufgehalten worden war. Als der alte Mann schließlich die Burg erreichte, die er nur einen Tag vorher als Oberhaupt eines unabhängigen Staates verlassen hatte, mußte er den Personaleingang benutzen, ein Symbol des Status, den die Tschechen von ihren neuen Herren zugewiesen erhielten. Die Zukunft des Gebiets wurde rasch geregelt. Am 16. März proklamierte Hitler Böhmen und Mähren zum »Reichsprotektorat«, womit er auf eine richtiggehende Annexion verzichtete, zur Enttäuschung von NS-Größen im Sudetenland und in anderen angrenzenden Provinzen, die gehofft hatten, ihre eigene Herrschaft auszudehnen. Die Tschechen durften eine »autonome Regierung« behalten, der Zuständigkeit für Verteidigung und Außenpolitik beraubt und überwacht von einem von Berlin ernannten Reichsprotektor. Für diesen Posten wählte der »Führer« Konstantin von Neurath aus, einen Karrierediplomaten und ehemaligen Außenminister, der 1938 entlassen worden war, weil es ihm an Begeisterung für Hitlers Expansionspläne fehlte. Es war ein zutiefst zynisches Manöver, bestimmt von dem Verlangen, internationales Ansehen zu gewinnen. Goebbels, der auf die Ernennung eines fanatischen Nazis gedrängt hatte, bekam von Hitler zu hören, Neurath sei für die Aufgabe am besten geeignet, weil er in der angelsächsischen Welt als Mann von Distinktion gelte. Seine Ernennung werde sich im Ausland beruhigend auswirken, da man sähe, daß er, Hitler, beschlossen habe, den Tschechen ihr Leben als Nation nicht zu nehmen. Hitlers langfristige Ziele hatten sich jedoch keineswegs verändert, und sie enthüllten sich in der Ernennung von Heydrichs Kreatur Karl Hermann Frank, inzwischen SS-Brigadeführer, zum Staatssekretär des neuen Protektorats. Frank, berüchtigt für seinen Haß auf die Tschechen und ihre Kultur, bekam damit den Polizeiapparat in die Hand und war in dieser Eigenschaft nicht dem »achtbaren« Neurath, sondern Heydrich und Himmler in Berlin verantwortlich. Für ein Land, das sich nur kurzer zwanzig Jahre der Unabhängigkeit erfreut hatte, hätte die Situation kaum hoffnungsloser sein können, doch bereits in diesem düsteren Augenblick begann sich eine Exilregierung zu bilden, die sich dem Ziel der Vernichtung des Nazismus und der Wiederherstellung des tschechoslowakischen Staates verschrieb. Diese Entwicklung sollte sich als verhängnisvoll für Heydrich erweisen, der so viel getan hatte, um Masaryks und Beneš' Republik zugrunde zu richten.

Teil II

Der Plan

4. *Exilanten*

Die »ersten elf«, Moravec' Männer, wurden vom SIS in der Rosendale Road in West Dulwich untergebracht, wo das Team unter der Tarnung eines Radiogeschäfts arbeitete, geführt von einem britischen Agenten namens Reg Adams. Nach den Bedingungen der ungeschriebenen Übereinkunft, die sie nach London geführt hatte, arbeitete die tschechische Geheimdienstgruppe beinahe ausschließlich mit dem SIS zusammen. Als Major Gayou vom Deuxieme Bureau eine enge Kooperation vorschlug, wurde ihm eine höfliche Abfuhr durch Moravec zuteil, der den Verrat der Franzosen in München weder vergeben noch vergesssen hatte. Die Russen stießen auf eine ähnliche Reaktion, und nachdem Stalin im August 1939 den berüchtigten Pakt mit Hitler unterzeichnet hatte, kam jeglicher Kontakt zum Erliegen. Moravec war jedoch zu keiner Zeit ein Söldner, der den Weisungen des britischen Geheimdienstes zu gehorchen hatte. Er war ein Patriot und entschlossen, seine Organisation einer politischen Autorität zur Verfügung zu stellen, die die Wiederherstellung der Tschechoslowakei als unabhängiger Staat auf ihre Fahnen schrieb. Er gedachte, *mit* den Engländern zu arbeiten, nicht *für* sie. Moravec war der Überzeugung, daß nur ein einziger Mann imstande sei, eine Exilregierung zu führen und zu inspirieren: Eduard Beneš. Später berichtete er: »Ich schrieb sofort an Beneš, teilte ihm unser Eintreffen mit und stellte mich und meinen Stab ihm als dem natürlichen Führer jeder entstehenden Befreiungsbewegung zur Verfügung.« Der ehemalige Präsident hatte bereits sein selbstauferlegtes Schweigen gebrochen und wieder die Rolle des Sprechers der Nation übernommen, die er nach München niedergelegt hatte. Aus seinem Exil in den Vereinigten Staaten prangerte er in scharfen Worten die Besetzung Prags durch die Nazis an und schwor ihren Urhebern Rache. Er akzeptierte sogleich Moravec' Angebot und teilte ihm seine Absicht mit, ebenfalls nach London zu kommen. Ende Juli 1939 schlug Beneš in einer vorstädtischen Villa an der Gwendolen Avenue in Putney sein beengtes Quartier auf. Es war himmelweit entfernt von der Pracht der Gemächer im Hradschin, in denen nun der Reichsprotektor von Böhmen und Mähren residierte, doch sein unverwüstlicher Optimismus gab ihm Auftrieb. Schwere Zeiten waren ihm nichts Neues, und der europäische Krieg, der in diesem Sommer am Horizont dräute, würde, so hoffte er, mit Hitlers Niederlage und der Befreiung der Tschechoslowakei enden. Wie schon im Ersten Weltkrieg war er entschlossen, für die tschechische Sache bei den Alliierten zu werben und sich die Teilnahme an der zu erwartenden Friedenskonferenz zu sichern.

Beneš hatte einen schweren Kampf vor sich, einen Kampf, der sein beträchtliches diplomatisches Können auf eine harte Probe stellte. Er vertrat die Auffassung, Hitlers Aggression im März 1939 habe das Münchner Abkommen annulliert, welches samt all seinen Folgen ohnedies weder rechtliche noch moralische Gültigkeit besessen habe. Die tschechoslowakische Republik bestehe in ihren vor München geltenden Grenzen fort, und er, Beneš, sei trotz seines im Oktober 1938 unter dem Druck der Nazis vollzogenen Rücktritts nach wie vor rechtmäßiger Präsident. Diese weitreichenden Ansprüche fanden bei den Regierungen Großbritanniens und Frankreichs, von denen die Wiederherstellung einer unabhängigen Tschechoslowakei abhängig war, nur wenig Anklang. Die enge Arbeitsbeziehung, die sich zwischen Moravec und dem SIS entwickelte, fand keine politische Entsprechung in London und Paris, wo Beneš' Versuche, eine Exilbewegung zu organisieren, auf eine Mischung aus eisiger Verweigerung und unverhohlener Obstruktion stießen. Großbritannien und Frankreich weigerten sich zwar, Hitlers Vorgehen im März 1939 als legal anzuerkennen, sie waren aber nicht bereit, das Münchner Abkommen als hinfällig zu erklären und sich hinter Beneš zu stellen, der sich in London nur unter der Bedingung aufhalten durfte, daß er sich jeder politischen Aktivität enthielt. Diese Einschränkung wurde nach Kriegsausbruch aufgehoben, und die Tschechen erhielten die Erlaubnis, militärische Verbände aufzustellen. Seit der Besetzung Prags hatten junge Männer das Protektorat verlassen, um im Ausland für ihre Heimat zu kämpfen, oft mit dem Beistand von Polizisten und Zollbeamten, die ein Auge zudrückten. Manche überquerten nachts die Grenze zu Polen. Andere gaben sich als Sudetendeutsche aus, beschafften sich Reisepapiere für Österreich und gelangten von dort übers Gebirge nach Jugoslawien. Die meisten landeten in Frankreich, wo sie sich der Fremdenlegion anschlossen. Im Oktober wurden sie neu aufgestellten tschechischen Verbänden eingegliedert, deren Basis ein ehemaliges Flüchtlingslager in Agde an der Mittelmeerküste war. In Paris wurde ein tschechischer Führungsstab ins Leben gerufen. Doch die Behandlung, die die Tschechen erfuhren, war bezeichnend für die politische Situation der Exilanten. Das französische Oberkommando wußte anscheinend herzlich wenig über die Situation seiner tschechischen Bundesgenossen und machte sich noch weniger Gedanken über ihr Wohlergehen. Die Soldaten mußten ihre feschen Legionärsuniformen abgeben und erhielten eine Ausrüstung, mit der vermutlich 1914 französische Rekruten an die Front gezogen waren. Da es keine Stiefel gab, mußten die Soldaten Holzpantinen tragen. Die spärlichen Waffen waren veraltet. Zusehends machten sich Frustration und Verbitterung unter den Männern breit, die sich unter hohem persönlichen Risiko durch Europa geschlagen hatten, um zu kämpfen, und sich jetzt auf die hinteren Plätze der alliierten Kriegsanstrengungen verwiesen fanden. Einer der Beteiligten berichtete später, sie seien in Agde schlechter behandelt worden als Hunde. Die gleiche Erfahrung mußte auch die politische Führung der Tschechen während der scheinbar endlosen Monate des »Sitzkriegs« machen.

Ende Dezember 1939 wurde ein Nationalrat unter Beneš' Führung von den Alliierten als Repräsentant der tschechoslowakischen Völker anerkannt, eine zweideutige Formulierung, die jede Festlegung auf die Einheit der Republik vermied und die Tschechen weit hinter die Polen zurücksetzte, die die Helden des Tages waren und eine Exilregierung hatten. Es war schwierig gewesen, selbst diese inferiore Position zu erreichen, da die Franzosen monatelang versuchten, Beneš auszuschalten und ihren eigenen Kandidaten durchzusetzen. Die Situation begünstigte eine Atmosphäre von Intrigen und gegenseitigen Vorwürfen. Einer der Flüchtlinge klagte, unter den Exilanten habe ein Krieg »aller gegen alle« getobt. Die Verbindung zwischen Beneš und dem englischen Außenministerium stellte Robert Bruce Lockhart her, ein ehemaliger Diplomat und Journalist, der vor allem wegen seiner von den Medien verbreiteten Aktivitäten während der Revolution in Rußland bekannt war. Lockhart hatte in Prag gelebt und gearbeitet, kannte Beneš gut und stand seiner Sache mit Sympathie gegenüber. Man verweigerte ihm jedoch den Zugang zum inneren Kreis im Außenministerium, der berüchtigt war für sein Mißtrauen gegenüber Nichtzugehörigen, namentlich solchen, die sich gern in Szene setzten und für Anliegen eintraten, die nicht *en vogue* waren. Es gelang ihm nur selten, zu wichtigen Beamten vorzudringen, und allgemein hieß es abschätzig von ihm, er sei »tschechischer als die Tschechen«. Er schrieb später, die Aufgabe sei »die schwierigste meiner Laufbahn« gewesen, eine »ernste Belastung meiner Reserven an Geduld, Hartnäckigkeit und Zurückhaltung«. Beneš und sein Außenminister Jan Masaryk, der Sohn des ersten Präsidenten, waren voll Verdruß über ihren Status. So klagte Masaryk, der nach dem Abschluß des Münchner Abkommens als Botschafter in London zurückgetreten war: »Ich bin nur ein ehemaliger Botschafter. Wie kann ein Privatmann mit dem Foreign Office verhandeln?« Die exilierten Politiker drängten darauf, zumindest als provisorische Regierung anerkannt zu werden, da sie glaubten, dies würde die Armee motivieren und ihre Autorität in der Tschechoslowakei konsolidieren. Im März 1940 klagte Beneš, die anhaltende Verzögerung dieses Schrittes könnte sein Volk dazu veranlassen, sich Moskau zuzuwenden, trotz des Hitler-Stalin-Pakts und der defätistischen Propaganda der tschechischen Kommunisten, die den Krieg als ein Gezänk zwischen Imperialisten anprangerten. Ein hochgestellter Beamter des Außenministeriums berichtete, Beneš habe ihn gefragt, wie er »seine Landsleute davon abhalten [solle], Haß auf den Westen zu zeigen, der sie verraten habe und sie nicht einmal jetzt, in dieser schweren Zeit, als gleichgestellt betrachten wolle . . . ? Warum sie sich der Armee anschließen sollten und wie sich der Aufstieg der kommunistischen Bewegung zu Hause verhindern ließe«? Solange der »Sitzkrieg« andauerte, stießen solche Appelle auf taube Ohren. Beneš wurde beschieden, daß eine Anerkennung erst in Frage käme, wenn seine Autorität gegenüber dem Nationalkomitee unzweifelhaft feststehe. Da die Franzosen weiterhin seine Rivalen unterstützten und Beneš die Anerkennung gerade brauchte, um sich unbestrittene Autorität zu sichern, war das Resultat ein Remis.

Es ist kaum verwunderlich, daß Beneš in dieser Situation den Franzosen mißtrauisch gegenüberstand und zu Chamberlain wenig Vertrauen hatte. Er führte seine Schwierigkeiten darauf zurück, daß man sich in Paris und London noch immer Hoffnungen auf einen Kompromißfrieden mache, der das Scheitern all seiner Hoffnungen bedeutet hätte. Wohin er auch blickte, überall sah er möglichen Verrat. Die Atmosphäre in London und Paris war frostig. Jenseits des Atlantiks trat der amerikanische Präsident privatim zwar für die Unabhängigkeit der Tschechoslowakei ein, demonstrierte dies aber nicht öffentlich. Amerika blieb neutral. Was die Russen betraf, so waren sie einen Pakt mit Hitler eingegangen, hatten die tschechische Botschaft in Moskau geschlossen und die »Unabhängigkeit« der Slowakei anerkannt. Beneš hoffte zwar weiterhin auf einen raschen Zusammenbruch Hitler-Deutschlands, aber sein angeborener Optimismus wurde gedämpft durch das, was seine engsten Weggenossen als »München-Komplex« bezeichneten. Die Tschechoslowakei war schon einmal dem Großmachtegoismus geopfert worden und konnte durchaus ein zweites Mal verkauft werden. Den ganzen Krieg hindurch verfolgte ihn der Alptraum eines neuerlichen Schachers mit Deutschland auf Kosten der Tschechoslowakei. So notierte sein Freund Lockhart im November 1940: »Was er gerne hätte . . . ist irgendeine dramatische Erklärung (der sich Roosevelt anschließen würde), daß wir mit Hitler und dem Nazismus niemals Frieden schließen werden . . . Seine Befürchtung . . . ist, daß wir früher oder später einen Kompromißfrieden mit Deutschland schließen und Mittel- und Südosteuropa im Stich lassen werden.«

Doch selbst in dieser düsteren Phase seiner politischen Laufbahn verfügte Beneš über Aktivposten, und der wichtigste davon war der nicht unterzukriegende Oberst Moravec, dessen Geheimdienstorganisation Beneš auf verschiedene Weise von Nutzen war. Mit Hilfe der Sender, die Moravec' Freunde vom SIS zur Verfügung stellten, konnte Beneš Kontakt zur »Maffia« aufnehmen, der Untergrundbewegung, die sich nach der Besetzung Prags durch die Deutschen zu bilden begann. Die Unterstützung seiner Landsleute in der Heimat, durch diese Kanäle demonstriert, verhalf Beneš zu einer Legitimität, die ihm sonst vielleicht nicht zugewachsen wäre. Moravec berichtete später: »Diese Verbindung mit zu Hause stand ausschließlich Präsident Beneš zur Verfügung, der ihre politische Bedeutung voll erfaßte und sie eifersüchtig hütete, damit sie nicht, wie er es immer ausdrückte, ›in die falschen Hände‹ kam.« Moravec war Beneš auch bei den politischen Auseinandersetzungen innerhalb der Exilantengemeinschaft von Nutzen. Beneš nutzte die engen Beziehungen zwischen Moravec und den britischen Geheimdiensten kaltblütig aus, um seine Rivalen zu zermürben und zu diskreditieren. Außerdem wurde ein Kredit aus dem Geheimfonds des SIS, Anfang 1940 von Moravec ausgehandelt, zum Teil und unterderhand für Beneš' eigene politische Zwecke abgezweigt. Und schließlich verfügte Beneš über A-54, der im Juni 1939 in Den Haag wieder Kontakt zu den Tschechen aufnahm und einen Strom an Informationen über Hitlers Absichten während des »Sitzkriegs« lieferte, was den fortdauernden Beistand des SIS sicherte. Schon früh machte Beneš es sich zur Gewohnheit, sich unter vier Augen mit Moravec zu besprechen. Da Wissen Macht war, wollte er es in seinen eigenen Händen konzentriert wissen. Moravec' Kollegen scherzten, wie er einmal bemerkte, daß er der tschechische Himmler sei. »Sie fragen sich, warum ich mich jeden Tag mit ihm unterhalte. Sie verstehen nicht, daß Politik den Geheimdienst braucht und daß ohne seine Arbeit nichts geschieht.« Diese geheimnistuerischen Methoden dauerten sogar noch nach der Konsolidierung einer Exilregierung fort, die Beneš' Autorität akzeptierte. Die Sache war die, daß er dem Urteilsvermögen seiner Minister nicht vertraute, nicht einmal dem Jan Masaryks, der einem Freund am nächsten kam, wenn er jemals einen hatte. Beneš war überzeugt von seinen eigenen Fähigkeiten und von seiner einzigartigen Mission. Wie de Gaulle glaubte er letztlich, daß niemand anders wirklich den Geist der Nation verkörpere. Die Folge war, daß viele Entscheidungen, besonders im geheimdienstlichen Bereich, von Beneš und Moravec allein getroffen wurden. Niemals wurde irgend etwas aufgezeichnet außer in den Köpfen dieser beiden Männer, die geborene Verschwörer waren.

Daß er die Verfügung über den Geheimdienst hatte, nutzte Beneš dazu, der tschechischen Sache bei den Alliierten Gehör zu verschaffen. Das galt auch für die von A-54 gelieferten Informationen, die so manipuliert wurden, daß sie der Exilbewegung politisch zustatten kamen. So wertvoll Paul Thümmel auch war, Beneš hegte trotzdem immer Zweifel, wo der Mann wirklich stand, die allerdings dem SIS niemals mitgeteilt wurden. Beneš, so berichtete später einer seiner Mitarbeiter, glaubte nicht, daß A-54 »mit Zustimmung des deutschen Generalstabs, das heißt als Doppelagent, für uns arbeite, wenngleich er es nicht ausschließe. Er überprüft sämtliche Informationen aus dieser Quelle und verwendet sie nur, wenn sie der Gesamtlinie entsprechen, der Politik, die er selbst zu verfolgen wünscht . . . Es geht nicht immer darum, ob ein Bericht zutreffend ist, wichtig ist, wie er sich verwenden läßt.« Anders ausgedrückt: Was zählte, war nicht der Wahrheitsgehalt von Thümmels Berichten, sondern der Eindruck, den sie auf den SIS und die englische Regierung machten. Ähnlich wurde die Existenz einer Heimatarmee unter der Kontrolle der Exilanten genutzt. Es besteht wenig Zweifel, daß Beneš die Stärke der Untergrundbewegung absichtlich übertrieb, um seine Verhandlungsposition gegenüber den zögernden Alliierten zu verbessern. Im Frühjahr 1940 behauptete Lockhart, passiver Widerstand und von unbekannter Hand verübte Sabotageakte hätten die Rüstungsproduktion im Protektorat um fünfundzwanzig Prozent reduziert, eine abenteuerliche und nicht nachprüfbare Zahl. Beneš versuchte nicht nur, das Wohlwollen der Alliierten zu gewinnen, sondern auch zu demonstrieren, daß die Nation die deutsche Herrschaft ablehne. Eine starke und geeinte Heimatarmee, so wie er sie darstellte, war eine Versicherung gegen einen Kompromißfrieden, der Hitler im Besitz von Böhmen und Mähren lassen würde.

Die mögliche Existenz einer fünften Kolonne im Rücken der Deutschen zog die Aufmerksamkeit der Briten bereits während der Stagnationsperiode des »Sitzkriegs« auf sich. Lockhart war beeindruckt vom Widerstandspotential der Tschechen, auf das er seine Vorgesetzten aufmerksam machte. Er schrieb: »Aktionen innerhalb des Protektorats werden militärisch von viel größerem Wert sein als die Aktionen der tschechoslowakischen Armee im Ausland . . . Wenn ihnen die notwendige Unterstützung zuteil wird, werden die militärischen Operationen der Tschechen zu Hause nicht nur Wirkung zeitigen, sondern sie können auch von den Regierungen der Alliierten gesteuert und im Rahmen dessen, was sich vernünftigerweise erwarten läßt, von ihnen in jedem gewünschten Augenblick in Gang gesetzt werden.« Das Interesse anderer war mehr professioneller Natur. Zu diesen gehörte die Abteilung D des SDI, 1938 mit der Aufgabe ins Leben gerufen, die Möglichkeiten von Sabotage und Subversion zu untersuchen. Bereits im März 1939 wurde sie ermächtigt, in Österreich und in den tschechoslowakischen Grenzgebieten eine Kampagne zu starten, bei der Moravec, der ja Beziehungen zum SIS unterhielt, eine Rolle gespielt haben muß. Eine andere Organisation war die ebenfalls 1938 geschaffene MI(R), eine Abteilung des militärischen Nachrichtendienstes, die sich mit verdeckter Kriegführung beschäftigen sollte. Im Oktober 1939 wurde eine Arbeitsgruppe dieses Amts unter dessen stellvertretendem Chef, Oberst Colin Gubbins, in Paris als Militärmission Nummer 4 etabliert. Ihre Aufgabe, von der die Franzosen nichts erfuhren, bestand darin, über General Ingr mit der tschechischen Heimatarmee zusammenzuarbeiten. Eine ähnliche Funktion hatte in London ein weiterer Offizier der MI(R), Hauptmann Peter Wilkinson, der in direkter Verbindung zu Moravec stand. Durch diese Kanäle hielt der tschechische Geheimdienst das Kriegsministerium über die operativen Pläne des Untergrunds »generell« auf dem laufenden, leitete Bitten um Waffen weiter und erhielt taktvolle militärische Ratschläge von britischer Seite. Gubbins, ein drahtiger Schotte, der seit jeher an verdeckten Aktionen und paramilitärischer Kriegführung interessiert war, sollte sich später für die Tschechen als ein wichtiger Freund erweisen und wurde von den Exilanten zärtlich »Moravec' Engländer« genannt. Doch bis sich die strategische Situation veränderte, war das Interesse an einer tschechischen fünften Kolonie begrenzt. Erst als die Engländer mit dem Rücken zur Wand standen, wurde die Heimatarmee zu einem Faktor, der bei Verhandlungen zählte.

Die dramatischen Ereignisse des Jahres 1940, die im Juni in der Kapitulation Frankreichs gipfelten, veränderten die Position der Exilanten von Grund auf. Angesichts dessen, daß die Vereinigten Staaten neutral blieben und der Hitler-Stalin-Pakt noch in Kraft war, stand Großbritannien gegen den triumphierenden Hitler allein. In dieser Situation wurde jeder Bundesgenosse wertvoll, und Geheimarmeen gewannen eine ungeahnte Bedeutung. Im Mai 1940 befürworteten die englischen Stabsschefs angesichts der abzusehenden Niederlage Frankreichs »die Stimulation einer Revolte in den besetzten Territorien als eines der besten Mittel, Deutschlands Sturz herbeizuführen«, und empfahlen die Bildung eines speziellen Organs für Sabotage und Subversion, das die Funktionen der Abteilung D und der MI(R) miteinander verband. Mitte Juni nahm diese neue Organisation als SOE (Special Operations Executive) unter Hugh Dalton Gestalt an, einem Labour-Politiker von zielstrebigem Ehrgeiz, der in Churchills Koalitionsregierung Minister für wirtschaftliche Kriegführung wurde. Er erhielt vom Premierminister den Auftrag, »Europa in Flammen zu setzen«, Teil einer umfassenden Strategie, die Blockade, Luftangriffe und subversive Aktionen kombinierte, um Deutschland zu schwächen und einer Rückkehr der Engländer auf den Kontinent den Weg zu bahnen. Die Fähigkeit von Untergrundarmeen, die Situation zu verändern, wurde zwar hoffnungslos überschätzt, aber bis zu einem dramatischen Kurswechsel in der amerikanischen oder sowjetischen Politik hatten die Briten keine andere Chance. Daß England imstande wäre, mit solchen Mitteln den Sieg zu erringen, war eine notwendige Fiktion, die einzige Hoffnungsquelle in der düstersten Stunde des Krieges. In dieser Atmosphäre fanden Lockharts Hinweise auf den Wert einer tschechischen Untergrundarmee, deren Aktivitäten sich durch eine Exilregierung mit der englischen Strategie koordinieren ließen, ein weitaus geneigteres Ohr. Ein Angehöriger des englischen Außenministeriums bemerkte zynisch, nun, da sich die Situation Englands zum Schlechteren verändert habe, sei es notwendig, die Tschechen in einem neuen Licht zu betrachten. Am 23. Juli, einen Tag, nachdem das Kriegskabinett die Einrichtung der SOE gutgeheißen hatte, erkannte England die provisorische Regierung der Tschechoslowakei an. Als Lockhart nach Putney kam, um seine Glückwünsche auszusprechen, traf er den sonst so nüchternen Beneš beinahe in Tränen an. »Als ich hinauskam, war das Vorzimmer voller Leute aus der Tschechoslowakei – neue Minister, die auf die Zuteilung ihrer Ressorts warteten, ehemalige Mitglieder des tschechoslowakischen Parlaments, Beamte und Dr. Beneš' persönlicher Stab. Die Sonne, die durch die Fenster hereinschien, ließ ein Meer lächelnder Mienen erstrahlen.«

Die deutschen Luftangriffe auf London zwangen Beneš, die Villa in der Gwendolen Avenue zu räumen und sich aufs Land zu begeben, wo es sicherer war. Er siedelte nach Aston Abbots über, einem kleinen Dorf in der Nähe von Woburn. Er blieb in ständigem Kontakt mit seiner Regierung in London, zog es aber vor, allein zu arbeiten, und gewährte nie irgendeinem seiner Minister zuviel Einblick. Wie schon zuvor nutzte er seine Beziehung zu Moravec, um seine Verhandlungsposition gegenüber den Engländern zu stärken. Trotz der Anerkennung der Exilanten als provisorische Regierung war Beneš keineswegs zufrieden. Der provisorische Status wies den Tschechen nach wie vor den letzten Platz in der Liga der Exilanten zu, wenn sie sich mit den Polen oder den Holländern verglichen, die in London durch voll anerkannte Regierungen vertreten waren. Bei diplomatischen Empfängen waren die Tschechen gezwungen, als Schlußlichter zu erscheinen – eine Demütigung für jemanden wie Beneš, der 1919 in Versailles dabeigewesen war und sich als einen führenden europäischen Staatsmann betrachtete. Obendrein hatte London sich bis dahin nicht vom Münchner Abkommen losgesagt, was für die Glaubwürdigkeit der Exilanten in ihrer Heimat wichtig war. Sollte die Sowjetunion in den Krieg eintreten, solange dieses Problem noch nicht gelöst war, konnte der Fall eintreten, daß das tschechoslowakische Volk die Hoffnung auf den Westen aufgab und sich den Kommunisten als Rettern zuwandte. Dieser Alptraum verfolgte Beneš beinahe ebensosehr wie das Gespenst eines Kompromißfriedens, da er in beiden Fällen auf dem trockenen sitzen würde, wenn der Krieg zu Ende ging. Außerdem war die Erklärung, das Münchner Abkommen sei hinfällig, die notwendige Voraussetzung für eine radikale Lösung des Sudetenlandproblems, die die Massenausweisung der deutschen Minderheit aus der Nachkriegstschechoslowakei beinhaltete; diese Forderung wurde von der unter der deutschen Okkupation leidenden Bevölkerung in der ehemaligen

Tschechoslowakei immer nachdrücklicher erhoben. Sobald das Münchner Abkommen kassiert war, würden die Engländer möglicherweise einen solchen Schritt als Teil der Friedensregelung gutheißen. Beneš hoffte, seine Verhandlungsposition gegenüber dem englischen Außenministerium zu untermauern, indem er bewies, daß die Tschechoslowakei das Ihre zu den Kriegsanstrengungen beitrug, und dafür nutzte er Moravec' Verbindungen zu der Welt der Geheimdienste in London.

Im September 1940 wurde der unerschütterliche Oberst in seiner Deckadresse in West Dulwich ausgebombt, die direkt in der Anflugschneise der deutschen Maschinen gelegen war, die die Hauptstadt bei Tag angriffen. Die Sprengbombenreihe, die die Rosendale Road traf, demolierte Reg Adams' Radiogeschäft mit der kostbaren Funkausrüstung und hätte um ein Haar die von »Gibby« Gibson aus Prag hinausgeschmuggelten Geheimdossiers vernichtet. Moravec selbst kam mit knapper Not davon, als ein Beinahetreffer seinen Luftschutzbunker in den Grundfesten erschütterte. Nach diesem Luftangriff schalteten sich seine Freunde beim SIS ein. Ein neues Kommunikationszentrum wurde in Woldingham bei Redhill in Surrey eingerichtet. Die Funkgeräte wurden zwar von den Engländern gestellt, doch die Tschechen erhielten völlig freie Hand. Moravec' Hauptquartier wurde in ein großes Gebäude an der Porchester Gate verlegt, wo es zwei Etagen zur Verfügung hatte. Seine Privatsuite ließ sich durch eine Treppe vom Hof aus erreichen, eine nützliche Einrichtung für jemanden aus Moravec' Gewerbe, denn nicht für alle Besucher war es ratsam, den Vordereingang zu benutzen. Der SIS stellte drei Verbindungsoffiziere ab, einen Oberst und zwei Hauptleute, die entweder mit Moravec selbst oder mit seinem Stellvertreter, Major Emil Strankmüller, zu tun hatten. Das Hauptinteresse des SIS galt weiterhin dem Material, das A-54 den Tschechen zukommen ließ. ULTRA lieferte zwar erste Resultate, aber noch lange nicht so umfassend wie später im Krieg, und seine Mängel konnten nicht von englischen Agentennetzen auf dem Kontinent wettgemacht werden, da diese nach dem Zusammenbruch Frankreichs vielfach zerschlagen wurden. So sah sich Moravec im Sommer 1940 genötigt, über A-54 immer mehr Informationen zu beschaffen, insbesondere hinsichtlich des Unternehmens SEELÖWE, der deutschen Landung an der englischen Küste, mit der jeden Tag gerechnet wurde.

Moravec hatte indessen seine eigenen Probleme. Nun, da sich ganz Westeuropa außer der Schweiz und Schweden in deutscher

Hand befand, war es schwierig, den Kontakt zu Thümmel aufrechtzuerhalten. Angesichts dieser Situation beschloß Moravec, ein kalkuliertes Risiko einzugehen und A-54 vom tschechischen Untergrund führen zu lassen. Da Thümmel gerade von der Abwehr nach Prag versetzt worden war, mit dem Spezialgebiet Balkan und Naher Osten, würde sich zu dieser Zeit, in der die geringste Information sich als hochbedeutsam erweisen konnte, ein regelmäßiger Kontakt ohne weiteres unterhalten lassen. Am 20. Juni 1940 wurden damit die DREI KÖNIGE beauftragt, eine Vereinigung, die mit der militärischen Widerstandsorganisation ON verbunden war und von drei ehemaligen Offizieren geführt wurde, Oberst Balabán, Oberst Mašín und Hauptmann Morávek, Deckname OTA – Männern, denen der tschechische Geheimdienstchef vertrauen konnte. Informationen aus der Quelle A-54 wurden von den DREI KÖNIGEN über ihre Sender Sparta 1 und Sparta 2 nach England weitergegeben und in Woldingham von Major Strankmüller dechiffriert. Sodann überprüfte sie Beneš, ehe sie durch einen der englischen Offiziere in Porchester Gate an den SIS weitergeleitet wurden. Das neue System brauchte Zeit, bis es sich einspielte, und Anfang Juli begann sich im Hauptquartier eine verzweifelte Stimmung auszubreiten, vielleicht aufgrund des schrecklichen Verdachts, daß Thümmel unter dem Eindruck der neuerlichen Siege Hitlers ausgestiegen war. Als schließlich der Kontakt wiederhergestellt war, wurde der Untergrund sofort angewiesen, Thümmel nach dem Unternehmen SEELÖWE zu fragen. In den folgenden zwei Monaten konnte er zahlreiche Details des deutschen Invasionsplans liefern, die über die Sparta-Sender nach London übermittelt oder per Kurier aus dem Land geschmuggelt und tschechischen Geheimdienstoffizieren in Schweden und Genf zugeleitet wurden. Am 23. September schickte Beneš eine Botschaft nach Prag, in der die Bedeutung der nachrichtendienstlichen Beziehung hervorgehoben wurde: »Ihre Arbeit hat hier positive Resultate gezeitigt. Die Briten schätzen uns noch mehr, wenn sie uns mit den Polen, den Holländern und sogar den Franzosen vergleichen, die nichts Gleichwertiges anzubieten haben. Sie tragen in einem hohen Maß zum guten Ruf der gesamten Nation bei.«

Im Herbst 1940 begann Moravec die Zusammenarbeit mit einer zweiten englischen Geheimorganisation, der jüngst geschaffenen SOE, die nach den im Sommer gefallenen Entscheidungen langsam Gestalt annahm. Bei Dalton hatten die Tschechen einen engagierten Fürsprecher in Lockhart, der nicht nur Repräsentant des englischen Außenministeriums bei der provisorischen Regierung war, sondern auch der Propagandaabteilung der SOE angehörte. Nach einem Gespräch, das er im Oktober 1940 mit Beneš führte, sandte er Dalton einen begeisterten Bericht über die tschechische Heimatarmee, die er als »die imponierendste subversive Bewegung, die uns heute in Europa zur Verfügung steht«, bezeichnete. Durch Sabotageakte, passiven Widerstand und schließlich eine Erhebung könnte der tschechische Untergrund der deutschen Kriegsmaschinerie unvorstellbaren Schaden zufügen. Lockhart vertrat die Ansicht, die SOE müsse die Widerstandsbewegung mit Waffen und Geld unterstützen und ein Maximum an Hilfe mit einem Minimum an Einmischung verbinden. Er predigte einem bereits Bekehrten, denn Dalton lehnte wie viele Labour-Politiker das Münchner Abkommen ab und sympathisierte mit der Sache der Tschechoslowakei. So wie sich die Politik der SOE im Sommer 1940 herausbildete, folgte sie Lockharts allgemeinen Empfehlungen. Die Organisation wurde zu operativen Zwecken in verschiedene »Länder-Sektionen« aufgeteilt, zuständig für die verschiedenen Nationen des besetzten Europa. Die tschechische Sektion wurde von Peter Wilkinson geleitet, der von der MI(R) in die SOE übernommen wurde, nachdem er während des Sommers Gubbins dabei unterstützt hatte, geheime englische Guerillagruppen aufzustellen, die im Fall einer deutschen Invasion aktiviert werden sollten. Gubbins selbst war im November als Operations- und Ausbildungschef im Rang eines Brigadiers übernommen worden, eine Ernennung, die er Dalton verdankte, der von Gubbins' umfassender Kenntnis Osteuropas beeindruckt war. Gubbins wurde zur treibenden Kraft innerhalb der SOE; er war entschlossen, die Subversion als vierten Arm der Kriegführung im Zentrum der britischen Strategie zu installieren. Er bewunderte die Tschechen und die Polen, sah in ihren Untergrundorganisationen Vorbilder für das übrige Europa und bemühte sich nach Kräften, beiden Exilantengruppen zu helfen.

Wilkinsons Aufgabe bei den Tschechen hatte viel Ähnlichkeit mit der, die er bereits für MI(R) wahrgenommen hatte. Im Unterschied zu den anderen Ländersektionen der SOE – Polen ausgenommen – setzte die tschechische keine eigenen Agenten ein. Die Tschechen besaßen ja eine eigene funktionierende Geheimdienstorganisation und verfügten über eine Untergrundbewegung, die schon vor der Gründung der SOE bestanden hatte. Sie waren es dank dem SIS gewohnt, Verbindungen zur Heimat zu unterhalten, und saßen am Hebel, wenn es um den tschechischen Widerstand ging. Da jeder störende Eingriff in dieses bestehende System kontraproduktiv gewesen wäre, bestand Wilkinsons Job nicht darin, Weisungen zu erteilen, sondern in einer taktvollen Zusammenarbeit. Er hatte einerseits die Aufgabe, den Tschechen operative Unterstützung zu geben, Vorkehrungen für die Ausbildung und den Transport von Agenten zu treffen und die britischen Stabschefs über die Bedürfnisse der Tschechen zu unterrichten, andererseits mußte er den Tschechen die Erfordernisse der englischen Strategie bewußt machen. Es war eine heikle Aufgabe, die Toleranz und diplomatisches Geschick verlangte. Da die SOE, was Informationen über die Heimatarmee betraf, auf Moravec angewiesen war, erfreuten sich die Tschechen einer beträchtlichen Bewegungsfreiheit. Zudem stand Moravec nicht an, die Rivalität zwischen dem Neuling SOE und dem klassischen SIS auszunutzen. Sir Stewart Menzies, der im November 1939 Sinclair als »C« ablöste, und hochgestellte Angehörige seines Stabs fanden sich nie mit der neuen Organisation ab, die sie als einen Verein blutiger Laien betrachteten, von dem sie befürchteten, er werde Versuche des SIS, Agentennetze neu aufzubauen, dadurch gefährden, daß er die unwillkommene Aufmerksamkeit der deutschen Sicherheitsorgane erregte. Der Groll auf die SOE wuchs sich schon bald zu einer Fehde aus, und diese konnte sich jemand wie Moravec, der in beiden Lagern einen Fuß hatte, zunutze machen.

Ohne Wissen des SIS wie der SOE hatten die Tschechen auch Kontakt zu einer anderen Geheimorganisation, dem sowjetischen militärischen Geheimdienst mit der Deckbezeichnung UNCLE. Beneš war schon immer der Ansicht gewesen, daß die Sowjetunion trotz des Hitler-Stalin-Pakts früher oder später in den Krieg eintreten werde. Für diesen Fall wollte er sicherstellen, daß Stalin die tschechische Exilregierung und nicht die tschechischen Kommunisten unterstützte. Seit seiner Ankunft in London hatte er sich bemüht, gute Beziehungen zu Ivan Maisky, dem sowjetischen Botschafter, zu pflegen und ihm von Zeit zu Zeit Informationen zukommen zu lassen, die für den Kreml von Interesse waren. Die Russen waren jedoch schneller. Nachdem ihnen Moravec im März 1939 die kalte Schulter gezeigt hatte, erneuerten sie ein Jahr später ihr Ersuchen um eine geheimdienstliche Zusammenarbeit und schlugen vor, Beneš solle einen Emissär nach Moskau entsenden, um dort die Einzelheiten auszuarbeiten. Aus diesem Annäherungsversuch ergaben sich zwar keine Resultate, aber im Juni 1940 nahm Oberst Balabán von den DREI KÖNIGEN über Belgrad direkten Kontakt zu den Russen auf und vereinbarte mit seinen Partnern, einem Geheimdienstoffizier, der im Schutz des sowjetischen Konsulats in Prag arbeitete, Informationen zuzuleiten – eine Umkehrung des Systems der Zusammenarbeit, wie es vor dem Krieg bestanden hatte. Beneš billigte zwar diese Abmachung, stellte aber strenge Bedingungen. Er wollte die wichtigsten Fäden der Beziehung zu Moskau selbst in der Hand behalten und den Russen keine Gelegenheit verschaffen, unter der Tarnung einer Zusammenarbeit die Heimatarmee zu infiltrieren. Balabán wurde nur ermächtigt, militärisch-strategische Informationen zu liefern, und angewiesen, seinen sowjetischen Kontaktleuten keinen Einblick in die Organisation des Untergrunds oder in die Innenpolitik zu verschaffen. Als Hitler nach der Verschiebung des Unternehmens SEELÖWE seinen Blick nach Osten zu richten begann, konnten die Tschechen Moskau mit Geheiminformationen über deutsche Kriegspläne, geliefert von A-54, versorgen, mit denen Beneš einen Keil zwischen die Partner des Hitler-Stalin-Pakts zu treiben hoffte.

Die Monate vergingen, ohne daß ein Bruch zwischen den beiden Diktatoren sichtbar wurde, so daß Beneš Zweifel an den Aussichten im Osten zu hegen begann und seine Hoffnung auf einen baldigen Kriegseintritt der Vereinigten Staaten richtete. Noch am 21. Juni, nur einen Tag vor dem Beginn der Operation BARBAROSSA, wollte er Moravec' Informationen, denen zufolge ein deutscher Angriff unmittelbar bevorstand, keinen Glauben schenken. »Ich nehme an, sie werden sich arrangieren, und es wird nicht zu einem Krieg kommen. Wenn es aber dazu kommen muß, dann wäre es mir lieber, es geschähe im nächsten Frühjahr, wenn die Russen besser gewappnet sind. Jetzt, so fürchte ich, werden sie leicht zu besiegen sein. Deutschland wird wieder Erfolge erringen, und die Russen werden mit den Deutschen einen Separatfrieden schließen.« Diese Zweifel bestimmten seine Haltung zu neuerlichen russischen Forderungen nach einer engeren Kooperation mit dem tschechischen Geheimdienst. Obwohl im Januar 1941 in Istanbul bei einer geheimen Zusammenkunft mit einem ranghohen Offizier des sowjetischen militärischen Geheimdienstes (GPU) vereinbart wurde, daß die Tschechen einen Repräsentanten nach Moskau entsenden würden, taktierte Beneš hinhaltend und setzte erst im April Oberst Píka nach Moskau in Marsch. Er erkannte zwar die Bedeutung einer solchen Verbindung für den Kriegsfall, fürchtete aber, daß die Deutschen und die Sowjets ihr eigenes, komplexes Spiel trieben. Wenn Hitler nur bluffte, um Stalin zu einer gefügigeren Haltung zu zwingen, wollte er, Beneš, nicht erleben, daß die tschechischen Interessen auf dem Altar eines neuen deutsch-sowjetischen Pakts geopfert wurden. Die Vorsicht verlangte, der GPU möglichst wenig Einblick in das tschechische Nachrichtennetz und seine Verbindungen zur Heimatarmee zu gewähren. Da die Russen ihrerseits nicht die Absicht hatten, ihre Verbindung zu den Exilanten an die große Glocke zu hängen und damit die Deutschen zu verärgern, konnte Píka in Moskau bis zum deutschen Einmarsch nicht viel anderes tun, als sich unter strenger polizeilicher Beschattung die Beine in den Bauch zu stehen. Zugleich war Beneš sorgsam bedacht, seine Beziehung zu den Briten gegen jeden denkbaren Verrat russischerseits abzusichern. Als Gubbins am 4. Juni in Porchester Gate erschien, um die letzten Nachrichten über deutsche Pläne zu besprechen, konnte Moravec »ihm mitteilen, daß wir Offiziere in Rußland hätten . . . Der Engländer schluckte, und Moravec brauchte es nicht in diplomatischen Worten darzulegen. Über Agentenarbeit wurde nicht einmal gesprochen«.

Im Umgang mit dem SIS, der SOE und den Russen konnte sich Beneš auf seinen Einfluß beim Widerstand in der Heimat stützen, der für sein Verhältnis zu allen drei Geheimorganisationen von ausschlaggebender Bedeutung war. Nach der Kapitulation Frankreichs war es der tschechische Untergrund, der Thümmels Informationen nach London übermittelte, wo sie an die britischen und sowjetischen Geheimdienste weitergegeben wurden. Die Existenz einer Heimatarmee ermöglichte es Beneš, geltend zu machen, daß die Tschechen einen militärischen Beitrag zur Niederringung Hitlers leisteten, und die politische Unterstützung des Widerstands, die ihren Ausdruck in Moravec' Funkzentrum in Woldingham fand, legitimierte Beneš' Anspruch, sein Land zu repräsentieren. Beneš ließ sich keine Gelegenheit entgehen, dies britischen Amtsträgern unter die Nase zu reiben. Im Februar 1941 trafen sich Beneš und Masaryk mit Eden und Lockhart zum Lunch im Hotel Claridges. Der englische Außenminister war von den Tschechen beeindruckt und vereinbarte regelmäßige Begegnungen mit Beneš. Er empfahl Churchill, mit dem exilierten Präsidenten zu Abend zu essen. Der »kleine Mann«, sagte er zum Premierminister, habe »Eindrucksvolles über seine Organisation in seiner Heimat zu berichten, was Sie, denke ich, interessieren würde«. Beneš fand einen bereitwilligen Zuhörer in Churchill, den die Welt der Geheimdienste faszinierte: »Während seiner frühen Abenteuer in den

Außenposten des Empire hatte er eine Faszination für Mantel-und-Degen-Stücke entwickelt, die ihn nie mehr verließ.« Als Churchill im April 1941 den tschechischen Verbänden in Mareton Paddox einen Besuch abstattete, beeindruckte ihn Beneš mit dem Ausmaß seiner geheimdienstlichen Informationen über Hitlers Pläne für eine Invasion der Sowjetunion (wobei er seine geheimen Befürchtungen, es könnte sich dabei um einen ausgeklügelten Bluff handeln, für sich behielt). Dann überreichte er Churchill eine Denkschrift, die die Anerkennung einer Exilregierung verlangte – in der Hoffnung, ein direkter Appell an die Nummer eins werde bewirken, daß etwas geschehe. Der Trick funktionierte. Lockhart, der am Tag darauf ins Außenministerium bestellt wurde, sah dort die tschechische Denkschrift und darauf in der unverkennbaren Handschrift des Premiers gekritzelt: »Ich sehe keinen Grund, warum die Tschechen nicht dieselbe Stellung erhalten sollen wie die anderen verbündeten Regierungen. Sie haben es verdient.« Darunter hatte Eden geschrieben: »Stimme zu.« Wie Beneš später hervorhob, war der endlose Strom militärischer und politischer Informationen aus dem Untergrund ausschlaggebend gewesen: »Ohne diesen ständigen Kontakt zu unserem Land . . . hätte unsere Bewegung im Ausland viele der Erfolge, die ihr beschieden waren, nicht errungen.«

Obwohl Beneš in Gesprächen mit englischen Amtsträgern Stärke und Aktivitäten der »Maffia« ganz bewußt übertrieb, war der tschechische Untergrund trotz umfassender Verhaftungen durch die Gestapo während des ersten Kriegsjahrs stärker und besser organisiert als irgendeine andere vergleichbare Bewegung in den Jahren 1940-41, wenn man von den Polen absieht. Seine Aktivitäten wurden von einem schattenhaften Zentralrat, UVOD (Ústřední výbor odboje domácího – Zentralausschuß des heimatlichen Widerstandes), koordiniert, der sich 1940 bildete und in dem jede antinazistische Gruppierung außer den Kommunisten vertreten war. Der Einfluß dieses Zentralrats reichte sogar bis in das Regime des Protektorats, das nach außen hin mit den deutschen Besatzungsorganen kooperierte und gleichzeitig den Widerstand abzuschirmen versuchte. Der Ministerpräsident, General Alois Eliáš, stand in ständigem Kontakt mit London, und der Staatspräsident, der kränkelnde Hácha, erkannte insgeheim Beneš' Autorität an. Nicht grundlos klagte Neurath, daß die Exilanten über seinen Umgang mit tschechischen Ministern ebenso gut informiert seien wie seine Vorgesetzten in Berlin. Beneš ermutigte die Protektoratsregierung, im Amt zu bleiben – einerseits, um die Heimatarmee zu schützen, und andererseits, um einen Apparat zu erhalten, der die Zügel übernehmen konnte, falls es zu einer plötzlichen Niederlage der Deutschen käme. Ein Machtvakuum, fürchtete er, würden sich die Kommunisten zunutze machen. Die Existenz des Hácha-Regimes war jedoch ein zweischneidiges Schwert. Solange Beneš dartun konnte, daß es gegenüber der Exilregierung loyal war, konnte es Beneš' Glaubwürdigkeit bei den Engländern unterstützen. Sollte es jedoch zu einem bloßen Werkzeug der Nazis werden, zu einer selbstsüchtigen Gruppe von Quislingen, mußte es die Tschechen in den Ruch der Kollaboration bringen und die Exilanten schwächen. Noch gefährlicher: Eine solche Entwicklung konnte der erste Schritt zu einem deutschen Friedensangebot an Großbritannien sein, das Hitler im Besitz von Böhmen und Mähren ließe. Dies könnte gewissen Kreisen in London gelegen kommen, die dann behaupten würden, die Tschechen seien glücklich unter der Naziherrschaft. So warnte Beneš im März 1941 den UVOD: »Sobald Deutschland genötigt ist, den ersten Schritt zurückzuweichen, wird es die Räumung der westeuropäischen Länder anbieten, aber auf der Eingliederung von Böhmen und Mähren und Österreich ins Reich bestehen . . . Vermutlich wird der Augenblick kommen, da . . . man Ihnen Konzessionen anbieten wird . . . Ich bitte und verlange, daß sowohl Drohungen als auch Angebote entschieden zurückgewiesen werden . . . Sobald wir es verlangen, müssen Präsident Hácha und die Regierung bereit sein, unverzüglich ihre Ämter niederzulegen.« Im April erhielt Beneš von Hácha und Eliáš eine solche Zusage; vorläufig begnügte er sich damit, ihren politischen Opportunismus hinzunehmen, der den Fortbestand des Untergrunds ermöglichte und eine direkte Machtübernahme der Deutschen verhinderte. Es sei wichtig, erklärte er gegenüber Lockhart, das Protektoratsregime bis zum Aufstand am Ruder zu halten. Sollten die Nazis den Versuch unternehmen, die Minister zu Quislingen zu machen, würden diese auf Weisung aus London zurücktreten. In Übereinstimmung mit den Exilanten mied die Heimatarmee dramatische Widerstandsaktionen, die Repressalien nach sich ziehen und die Existenz des Hácha-Regimes gefährden konnten. Ihre Anstrengungen konzentrierten sich, wie Beneš im Oktober 1940 gegenüber Lockhart erklärte, auf drei Bereiche: auf nicht aufdeckbare Sabotageakte gegen deutsche Fernmeldeverbindungen, passiven Widerstand wie Bummelstreiks in Fabriken und das Sammeln von Geheiminformationen. Eine offene Herausforderung sollte solange vermieden werden, bis das Reich am Rande des Zusammenbruchs stand. Dann würden die Kräfte des Untergrunds auf die Straße gehen, Schlüsselpositionen besetzen und fliegende Kolonnen losschicken, um das Sudetenland zu besetzen. Diese Taktik sollte die Position der Exilregierung aufrechterhalten, die durch vorzeitige Forderungen nach dramatischen Opfern der unterjochten Bevölkerung in der Heimat ihre moralische Autorität gefährdet hätte. Sie bewies auch ein klarsichtiges Urteil über das Innenleben der Naziherrschaft im Protektorat, das gekennzeichnet war vom Machtkampf zwischen Karl Hermann Frank und dem Reichsprotektor Freiherr Konstantin von Neurath.

Die Machtverhältnisse im Protektorat spiegelten die Rivalität, die im Reich selbst zwischen der immer mächtiger werdenden SS und den alten Mächten aus Politik, Beamtenschaft und Militär bestand. Neurath, der Reichsprotektor, war ein Vertreter des alten Deutschland, ein konservativer Nationalist, der wegen seiner Bedenken gegenüber Hitlers Expansionsplänen 1938 als Außenminister seinen Hut hatte nehmen müssen. Nach seiner Auffassung gehörten Böhmen und Mähren selbstverständlich zum deutschen Lebensraum, aber er meinte, die Tschechen sollten nicht dazu getrieben, sondern dazu geführt werden, einen Platz im »Großdeutschen Reich« zu akzeptieren. Neurath war gegen offene Angriffe auf die tschechische Kultur und Autonomie; er zog es vor, das Protektorat mit »schwacher Hand und . . . lockeren Zügeln« zu regieren. Mehr Beamter als Politiker, gab er sich damit zufrieden, das politische Tagesgeschäft Eliáš, Hácha und dem Protektoratsregime zu überlassen. Von Anfang an versuchten er und seine Mitarbeiter, die Macht der SS, repräsentiert durch den Staatssekretär Karl Hermann Frank, zu begrenzen; vom Militärkommandeur von Böhmen und Mähren, General Frederici, und von der Abwehr wurde er darin unterstützt. Die traditionell gesinnten Beamten in Neuraths Kanzlei machten kein Hehl aus ihrer Verachtung für Frank, der in ihren Augen ein übles Subjekt und ein Krimineller war. Frank selbst wiederum intrigierte mit Himmlers und Heydrichs Unterstützung unentwegt in Berlin gegen den ihm nominell übergeordneten Neurath. Seine Verfügungsgewalt über die Sicherheitspolizei, die Neurath ihm nicht entwinden konnte, wurde als Werkzeug benutzt, um die Macht der SS zu mehren.

In diesem Ringen erzielte die SS schon früh mehrere Siege. Im Herbst 1939 nutzte Frank Demonstrationen tschechischer Studenten, zu denen es am Nationalfeiertag, dem 28. Oktober, kam, um gegen die Intelligenzija loszuschlagen, die nach Ansicht der SS das Fundament des tschechischen Nationalismus darstellte. Polizeiliches Eingreifen trotz des friedlichen Verlaufs der Kundgebungen führte zum Tod eines Studenten. Als es zwei Wochen später bei der Beerdigung des Getöteten zu Zwischenfällen kam, redete Frank dem »Führer« ein, daß die öffentliche Ordnung bedroht sei. Hitler raste und gab seine Ermächtigung zu einem drakonischen Einschreiten. Im Morgengrauen des folgenden Tages führte die SS in einer wohlkoordinierten Operation Razzien auf Studentenwohnheime überall in Prag durch. Diejenigen, die Widerstand leisteten, wurden auf der Stelle erschossen, die übrigen verhaftet, verprügelt und schweren Demütigungen ausgesetzt. Die Führer des Zentralverbandes der tschechischen Studentenschaft wurden zum Flugplatz gebracht und dort von einem Exekutionskommando erschossen. Über tausend weitere Festgenommene wurden in das Konzentrationslager Sachsenhausen verbracht und dort als Geiseln festgehalten, die für das Wohlverhalten der Tschechen bürgen sollten. Als die Bürger von Prag erwachten, fanden sie die Studentenheime verwüstet und tote Studenten in ihrem Blut liegend. In einer Bekanntmachung in der gelenkten Presse erklärte Frank: »Trotz wiederholter ernster Warnungen versucht seit einiger Zeit eine Gruppe tschechischer Intellektueller in Zusammenarbeit mit Emigrantenkreisen im Ausland durch kleine oder größere Widerstandsakte die Ruhe und Ordnung im Protektorat Böhmen und Mähren zu stören. Es konnte dabei festgestellt werden, daß sich Rädelsführer dieser Widerstandsakte besonders auch in den tschechischen Hochschulen befinden. Da sich am 28. Oktober und am 15. November diese Elemente hinreißen ließen, gegen einzelne Deutsche tätlich vorzugehen, wurden die tschechischen Hochschulen auf die Dauer von drei Jahren geschlossen, neun Täter erschossen und eine größere Zahl Beteiligter in Haft genommen.« Um den Tschechen vollends klar zu machen, wo die wirkliche Macht lag, wurde die Rechtsfakultät von Prag in eine SS-Kaserne verwandelt. Dieses Vorgehen fand hinter Neuraths Rücken statt und gehörte zu einer ausgeklügelten Verschwörung, die Frank und die SS-Spitze in Berlin ausgeheckt hatten. Während der Reichsprotektor sich über diese brutale Machtdemonstration beklagte, bezeigten Himmler und Heydrich ihre Zustimmung, indem sie Frank zum SS-Gruppenführer beförderten. Die Geschehnisse lehrten den Widerstand und die Exilanten, wie wichtig es war, jede öffentliche Auflehnung gegen die Naziherrschaft zu vermeiden, da sie nur den erbitterten Feinden des tschechischen Volkes zum Vorteil gereichte.

Dem Angriff auf die Universitäten folgten weitere Repressalien. Am 2. Dezember drohte Frank den Tschechen öffentlich an, ab sofort würden ohne jede Warnung die schärfsten Mittel angewandt werden. Wer nicht für die Deutschen sei, sei gegen sie und müsse zermalmt werden. Im Februar 1940 wurden Hunderte von Mitgliedern des tschechischen Sportverbandes SOKOL, eines traditionellen Bollwerks des Nationalismus, verhaftet. Zugleich mehrten sich die Indizien, daß Eliáš mit London »intrigierte«, da die Gestapo mehrere Widerstandsnetze, die ohne viel Rücksicht auf Sicherheitsvorkehrungen aufgebaut worden waren, infiltrierte und aushob. Einer der Führer berichtete der Untergrundbewegung: »Infolge der Ungeschicklichkeit unserer Leute ist ein Pogrom ums andere gegen uns veranstaltet worden, was zur Folge hatte, daß wir jetzt nur noch eine Handvoll sind.« Das Material über Eliáš ging in ein wachsendes Gestapodossier ein, das für alle Fälle gegen den Ministerpräsidenten des Protektorats und gegen Neurath, der die Hand über ihn hielt, angelegt wurde; im geeigneten Moment konnte damit bewiesen werden, daß der Reichsprotektor ein Stümper und Versager war, dessen Nachgiebigkeit den Tschechen ermöglicht hatte, vor seiner Nase Verschwörungen gegen das Reich anzuzetteln. Neurath seinerseits grollte wegen der »Holzhammer-Methoden«, die Frank anwandte, und forderte ein Ende der von der SS vorgenommenen »sinnlosen Verhaftungen«.

Franks Verfügungsgewalt über die Sicherheitspolizei wurde nicht nur genutzt, um Neuraths Stellung zu untergraben, sie erwies sich auch in anderer Hinsicht als nützlich. 1940 stellte die SS im Protektorat eine ansehnliche ökonomische Macht dar, basierend auf dem konfiszierten Eigentum von Juden und Nazigegnern, das Himmlers wachsendem Wirtschaftsimperium einverleibt wurde. Wie spätere Ereignisse zeigen sollten, bestand sein Endziel darin, sich die Verfügung über die Rüstungsproduktion der Škoda-Werke für seine Waffen-SS zu sichern. Gegen Neuraths Proteste ließ Frank den Mitarbeiterstab des tschechischen Zentralen Grundbuchamtes verhaften und installierte dort SS-Oberführer Curt von Gottberg, der rasch seine Klauen nicht nur nach Bodenressourcen, sondern auch nach den Staatsforsten ausstreckte. Gottberg verfolgte das Ziel, tschechische Bauern von ihrem Grund zu vertreiben und sie durch Deutsche zu ersetzen. Er prahlte ganz offen, daß binnen zehn Jahren kein Tscheche mehr Grund in Böhmen und Mähren besitzen werde. Neurath konnte immerhin den zügelloseren Ambitionen der SS einen Riegel vorschieben, denn Hitler war zwar entschlossen, seine Macht durchzusetzen, aber ebenso darauf bedacht, Schwierigkeiten zu vermeiden, solange der Ausgang des Krieges im ungewissen lag. 1940 wurden Böhmen und Mähren durch die Beseitigung der Zollschranken ins Reich integriert, aber ein drastisches Vorgehen gegen das tschechische Volk und seine Kultur wurde einstweilen vertagt. Hitlers grausige Pläne zur Eindeutschung der Slawen blieben zunächst den Polen vorbehalten. Wie der »Führer« selbst erkannte, standen einfach nicht genügend Deutsche zur Verfügung, um eine auf Deportation und Neuansiedlung basierende Politik zu tragen. Außerdem befanden sich in Böhmen und Mähren die großen Rüstungsfabriken von Brünn und Pilsen sowie andere Industriezweige, die für die Kriegführung wichtig waren – all das sprach gegen eine radikale Politik. So notierte Goebbels im Mai 1941: »Die Rüstungsarbeit der Tschechen findet den ganzen Beifall des Führers. Bis heute noch kein einziger Sabotagefall. Und was sie machen, ist gut, brauchbar und solide. Die Tschechen haben sich gut bewährt. Sie sind fleißig und zuverlässig. Ein wertvoller Zuwachs für uns.« Angesichts dessen konnte Neurath Frank bremsen, indem er Hitler bewog, eine »Abrechnung« mit den Tschechen hinauszuschieben.

Seinen größten Erfolg erlebte er im Sommer 1940, als er in seinem rachsüchtigen Rivalen einen höchst unerwarteten Bundesgenossen fand, obwohl die beiden Männer nach wie vor unvereinbare Ziele anstrebten. Die Kapitulation Frankreichs ließ lokale Nazigrößen auf eine Liquidierung des Protektorats und die Aufteilung Böhmens und Mährens auf die angrenzenden deutschen Provinzen drängen. Besonders nachdrücklich wurde diese Haltung von den Sudetendeutschen vertreten, die sich um den ihnen zustehenden Anteil an der Beute vom März 1939 betrogen fühlten. Diesen Forderungen widersetzten sich Neurath und Frank, die die Angelegenheit Hitler zur Entscheidung vorlegten. Dem Reichsprotektor ging es darum, ein drastisches Vorgehen gegen die Tschechen abzuwenden, während sein ehrgeiziger Untergebener das Protektorat als persönliche Machtbasis betrachtete. Er hoffte, eines Tages seinen verachteten Chef zu verdrängen und den Tschechen zeigen zu können, wer der wahre Herr Böhmens und Mährens war. Franks jähe Wandlung zu einem energischen Verteidiger der tschechischen Autonomie entlockte Heydrich eine sarkastische Bemerkung, aber seine Absichten waren durchaus nicht menschenfreundlicher Natur. Sowohl Neurath als auch Frank führten für die Erhaltung eines Sonderstatus für Böhmen und Mähren ins Feld, daß dies der beste Weg zur letztendlichen Eindeutschung der Tschechen sei, eine Argumentation, der Hitler beipflichtete. Auf einer Zusammenkunft in Berlin im September 1940 ordnete er an, das Protektorat solle »zumindest für die Kriegsdauer« erhalten bleiben . . ., »andererseits soll die in Aussicht genommene Verdeutschung des Raumes und der Menschen vorbereitet werden«. Die Bevölkerungsmehrheit könnte sich als geeignet für eine Assimilation erweisen, aber »diejenigen . . ., gegen welche rassische Bedenken bestanden oder welche reichsfeindlich eingestellt seien«, sollten »ausgemerzt« werden. Neurath verstand vermutlich nicht die Bedeutung des Begriffs »Sonderbehandlung«, der die Ausrottung von Bevölkerungsgruppen bezeichnete, Frank hingegen kannte seinen Sinn zweifellos, denn er gehörte zur gängigen SS-Terminologie. Aus der Sicht des Reichsprotektors bestand das Entscheidende an Hitlers Entschluß darin, daß er ein radikales Vorgehen aufschob, das die Macht der SS gestärkt hätte. Zunächst konnten nur vorläufige Maßnahmen ergriffen werden, und im Oktober 1940 wies Himmler Heydrich an, mit der Auswahl möglicher Kandidaten für eine Eindeutschung zu beginnen und dafür ärztliche Berichte über Schulkinder und alte Unterlagen aus der Militärzeit heranzuziehen. Eine ähnliche Behutsamkeit zeigte sich in Hitlers Haltung gegenüber dem tschechischen Untergrund. Er lehnte Franks Forderung nach der Verhaftung des Ministerpräsidenten der Protektoratsregierung, General Eliáš, ab, obwohl die Gestapo Beweise für sein Zusammenspiel mit London hatte, und verfügte die Verschiebung von Prozessen gegen Widerstandsführer, die früher im Jahr festgenommen worden waren. Nach Hitlers Ansicht war es wichtig, keine Märtyrer zu schaffen. »Die Regierung des Ministerpräsidenten Eliáš wird weiter geduldet, die Abrechnung mit der Widerstandsbewegung und den kompromittierten tschechischen Persönlichkeiten erfolgt später.« Neurath sollte vorläufig im Amt bleiben, um die Tschechen ruhigzustellen, bis der Augenblick des Durchgreifens gekommen war.

Diese Entscheidungen schufen in Prag ein unsicheres Gleichgewicht. Frank intrigierte weiter gegen Neurath und das Protektoratsregime, aber trotz eines neuerlichen Appells an Himmler im Februar 1941 gelang es ihm nicht, Eliáš' Verhaftung durchzusetzen. Inzwischen wuchs der Umfang des inkriminierenden Polizeidossiers über den Ministerpräsidenten weiter, und die Gestapo infiltrierte unaufhaltsam die Widerstandsstrukturen, die seit dem Frühjahr 1940 mühsam wieder aufgebaut worden waren. Doch solange Neurath blieb, waren Frank und seine finsteren Gebieter in Berlin nicht in der Lage, den vernichtenden Schlag zu führen, der den Tschechen das Rückgrat brechen und das Land in einen SS-Staat verwandeln sollte. Solange diese unentschiedene Situation anhielt, konnte Beneš seine Verbindungen zum Protektorat nutzen, um seinen Kredit in London und Moskau zu mehren, ohne seine kleine Nation in ein Blutbad zu stürzen. Hitler hielt aus seinen eigenen Gründen den SS-Terror in Grenzen, und London und Moskau übten keinen Druck aus, der das delikate Gleichgewicht in Prag gestört hätte. Der SIS wollte von der Heimatarmee Nachrichtenmaterial und hatte kein Interesse daran, Schwierigkeiten zu machen, die seine Quellen in Gefahr bringen konnten. »C« und seine Mitarbeiter waren zufrieden mit den Berichten Thümmels, die über die von Moravec gesteuerten Untergrundsender übermittelt wurden. Was die SOE betraf, so hielt man dort zwar an der Idee fest, Europa in Brand zu setzen, doch diese Phase wurde in die Zukunft verschoben, auf einen Zeitpunkt, zu dem die britischen Armeen bereit waren, auf den Kontinent zurückzukehren. Bis dahin sollte eine direkte Kampfansage an die Nazis vermieden werden. So definierte Dalton die Strategie der SOE: »Die Untergrundkämpfer sollen ausreichend aktiven Widerstand demonstrieren, daß er eine ständige Belästigung für die Besatzungstruppen darstellt . . . Aber sie sollten ihre wichtigsten Organisationen im Untergrund halten und jeden Versuch unterlassen, umfassende Erhebungen oder ehrgeizige paramilitärische Operationen zu starten, die nur zu scharfen Unterdrückungsmaßnahmen und zum Verlust unserer besten Leute führen würden. Sie sollten alles in ihren Kräften stehende tun, um eine weitverzweigte Untergrundorganisation aufzubauen, die bereitsteht, später, sobald wir das Signal geben, mit Härte zuzuschlagen.« Die Tschechen wurden also nicht aufgefordert, über ihre Politik der Vorbereitung, kombiniert mit nicht aufdeckbaren Sabotageakten und passivem Widerstand, hinauszugehen. Die Russen, die sich abwartend verhielten, solange der Hitler-Stalin-Pakt hielt, waren wie der SIS nicht an subversiven Aktionen, sondern an Nachrichtenmaterial interessiert und verlangten von der Heimatarmee kein direktes Handeln. Doch diese günstige Situation sollte nicht mehr lange währen. Im Juni 1941 ließ Hitler das Unternehmen BARBAROSSA anlaufen, das eine neue, noch erbittertere Phase des Weltkonflikts einleitete. Während die deutschen Panzer in diesem schicksalhaften Sommer über die russischen Steppen dröhnten, sah Beneš sich vor schwierige Entscheidungen gestellt, denen er in einer früheren Phase des Krieges hatte ausweichen können.

5. Zeit zum Handeln

An einem eiskalten Tag im Oktober 1940 trafen die 3000 Mann der tschechischen Brigade in Leamington Spa bei Warwick ein. Das Hauptquartier unter General Miroslav wurde in einer großen viktorianischen Villa im Ortszentrum aufgeschlagen, während die verschiedenen Einheiten der Brigade auf Militäreinrichtungen und verschiedene Landsitze der Umgebung, Milton Morell, Milton Paddox, Wellesbourne und Kineton, verteilt wurden. Es war ein langer und schwieriger Weg aus Mitteleuropa ins Herz Englands gewesen, und als sich nun der Winter auf die unvertraute Landschaft von Warwickshire senkte, konnte keiner der Männer, vom General bis zum einfachen Soldaten, wissen, ob er seine Heimat jemals wiedersehen würde. Die Brigade war ein Vierteljahr vorher voll Bitterkeit und demoralisiert in England an Land gegangen. Unzureichend ausgebildet und bewaffnet waren die Tschechen im Mai 1940 in den Kampf geworfen worden und hatten den militärischen Zusammenbruch Frankreichs miterleben müssen. Als Frankreich am 17. Juni die Waffen streckte, waren die früheren Bundesgenossen auf sich selbst gestellt. Viele Soldaten, die in Frankreich ihre Familien hatten, kehrten nach Agde zurück, wo sie demobilisiert wurden. Die übrigen, Exilanten, die es nicht riskieren konnten, der Gestapo in die Hand zu fallen, beschlossen, sich nach England durchzuschlagen und den Kampf fortzusetzen. Unter dem Kommando von General Ingr zogen sie über Straßen, die von Flüchtlingen und den Resten der geschlagenen französischen Armee verstopft waren, zur Mittelmeerküste, während Beneš die Verantwortlichen in London verzweifelt zu bewegen suchte, Schiffe für die Evakuierung der tschechischen Soldaten bereitzustellen. Trotz seines Einsatzes wären sie im allgemeinen Durcheinander beinahe aufgegeben worden, und die Situation wurde nur durch Lockhart gerettet, der seine Beziehungen zur Admiralität spielen ließ. Die Männer gingen ohne ihre schwere Ausrüstung auf die Schiffe, doch mit einer tiefen und nachhaltigen Verachtung für Frankreich, das sich in ihren Augen eines zweifachen Verrats schuldig gemacht hatte, zuerst in München und nun während der vor kurzem beendeten Kämpfe, bei denen es die tschechischen Bundesgenossen abermals im Stich gelassen habe.

Die Truppen wurden im Hafen von Liverpool an Land gesetzt und nach Cholmondeley Park bei Chester geschickt, wo sie neu ausgerüstet und reorganisiert werden sollten. Wie Beneš später einräumte, waren die Männer von dem, was sie durchgemacht hatten, schwer mitgenommen. Es herrschte eine Atmosphäre der Enttäuschung und des Defätismus, in der gegenseitige Vorwürfe und die Suche nach Sündenböcken gediehen. Es kam zu politischen und ideologischen Auseinandersetzungen, die die Offiziere vergeblich einzudämmen versuchten. Eine Gruppe Soldaten gab der politischen und militärischen Führung die Schuld an ihrer Lage. Die Männer klagten, die Armee würde von Faschisten und Antisemiten beherrscht, und verlangten ihre Entlassung. Insgesamt 480 Mann verweigerten den Gehorsam. Diese alarmierende Nachricht gelangte rasch zur Kenntnis des MI5, wo man bei der Vorstellung erbleichte, am Vorabend einer möglichen deutschen Invasion 480 unzufriedene Ausländer von der Leine zu lassen. Nach Oberst Moravec' Ansicht standen hinter dem Vorfall kommunistische Elemente, worin ihm die englischen Sicherheitsorgane beipflichteten, während Beneš sich vor derlei Schuldzuweisungen hütete. Die Missetäter wurden vorübergehend in York interniert und dann ins Pioneer Corps gesteckt, das der Armee nichtausgebildete Arbeitskräfte zur Verfügung stellte. Beneš war sehr darauf bedacht, dieses peinliche Kapitel abzuschließen, das ein schlechtes Licht auf seine eigenen Ansprüche warf, die tschechoslowakische Nation zu repräsentieren, und ersuchte darum, die Sache geheimzuhalten, um Mißverständnisse oder das Entstehen eines »bedauerlichen Präzendenzfalles, der sich nachteilig auf die Moral der verbleibenden tschechoslowakischen Verbände auswirken könnte«, zu vermeiden. Im August 1940 schloß die provisorische Regierung mit den Engländern ein Militärabkommen ab, und den tschechischen Einheiten, die nach britischem Vorbild als eine Brigade reorganisiert wurden, wurde eine Verbindungsmission unter Oberst Pollock zugeteilt. Nach den Vorfällen in Cholmondeley besserte sich die Moral rasch, und Lockhart konnte schon bald melden, daß die Soldaten ein neuer Kampfgeist beseele. Die Tschechische Brigade war keine Eliteeinheit wie die Kosakengarde des zaristischen Rußland; sie verkörperte die »Demokratie auf dem Marsch«. Sie bestand weitgehend aus Freiwilligen, gebildeten Männern, die für ihr Vaterland alles geopfert hatten. Die Mannschaften waren von zwei glühenden Empfindungen motiviert. Die erste war der Wille, in der Tschechoslowakei nach Kriegsende eine bessere Gesellschaft zu schaffen. Sie kämpften nicht einfach dafür, die alte Republik wiederherzustellen. Dieses

Antriebs war sich Beneš wohl bewußt, und er stellte ihn politisch in Rechnung. Das zweite Motiv war ein erbitterter Haß auf die Deutschen. Die tschechischen Soldaten wollten kämpfen und siegen, um das in München und Prag Geschehene rückgängig zu machen. Diese Gefühle wurden von einem quälenden Schuldgefühl gespeist, weil man sich in Sicherheit befand, während die Bevölkerung zu Hause Karl Hermann Frank und seiner brutalen Sicherheitspolizei ausgeliefert war. Hocherhobenen Hauptes konnte die Armee nur zurückkehren, wenn sie sich den Weg in die Heimat erkämpfte und gemeinsam mit der Untergrundbewegung die Nazis bezwang. Ein englischer Beobachter bemerkte, die Soldaten könnten »in Prag niemals den Kopf hoch tragen, wenn sie nicht wirklich im Kampf gegen die Deutschen gestanden haben. Es trifft zwar zu, daß ein großer Teil von ihnen . . . den Rückzug quer durch Frankreich mitgemacht hat, aber das gilt nicht als ausreichend, und den Männern selbst ist nur zu klar, daß sie in ihrem Vaterland nicht willkommen geheißen werden, wenn sie nicht in den späteren Kriegsphasen tatsächlich gegen die Deutschen gekämpft haben, und natürlich drängt es jeden Mann in der Brigade, es zu versuchen . . .« Während der Winter von 1940 auf 1941 in den Frühling überging und an den Straßen von Leamington die Kirschbäume zu blühen begannen, schien dies in weiter Ferne zu liegen. Doch für einige der Männer sollte die Chance, einen Vergeltungsschlag gegen die Invasoren zu führen, früher kommen, als sie ahnten.

Im April 1941 fuhr ein Stabswagen, in dem Moravec' Stellvertreter, Major Emil Strankmüller, saß, vor dem Hauptquartier der Brigade in Leamington Spa vor. Der Besuch eines hochrangigen Angehörigen des Geheimdienststabs war etwas Ungewöhnliches, aber Strankmüller kam mit einer besonderen Absicht. Er wollte von der Brigade die Namen von Männern erfahren, die sich für einen Spezialeinsatz eigneten. Seine Anforderungen waren streng. Die ausgewählten Männer sollten patriotisch gesinnt, tapfer und intelligent sein. Sie sollten ihre Gefühle unter Belastung beherrschen und Geheimnisse für sich behalten können. Er wünschte niemanden, der als Trinker oder Schürzenjäger bekannt war. Seinen Zuhörern wurde sofort klar, um welche Spezialeinsätze, die nicht genauer beschrieben wurden, es sich handelte – Strankmüller wollte Agenten rekrutieren. Anfang Mai, nachdem die Kompaniechefs sich gründlich umgesehen hatten, konnte das Hauptquartier mit den Namen von sechsunddreißig Soldaten aufwarten, die die anspruchsvollen Voraussetzungen erfüllten. Oberstleutnant Palaček, der Offizier im tschechischen Geheimdienst, dem es oblag, Agenten auszuwählen, suchte die Betreffenden auf und fragte, ob sie bereit wären, einen Geheimauftrag in der Heimat zu erwägen. Es wurde betont, daß es sich um eine freiwillige Entscheidung handle, da es unmöglich war, Männer für eine so gefährliche Mission einfach abzukommandieren. Schon Mitte Mai konnte Moravec eine aus zwölf Offizieren und ebenso vielen Unteroffizieren bestehende Gruppe zu einem Grundtraining im Fallschirmspringen schicken, und ein Befehl des tschechischen Verteidigungsministeriums, »höchst geheim und dringend«, setzte den ersten Schwung zum RAF-Stützpunkt Wilmslow bei Manchester in Marsch. Der Plan, Agententeams ins Protektorat zu schicken, war Anfang des Frühjahrs ausgearbeitet worden und galt vor allem der Verbesserung der Funkverbindung zur Heimatarmee. Das Kriegstagebuch des tschechischen Verteidigungsministeriums vermerkte unter dem 30. April 1941: »Vom WO [War Office] die Ermächtigung erhalten, 4 Offiziere und 5 Unteroffiziere zum Fallschirmtraining zu schicken. Junge Offiziere und Unteroffiziere wurden ausgewählt . . . Das WO beabsichtigt, diese Kerntruppe von Fallschirmspringern aus insgesamt etwa 14 Offizieren und 22 Unteroffizieren ausbilden zu lassen. Der Kommandeur der Brigade und Oberst Moravec wurden davon in Kenntnis gesetzt.« Die Agenten sollten im Herbst desselben Jahres als jeweils drei Mann starke Trupps über Böhmen und Mähren abgesetzt werden und die Heimatarmee in diesen beiden wichtigen Gebieten verstärken.

Dieser Plan hatte seinen Ursprung in politischen Überlegungen Beneš'. Angesichts dessen, daß Hitler anscheinend auf dem Sprung war, die Sowjetunion zu überfallen, galt es, die Funkverbindungen zur Heimatarmee abzusichern. Der Strom politischer und militärischer Informationen, die A-54 und andere Quellen lieferten, mußte nun, da der Krieg in eine neue und entscheidende Phase trat, unbedingt weitergehen, damit Beneš nicht auf die Position eines bloßen Zuschauers verwiesen wurde. Bedachte man, daß die Kommunisten in der Tschechoslowakei im Kielwasser eines deutschen Angriffs auf Rußland höchstwahrscheinlich aktiv werden würden, war es überdies geraten, die Kontrolle über den zentralen Widerstandsrat UVOD zu behalten, die es Beneš ermöglichte, die Reaktion des Untergrunds auf die neue politische Situation in Böhmen und Mähren zu bestimmen. Außerdem erhoffte Beneš sich wohl von England eine substantielle logistische Unterstützung für den tschechischen Widerstand, die diesem gegen die

Kommunisten den Rücken stärken und die Aussichten für eine nationale Erhebung zu gegebenem Zeitpunkt verbessern sollte. Wenn die SOE große Mengen an Waffen ins Land schaffte – ein Plan, den Gubbins im Frühjahr 1941 entwickelte –, mußte zuerst ein umfassendes Kommunikationsnetz aufgebaut werden, bedient von geschultem militärischen Personal, das Nachschubabwürfe koordinieren und eine Verbindung zum britischen Oberkommando herstellen konnte. Das vorhandene System hatte zwar seit 1939 gut funktioniert und Tausende von Funkdepeschen übermittelt, aber es war ersichtlich außerstande, mit den neuen Belastungen fertig zu werden.

Als Strankmüller das Hauptquartier der Tschechischen Brigade aufsuchte, um Männer anzuwerben, war bereits ein Versuch unternommen worden, einen Funkagenten im Protektorat abzusetzen; die Operation trug den Decknamen BENJAMIN. Sie scheiterte am 17. April 1941, als der Mann mit seiner Ausrüstung wegen eines in der Frühzeit nächtlicher Langstreckenflüge häufigen Navigationsfehlers über Österreich abgesetzt wurde. Danach machten die langen, klaren Frühlings- und Sommernächte Flüge in den Luftraum über dem Protektorat unmöglich, aber Moravec war offenbar sehr darauf bedacht, ein Team von Agenten für den Herbst in Bereitschaft zu halten. Die Notwendigkeit, die vorhandenen Funknetze zu verstärken, zeigte sich bereits nur zu deutlich, als die Deutschen kurz vor dem Beginn von BARBAROSSA die Sicherheitsvorkehrungen verschärften. Was Neurath auch denken mochte, Frank fürchtete die Reaktion der Tschechen auf einen Angriff gegen ihre slawischen Brüder im Osten und war fest entschlossen, schon vorher jeglichen Widerstand im Keim zu ersticken. Im Februar 1941 verhaftete seine Sicherheitspolizei fast das gesamte Zentralkomitee der tschechischen kommunistischen Partei und kappte ihre Funkverbindungen mit Moskau. Auch die Heimatarmee erlitt Verluste, darunter Mitglieder der DREI KÖNIGE, die als Thümmels Kontaktleute für London und das sowjetische Konsulat in Prag fungierten. Am 22. April wurde Balabán verhaftet. Drei Wochen später, am 15. Mai, wurden seine Kameraden Mašín und Morávek mitten in einer Sendung von Peilwagen geortet. Während Mašín mit seiner Pistole den Eingang verteidigte, entkam Morávek durch ein Fenster im zweiten Stock und rutschte an der dünnen, stählernen Funkantenne hinunter, wobei er sich einen Finger abtrennte. Mašín wurde festgenommen, verprügelt und in die Keller der Gestapozentrale im Palais Peček geschleppt. Anhand von

Material, das ihnen dabei in die Hände fiel, schöpften die Nazis den Verdacht, daß ein hochgestellter Deutscher Kontakt zum tschechischen Widerstand haben mußte, doch obwohl sie Mašín folterten, gelang es ihnen nicht, die geheimnisvolle Figur zu identifizieren.

Am 10. Juni meldete Frank die Aufdeckung eines Agentenrings nach Berlin, der zwar nicht aus Kommunisten bestanden, aber der Sowjetunion Material geliefert habe. Mehrere Geheimsender seien beschlagnahmt worden. Dank dem Eingreifen der Staatspolizei könne man sagen, die organisierte Widerstandsbewegung sei weitgehend beseitigt worden. An ihrer Stelle gebe es jetzt allerdings eine viel kleinere, zweifelsohne aber gefährlichere Organisation, die sich auf Spionage und Sabotage konzentriere. Der letzte Teil dieser Meldung enthielt eine neuerliche Bitte um die Entfernung Neuraths, dessen Einfluß, wenn auch vermindert, noch stark genug war, die Schreckensherrschaft zu verhindern, die Frank befürwortete, um den Tschechen das Rückgrat zu brechen. Als Folge der Gestaporazzia gegen den Sender der Drei Könige war der tschechische Geheimdienst just am Vorabend des Beginns von Barbarossa, als alles auf exakte Informationen ankam, von A-54 abgeschnitten. Die Panik endete erst, als sich Morávek über einen von einer anderen Gruppe ausgeliehenen Sender meldete und wieder von Thümmel gelieferte Informationen übermittelte. Die Ereignisse betonten die Notwendigkeit, die Verbindungen zum Protektorat zu verstärken. Ohne die Funknachrichten aus dem Untergrund war Beneš blind und hilflos, außerstande, sich bei den Alliierten vernehmbar zu machen oder die politische Situation in der Heimat zu steuern.

Beneš war seit jeher der Auffassung gewesen, daß die Tschechoslowakei durch die Ausweitung des Krieges gerettet werden würde, und betrachtete den Überfall auf die Sowjetunion als den Anfang vom Ende Hitlers. Angesichts dessen, daß die Vereinigten Staaten nach dem Pacht-Leih-Gesetz vom März 1941 auf einen Kriegseintritt zusteuerten, sahen sich die Nazis einer Allianz von Kräften gegenüber, die sie, so sagte ihm sein logischer Verstand, nicht würden besiegen können. Falls die Russen bis zum Ende des Sommers durchhalten konnten, rechnete Beneš mit einer raschen Wende des Kriegsglücks und einem deutschen Zusammenbruch möglicherweise bereits in der zweiten Jahreshälfte von 1942 – ein Wunschdenken, das auf nicht viel mehr als dem ihm wesenseigenen Optimismus beruhte. Es hatte bange Momente vor dem Beginn von BARBAROSSA gegeben, als er trotz der Informationen von A-54 bezweifelte, daß Hitler wirklich eine Invasion starten werde, Zweifel, die Moskau mitzuteilen er sich gehütet hatte. Als die Invasion schließlich begann, fürchtete er nur, daß Großbritannien ruhig zusehen werde, wie die Wehrmacht nach Osten vordrang. Diese Befürchtung legte sich in den ersten Tagen der Kämpfe, als Churchill ungeachtet der ideologischen Gegensätze klarmachte, daß er entschlossen war, Stalin uneingeschränkt zu unterstützen. Zum erstenmal konnte Beneš eine reale Siegesaussicht erkennen, und er zeigte eine Gefühlsbeteiligung, die bei einem so nüchternen Mann etwas Seltenes war. Sein Privatsekretär Eduard Táborský, der bei Beneš war, als die ersten offiziellen Meldungen über die Rußlandinvasion eintrafen, berichtete später: »Ich saß an diesem schicksalsträchtigen Sonntag mit ihm in seinem Arbeitszimmer in Aston Abbots, wo wir das Ereignis feierten und uns die Nachrichten im Rundfunk anhörten . . . Ich entdeckte auf seinem Gesicht . . . eine Befriedigung, freudig-gelöster, intensiver, als ich sie seit dem Kriegsausbruch im September 1939 an ihm erlebt hatte.« Der Chef seiner Kanzlei, Jaromir Smutný, äußerte sich ganz ungeschminkt über die Gründe von Beneš' Frohlocken und die Strategie, die er seit München verfolgt hatte: »Er hat bewußt und beständig dafür gearbeitet, einen Krieg zu fördern, denn wenn nicht ganz Europa in den Krieg zöge, würde die Tschechoslowakei auf Jahrhunderte hinaus von den Deutschen besetzt bleiben und die tschechoslowakische Nation praktisch verschwinden . . . und . . . das gleiche Schicksal erleiden wie die Polaben. Nur ein Krieg konnte die Tschechoslowakei retten.«

Beneš' Geheimkontakte zu den Russen schienen sich in den Wochen nach Beginn der deutschen Invasion auszuzahlen. Wie ein Blitzschlag brach BARBAROSSA über die Sowjetunion herein. Schon zwei Wochen nach Beginn der Invasion hatten Hitlers Panzer den Dnjepr erreicht, und beinahe 600000 sowjetische Soldaten waren in Gefangenschaft geraten. Nichts schien den Blitzkrieg aufhalten zu können. Die deutschen Generale betrachteten den Krieg als so gut wie gewonnen, nicht anders als Hitler, der prophezeite, daß die Kämpfe Mitte September beendet und die Russen hinter den Ural getrieben sein würden. Er war derart siegessicher, daß er eine Umstellung des Rüstungsprogramms vom Bedarf der Wehrmacht auf die Produktion von U-Booten und Flugzeugen anordnete, die für einen geplanten Angriff auf Großbritannien notwendig waren. Während die Sowjetunion unter diesen betäubenden Schlägen wankte, ließ Stalin es sich angelegen sein, die Tschechen zu hofieren. Wie die Engländer nach Dünkirchen brauchte er jeden Bundesgenossen, den er auftreiben konnte, da es um das nackte Überleben der Sowjetunion ging. Die ersten Früchte trug diese neue Haltung am 18. Juli, als Moskau die Londoner Exilregierung diplomatisch anerkannte und bestätigte, daß das Münchner Abkommen für den Kreml gegenstandslos sei. Die beiden Länder verpflichteten sich, »im derzeitigen Krieg gegen Hitler-Deutschland einander in jeder Weise« beizustehen, und tschechische Freiwillige, die nach der polnischen Niederlage von der UdSSR interniert worden waren, wurden freigelassen, um als eigenständige Einheit unter ihrem Kommandeur Oberstleutnant Svoboda an der Seite der Russen zu kämpfen.

Diese Verhandlungen gaben den Gesprächen mit den Briten über die volle diplomatische Anerkennung, die trotz der Aufgeschlossenheit Churchills und Edens seit dem Frühjahr nicht vorangekommen waren, neuen Schwung. Beneš nutzte den russischen Hebel, um dem Foreign Office Dampf zu machen; er erklärte, falls Moskau vor London handeln sollte, wäre eine Stärkung der Kommunisten und eine Schwächung der Position seines eigenen, prowestlichen Regimes zu erwarten. Schließlich gewannen die Russen den Wettlauf doch um mehrere Stunden. Am 18. Juli um die Mittagszeit unterzeichnete Masaryk den tschechisch-sowjetischen Vertrag. Drei Stunden später fuhr er mit Lockhart durch strömenden Regen zum Foreign Office, um seine Unterschrift unter ein Abkommen mit Großbritannien zu setzen. Die Tschechen, bemerkte Eden sarkastisch, kassierten die Verträge nur so ein. Die Briten formulierten die volle Anerkennung zurückhaltender als die Sowjets; da sie sich nicht auf Nachkriegsgrenzen festlegten, ließen sie das Problem des Münchner Abkommens und des Sudetenlands ungelöst. Der englische Zensor ging sogar so weit, daß er aus einer Rundfunkansprache Beneš' an das tschechoslowakische Volk eine Passage strich, in der es hieß, die Gebiete, die das Land durch das Münchner Abkommen verloren hatte, würden nach dem Krieg zurückgegeben. Beneš war zwar irritiert, aber er war auch überzeugt, daß er eine hohe Hürde überwunden habe und daß das übrige zu gegebener Zeit folgen werde. Zum erstenmal war sein Regime den anderen Exilregierungen gleichgestellt und erhielt vom Foreign Office einen richtiggehenden Botschafter in der Gestalt von Philip Nichols zugeteilt. Lockhart, dessen Titel »britischer Repräsentant« ein ärgerliches Symbol des zweideutigen Status der Tschechen gewesen war, verabschiedete sich, um sich ganz der Propagandaarbeit zu widmen, obwohl sein starkes persönliches Interesse am Schicksal der Exilanten fortdauerte.

Beneš war zu sehr Realist, um zu ignorieren, daß er für dieses diplomatische Entgegenkommen bezahlen mußte. Wenn die Tschechoslowakei von den Alliierten unterstützt werden sollte, mußte sie dazu beitragen, den Krieg zu gewinnen. Wie schon vor BARBAROSSA hoffte Beneš, diesen Beitrag vor allem auf nachrichtendienstlichem Gebiet leisten zu können, was sich in der Entscheidung spiegelte, Fallschirmspringergruppen abzusetzen, um die Funkverbindung mit dem Protektorat zu verstärken. In den Wochen nach dem Invasionsbeginn nutzten die Russen sofort ihre Verbindungen zu den Tschechen und vergewisserten sich, daß Moravec über einen hochgestellten Gewährsmann verfügte, der Einblick in Hitlers militärische Pläne hatte. Bald gesellte sich zu den SIS-Offizieren in Porchester Gate ein neuer Besucher, der sich auf der Suche nach Informationen in den Korridoren herumtrieb. Es war ein sowjetischer Offizier namens Tschikajew, den Moravec verdächtigte, eher ein Vertreter des NKWD als des militärischen Geheimdienstes zu sein – ein lebender Beweis dafür, welche Bedeutung man in Moskau Informationen aus der Quelle A-54 beimaß. Moravec schrieb später: »Er . . . begann unsere Kooperation in einer kleinmütigen Stimmung. Rußland war im Hintertreffen.« Das sollte sich in einer späteren Phase des Krieges ändern. Die tschechischen Sender in Woldingham bombardierten schon bald den Untergrund in der Heimat mit Fragen für Thümmel, die offensichtlich von Moskau geliefert worden waren: wo sich die Hauptreserven der Deutschen befänden, wo sich das Führerhauptquartier derzeit befinde, was die Deutschen in der Türkei vorhätten. Die Liste nahm kein Ende. Als Kiew fiel und die Deutschen an die Tore von Leningrad zu hämmern begannen, bekamen die sowjetischen Anfragen eine verzweifelte Dringlichkeit. Wie schon vor dem Münchner Abkommen erhielt Moravec nur wenig Material als Entgelt – vielleicht weil die Sowjets über keines verfügten. Dieses Ungleichgewicht war Beneš gleichgültig. Für ihn war das Ziel der geheimdienstlichen Zusammenarbeit ein politisches: Er wollte die Position der Exilregierung gegenüber Moskau und den tschechischen Kommunisten verbessern. Moravec' Gönner im SIS, die absichtlich im dunkeln gelassen worden waren, als die Verbindung zum russischen Geheimdienst geknüpft wurde, fanden seine Kontakte mit Moskau nützlich. Entsprechend einer

Vereinbarung mit Moravec begannen sie Material, darunter vermutlich ULTRA-Erkenntnisse, über die Tschechen Tschikajew zuzuleiten. Die Gründe dafür sind ungeklärt; vielleicht nahm man beim SIS an, daß der tschechische Geheimdienst angesichts seiner bewährten Kooperation mit Rußland in Moskau mehr Glaubwürdigkeit genieße als der SIS mit seiner entschiedenen antisowjetischen Vergangenheit.

Schon bald wurde indessen klar, daß Moskau eine bloße nachrichtendienstliche Zusammenarbeit nicht genügte. Mit dem Rükken zur Wand kämpfend, forderten die Russen einen militärischen Beitrag von ihren Verbündeten, der den Druck der vorwärtsstürmenden Wehrmacht gegen ihre wankende Front mildern sollte. Bereits am 19. Juli schrieb Stalin an Churchill und schlug eine Landung der Briten in Nordfrankreich vor, um Hitlers Truppen vom Osten abzulenken. Die Engländer, die zu dieser Zeit zu einer Invasion auf dem Kontinent außerstande waren, antworteten hinhaltend: Großbritannien trage zur gemeinsamen Sache der Alliierten bei, indem es Kriegsausrüstung nach Rußland abzweige und deutsche Industriezentren bombardiere. Beneš hatte weniger Optionen. Seine einzige Trumpfkarte – abgesehen vom Geheimdienst – war die Heimatarmee, und die Russen verlangten, daß er sie einsetze. In Anbetracht dessen, daß im Kampf gegen die Invasoren Tag für Tag Tausende starben, ja die Existenz der Sowjetunion auf dem Spiel stand, machten Einwände wegen der Gefahr eines Blutbads und deutscher Repressalien im Protektorat auf Moskau keinen Eindruck. Im Protektorat befanden sich wichtige Rüstungsfabriken, die Ausrüstung für Hitlers Panzerdivisionen lieferten. Über die tschechoslowakischen Bahnstrecken rollten Züge aus Süddeutschland und Österreich, die Nachschub und Verstärkung für die vorrückenden deutschen Truppen transportierten. Den Londoner Tschechen wurde klargemacht, daß dagegen etwas unternommen werden müsse. Bereits am 24. Juni trat der sowjetische Militärattaché mit dem Vorschlag an Moravec heran, eine gemeinsame Sabotagekampagne zu starten, und Radio Moskau appellierte an das tschechische Volk, mit einer Erhebung gegen die Deutschen der UdSSR zu Hilfe zu kommen. Im Laufe des Sommers, während die Rote Armee weiter zurückwich, verstärkte sich das Drängen der Sowjets. Am 17. August teilte Moravec' Sender in Woldingham dem UVOD mit, der sowjetische Generalstab wünsche dringend Aktionen gegen Benzin- und Öllager, Flugzeugfabriken und Bahnstrecken in Böhmen und Mähren. Angesichts der kritischen militärischen Lage werde ein solches Vorgehen als zwingend notwendig erachtet.

Beneš' erste Reaktion war gewesen, dem Ansinnen zu widerstehen. In den ersten Funkdepeschen, die er nach dem Beginn von Barbarossa ins Protektorat übermitteln ließ, wies er die Heimatarmee an, sich ruhig zu verhalten und die Entwicklung abzuwarten. Sie solle nur ihren eigenen Führern gehorchen und nicht dem Lockruf Moskaus folgen. Wie er Lockhart erklärte, war er nicht bereit, den Untergrund deutschen Vergeltungsmaßnahmen auszusetzen, die diesem den Garaus machen und den Kommunisten freie Bahn verschaffen konnten. Nichts sollte geschehen, was die Erfolgsaussichten einer nationalen Erhebung gefährden könnte, deren Zeitpunkt die Londoner Tschechen und nicht die Russen zu bestimmen hatten. Auf dieses Ziel hin solle der Untergrund planen und Vorbereitungen treffen. Eden erklärte Ivan Maisky, dem Sowjetbotschafter, von einer voreiligen Aktion im Protektorat würde niemand außer den Deutschen profitieren. Zugleich aber reagierte Beneš empfindlich auf jede Andeutung, daß die Tschechen in der Heimat die Hände in den Schoß legten oder, schlimmer, die Sache der Nazis unterstützten. Er reagierte unverzüglich, als die Marionettenregierung der Slowakei am 24. Juni der Sowjetunion den Krieg erklärte und Hácha in einer Rede den Kreuzzug der Deutschen gegen den Bolschewismus pries und die Bevölkerung nachdrücklich aufforderte, für den Sieg der Nazis zu arbeiten. Derartige Handlungen drohten die Position der Exilanten zu untergraben, weil sie zu Zweifeln Anlaß gaben, ob diese die Situation in der Heimat im Griff hatten, und den Eindruck entstehen ließen, daß nur die Kommunisten den Nazis Widerstand leisteten. Beneš fürchtete, als nächstes könnte es dazu kommen, daß im Protektorat Freiwillige aufgerufen wurden, um an der Seite der Deutschen in der Sowjetunion zu kämpfen. Am 24. Juni erklärte er in einer energischen Funkdepesche Hácha und Eliáš, sie müßten zum Rücktritt bereit sein, statt dem Feind unter die Arme zu greifen. »Um der Ehre der Nation und ihrer Einheit nach dem Krieg willen, um bittere Konflikte unter uns gleich nach Kriegsende zu vermeiden und vor allem, um den Kommunisten keinen Vorwand zur Machtübernahme aufgrund des berechtigten Vorwurfs zu liefern, wir hätten Hitler geholfen, dürfen Sie . . . in keiner Weise zurückweichen. Es besteht die Gefahr, daß Sie in dem Wunsch, irgendwie die Interessen der Nation zu verteidigen, den Eindruck erwecken könnten, den Nazis in ihrem Krieg gegen Rußland beizustehen.«

Da Großbritannien und die Vereinigten Staaten die Sowjetunion unterstützten, könnte sich solches auf die Position der Tschechoslowakei nach dem Krieg und die politischen Aussichten der Exilregierung verheerend auswirken. Die Zukunft des Landes hänge davon ab, daß in der Heimat eine geschlossene Front aufrechterhalten werde und man sich die Unterstützung der Alliierten nicht verscherze. Obwohl Hácha antwortete, seine Rede sei ein letztes Zugeständnis an die Nazis gewesen und er würde notfalls sein Amt niederlegen, war zu erkennen, daß das Vertrauensverhältnis zwischen dem Protektoratsregime und den Exilanten in die Brüche zu gehen begann. Während es Hácha in erster Linie darum ging, deutsche Repressalien abzuwenden, war es für Beneš erstes Gebot, sein Ansehen bei den Alliierten, namentlich bei der Sowjetunion, zu wahren.

Trotz dieser Sorgen war Beneš nicht bereit, ein Blutvergießen an der Heimatfront zu riskieren; noch versuchte er, seine Position im alliierten Lager auf anderen Wegen abzustützen. Er drängte die Briten, Bombenangriffe gegen Rüstungsfabriken im Protektorat zu fliegen, weil dies, so argumentierte er, Gelegenheit für verborgene Sabotageakte liefern und die Propaganda der Kommunisten konterkarieren würden, die behaupteten, daß nur die Russen wirklich kämpften und die Nation ihr Heil allein von Moskau erhoffen könne. Er behauptete, daß die Heimatarmee nach dem Beginn von BARBAROSSA die Zahl nicht aufklärbarer Sabotageakte und den »systematischen passiven Widerstand« gesteigert habe. Infolgedessen sei die Produktion in Böhmen und Mähren um ein Drittel zurückgegangen – eine dramatische Entwicklung in einem von Hitlers Rüstungszentren. Die SOE und vermutlich auch die Russen erhielten umfangreiche Listen von Untergrundaktionen inner- und außerhalb des Protektorats, darunter ein Brand im Reichsluftfahrtministerium und eine Bombenexplosion auf dem Anhalter Bahnhof in Berlin, deren Ziel vermutlich Himmlers Sonderzug war. Die Russen zeigten sich unbeeindruckt; sie verfügten über eine wirkungsvolle Waffe, um Beneš zur Erfüllung ihrer Wünsche zu zwingen – die tschechische kommunistische Partei. Beneš war äußerst empfindlich für eine mögliche Herausforderung seiner Autorität aus dieser Richtung – einer der Hauptgründe, warum er Moskau hofierte. Die Sowjetunion genoß in seiner Heimat sogar noch nach dem Hitler-Stalin-Pakt viel Ansehen, weil sie nicht durch das Münchner Abkommen befleckt war. Und als Hitler seine Rußlandinvasion begann, breitete sich eine Welle der

Sympathie aus, verbunden mit der Hoffnung, daß die Rote Armee helfen werde, das Land zu befreien. Dies war von den Kommunisten leicht auszunutzen, die rasch eine militant antinazistische Haltung einnahmen. Schon wenige Tage nach dem Beginn der Rußlandinvasion ging eine Welle kleiner Sabotageakte durch das Protektorat. Unter anderem wurden die Bremsschläuche an Eisenbahnwaggons durchschnitten, Sand in die Achsengehäuse gestreut und militärische Telephonleitungen unterbrochen. Es bestand die Gefahr, daß die Kommunisten den nationalen Widerstand unter ihre Kontrolle brachten, wenn die Heimatarmee weiterhin untätig blieb. Die politische Entwicklung in der Heimat würde den Londoner Tschechen entgleiten, so daß sie auf dem trockenen saßen, wenn der Krieg zu Ende ging. Der Realist Beneš wußte, daß Stalin trotz aller Versprechungen kein Interesse daran haben würde, die Autorität der Exilregierung zu stützen, wenn sie nicht sowjetischen Interessen diente, und es war unzweifelhaft Stalins Wunsch, daß die Heimatarmee den Kampf aufnahm. Andererseits konnte eine gemeinsame Sabotagekampagne des UVOD und der Kommunisten mit anglorussischer Unterstützung vielleicht soweit kontrolliert werden, daß man die Chancen einer späteren nationalen Erhebung nicht gefährdete. Das würde Moskau beschwichtigen und ermöglichen, die Kommunisten in eine nationale Koalition einzugliedern, in der sie gezähmt und unter Aufsicht gehalten werden konnten. Wie Beneš am 12. August dem UVOD mitteilte, machte es der Kriegseintritt der Sowjetunion erforderlich, die Beziehungen zwischen Heimatarmee und Kommunisten zu definieren: Das beste wäre, sie möglichst bald in eine Kooperation einzubinden, um zu verhindern, daß in einer späteren Phase ihre Militanz die Masse des Volkes für sie einnahm und sie womöglich die Oberhand gewannen, sobald die Rote Armee in die Offensive überging.

Mitte August fühlte sich Beneš nicht nur von Moskau, sondern auch von London zum Handeln gedrängt. Am 29. August wurde dem UVOD mitgeteilt, die SOE habe »ein starkes und dringliches Interesse« an Sabotageakten im Sudetenland bekundet. Wenn die Tschechen darauf nicht reagierten, bestand die Gefahr, daß die Engländer diese Aufgabe sudetendeutschen Flüchtlingen übertrugen, eine Möglichkeit, die unerfreuliche politische Konsequenzen barg. Alles, was den sudetendeutschen Exilanten in London Kredit verschaffte – die Briten hatten sich geweigert, sie Beneš' Autorität zu unterstellen –, konnte die endgültige Annullierung des Münchner Abkommens komplizieren und sich störend auf das

Vorhaben auswirken, nach dem Krieg die Sudetendeutschen zu vertreiben. Es ist unklar, warum die SOE in diesem Stadium ihre Haltung änderte, aber die britischen Stabschefs waren eindeutig bereit, alles zu tun, um den militärischen Druck auf ihre neuen sowjetischen Verbündeten zu mildern. Der Kriegseintritt der UdSSR ließ die Briten die Rolle von Heimatarmeen in einem neuen Licht sehen. Nun, da eine große Kontinentalmacht gegen die Deutschen im Kampf stand, waren nationale Erhebungen für die englische Strategie weniger wichtig geworden. Nach dem Beginn von BARBAROSSA verlagerte sich in den Augen der Briten das Schwergewicht für die europäischen Untergrundbewegungen auf die Sabotage; dies ging einher mit der Entscheidung, die wenigen Flugzeuge, die die Royal Air Force aus der Bomberflotte abzuzweigen bereit war, zu benutzen, um in unmittelbarer Umgebung des für eine spätere Landung britischer Truppen vorgesehenen Gebiets Widerstandsbewegungen zu initiieren. Die SOE begann ihr Augenmerk auf Westeuropa und insbesondere Frankreich zu richten. Gubbins' Plan, die tschechische und die polnische Heimatarmee regelmäßig durch Abwürfe aus der Luft zu versorgen, wurde als undurchführbar aufgegeben. Bewußt oder unbewußt schlug man diese Länder nun dem sowjetischen Operationsbereich zu, was eine Zusammenarbeit des Untergrunds mit den russischen Militärplänen in sich schloß. Damit begann sich die Unterstützung der polnischen und tschechischen Heimatarmeen, früher als Vorbilder behandelt, durch die Engländer rasch zu verringern. Unter diesen Umständen war es naheliegend, daß die SOE ihren Einfluß bei den Tschechen dazu verwenden wollte, ihrem sowjetischen Verbündeten einen Gefallen zu erweisen. Beneš selbst bemerkte den Stimmungswechsel anscheinend erst 1944, als er erfahren mußte, daß London nicht bereit war, den Aufstand in der Slowakei ohne Zustimmung Moskaus durch Nachschubabwürfe zu unterstützen, was er sehr übel aufnahm.

Ende des Sommers war Beneš dann bereit, dem alliierten Druck nachzugeben. Am 13. August teilte sein Verteidigungsminister, General Ingr, der Heimatarmee mit, die Londoner Tschechen beabsichtigten, während der langen, mondlosen Nächte des kommenden Herbstes und Winters Teams von Agenten, ausgebildet in Geheimdienstarbeit, Nachrichtentechnik und Sabotage, einfliegen zu lassen. Der Widerstand wurde angewiesen, im ganzen Protektorat Abwurfzonen ausfindig zu machen und Trupps für den Empfang der Fallschirmspringer und ihrer Ausrüstung zusammenzustellen. Die Flüge würden mit Bombereinsätzen kombiniert werden, um die Deutschen abzulenken und dem Untergrund zu ermöglichen, im Schutz der Luftangriffe eigene Sabotageaktionen zu starten. Am 30. August legte Beneš die Gründe für diesen Kurswechsel in einer persönlichen Botschaft an den UVOD dar. Beneš zufolge hatten sowohl London wie Moskau klargemacht, daß Sabotageakte gegen Rüstungswerke im Protektorat, verbunden mit regelmäßigen Unterbrechungen des Eisenbahnverkehrs, die strategische Lage an der Front im Osten erheblich beeinflussen würden. Den Londoner Tschechen, die mit anderen Exilgruppen wie den Polen um die Gunst der Alliierten wetteiferten, blieb kaum etwas anderes übrig, als eine systematische Sabotagekampagne zu starten, wenn auch umfassende Aktionen, die massive deutsche Vergeltungsmaßnahmen provozieren mußten, noch immer vermieden werden sollten. In Vorwegnahme von Einwänden aus der Heimatarmee erklärte Beneš warnend: ». . . Unsere ganze Situation würde in ein ausgesprochen ungünstiges Licht geraten, wenn wir . . . mit den anderen nicht zumindest Schritt hielten.« Zu diesem Zeitpunkt wurden sowohl in Großbritannien wie in der UdSSR bereits Sabotagetrupps für ihre Mission ausgebildet. In der durch BARBAROSSA geschaffenen neuen strategischen Situation sei es notwendig, »von theoretischen Plänen und Vorbereitungen zu Taten überzugehen«, die den tschechischen Einfluß in London und Moskau maximieren würden, sobald Deutschland zusammenbrach, vielleicht bereits 1942.

Diese höchst geheime Botschaft enthüllte, daß in der jüngeren Vergangenheit entweder durch Moravec und Tschikajew in London oder durch Oberst Píkas Geheimdienstmission in Moskau ein Plan mit den Russen ausgearbeitet worden war. Die Trupps auf sowjetischer Seite wurden aus tschechischen Exilanten in der UdSSR gebildet, die in einer Spionageeinrichtung des NKWD in den Leninbergen nahe der russischen Hauptstadt geschult wurden. Ihre Aufgabe bestand darin, Funkkontakt zwischen den tschechischen Kommunisten und Moskau herzustellen und im Zusammenwirken mit Parteimitgliedern eine Sabotagekampagne gegen Ziele wie Bahnstrecken und Kraftwerke zu starten. Bereits am 31. August wurde der erste, neun Mann starke Trupp in der Nähe von Warschau von der sowjetischen Luftwaffe abgesetzt, die in dieser Kriegsphase keine Maschinen mit der notwendigen Reichweite besaß, um bis nach Böhmen und Mähren zu gelangen. Die Agenten schlugen sich durch das besetzte Polen bis ins Protektorat durch und stellten Funkkontakt zu ihren russischen Führungsoffizieren her. Ihnen folgte schon bald eine zweite Fallschirmspringergruppe, die am oder um den 10. September 1941 abgesetzt wurde. Inzwischen waren in England weitere Soldaten der Tschechischen Brigade in Leamington angeworben und auf Schulungskurse an mehreren Spezialausbildungsstätten (STSs) geschickt worden, welche die SOE im Frühjahr dieses Jahres eingerichtet hatte. General Ingr informierte im August 1941 die Heimatarmee, daß die Exilanten derzeit 160 Fallschirmspringer ausbildeten, doch die Zahlen waren in Wirklichkeit bescheidener.

Die Ausbildung dieser Agenten folgte einem rigorosen Plan. Die Agenten – »Joes« im Slang der SOE – wurden als erstes auf eine paramilitärische Ausbildungsstätte bei Mallaig im schottischen Hochland geschickt, wo sie für Kommandoeinsätze geschult wurden. Dazu gehörten Felsklettern, Schießübungen, elementare Sabotagearbeit, Nahkampf ohne Waffen und ein Kurs in geräuschlosem Töten, geleitet von Hauptmann Bill Sykes, der von der Polizei in Schanghai kam. Diejenigen, die diese zermürbende Probe nicht bestanden, wurden ohne Aufhebens zur Brigade zurückgeschickt. Die übrigen, trainiert, bis ihre Kondition den höchsten Punkt erreichte, wurden ohne Erholungspause oder -urlaub in einen fünftägigen Intensivkurs im Fallschirmspringen in der RAF-Basis Wilmslow gesteckt. Anschließend ging es zur STS XVII, der Sabotageschule der SOE in Brickendonbury Manor in Hertfordshire, geleitet von Major George Rheam, einem Bahnbrecher in der Kunst wissenschaftlicher Zerstörungstechniken. Die Funker wurden auf eine eigene Schule geschickt, wo sie einer von Moravec' Experten, Leutnant Gold, in den Techniken heimlicher Kommunikation unterwies. Nach Abschluß der Ausbildung kehrten die Fallschirmspringer entweder zur Brigade zurück und blieben dort, bis sie gebraucht wurden, oder sie wurden direkt zu einem Stützpunkt der STS II, der Villa Bellasis, einem requirierten Landsitz in der Nähe von Dorking, geschickt. Die STS II wurde zwar von einem britischen Offizier geführt und hatte englisches Hilfspersonal, aber kommandiert wurden die Agenten von Stabskapitän Šustr vom tschechischen Geheimdienst, der die »Joes« auf ihre spezifischen operativen Aufgaben vorbereitete. Dies war vielleicht der schwächste Teil der Ausbildung und der SOE entzogen. Die Tschechen verfügten nicht über Erfahrungen aus erster Hand, was das Einschleusen von Agenten ins besetzte Europa betraf, und unterschätzten das lückenlose Sicherheitssystem der Nazis. Die ersten, die mit dem Fallschirm absprangen, hatten mit den Handikap schlecht gefälschter Dokumente zu kämpfen und waren bestürzt über die strengen Polizeikontrollen, die viele Mitbürger in der Heimat zögern ließen, ihnen Unterschlupf zu gewähren. Dies führte in einzelnen Fällen zu einem vollkommenen psychischen Zusammenbruch, und es kam vor, daß die Betroffenen sich freiwillig der Gestapo stellten. Noch im August 1942 gab es Klagen, daß Moravec' Agenten auf die Gefahren im Protektorat unzureichend vorbereitet seien. Für die Fallschirmspringerteams war die STS II die letzte Station in England. Aus der Villa Bellasis wurden sie zu den RAF-Maschinen gebracht, die sie über dem Protektorat absetzen sollten – eine Heimkehr, die noch wenige Monate vorher kaum einer von ihnen geahnt haben dürfte. Fluchtplan gab es keinen. Die Agenten sollten im Untergrund bleiben, bis sie entweder getötet oder gefangengenommen wurden oder bis die Tschechoslowakei durch einen Sieg der Alliierten befreit wurde. Damals konnte niemand wissen, daß der Krieg noch vier Jahre dauern würde. Getragen von dem offiziellen Optimismus, den Beneš förderte, erwarteten die Männer, daß die Kampfhandlungen binnen anderthalb Jahren ihr Ende finden würden.

Die Tschechen, die im Sommer 1941 diese Ausbildungsstätten der SOE durchliefen, waren überwiegend Unteroffiziere; nur relativ wenig Offiziere waren unter ihnen. Die Unteroffiziere der Tschechischen Brigade waren im allgemeinen hochqualifiziert, und viele von ihnen wären schon vor langer Zeit befördert worden, hätte die Brigade für einen Verband ihrer Größe nicht bereits zu viele Offiziere gehabt. Die Unteroffiziere waren es, die die Mannschaften im Gebrauch von Waffen und Sprengmitteln unterwiesen; im Verein mit ihrer hohen Motivation und Intelligenz machte sie dies zu idealen Kandidaten für Sabotagemissionen. Ihre SOE-Instrukteure hatten sie noch lange nach dem Krieg als musterhafte Schüler in Erinnerung. Zwei Typen von Fallschirmspringerteams absolvierten die Ausbildung in der Villa Bellasis. Der erste, bestehend aus einem Offizier und zwei Unteroffizieren, war mit Nachrichtenbeschaffung und Kommunikation beauftragt. Die Arbeit dieser Teams wurde von dem Offizier koordiniert, und mindestens zwei Teammitglieder erhielten eine spezielle Funkausbildung, bevor sie zum Einsatz kamen, um sicherzustellen, daß nicht die gesamte Gruppe lahmgelegt wurde, wenn ein Mitglied umkam oder verhaftet wurde. Der zweite Typ bestand aus zwei Unteroffizieren und war für Sabotageakte ausersehen, leicht zu erlernen für

Männer, die täglich mit Schußwaffen und Sprengstoffen hantierten. Die Aufgabe, beide Arten von Teams zu verstecken und zu versorgen, wurde der Heimatarmee übertragen, mit der sie zusammenarbeiten sollten. Die Auswahl der Männer für eine bestimmte Mission war eine diffizile Angelegenheit. Es war natürlich riskant, Männer, die sich nicht vertrugen, aufzufordern, gemeinsam im Untergrund zu arbeiten, wo das tägliche Risiko, verhaftet zu werden, die Nerven zum Zerreißen anspannte und die geringfügigsten Meinungsverschiedenheiten zu Streitereien ausarten ließ. Die einzige Basis, auf der die Fallschirmspringer effizient arbeiten konnten, war gegenseitiges respektvolles Vertrauen, das es ihnen ermöglichen würde, die unvermeidlichen Schwierigkeiten und Gefahren zu überwinden, denen sie im Protektorat begegnen würden. Eingedenk dessen beobachteten die Instrukteure die Freundschaften, die sich während der Ausbildung entwickelten, und bemühten sich, auf dieser Basis Agenten den Einsatzteams zuzuteilen. Individuelle Vorlieben wurden nach Möglichkeit berücksichtigt, und die Männer konnten sich ihre Kameraden weitgehend selbst aussuchen.

Unter den Männern, die im September in der Kommandoschule bei Mallaig ausgebildet wurden, waren zwei Unteroffiziere, die in den folgenden Ereignissen eine Schlüsselrolle spielten, Josef Gabčík und Jan Kubiš. Während des Krieges von ihnen aufgenommene Photos zeigen kräftige, entschlossene junge Gesichter. Gabčíks Aufnahme deutet die grüblerische innere Stärke an, die er später an den Tag legen sollte. Gabčík, 1941 neunundzwanzig Jahre alt, war ein früherer Schlosser aus dem slowakischen Bezirk Žilina, ein kleiner, kräftig gebauter Mann. Er hatte von April 1932 bis Oktober 1938 in der tschechoslowakischen Armee gedient und den Rang eines Feldwebels erreicht. Nach der München-Krise war er demobilisiert worden und hatte als Lagerist in einer militärischen Chemiefabrik gearbeitet, ehe er im März 1939 nach Polen floh. Vorher hatte er noch den seiner Obhut anvertrauten Vorrat an Senfgas zerstört, indem er Säure darüber goß, weil er verhindern wollte, daß das Material in die Hände der Nazis geriet. Ganz kurz vor Kriegsausbruch mit 435 anderen nach Frankreich evakuiert, hatte er sich der französischen Fremdenlegion angeschlossen und war im Oktober 1939 zu der tschechischen Divison in Agde versetzt worden. Gabčík hatte sich während der Schlacht an der Marne, an der er mit einem MG-Zug teilnahm, ausgezeichnet und sowohl das Croix de guerre wie das tschechische Kriegskreuz erhalten. Allen Berichten zufolge war er sehr beliebt bei den Männern seiner Infanteriekompanie, die Ende 1940 auf einem Gut in Moreton Paddox einquartiert war. Er war eine offene, freimütige Natur, allerdings auch fähig zu unvermittelten Zornausbrüchen. Eine englische Familie, die er besuchte, wenn er dienstfrei hatte, beschrieb später sein aufbrausendes Temperament: »Wenn Josef den Bus verpaßte, ein Glas umwarf oder einen Schnürsenkel zerriß . . . dann ging er hoch wie eine Rakete . . . und explodierte mit höchster Lautstärke. Anschließend lachte er offen über seine eigene Lächerlichkeit . . . bis er wieder auf der Erde stand.«

Jan Kubiš war 1941 achtundzwanzig Jahre alt, Sohn einer Kleinbauernfamilie aus dem mährischen Bezirk Trebič. Er hatte wie Gabčík vor dem Münchner Abkommen mehrere Jahre als Feldwebel in der tschechoslowakischen Armee gedient und war den gleichen Weg über Polen nach Frankreich zur Fremdenlegion und zur tschechischen Division in Agde gegangen. Vor der Kapitulation Frankreichs war er für seine Tapferkeit bei einem Scharmützel mit einer deutschen Patrouille mit dem tschechoslowakischen Kriegskreuz ausgezeichnet worden. Als sich in England die Tschechische Brigade formierte, diente er als Oberfeldwebel im Ersten Infanteriebataillon unter Major Krček, das in Moreton Paddox lag. Im Gegensatz zu Gabčík war Kubiš ein schüchterner, leise sprechender Mann, der nie außer sich geriet und oft über seine verlorene Heimat zu trauern schien. Die beiden Männer waren erstklassige Berufssoldaten, Patrioten, die die Schande der Demobilisierung nach München erduldet und erleben müssen hatten, wie ihr Vaterland ohne einen einzigen Schuß zur Beute der Nazis wurde. Ein brennendes Verlangen, dieses Geschehen rückgängig zu machen, hatte sie über die Grenze geführt und während des militärischen Debakels in Frankreich ihren Kampfgeist am Leben erhalten. Beide sehnten sich nach einer Chance, Vergeltung an den Nazis zu üben. Anfang 1941 ersuchte Gabčík, der in naher Zukunft keine Möglichkeit sah, als Stabsfeldwebel einer Kompanie zum Einsatz zu kommen, um seine Versetzung zur Royal Air Force, bei der sich tschechische Piloten während der »Schlacht um England« einen tollkühnen Ruf erworben hatten. Er begründete sein Gesuch folgendermaßen: »Ich habe um meine Versetzung gebeten, weil ich glaube, in der RAF von meinen technischen Qualifikationen einen besseren Gebrauch machen zu können . . . Bei diesem Ersuchen ist mir klar, daß meine Übernahme in die RAF den Verlust aller Vorteile mit sich bringen wird, die sich mit meiner Zugehörigkeit zur dritten Kompanie des Ersten Infanteriebataillons verbinden. Aus all diesen Gründen bitte ich Sie, mein Gesuch wohlwollend aufzunehmen.« Gabčíks Bewerbung wurde von den Ereignissen überholt. Er sollte schon bald Gelegenheit bekommen, auf eine direktere und persönlichere Weise gegen den Feind anzutreten als durch einen Eintritt in die RAF.

Als das Brigadehauptquartier die einzelnen Infanterieeinheiten ersuchte, Männer für Sonderaufgaben zu benennen, boten sich Gabčík und Kubiš geradezu als Kandidaten an. Wie einer ihrer Kompanieoffiziere, Leutnant Kaspar, später schrieb, besaßen sie sämtliche Qualitäten, die der tschechische Geheimdienst verlangte. Sie waren erstklassige Soldaten, zutiefst patriotisch gesinnt und geschult, mit Waffen und Sprengstoff umzugehen. Ihren Mut und Patriotismus hatten sie zur Genüge in Frankreich bewiesen, wo sie zu den letzten gehörten, die ihre Stellung verließen, als die tschechische Division den Rückzug von der Marne antrat. Obwohl sie sich der Schwierigkeiten und der Gefahren einer Untergrundarbeit bewußt waren, meldeten sich beide Männer sofort freiwillig, als sie von einem Mitglied von Moravec' Stab angesprochen wurden. Am 16. August 1941 verließen Kubiš und Gabčík zum letztenmal Leamington, zusammen mit einer Gruppe von »Joes«, die per Brigadebefehl 324 aus ihren Einheiten geholt und zu einer Spezialausbildung in Wilmslow und auf der SOE-Kommandoschule bei Mallaig in Marsch gesetzt worden waren. Nach sechs zermürbenden Wochen im schottischen Hochland verließen Gabčík und Kubiš die STS, von ihren britischen Instrukteuren wärmstens empfohlen. Gabčík wurde als pflichteifriger und disziplinierter Soldat beschrieben, weniger phantasiebegabt als seine Kameraden, absolut zuverlässig, ein erstklassiger Fallschirmspringer und mit guten Führungsqualitäten. Von Kubiš hieß es, er sei zwar etwas schwerfällig, aber vertrauenswürdig und bei den anderen Kursteilnehmern sehr beliebt, ein zuverlässiger Kandidat; er habe sich als besonders geschickt im Umgang mit Sprengstoffen erwiesen. Der unerschütterliche Charakter beider Männer mache sie zu idealen Kandidaten für Einsätze im Untergrund, wo eine lebhafte Phantasie oft hinderlich sei. Bei ihnen sei Verlaß darauf, daß sie ihre Befehle buchstabengetreu befolgen würden, ohne sich über die Konsequenzen allzu viele Gedanken zu machen. Wie die anderen Unteroffiziere aus ihrer Gruppe waren Gabčík und Kubiš für die STS XVII in Brickendonbury und eine Ausbildung in Sabotage vorgesehen. Doch wie es der Zufall wollte, sollten sie eine ganz andere Mission übernehmen, die sie zu den führenden Akteuren in einer der kühnsten Operationen des Zweiten Weltkriegs machte.

Während die ausgewählten Agenten, die die Sabotagekampagne anführen sollten, noch in der Ausbildung waren, startete Beneš eine Initiative mit dem Ziel, London und Moskau zu demonstrieren, wie gut er die Situation zu Hause im Griff habe. Am 14. September rief der tschechische Dienst der BBC zu einem Boykott der Protektoratspresse auf, die zu einem Werkzeug der Nazipropaganda geworden war. In den folgenden Tagen ging der Verkauf von Zeitungen um bis zu fünfzig Prozent zurück – Ausdruck der stummen Verachtung der Bevölkerung für die Nazis. Seinem Freund Lockhart erklärte Beneš, daß der Boykott zweierlei bezwecke: Zum einen handle es sich um eine Testmobilisierung für einen bewaffneten Aufstand, die beweise, daß man von London aus Aktionen in der Heimat koordinieren könne, zum anderen solle die Aktion Moskau zeigen, daß die Bevölkerung zu Hause sich eher nach dem tschechischen Dienst der BBC als nach der schrillen Stimme von Radio Moskau richten werde. Wenn Stalin auf die Situation in Prag Einfluß nehmen wolle, müsse er mit der rechtmäßigen Regierung Beneš in London zusammenarbeiten, statt die kommunistischen Exilanten um Klement Gottwald in Moskau zu begünstigen. Beides gehörte zu der Strategie, die die Alliierten beeindrucken und die Kommunisten in eine nationale, von Beneš geführte Koalition zwingen sollte. Außerdem stellte der Boykott eine Warnung an das Protektoratsregime dar: Seine moralische Autorität hänge von der Anerkennung durch die Londoner Tschechen ab, die ihm entzogen würde, sollte es zu offener Kollaboration übergehen. Anders ausgedrückt: Wenn das Volk gezwungen wäre, zwischen Beneš und Hácha zu wählen, würde es sich Beneš anschließen. Am 21. September blies die Exilregierung den Zeitungsboykott ab. In einer Gratulationsbotschaft an den UVOD, die über Moravec' Sender in Woldingham ging, ließ Beneš die Heimatarmee wissen, daß die Demonstration ihren Zweck erfüllt habe. Sie habe die Kraft und Entschlossenheit des tschechischen Volkes demonstriert und sei in der Presse und im Rundfunk in England beifällig kommentiert worden. Den Boykott fortzuführen wäre unklug und könnte deutsche Vergeltungsmaßnahmen provozieren.

Als der Presseboykott vorüber war, wurden dem UVOD für Anfang Oktober die ersten Fallschirmspringer aus England angekündet – die Operation PERCENTAGE. Sie bestand aus einem einzigen Agenten, Korporal František Pavelka, der ein Funkgerät, Ersatzkristalle und neue Chiffrierschlüssel für die Heimatarmee mit sich führte. Sein Eintreffen sollte der Auftakt zu einer ganzen Reihe von Absprüngen von Kommunikations- und Sabotageteams den Herbst und Winter hindurch sein, die dem Ziel dienten, den tschechischen Untergrund ebenso wie die Position Eduard Beneš' zu stärken. Da bereits Fallschirmspringer aus der Sowjetunion in Böhmen und Mähren eingetroffen waren, schien der Weg für eine neue und militantere Phase des Widerstands geebnet, die – so hoffte man – den Respekt der Alliierten erringen und es den Londoner Exiltschechen ermöglichen würde, auf eine spätere Friedensregelung in Mitteleuropa Einfluß zu nehmen. Beneš' ehrgeizige Pläne wurden jedoch von dramatischen Entwicklungen im Protektorat durchkreuzt, Entwicklungen, die der Untergrundbewegung und den politischen Aussichten der Londoner Tschechen beinahe einen vernichtenden Schlag versetzten. Am 27. September 1941 brachte die gelenkte Presse in Prag eine unerwartete, niederschmetternde Meldung: Der Reichsprotektor von Böhmen und Mähren, Konstantin Freiherr von Neurath, habe den »Führer« ersuchen müssen, ihn aus gesundheitlichen Gründen zu beurlauben; Hitler habe dieses Ersuchen nicht ablehnen können und Reinhard Heydrich, SS-Obergruppenführer und Polizeichef, mit der Wahrnehmung der Pflichten des Reichsprotektors für Böhmen und Mähren betraut. Die Nachricht symbolisierte den Triumph der SS in dem langen Ringen um die Herrschaft über die tschechischen Gebiete und verhieß nichts Gutes für die Heimatarmee, die seit Kriegsbeginn Beneš' politischen Kredit garantiert hatte. In dieser Notsituation griff Beneš zu verzweifelten Maßnahmen, die das Schicksal zweier unbekannter Unteroffiziere, Josef Gabčík und Jan Kubiš, mit dem Reinhard Heydrichs, eines der mächtigsten Männer in Hitlers Reich, verflechten sollten.

Teil III
Die Operation

6. *Der Henker von Prag*

Heydrichs Ernennung zum Stellvertretenden Reichsprotektor, mit der die letzte Episode seiner Laufbahn begann, war das Resultat einer Verschwörung, eines Komplotts mit zwei Opfern – Freiherr Konstantin von Neurath, der schon lange die Zielscheibe von Intrigen der SS war, und Karl Hermann Frank, dessen glühendes Verlangen nach der höchsten Machtstellung im Protektorat als »Trojanisches Pferd« für Heydrichs eigene Ambitionen benutzt wurde. Im Sommer 1941, während die deutschen Panzer auf Moskau zustürmten, begann Heydrich sich Gedanken über seine Zukunft in einem Naziimperium zu machen, das sich vom Atlantik bis zum Ural erstreckte. Es genügte ihm nicht mehr, Chef der Sicherheitspolizei zu sein. Er wollte mehr sein als der »Mülleimer des Reiches«, der Mann, der für andere die Drecksarbeit machte. Wenn der Tag des Sieges heraufzog, wollte Heydrich aus Himmlers Schatten heraustreten und ein wichtiger Mitgestalter des neuen Europa werden. Böhmen und Mähren sollten den ersten Trittstein dafür bilden. Wenn er zeigte, daß er fähig war, die Slawen im Protektorat nach seiner Pfeife tanzen zu lassen, standen ihm vielleicht andere und noch mächtigere Positionen in der Verwaltung des besetzten Ostens offen, in dem weiten Gebiet, das Hitler der besiegten Sowjetunion zu entreißen gedachte und das als von der »Herrenrasse« beherrschtes Wirtschaftsimperium die Zukunft des »Tausendjährigen Reichs« sichern sollte. In diesem Punkt trafen sich Heydrichs persönliche Ambitionen mit den Interessen der SS, der Organisation, die ihn groß gemacht hatte. Die totale Herrschaft über die ehemals sowjetischen Gebiete im Osten, die Himmler ersehnt hatte, war ihm unter anderem wegen der Intrigen von Hitlers Sekretär Martin Bormann, der sich allmählich zur grauen Eminenz in der Nazipartei entwickelte, versagt geblieben. Wenn sich das Protektorat in einen SS-Staat verwandeln ließ, konnte dies Ansprüche der SS in anderen Gebieten unterstützen und als wertvolle Waffe in dem Ringen dienen, das sich schon zu dieser Zeit innerhalb der Partei um die Vormachtstellung in Hitlers europäischem Imperium anbahnte.

Im August 1941 begann Heydrich, Himmler mit Berichten über Neuraths Unzulänglichkeit als Reichsprotektor zu bombardieren und selbst Ansprüche auf dieses Amt zu erheben. Himmler versprach, die Sache bei Hitler zur Sprache zu bringen, fand aber offenbar nie den geeigneten Augenblick im Führerhauptquartier. Sein zögerliches Verhalten verriet, in welchem Maß der Reichsführer SS von der Energie und administrativen Tüchtigkeit seines ehrgeizigen Untergebenen abhängig geworden war. Auf *einer* Ebene zumindest sah Himmler in Heydrich den idealen SS-Mann, und es widerstrebte ihm, die enge Verbindung zu lösen, die zwischen ihnen seit 1931 bestand. Zugleich aber hatte er ein waches politisches Gespür und zögerte, Heydrich eine Stellung zu verschaffen, die sich seiner eigenen direkten Kontrolle entzog, welche unmittelbaren Vorteile es der SS auch verschaffen mochte. In dieser Situation sicherte sich Heydrich einen höchst unerwarteten Bundesgenossen, nämlich Martin Bormann; wie Heydrich war dieser ein ehrgeiziger Intrigant, der ganz nach oben kommen wollte. Bormann wurde ein entschiedener Befürworter der Ambitionen Heydrichs, auch wenn man seine Motive nur mutmaßen kann. Während Heydrich das Protektorat als ersten Markstein auf dem Weg zur politischen Macht und zur Stärkung der SS in der aufkeimenden Rivalität zur Partei betrachtete, ging es Bormann darum, Himmler und Heydrich voneinander zu trennen. Er hoffte, Heydrich werde sich von Intrigen gegen die Partei im besetzten Osten abhalten lassen, wenn man ihn mit der Verwaltung von Böhmen und Mähren fernab der Machtzentren von Berlin und dem Führerhauptquartier an die Leine legte. Deshalb bestärkte Bormann im Unterschied zu Himmler Heydrich in seinen ehrgeizigen Wünschen und strich heraus, daß das Protektorat ihm den Weg zu neuen und bedeutenderen Positionen bahnen werde. Es läßt sich bezweifeln, ob Heydrich auf diese gespielte Herzlichkeit hereinfiel, die das Faktum verdeckte, daß zwei überaus ehrgeizige und zynische Naturen aus rein praktischen Erwägungen ein vorläufiges Bündnis geschlossen hatten.

Wenn Heydrich die totale Macht über Böhmen und Mähren erringen wollte, mußte er Hitler davon überzeugen, daß drakonische Maßnahmen unumgänglich seien. Trotz einer Reihe von Intrigen der SS hatte sich der »Führer« beharrlich geweigert, Neurath ablösen zu lassen, und 1940 hatte er darauf bestanden, eine Endabrechnung mit den Tschechen auf die Zeit nach dem Krieg zu verschieben. Nirgends im besetzten Europa hatte er der SS eine uneingeschränkte Herrschaftsgewalt konzediert, sondern stets einer Politik des Teilens und Herrschens den Vorzug gegeben. Wollte Heydrich ans Ziel seiner Wünsche kommen, mußte er Hitler davon überzeugen, daß das Protektorat am Rand einer offenen

Revolte stehe. Dabei bediente er sich der Technik, das Ausmaß des tschechischen Widerstands aufzubauschen, sehr ähnlich wie Beneš es aus ganz anderen Gründen gegenüber London und Moskau tat. Im Oktober 1941 behauptete Heydrich im Rückblick auf die Umstände, die zu seiner Ernennung geführt hatten, die Situation im Protektorat habe sich derart verschlechtert, daß die Einheit des Reiches in Gefahr gewesen sei. Die deutsche Herrschaft sei durch eine umfassende Widerstandsbewegung bedroht gewesen, die mit Sabotageakten, terroristischen Aktivitäten, der Vernichtung der Ernten und Bummelstreiks Deutschland den Dolch in den Rücken habe stoßen wollen. In Wahrheit erwogen weder die Kommunisten noch die Heimatarmee in dieser Kriegsphase eine große Erhebung, und besonders Beneš war gegen spektakuläre Aktionen, die Repressalien provozieren mußten. Die Abwehr meldete zwar im September 1941 114 Sabotagefälle, doch diese Angaben sind mit Vorsicht zu genießen, da es deutscherseits keine allgemeinverbindliche Definition von Sabotage gab und unter diesem Rubrum nicht selten Unfälle aufgeführt wurden. Überdies arbeiteten Abwehr und Gestapo routinemäßig mit überhöhten Zahlen, um ihre Leistungen imposanter erscheinen zu lassen. Die tatsächliche Situation in Böhmen und Mähren war vermutlich nicht bedrohlicher als anderswo im besetzten Europa.

Neurath räumte zwar ein, die Widersetzlichkeit gegen die deutsche Herrschaft habe seit dem Beginn von BARBAROSSA zugenommen, doch er betrachtete sie nicht als so ernst, daß besondere Maßnahmen gerechtfertigt wären. Seine Position wurde jedoch untergraben, als Heydrich Karl Hermann Frank und den Befehlshaber der Sicherheitspolizei in Prag, Karl Böhme, vorschickte, einen Mann, den sogar die Gestapo als skrupellosen Schurken betrachtete. Frank machte sich ans Werk, um zu beweisen, daß Neuraths Selbstgefälligkeit im Protektorat eine Krisensituation schaffe – eine Darstellung, die nur zu geeignet war, Hitlers Grimm zu erregen. Frank übertrieb nicht nur die Gefährlichkeit des Widerstands, sondern fabrizierte vermutlich auch mit Hilfe des ihm unterstellten Karl Böhme gefälschtes Beweismaterial. Später wurde der Verdacht laut, daß die zwei ernstesten Sabotagefälle im August 1941, die Zerstörung eines Treibstoffdepots mit tausend Hektoliter Benzin und ein Sprengstoffanschlag auf ein deutsches Kinderheim, weder von den Kommunisten noch von der Heimatarmee, sondern von Agenten der Gestapo und des SD verübt worden seien. Führende Mitglieder von Neuraths Stab waren überzeugt, daß ihr Chef Opfer einer von Frank ausgeheckten Kabale geworden sei. Übrigens gab Frank sich gar keine Mühe, den Vorwurf zu bestreiten, und räumte später ungeniert ein, daß die »nationale Sicherheit« einen nützlichen Vorwand für die Verhängung harter Maßnahmen gegen die Tschechen geliefert habe. Franks Fehler bestand in der Annahme, daß es ihm bestimmt sei, den diskreditierten Neurath als Herrscher über das Protektorat abzulösen. Schon bald mußte er feststellen, daß er nur eine Schachfigur innerhalb einer größeren Verschwörung gewesen war, die ihren Ursprung nicht in Prag, sondern in Berlin hatte.

Die alarmierenden Polizeiberichte, die im Spätsommer 1941 auf Heydrichs Schreibtisch landeten, wurden an Himmler, Bormann und Hitler weitergeleitet, um an höchster Stelle die richtige Stimmung für eine Veränderung in Prag zu erzeugen. So befand sich Heydrich in einer ausgezeichneten Position, die Situation für sich auszunutzen, als Frank, vielleicht Heydrichs Anweisungen folgend, Mitte September die Dinge auf die Spitze trieb. Der Boykott der Protektoratspresse, zu dem Beneš am 14. September aufrief, verschaffte Frank seine Chance. Unter diesem Aspekt erwies sich Beneš' Versuch, den Kommunisten und den Alliierten die Stärke der Heimatarmee vor Augen zu führen, als kostspieliges Unterfangen, da er den radikalsten Nazielementen in die Hände spielte und die Bühne für die SS-Herrschaft vorbereitete. Bei einer stürmischen Begegnung am 16. September forderte Frank von Neurath radikale Maßnahmen gegen die Tschechen, um jeglicher Opposition das Rückgrat zu brechen. Die Gestapo habe schon seit langem die Heimatarmee unterwandert und besitze erdrückende Beweise für die Verbindungen zwischen Beneš und dem Ministerpräsidenten des Protektoratsregimes, Alois Eliáš. Nur Neuraths Entschlossenheit, mit den Tschechen und durch sie zu arbeiten, und Hitlers Wunsch, keine Märtyrer zu schaffen, hatten bis dahin drastische Maßnahmen verhindert. Franks Forderungen waren dem Reichsprotektor nur zu vertraut, und sie wurden abgelehnt. Sie zu erfüllen, hätte bedeutet, daß Neurath seine eigene Politik desavouierte und die Macht uneingeschränkt der SS übergab, die er zutiefst verachtete. Am Tag danach besprach sich Frank mit den ihm unterstellten Polizeikommandeuren und beschloß, an Hitler persönlich zu appellieren. Als er am 20. September vom Prager Flughafen zu seinem Termin im Führerhauptquartier abflog, trug er eine Aktentasche voller Beschwerden über Neuraths Untätigkeit angesichts einer angeblich unmittelbar bevorstehenden nationalen

Erhebung bei sich. Er zweifelte nicht daran, daß seine Junkers 52 ihn schon bald als neuen Reichsprotektor zurückbefördern würde. Darin sollte er enttäuscht werden.

Am Vormittag des 21. September hielt Frank dem »Führer« Vortrag und wurde mit einer Einladung zum Mittagessen mit Hitler geehrt. Er war jedoch nicht der einzige Teilnehmer an der Diskussion über die tschechischen Angelegenheiten, denn am Nachmittag traf Heydrich mit dem Flugzeug aus Berlin ein. Er brachte ein Dossier mit, in dem die Struktur der Heimatarmee und die Verbindungen zwischen Beneš und der Protektoratsregierung erschöpfend beschrieben waren. Das Material hatte Karl Böhme geliefert; es sollte offenkundig dem »Führer« vor Augen führen, wie gut Heydrich die Situation überblickte. Auf zackig-militärische Art informierte Heydrich den faszinierten Hitler, prangerte Neurath als »Beschwichtigungshofrat« und Schwächling an, der es nicht geschafft habe, die Tschechen im Zaum zu halten. Um die Integrität des Reiches zu erhalten, müßten neue Methoden her. Das Thema wurde am folgenden Tag wieder aufgenommen, wobei Himmler in die Forderungen nach einem drakonischen Vorgehen einstimmte, weil er in der Umwandlung des Protektorats in einen SS-Staat einen klaren Vorteil witterte. Es war jedoch nicht Himmler, sondern Bormann, der den Ausschlag dafür gab, daß Hitler Heydrich zum Stellvertretenden Reichsprotektor ernannte. Das war nicht schwer zu erreichen. Hitler war wütend auf die Tschechen und warf ihnen vor, sie hätten Milde mit Schwäche verwechselt. Wie er später im Zorn sagte, hätten sie Neurath als einen liebenswürdigen alten Herrn betrachtet und seine wohlmeinende Haltung für Dummheit genommen. Sie müßten eine Lektion verpaßt bekommen. In dieser Situation wandte er sich verständlicherweise Heydrich zu, dem Mann, der darauf spezialisiert war, ohne Rücksicht auf rechtliche oder moralische Beschränkungen durchzugreifen. In der Frage von Heydrichs Bestallung wurden weder Frank noch Neurath konsultiert. Neurath war für den 21. September ins Führerhauptquartier zitiert worden, um sich zu rechtfertigen, traf aber wegen schlechten Wetters erst zwei Tage später ein. Als er schließlich in Hitlers Bunker ankam, war sein Schicksal schon besiegelt. In Gegenwart Franks teilte ihm der »Führer« brüsk mit, daß seine Politik versagt habe und er Urlaub nehmen solle. Heydrich solle Stellvertretender Reichsprotektor werden, um den Widerstand zu zerschmettern. Die Neuigkeit verschlug nicht nur Neurath, sondern auch Frank die Sprache, der so viel getan hatte, um ihn zu Fall zu bringen. Beide waren Opfer von Heydrichs Intrigen geworden.

Heydrich betrachtete seine Ernennung als Sieg über die alte Ordnung. Hitler hatte einen Repräsentanten der traditionellen Aristokratie durch eine Figur ersetzt, die bereits ein Symbol der neuen Nazielite, der SS, war. Als Vizekönig des »Führers« konnte Heydrich sich nun als Herr über die Militärkaste aufspielen, die ihn 1931 schimpflich aus ihren Reihen verstoßen hatte. Bei einer seiner ersten Reisen nach Prag erlebte sein Stab eine enthüllende Darbietung von anmaßendem Auftreten. Kurz vor der Landung wies Heydrich seine Mitarbeiter an, auf ihren Sitzen zu bleiben, wenn er die Maschine verließ, damit sie sähen, »wie respektvoll und zackig euer Chef von den eingebildeten Militärs auf dem Flugplatz eingeholt wird«. Der mit Schande entlassene Marineoffizier hatte es seit 1931 weit gebracht. Seine Frau stimmte zuerst nicht in sein Frohlocken ein. Als er ihr telephonisch die Frohbotschaft aus Hitlers Bunker meldete, reagierte sie eisig. Schon seit Jahren war das Eheglück getrübt, weil Heydrich hinter anderen Frauen her war und oft lange dem Zuhause fernblieb. Seine Frau argwöhnte nun, daß sie noch weniger von ihm zu sehen bekommen werde, und beklagte sich mit bitteren Worten. Sie wurde jedoch nachgiebig gestimmt, als Heydrich zum SS-Obergruppenführer mit höherem Gehalt befördert wurde und versprach, die Familie nach Prag mitzunehmen. Für Lina Heydrich, die von jeher snobistisch und auf gesellschaftlichen Aufstieg versessen war, hatte die Aussicht, erste Dame im Protektorat zu werden, einen unwiderstehlichen Reiz. Endlich versprach ihr Ehemann ihr den gesellschaftlichen Rang, den sie begehrte. Als Heydrich nach Berlin zurückkam, feierte das Paar einen neuen Anfang und ließ bei einem gemütlichen Beisammensein mit den Schellenbergs die Sektkorken knallen. Selbst an diesem entspannten Abend verließ Heydrich sein habitueller Argwohn nicht, und er bat Schellenberg, der Jura studiert hatte, seine Ernennung zum Stellvertretenden Reichsprotektor darauf zu überprüfen, ob sie Klauseln enthalte, die seine Macht beschränken könnten. Mochte er den Juristenstand auch verachten, ihn zu benutzen, verschmähte er nicht.

Am 27. September traf Heydrich in Prag ein. Am folgenden Morgen inspizierte er eine Ehrenkompanie, die vor dem Hradschin angetreten war, und auf den Türmen der Burg und den Kirchtürmen der Stadt wurde die schwarz-weiße Flagge der SS aufgezogen. Eine schüttere Reihe deutscher Zivilisten beobachtete die Zeremonie: »Kein tschechischer Polizist, kein einziger Tscheche war anläßlich dieser zweiten Besetzung Prags . . . nach zweieinhalb Jahren zu sehen.« Vier Tage später legte Heydrich in einer Geheimrede vor NS-Amtsträgern sein Programm dar. Er ließ seine Zuhörer nicht im Zweifel, daß sich die Zeiten geändert hatten und die Politik nun von der SS bestimmt wurde. Zwei Dinge vor allem habe er sich zum Ziel gesetzt. Das erste bestehe darin, das Protektorat für die deutschen Kriegsanstrengungen zu mobilisieren, eine Aufgabe, die eine Kombination von Härte und Konzessionsbereitschaft verlange. Den Tschechen solle gezeigt werden, wer der Herr im Haus sei, jede Opposition sei rücksichtslos zu zerschlagen. Zugleich aber solle die Bevölkerung nicht »zu Weißglut und zum Verbrennen« getrieben werden. Man müsse ihr den Ausweg zeigen: loyal für das Reich zu arbeiten. Sollte die Kapazität der tschechischen Rüstungsindustrie ausgeschöpft werden, müßten die tschechischen Arbeiter »ihr Fressen« bekommen. Er hatte bereits verfügt, die Fettrationen von Rüstungsarbeitern um monatlich vierhundert Gramm zu erhöhen, und wollte diese Neuigkeit im psychologisch geeigneten Augenblick bekanntgeben. Heydrich gab sich nicht der Illusion hin, daß er mit solchen Methoden die Tschechen dazu bringen könnte, die Deutschen ins Herz zu schließen. Er wollte sie nur davon überzeugen, daß es in ihrem Interesse liege, sich ruhig zu verhalten, bis der Ausgang des Krieges entschieden war. Er hatte sich jedoch noch ein zweites, langfristiges Ziel gesetzt, das bis zum Tag des Sieges streng geheim bleiben sollte. Er stellte es in den Zusammenhang der deutschen Mission, die »minderrassischen« Slawen zurückzudrängen. In seiner geschichtlichen Sicht war das Protektorat deutscher »Raum«, in dem das tschechische Volk »letzten Endes nichts mehr verloren hat«. Er sei dazu bestimmt, ins Großdeutsche Reich eingegliedert zu werden. Die rassisch wertvollen Elemente würden eingedeutscht, diejenigen von minderwertigem Blut durch Ausrottung oder Sterilisierung beseitigt. Rassenmäßig wertvolle Elemente, die sich der Eindeutschung widersetzten, würden zur Umerziehung ins Reich transportiert oder »an die Wand gestellt« werden. Sie dürften nicht am Leben bleiben und womöglich eine neue Führungsschicht bilden. Heydrich betonte, das Erreichen seines ersten Zieles werde den Weg zum zweiten, dem Endziel, bahnen. Zunächst einmal werde die rassische Überprüfung der Bevölkerung »durch irgendwelche Hintertüren« beginnen. Die ganze Ansprache war in einem Ton eiskalter Entschlossenheit gehalten, der selbst abgebrühte Angehörige der Sicherheitspolizei in Heydrichs Zuhörerschaft beeindruckte.

Als Heydrich diese Rede am 2. Oktober hielt, lief die erste Phase seines Programms bereits seit einigen Tagen. Am Vormittag des 27. September wurde der Ausnahmezustand verhängt. Eine Reihe von Standgerichten sollte Personen aburteilen, die beschuldigt wurden, die politische oder wirtschaftliche Sicherheit des Protektorats zu gefährden. Die Standgerichte waren willige Werkzeuge der Sicherheitspolizei und erkannten nur in wenigen Fällen auf Freispruch. Die Angeklagten wurden entweder zum Tod verurteilt oder der Gestapo übergeben und fanden ein unbekanntes Ende in einem Konzentrationslager. Der SS-Terror brach ohne Vorwarnung über die Tschechen und die Beamten im Amt des Reichsprotektors herein, das Neurath mit deutschen Bürokraten alter Schule besetzt hatte. Einer von ihnen vertraute seinem Tagebuch an: »Niemand von uns kann ahnen oder erfahren, was Heydrich und seine Gestapo noch vorhaben, da wir keinerlei Beziehungen zu ihnen besitzen.« Sie wußten nur, daß ihr neuer Chef mit seinem eigenen SS-Stab und einer langen Verhaftungsliste eingetroffen war. Die ersten Opfer waren Personen, die sich bereits wegen Untergrundtätigkeit in Haft befanden, manche seit 1940. Ihnen folgten andere, festgenommen bei der Großfahndung gleich nach Heydrichs Eintreffen. Von den 404 Personen, die von den Standgerichten zum Tod verurteilt wurden, waren 215 verschiedener Formen des politischen Widerstands angeklagt. Einen hohen Anteil an den Hingerichteten stellten ehemalige Offiziere und die patriotisch gesinnte Intelligenz. Im Rahmen seiner Kampagne gegen den Untergrund versuchte Heydrich die Tschechen ihrer Führungsschicht zu berauben und so den Weg für sein langfristiges Ziel der Eindeutschung zu ebnen.

Die Todesurteile entsprachen nur einem Bruchteil der Verhaftungen. Aus psychologischen Gründen wünschte Heydrich, daß die Zahl der Hinrichtungen allmählich zurückging, um den Eindruck entstehen zu lassen, die Ruhe sei wiederhergestellt, und die Bevölkerung dazu zu bewegen, um eines ruhigen Lebens willen mit den Deutschen zu kooperieren. Die Verhaftungswelle nach seinem Eintreffen bewirkte, daß bis Ende November zwischen 4000 und 5000 Personen inhaftiert waren. Am 17. Oktober teilte Heydrich seinen Mitarbeitern mit: ». . . daß soviel anfällt, daß das beabsichtigte langsame, aber stetige Anschwellen von Verurteilungen nicht im gewünschten Maße erreicht wird.« Daher sei es Sache

)er Mann mit dem eisernen
Ierzen: Reinhard Heydrich,
Iitlers Ideal eines Nazis.

'ie perfekte Nazifamilie:
'eydrich, seine Frau Lina und
r ältester Sohn.

»Die besten Freunde«: Heydrich und Karl Hermann Frank.

Der Henker von Prag: Hitlers Vizekönig läßt bei seiner Ankunft die SS-Fahne über der Stadt hissen.

Geschlagen, aber ohne ihren Stolz eingebüßt zu haben, treffen die Überreste der tschechischen Armee nach der Kapitulation Frankreichs in Cholmondeley Park nahe Chester in England ein.

Der tschechische Exilpräsident Beneš inspiziert seine Truppen in Großbritannien. Die Männer tragen noch die Uniformen, die sie nach der Besetzung der Tschechoslowakei in Frankreich erhalten hatten. Diesem Zug hatten die Franzosen als einzigem erlaubt, seine Waffen zu behalten.

eneš und Churchill inspizieren die 'schechische Brigade in Moreton addox in Warwickshire. Beneš benutzte diese Gelegenheit, um den remierminister mit seinen Kenntnis-n deutscher Invasionspläne für die owjetunion zu beeindrucken.

ie SOE legt Hand an. Hugh Dalton, Iinister für wirtschaftliche Kriegihrung, bei einem Manöver chechischer Truppen.

Die Operation ANTHROPOID *beginnt. Oberstleutnannt Palaček (Mitte), mit Feldwebel Karel Svoboda (zu seiner Linken), der ursprünglich zum* ANTHROPOID-*Team gehörte.*

Beneš mit seinem Nachrichtendienststab im Sommer 1940. Von links nach rechts: Oberst Emil Strankmüller, Unbekannter, Moravec, Beneš, General Ingr, der tschechische Verteidigungsminister, und Jaromir Smutný, der Beneš' Kanzlei vorstand.

eldwebel Josef Valčik von SILVER A.
alčik gab das Signal für das Attentat.

Feldwebel Jan Kubiš von ANTHROPOID.
Kubiš' Bombe tötete Heydrich.

eutnant Adolf Opálka von OUT
ISTANCE. *Opálka versuchte in letzter*
inute, die Operation zu verhindern, um
ie zu erwartenden Repressalien zu
ermeiden und die anderen Fallschirm-
genten nicht zu gefährden.

Feldwebel Josef Gabčík von ANTHRO-
POID. *Gabčík führte das Attentatsteam*
und verfolgte sein Opfer mit unbeirr-
barer Zielstrebigkeit. Im entscheidenden
Augenblick hatte seine Sten-Gun
Ladehemmung.

Heydrichs Leichnam wird von einer SS-Ehrengarde mit brennenden Fackeln aus dem Bulovka-Krankenhaus eskortiert. Heydrichs Nachfolger Daluege fürchtete einen Aufstand der Tschechen und befahl, daß der Zug erst nach Einbruch der Dunkelheit stattfinden dürfe.

Heydrichs Aufbahrung mit SS-Fahne und Ehrenwache aus Mitgliedern der Sicherheitspolizei im Hradschin.

Heydrichs Sarg wird durch Prag getragen, bevor man ihn nach Berlin zum Staatsakt fliegt.

»Onkel Heinrich« (Himmler) mit Heydrichs Kindern vor dem Sarg, der aus dem Hradschin getragen wird. Die Witwe steht tiefverschleiert einen Schritt im Hintergrund, wie es sich für eine gute Nazigattin ziemt.

Ein Loch, das die Fallschirmagenten in dem verzweifelten Versuch zu entkommen in die Wand der Krypta gruben.

Die Krypta nach dem Kampf. Die Knochen links im Bild stammen aus Särgen, die beim Gefecht zerstört wurden.

ɛldwebel Karel Čurda von OUT
ISTANCE. *Er verriet seine ameraden und wurde Gestapo-itzel. Nach dem Krieg hängte an ihn wegen Landesverrats.*

ie abgeschnittenen Köpfe von abčík und Kubiš, die ihren rwandten später von den eutschen vorgeführt wurden.

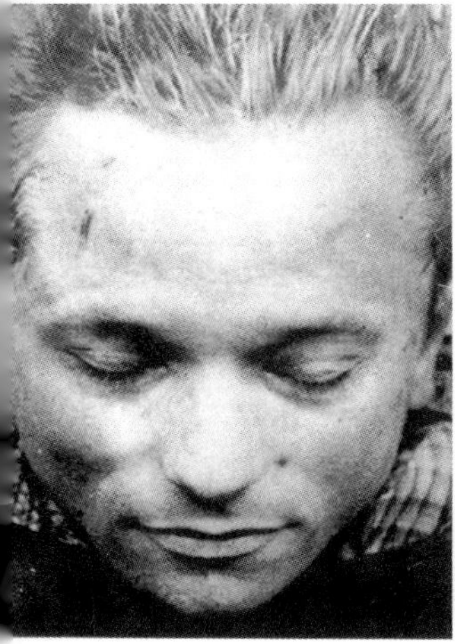

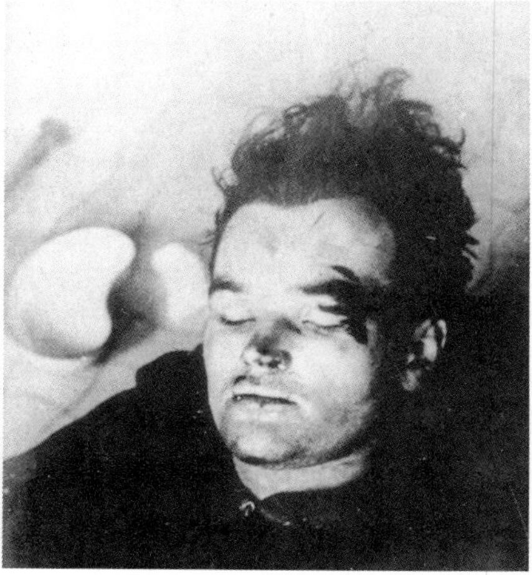

Heydrichs Nachfolger Kurt Daluege unterhalb der Totenmaske bei einer Gedenkrede zum Jahrestag des Atten-tats.

Das Denkmal an der Straßenbiegung in Prag, wo das Attentat stattfand, m seiner ständigen SS-Ehrenwache. 19 wurde es von Tschechen zerstört.

der Sicherheitspolizei, Vorschläge zu machen, »auf welche Weise die trotzdem notwendigen Erschießungen und Exekutionen – nach außen abgedeckt durchzuführen sind. – Evtl. Überführung in ein Lager (Mauthausen u. ä.), wo bei organisiertem Fluchtversuch erschossen wird«. Die Heimatarmee war von Heydrichs Kampagne stärker betroffen als die Kommunisten, die ihre eigene Geheimorganisation aufrechterhalten konnten. Die Gestapo hatte besseres Material über den bürgerlich-nationalen Widerstand, der seit 1939 gründlich von Spitzeln unterwandert worden war. Schon wenige Tage nach Heydrichs Ankunft in Prag waren sämtliche Funkverbindungen mit London gekappt, wodurch der Fluß der Informationen von A-54 unterbrochen wurde. Sein Kontaktmann, Hauptmann Morávek mit dem Decknamen OTA, wurde von der Gestapo gejagt, die ihm dicht auf den Fersen war. Korporal František Pavelka, im Rahmen der Operation PERCENTAGE am 4. Oktober mit neuen Chiffrierlisten und Kristallen für die UVOD-Sender über dem Protektorat abgesetzt, blieb nur drei Wochen auf freiem Fuß und wurde verhaftet, als er unter polizeilicher Beschattung eine Kontaktadresse aufsuchte. Die erste Fallschirmspringergruppe aus der Sowjetunion erlitt das gleiche Schicksal und wurde im Dezember 1941 im geheimen exekutiert. In einem Bericht an Bormann konnte Heydrich stolzgeschwellt melden, daß seine massiven Polizeioperationen die Führungsstruktur des Widerstands vernichtet und sein geheimes Funknetz zerschlagen hätten. Am Ende des Jahres hatte die Heimatarmee als zusammenhängende Organisation praktisch zu existieren aufgehört.

Die außergewöhnlichen Maßnahmen richteten sich nicht nur gegen den Untergrund, sondern auch gegen Schwarzhändler, die für die Lebensmittelknappheit im Protektorat verantwortlich gemacht wurden. Heydrich versuchte, sich den Groll der Öffentlichkeit auf den Schwarzmarkt zunutze zu machen, um den Widerstand zu diskreditieren. Der Untergrund und die »Hyänen an der Heimatfront« wurden als Feinde des tschechischen Volkes in einen Topf geworfen. Von den 404 Todesurteilen, die die Standgerichte verhängten, wurden 169 mit »Wirtschaftsverbrechen« begründet. Bei der Verfolgung illegaler Händler ließ Heydrich nicht nur Tschechen, sondern auch Deutsche hinrichten. Dieses scheinbar unparteiische Vorgehen sollte sein wahres Ziel tarnen, das Ziel, die Agrarproduktion im Protektorat für die deutsche Kriegswirtschaft einzuspannen. Der Angriff auf den Schwarzmarkt war mit einer erneuten Zählung der Viehbestände und Getreidevorräte verbunden, wobei die Wirkung des Terrors für akkurate Meldungen sorgen sollte. Den Bauern wurde Straffreiheit für frühere Falschangaben versprochen. Bei fortgesetzten Falschmeldungen drohte ihnen Enteignung oder die Todesstrafe. Heydrichs Bemühungen um die Arbeiterklasse speisten sich aus denselben Motiven. Kurz nach seinem Eintreffen in Prag ließ er bei Schwarzhändlern beschlagnahmte Lebensmittel an die Kantinen von Rüstungsbetrieben verteilen. Darauf folgte eine sorgfältig orchestrierte Kampagne, mit der die Arbeiter ermutigt wurden, ihre Beschwerden vorzubringen. Am 24. Oktober empfing Heydrich auf dem Hradschin eine Gewerkschaftsdelegation und versprach, den Lebensstandard der Arbeiterschaft zu heben. In den folgenden Wochen wurden für bestimmte Kategorien von Arbeitern die Fett- und Tabakzuteilungen heraufgesetzt und durch Fabrikräte 200000 Paar Schuhe verteilt. Diese Schachzüge hatten ihren Grund nicht etwa darin, daß Heydrichs Gefühl für soziale Gerechtigkeit – etwas verspätet – erwacht wäre. Er kombinierte Terror und Bestechung, um die Rüstungsproduktion für das Reich zu steigern. Wenn die Tschechen arbeiten sollten, mußten sie zu essen bekommen. Und sie würden um so fleißiger arbeiten, wenn die Alternative darin bestand, die neuen wirtschaftlichen Konzessionen entzogen zu bekommen oder wegen Sabotage zum Tod verurteilt zu werden. Wie er seinen Mitarbeitern gegenüber zugab, bezweckte er die »Entpolitisierung der tschechischen Bevölkerung«, die voraussetzte, daß sich der einzelne nur auf seine Arbeit und seine materiellen Bedürfnisse konzentrierte.

Von den Verhaftungen nach seiner Ankunft blieb auch die Protektoratsregierung nicht verschont, die von der SS schon seit langem als Verräterclique beargwöhnt wurde. Die Lektion, die Heydrich den Tschechen erteilte, begann an der Spitze, bei Alois Eliáš, dem Ministerpräsidenten. Vor seiner Abreise aus Berlin leitete er die Aburteilung Eliáš' durch den Volksgerichtshof ein, dessen Erster Senat zu diesem Zweck nach Prag flog. Bedenken des Reichsjustizministeriums tat er ab. Der Ministerpräsident wurde bereits wenige Stunden nach Heydrichs Eintreffen verhaftet und am 1. Oktober zum Tod verurteilt. Die Hinrichtung wurde jedoch aufgeschoben, und Eliáš wurde als Geisel gehalten, um das Wohlverhalten der tschechischen Bevölkerung zu sichern. Eliáš' Verhaftung wirkte demoralisierend auf seine Kollegen, die nicht wußten, wer als nächster an die Reihe kommen konnte. Heydrich steigerte diese Ungewißheit ganz bewußt mit der Andeutung,

Eliáš' Aussage werde vielleicht in weiteren Hochverratsprozessen gebraucht werden. Hácha, krank und alt, war von Hitlers neuem Vizekönig leicht zu manipulieren. Am Tag von Eliáš' Verhaftung schrieb er ein Rücktrittsgesuch, schickte es aber nie ab. Statt dessen schlug er eine Politik der Kollaboration ein, um dem tschechischen Volk weiteres Blutvergießen zu ersparen. Das entsprach genau Heydrichs Absichten; Hácha sollte durch die allmähliche Lockerung der Sondermaßnahmen, die Heydrich angeblich blutenden Herzens verhängt hatte, hinters Licht geführt werden. In den nächsten zwei Monaten wurde der Präsident für eine Propagandakampagne eingespannt, die die Tschechen aufforderte, die Konsequenzen ihrer Lage zu akzeptieren. London und Moskau wurde das Durchgreifen der SS zur Last gelegt, das sie provoziert haben sollten, indem sie zum Widerstand anstachelten. Hácha appellierte an seine Mitbürger, ihre Verpflichtungen gegenüber dem Reich zu erfüllen. »Es geht fortan nicht nur um das Schicksal einzelner, sondern um das Schicksal eurer Kinder und der ganzen Nation.« Háchas Loyalitätsgesten kulminierten am 4. Dezember 1941 in einer Rede über den Prager Rundfunk, in der er mit Beneš abrechnete. Der Exilpräsident wurde beschuldigt, Unfrieden zu stiften, ohne an die Folgen zu denken. Er sehe ja nicht die Frauen und Mütter, die um Kinder und Ehemänner weinten, die die Sendungen aus London auf Abwege führten. Heydrich beglückwünschte sich dazu, daß der Staatspräsident sich endlich auf die deutsche Seite geschlagen habe.

Heydrich hielt Hitler mit einer Reihe von Berichten in Großdruck, den der »Führer« bevorzugte, über den Fortgang auf dem laufenden. Sie wurden durch Bormann weitergegeben, dessen temporäres Bündnis mit Heydrich noch immer hielt. Heydrich war zwar aus Himmlers Schatten herausgetreten, hielt aber zum Reichsführer SS ebenfalls enge Verbindung, sowohl telephonisch als auch durch regelmäßige Besuche in Berlin. Sollte Bormann gehofft haben, ihn aus dem Mittelpunkt des Geschehens entfernen zu können, erwartete ihn eine Enttäuschung. Heydrich hielt sich seine eigene JU-52 in permanenter Bereitschaft, und wenn das Wetter zum Fliegen zu schlecht war, benutzte er einen eigenen Sonderzug. Mit seiner gewohnten rastlosen Energie verband er den alten Aufgabenbereich als Chef des Reichssicherheitshauptamts mit der neuen Position, wobei er sich für die alltäglichen Verwaltungsgeschäfte in Böhmen und Mähren in hohem Maß auf seinen Stellvertreter Karl Hermann Frank stützte. Während er die

Tschechen seinem Willen gefügig machte, fand er nebenbei Zeit, die administrativen Vorkehrungen für die »Endlösung« abzuschließen und weiteren Machtgewinn für die Sicherheitspolizei auf Kosten von Partei und Wehrmacht zu planen. Das Schicksal der tschechischen Juden war bereits vor der Wannsee-Konferenz besiegelt worden. Heydrich war entschlossen, Hitler in dieser Frage zu beeindrucken, und unterstrich am 17. Oktober, daß es die Juden schnellstmöglich zu vertreiben gelte. Die Feinde der deutschen Rasse würden in dem SS-Staat, den er in Böhmen und Mähren schuf, nicht geduldet werden. Als erstes sollte in der Festungsstadt Terezín (Theresienstadt) ein Getto eingerichtet werden. »Von dort aus kommen die Juden nach Osten. Die Zustimmung von Minsk und Riga ist bereits eingegangen. Theresienstadt wird dann nach vollständiger Evakuierung aller Juden in einer tadellosen Planung deutsch besiedelt und somit zum Kernpunkt deutschen Lebens.« Ende November trafen die ersten Transporte mit tschechischen Juden in dem neuen Getto ein. Für die Mehrzahl von ihnen war es eine Durchgangsstation auf dem Weg zu den Todesfabriken der SS weiter im Osten. Von den 93942 aus dem Protektorat deportierten Juden überlebten nur 3371 den Krieg.

Entspannung von diesen Aktivitäten fand Heydrich auf dem Gut Panenské Břežany, keine zwanzig Kilometer außerhalb von Prag gelegen, das 1939 einem jüdischen Zuckermagnaten weggenommen worden war, um Amtssitz des Reichsprotektors zu werden. Dort arbeitete Heydrich oft an seinen Akten und fand hin und wieder sogar die Zeit für einen der Kammermusik gewidmeten Abend, wobei er die Violine spielte. Für seine statusbewußte Frau erfüllte sich mit dem Schloß ein Traum. Sie begann, umfangreiche Modernisierungen in Angriff zu nehmen, und ließ KZ-Häftlinge, die Himmler zur Verfügung stellte, neue Bäder installieren und einen Swimmingpool anlegen. Bei diesen Umbauten, hieß es, habe Frau Heydrich weder die Schatztruhen noch die Juden geschont. Sie legte sich auch ein neues Hobby zu, das Sammeln von altem deutschen Porzellan, wie es einer Gutsherrin anstand. Auf Himmlers drängendes Verlangen wurde in dem Dorf außerhalb der Schloßmauern eine SS-Kompanie einquartiert. Heydrich knurrte zwar ständig wegen der Wächter und fuhr immer ohne Eskorte, nur von seinem Fahrer, SS-Oberscharführer Klein, begleitet, einem strammen Hünen. Seine Verachtung für Sicherheitsvorkehrungen beunruhigte Besucher aus dem Reich wie Albert Speer, und sie war eine Abkehr von seiner sonstigen Praxis: »Heydrich, dessen gesamtes Berliner Haus durch Alarmklingeln (sogar auf der Toilette) mit den umliegenden Polizeirevieren, mit der Wache der Leibstandarte und mit der Prinz-Albrecht-Straße verbunden war, dessen Horch und Adler-Diplomat vor dem Kriege mit auswechselbaren Nummernschildern, mit Pistolen vor jedem Sitz und Maschinenpistolen vor den Vordersitzen ausgerüstet waren, Heydrich fuhr im Protektorat entgegen den von ihm selbst herausgegebenen Sicherheitsvorschriften für den Schutz leitender Persönlichkeiten von Staat und Partei.« Doch als Stellvertretender Reichsprotektor betrachtete Heydrich seine persönliche Sicherheit als eine politische Angelegenheit. Eine Eskorte lehnte er mit der Begründung, sie würde dem deutschen Ansehen schaden, kategorisch ab. Die Tschechen sollten sich nicht einbilden dürfen, Hitlers Vizekönig fürchte sie. Solange er psychologisch die Initiative behalte, werde sich keine Hand gegen ihn rühren. Diese Arroganz sollte er schließlich teuer bezahlen. Während er im Herbst 1941 Tausende in den Tod schickte, wurden in London bereits Pläne geschmiedet, um seinem blutigen Tun ein Ende zu bereiten.

Heydrichs Ernennung und die ihr folgende Welle von Verhaftungen und Hinrichtungen überrumpelten die Exilregierung, aber von Anfang an machte sich niemand Illusionen über das Ziel der Deutschen. Man war sich rasch einig, daß Heydrich nach Prag geschickt worden sei, um den Widerstand zu zerschlagen und das Protektorat noch enger ans Reich zu binden. Am 30. September erörterte Gubbins mit General Ingr, dem Verteidigungsminister der Exilregierung, die neue Situation. Ingr legte dar, daß es sich um eine Reaktion Hitlers auf die jüngsten Erfolge der Heimatarmee handle. Unaufdeckbare Sabotageakte hätten die Industrieproduktion »um nicht weniger als dreißig Prozent reduziert und haben eine sehr nachteilige Wirkung auf die deutsche Rüstungsproduktion«. Die Gestapo verlange schon seit Monaten »die extremsten Maßnahmen einschließlich Massenverhaftungen und pauschaler Strafaktionen. Neurath lehnte dies entschieden ab und bestand auf Beweisen und einem gewissen Anschein eines Prozesses vor der Verurteilung. Die Folge war, daß er sich nun durch jemanden mit weniger Gewissensbissen ersetzt sah . . . Er hatte keinen Zweifel, daß die Terrorherrschaft . . . viele Wochen fortdauern werde, da Heydrich ein ganz und gar rücksichtsloser Mann war«. Eine Woche später, in einem Gespräch mit einem Journalisten von der *Times*, nahm Beneš Ingrs Faden auf und behauptete, daß unaufdeckbare Sabotageakte die Deutschen um die Ausrüstung für drei

Divisionen gebracht hätten. Heydrich sei infolgedessen angewiesen worden, ein Terrorregiment zu installieren. Er verfolge das Ziel, den Widerstand durch die Exekution von 3000 wichtigen Mitgliedern zu zerschlagen. Es sei klar, daß diese blutige Kampagne eine Antwort verlange. Die Exilregierung könne schwerlich händeringend und tatenlos zusehen, während in Prag ihre besten Leute abgeschlachtet wurden. Am 3. Oktober erklärte der Ministerpräsident der Exilregierung, Jan Šrámek, die Nation werde sich niemals »Hitlers bestialischem Grimm fügen . . . Alle wahren Tschechoslowaken schwören an den Gräbern ihrer so ummenschlich hingeschlachteten Soldaten, Arbeiter, Handwerker, Bauern und Intellektuellen, daß sie gerechte Rache für ihren Tod üben und standhaft bis zum Endsieg gegen die deutschen Unterdrücker kämpfen werden«.

Ohne Šrámeks Wissen waren schon Vorbereitungen angelaufen, um dieser Drohung durch die Tat Nachdruck zu verschaffen. Moravec zufolge ging die Initiative von Beneš selbst aus, der den Vorschlag gemacht habe, »eine spektakuläre Aktion gegen die Nazis zu unternehmen – ein Attentat, von unseren geschulten Fallschirmspringerkommandos unter höchster Geheimhaltung ausgeführt«, das gegenüber der Weltöffentlichkeit als »spontaner Akt nationaler Verzweiflung« dargestellt werden solle. In diesem Stadium herrschte noch Unschlüssigkeit über das Objekt; neben dem neu hinzugekommenen Heydrich wurde Karl Hermann Frank, der alte Tschechenhasser, als Kandidat in Betracht gezogen. Daß er relativ unbekannt war, rettete ihn. Welche Verbrechen Frank auch begangen hatte, Heydrich war eine ganz andere Beute. Als Hitlers Repräsentant und Chef der Sicherheitspolizei mußte ein toter Heydrich in der Tschechoslowakei wie im Ausland die größte propagandistische Wirkung haben. Der Plan, der sich im Oktober 1941 herausbildete, war ein streng gehütetes Geheimnis. Beneš weihte keinen seiner Minister ein; Kenntnis von der Operation hatten nur Moravec und ein paar hochrangige Geheimdienstoffiziere. Schriftliche Unterlagen gab es nicht. Moravec erhielt mündlich Weisungen, und er begnügte sich damit bereitwillig. Strengste Diskretion war Routine bei Geheimoperationen, wo das geringste Leck katastrophale Folgen haben konnte. Sie war lebensnotwendig in der Welt von Exilpolitikern, die berüchtigt ist für Klatschsucht und Unzuverlässigkeit. Sogar Beneš konnte gelegentlich seinen Geheimdienstoffizieren durch indiskrete Prahlereien über Widerstandsoperationen Alpträume bereiten. Aber noch weitere Überlegungen waren im Spiel. Wie andere Politiker vor und nach ihm fand es Beneš geboten, Abstand zur Welt der Geheimdienste zu halten, in der es häufig um umstrittene Operationen und schmutzige Tricks geht. Indem Beneš seine Gespräche mit Moravec gleichsam inoffiziell führte, sorgte er dafür, daß keine Spur direkt auf ihn verwies. Wenn politische Erfordernisse es verlangten, konnte er sich von seinem Untergebenen distanzieren. Es war ein Spiel, das der Präsident so gut wie sein Spionagemeister kannte und verstand. Moravec schwieg dann auch bis lange nach Kriegsende über Beneš' Rolle in der Affäre.

Beneš hatte gegenüber dem Widerstand immer eine vorsichtige Haltung eingenommen und vor spektakulären Aktionen gewarnt, weil sie die Nazis provozieren und die Heimatarmee und seine Verbindungen zur Protektoratsregierung gefährden konnten. Als er ein Attentat vorschlug, war er sich der unvermeidlichen Konsequenzen bewußt. Attentate lösten zwangsläufig schwere Vergeltungsmaßnahmen gegen die Bevölkerung aus. Die Nazis exekutierten beispielsweise im Oktober 1941 50 französische Geiseln als Vergeltung für einen Überfall auf den Militärkommandeur von Nantes. Der SS-Terror im Protektorat veränderte jedoch die Voraussetzungen radikal. Heydrich hatte begonnen, die Heimatarmee zu zerschlagen und Zivilisten hinrichten zu lassen. Eliáš war zum Tod verurteilt worden, und die Protektoratsregierung trieb offener Kollaboration entgegen. Unter diesen Umständen überwog das Verlangen nach Revanche die Furcht vor Repressalien. Politische Faktoren kamen hinzu. Der Zusammenbruch der Heimatarmee bedeutete, daß Beneš zu einem Zeitpunkt, da die Alliierten ihn zum Handeln drängten, keine Karte ausspielen konnte. Moravec schrieb später: »Präsident Beneš . . . berichtete mir, daß bei seinen Beratungen mit Vertretern alliierter Staaten das Thema eines Widerstands, der diesen Namen verdiente, immer wieder mit demütigender Beharrlichkeit angeschnitten werde. Die Briten und die Russen, auf ihren eigenen Schlachtfeldern schwer bedrängt, wiesen Beneš permanent auf die dringende Notwendigkeit hin, daß alle Länder, einschließlich der Tschechoslowakei, das Äußerste leisten müßten. In dieser Situation griff Beneš nach der einzigen Karte, die er noch ausspielen konnte, den Fallschirmspringergruppen, die im Frühjahr und Sommer von der SOE zur Verstärkung der Heimatarmee ausgebildet wurden. Beneš fühlte sich gezwungen, diese Männer jetzt als Ersatz für den Untergrund einzusetzen, mochten die Überlebensrisiken angesichts der neuen Situation im Protektorat noch so groß sein. ANTHROPOID war die spektakulärste Mission im Rahmen einer umfassenderen Sabotage- und Subversionskampagne, die die Exilanten planten, um der Welt zu zeigen, daß die Tschechen zurückschlugen und vor ihren Unterdrückern nicht kapituliert hatten.

Beneš war zu der Erkenntnis gekommen, daß seine Glaubwürdigkeit in Moskau und London von einem dramatischen Beweis des tschechischen Widerstandswillens abhänge, aber er fürchtete auch, daß Heydrichs polizeiliche Aktionen seine Position in der Heimat gefährdeten. Die Fallschirmspringergruppen sollten nicht nur die Alliierten beeindrucken, sondern auch dem schwer getroffenen Untergrund neuen Mut einflößen. Sie sollten gewissermaßen ein Gerüst liefern, um das sich die Bewegung reorganisieren konnte, und eine Verbindung zwischen den Exilanten und dem Protektorat herstellen. In dieser Hinsicht blickte Beneš bereits in die Nachkriegszeit voraus. Die Dezimierung der Heimatarmee drohte den Kommunisten freie Bahn zu schaffen und erhöhte die Gefahr, daß Stalin sie und nicht die Exilregierung als Verhandlungspartner betrachtete. Wollte Beneš die politische Szene dominieren und seine Rivalen in Schach halten, mußte er für den Wideraufbau einer Organisation sorgen, die ihre Weisungen aus London und nicht aus Moskau entgegennahm. Laut Moravec sollte bei dieser Erneuerung ANTHROPOID eine Schlüsselrolle spielen, »den Funken liefern, der die Masse des Volkes aktivieren würde«. Es ist zwar unklar, was damit genau gemeint war, doch indirekt drückte Moravec aus, daß Beneš hoffte, die Nazirepressalien würden das tschechische Volk in die Widerstandsbewegung treiben. Es werde »auf deutschen Druck mit Gegendruck reagieren«. Wie die Ereignisse zeigen sollten, irrte sich Beneš mit seiner Beurteilung der Auswirkungen des Attentats auf die Heimatfront in katastrophaler Weise, und später hielt er es für geraten, jede Beteiligung an der Affäre zu bestreiten.

Aus seinem Vorschlag, die Operation ANTHROPOID durchzuführen, sprach Beneš' Furcht, daß für die Tschechoslowakei die Zeit ablief. Sollte die Sowjetunion dem deutschen Angriff bis zum Winter standhalten, könnte sich das als der Beginn von Hitlers Ende erweisen, und 1942 würde das Jahr werden, in dem die Macht der Nazis zu zerbröckeln begann. Wenn die Tschechen Einfluß auf die Nachkriegsregelungen nehmen wollten, mußten sie zu diesem Prozeß beitragen, weil ihnen die Großmächte sonst nichts konzedieren würden. Allerdings stand dem Optimismus des Präsidenten, was die Entwicklung des Krieges betraf, das Gespenst der Erinnerung an München gegenüber. Je mehr sich Hitler der Niederlage näherte, desto mehr, fürchtete Beneš, wuchs die Gefahr eines deutschen Friedensangebots, das im Austausch für freie Hand in Ost- und Mitteleuropa die Integrität des Britischen Empires garantierte. Churchill hatte sich zwar zu einer uneingeschränkten Unterstützung der Sowjetunion verpflichtet, aber Beneš argwöhnte, daß einflußreiche Kreise außerhalb der Regierung in Hitler noch immer ein Bollwerk gegen den Bolschewismus sahen – eine Einstellung, die zur Opferung der Tschechoslowakei im Jahre 1939 beigetragen hatte. In dieser Hinsicht stellte ANTHROPOID eine Versicherung gegen jede Regelung dar, die den Nazis die Herrschaft über das Protektorat ließ. Das Attentat auf Heydrich würde ein Symbol der tschechischen Sehnsucht nach Freiheit sein. Es wäre ein Appell an die Öffentlichkeit, insbesondere in den Vereinigten Staaten, und würde so eventuelle britische Wünsche nach einem Kompromißfrieden, einem neuen München, unterbinden.

Beneš überließ die technischen Details der Operation dem Sachverstand seines Geheimdienstchefs. Moravec' erste Aufgabe bestand darin, geeignete Attentäter zu rekrutieren, und auf der Suche nach Männern mit dem notwendigen Können sah er sich unter den tschechischen Soldaten um, die zu dieser Zeit von der SOE ausgebildet wurden. Anfang Oktober ließ er sich die Dossiers der Freiwilligen kommen und überprüfte sie persönlich nach passenden Kandidaten. Eine gründliche Suche erbrachte die Namen von zwei Unteroffizieren, die gerade ihre Fallschirmausbildung in der RAF-Basis Wilmslow abschlossen. Der erste war Josef Gabčík, Teilnehmer an der Operation bis zum Ende. Der zweite war ein Feldwebel von der Tschechischen Brigade namens Karel Svoboda, an dessen Stelle später Jan Kubiš treten sollte. Moravec hatte von diesen beiden Männern den Eindruck, daß sie über die Eigenschaften verfügten, nach denen er Ausschau hielt. Sie waren tüchtige Soldaten, tapfer und patriotisch gesinnt, und man konnte sich darauf verlassen, daß sie ihre Befehle ausführen würden, ohne lange zu fragen. Noch etwas anderes sprach für sie. Gabčík war Slowake und Svoboda Tscheche, eine Kombination, die sich nicht zufällig ergeben hatte. Die beiden Männer sollten die von Tomáš Masaryk und Eduard Beneš geschaffene Nation symbolisieren. Gabčík und Svoboda sollten auf eigene Faust operieren, ohne Unterstützung durch die Heimatarmee, die über ihre Mission nicht informiert wurde. Diese Entscheidung wurde aus Sicherheitsgründen getroffen, bereits ehe die Funkverbindung zum UVOD am 4. oder 5.

Oktober gekappt wurde. Die Großrazzia der Gestapo bewies, daß der Widerstand gründlich unterwandert und seine Chiffrierchlüssel bekannt geworden waren. Hätte Moravec die Heimatarmee eingeweiht, hätte er möglicherweise nur die Deutschen gewarnt. Für die beiden Agenten bedeutete es jedoch den denkbar schlechtesten Start ihrer Mission, einen nächtlichen Fallschirmabsprung ohne »Empfangskomitee«.

Am 2. Oktober 1941 erschien Oberstleutnant Palaček in Tatton Park, dem Herrenhaus in der Nähe von Manchester, das die tschechischen Teilnehmer am Fallschirmkurs der SOE beherbergte. Er nahm Gabčík und Svoboda unauffällig mit und fuhr mit ihnen zum Bahnhof Piccadilly, wo sie den Nachtzug nach London nahmen. Palaček gab den beiden Männern keine Erklärung für diesen überraschenden Ausflug, und sie hüteten sich, danach zu fragen. Die Gründe wurden am folgenden Morgen klar, als sie in Moravec' privates Arbeitszimmer in Porchester Gate geführt wurden, um vom Geheimdienstchef persönlich in ihre Aufgabe eingewiesen zu werden. Moravec begann mit einem gefühlsbewegten Appell, in dem er den Terror im Protektorat hervorhob: »Rundfunk und Presse haben euch von dem wahnsinnigen, mörderischen Gemetzel berichtet, das sich zu Hause abspielt, in unseren eigenen Häusern. Die Deutschen töten die besten Männer, die wir haben . . . unsere Leute haben gekämpft – jetzt sind sie in einer heiklen Lage. Jetzt sind wir an der Reihe, ihnen von außen Hilfe zu bringen . . . Dieser Oktobertag ist der traurigste Nationalfeiertag, den unser Vaterland erlebt hat, seit es unabhängig geworden ist – der Feiertag muß auf eine ganz besondere Weise begangen werden. Es ist beschlossen worden, daß dies durch einen Schlag geschehen soll, der genauso in die Geschichte eingehen wird wie das Massaker an unseren Landsleuten. In Prag gibt es zwei Personen, die Sinnbild der Mordtaten sind. Das sind K. H. Frank und der jüngst eingetroffene Heydrich . . . Unsere Führer sind der Ansicht, daß wir den Versuch machen müssen, einen von ihnen für alle übrigen zahlen zu lassen, um so zu beweisen, daß wir Schlag mit Schlag vergelten. Das ist im wesentlichen die Mission, mit der ihr betraut werden sollt.« Moravec betonte, daß Gabčík und Svoboda, sobald sie von der Maschine über dem Protektorat abgesetzt wurden, auf sich allein gestellt sein würden. Aus »naheliegenden Gründen« komme eine Unterstützung durch die Heimatarmee nicht in Frage. Schließlich hob er die »immense historische Bedeutung« des Attentats hervor und bat die beiden Männer, in Ruhe nachzudenken.

»Wenn ihr noch irgendwelche Zweifel an dem habt, was ich euch dargelegt habe, müßt ihr es sagen.« Obwohl auf der Hand lag, daß die Chancen, eine so gewagte Operation zu überleben, dürftig waren, erklärten sich Gabčík und Svoboda ohne Zögern bereit, die Mission zu übernehmen. Am Nachmittag kehrten sie nach Manchester zurück, um ihre Fallschirmausbildung abzuschließen. Während der ersten günstigen Mondphase, um den 10. Oktober, sollten sie über dem Protektorat abgesetzt werden, und als Tag des Attentats wurde der tschechische Nationalfeiertag, der 28. Oktober, festgelegt. Das sollte sich als haarsträubend optimistische Zeitplanung erweisen.

Am selben Tag, als Moravec die prospektiven Attentäter in ihre Mission einwies, ging er die SOE um technischen Beistand an. Er erwähnte »ein Attentat«, ohne das Objekt zu spezifizieren, und gab keinen Grund für die Operation an. In einer internen Notiz vom 3. Oktober 1941, aufgezeichnet in der tschechischen Abteilung, heißt es: »Die Heimatfront im Protektorat ist über diese Operation NICHT im Bild. Im tschechischen HQ sind nur Oberst M. Moravec und Major Str. informiert. Die zwei Männer haben den Auftrag, ein Attentat auszuführen. Sie wissen, daß sie den Anschlag nicht überleben werden. Es ist unbedingt erforderlich, ihn noch in diesem Monat auszuführen.« Das Team sollte über dem Flugplatz von Borek in der Nähe von Pilsen abgesetzt werden, der als »unbenutzt, ungeschützt und unbewacht« galt. Es wurde als »unabdingbar« bezeichnet, daß Stabskapitän Šustr, Kommandeur der tschechischen Freiwilligen in STS II, »an dem Flug teilnimmt, da er die Gegend kennt«. Šustr sollte dem Piloten helfen, den Bergkamm zu identifizieren, der ein wichtiger Orientierungspunkt beim Anflug auf das Absprunggebiet war. Moravec ersuchte die SOE nicht nur um ein Flugzeug, sondern bat auch, seine Agenten mit einem Revolver, drei Handgranaten, Selbstmordtabletten und »jeder anderen Waffe« auszurüsten, die »wir als besonders geeignet für den Job betrachten würden«. Die tschechische Abteilung erkundigte sich nicht näher nach dem Zweck der Operation. Die tschechischen Exilanten rekrutierten ihre Agenten selbst und wiesen sie auch selbst in ihre Aufgabe ein, ein Prozeß, in den der SOE nur wenig Einblick gewährt wurde. Wenn sie einen prominenten Nazi umbringen wollten, war das ihre Sache. Mehr Details zu verlangen, konnte die Sicherheit gefährden und zu politischen Schwierigkeiten mit den Tschechen führen, die ihre operative Unabhängigkeit mit notorischer Eifersucht hüteten.

Außerdem gehörten Attentate durchaus zum Zuständigkeitsbereich der SOE und weckten mitten in einem totalen Krieg keine moralischen Bedenken. In Daltons eigenem Memorandum vom 16. Juni 1940 an Churchill, das zur Gründung der SOE führte, war von vielen verschiedenen Methoden des Kampfs gegen die Nazis die Rede gewesen, »einschließlich industrieller und militärischer Sabotage . . . Terroraktionen gegen Verräter und Deutsche in führender Stellung, Boykotte und Unruhen«. Und nun, da Hitler zum Sturmangriff auf Moskau ansetzte, war alles, was hinter den deutschen Linien Probleme schuf, unterstützungswürdig. Wenn man Moravec Glauben schenkt, hatte die SOE die Tschechen schon seit Monaten gedrängt, aktiver zu werden. Folglich bestanden nie Zweifel an der britischen Unterstützung für die Mission, die den Decknamen ANTHROPOID erhielt.

Die SOE befürwortete die Mission zwar grundsätzlich, doch sie hielt den Zeitplan der Tschechen für völlig unrealistisch. Das war ein vertrautes und delikates Problem der SOE mit allen Exilregierungen in London, die häufig aus eigenen politischen Gründen sofortiges Handeln wünschten, ohne einzusehen, daß die Ausbildung der Agenten und die Verfügbarkeit von Flugzeugen der SOE Beschränkungen auferlegten. Von Anfang an war klar, daß das ANTHROPOID-Team nicht am 10. Oktober abgesetzt werden konnte, da es nicht rechtzeitig seinen Springerkurs abgeschlossen haben würde. Außerdem waren die beiden Männer nicht speziell für ein Attentat geschult worden. Es war nicht damit getan, sie einfach mit Pistolen und Handgranaten aus einem Flugzeug abspringen zu lassen und zu hoffen, daß ihre Mission irgendwie und wie durch ein Wunder zum Erfolg führen werde. Anscheinend brachte die SOE Moravec zur Einsicht in diese Realitäten, denn am 10. Oktober stimmten die Tschechen zu, daß »ANTHROPOID eine zusätzliche Spezialausbildung erhalten solle«, gesondert von den anderen tschechischen Schulungsteilnehmern. Am selben Tag landete Svoboda bei einem Übungssprung unglücklich und zog sich schwere Prellungen zu. Er wurde schließlich zu seiner Einheit zurückversetzt, überlebte den Krieg und kehrte nach Prag zurück, wo er hochbetagt starb. Nachdem Moravec sich mit Gabčík besprochen hatte, ersetzte er den Verletzten durch Jan Kubiš. Bei diesen beiden Freunden war Verlaß darauf, daß sie reibungslos zusammenarbeiten würden. Zudem war Kubiš wie Svoboda Tscheche, so daß die Originalstruktur des Teams als eines nationalen Symbols erhalten blieb.

Mittlerweile war Heydrich zur Zielperson des geplanten Anschlags geworden – eine Entscheidung, die der SOE bei einer Reihe von Besprechungen über die technischen Aspekte des Attentats klargemacht wurde. Dies erhöhte für die britische Organisation den Reiz des tschechischen Plans. Die spektakuläre Beseitigung des Mannes, der für den Gestapoterror im ganzen besetzten Europa verantwortlich war, würde allerorten den Widerstandsbewegungen Auftrieb geben und den Sicherheitsapparat der Nazis, den Hauptgegner der SOE, empfindlich treffen. Darüber hinaus würde sie der SOE, die sich in der Kriegsadministration erst noch etablieren mußte, den Erfolg verschaffen, der ihre Existenz rechtfertigte. Im Dezember 1941 klagte Dalton, bislang seien solche Missionen Ausnahmen gewesen. »Unsere letzten Berichte waren zumeist lange Litaneien über das, was nicht getan worden ist . . . Mir ist besonders an ein paar erfolgreichen Operationen gelegen.« Es ist möglich, daß Moravec auch den SIS über den Attentatsplan ins Bild setzte, aber der SIS hatte, entgegen späteren Spekulationen, den Anschlag weder vorgeschlagen, noch förderte er das Vorhaben. »C«, Sir Stewart Menzies, hoffte möglicherweise, daß der Schlag gegen die deutschen Sicherheitsdienste seinen eigenen Operationen zugute kommen werde, aber ehemalige Mitarbeiter bezweifeln, daß er jemals selbst die Hand im Spiel hatte. Der SIS war auf solche Operationen nicht vorbereitet, und sein Interesse an den tschechischen Fallschirmspringergruppen konzentrierte sich auf die Teams aus Funkern, die den Informationsfluß von A-54, den Heydrichs Ankunft lahmgelegt hatte, wieder in Gang bringen sollten. Auf britischer Seite war ANTHROPOID ausschließlich Sache der SOE.

Von Anfang an stand fest, daß vieles der Initiative Gabčíks und Kubiš' überlassen bleiben mußte, sobald sie nach Prag gelangt waren. ANTHROPOID war keine Operation, die sich bis in Einzelheiten planen ließ. Immerhin kamen die Agenten mit Moravec und SOE-Experten überein, daß die beste Art, Heydrich umzubringen, in einem Angriff auf seinen Wagen bestünde. In einem späteren SOE-Bericht hieß es: »Die Spezialausbildung im Vereinigten Königreich basierte auf dem Plan, den Schlag gegen Heydrich zu führen, wenn er mit dem Wagen von seinem Wohnsitz zu seinem Prager Dienstsitz oder zu irgendeinem bekannten Termin fuhr, und den Wagen an einer Straßenecke anzugreifen, wo er das Tempo drosseln mußte. Sollten sich die Umstände ändern, bliebe die Wahl des Ortes und des Zeitpunkts dem ANTHROPOID-Team überlassen.« Für einen solchen Überfall empfahl die SOE eine Kombination von Schußwaffen und Handgranaten. Der erste Attentäter sollte mit einem Sten-Maschinengewehr, einer billigen, in Massenproduktion hergestellten Waffe, ausgerüstet sein, die für Geheimoperationen als ideal galt. Die Sten-Gun war leicht, robust und ließ sich rasch in drei Teile zerlegen, die man in einer Aktentasche oder Einkaufstüte verbergen konnte. Es war eine auf kurze Entfernung tödliche Waffe, die 550 Schuß pro Minute aus ihrem Stummellauf spucken konnte. Der zweite Agent sollte als Reservemann mit Handgranaten bewaffnet sein. Diese waren nicht die üblichen Waffen, mit denen die britische Armee ausgerüstet war, sondern sie waren von Major Clarke, dem SOE-Sprengstoffexperten, eigens für ANTHROPOID entwickelt. Sie basierten auf einem Entwurf für Waffen zum Einsatz gegen Panzer in der libyschen Wüste und sahen ähnlich aus wie mit Isolierband umwickelte Aerosolbehälter. Der Mann, der diese Bombe schleuderte, schraubte einen Bakelitverschluß ab, zündete die Schnur an und warf den Sprengsatz aufs Ziel, wobei er darauf achten mußte, nicht von der gewaltigen Druckwelle erfaßt zu werden, die folgte. Mitte Oktober fand in einer Ausbildungsstätte der SOE eine Reihe von Experimenten statt, bei denen die Agenten diese Waffen gegen einen alten Austin erprobten, den man in verschiedenen Geschwindigkeiten eine Rampe herab und um eine Ecke rollen ließ. Bei diesen Tests trug Gabčík die Sten-Gun und Kubiš die Bomben – eine Aufteilung, die von Kubiš' Erfahrung mit Sprengstoffen bestimmt war.

Als die Experimente Ende Oktober abgeschlossen waren, wurden Gabčík und Kubiš zu der tschechischen Ersatzeinheit unter Stabskapitän Šustr in der STS II, der Villa Bellasis, geschickt, wo sie zu zwölf weiteren für einen Einsatz im Protektorat bestimmten Agenten stießen. Das war unklug, weil es das Unternehmen ANTHROPOID in Gefahr brachte. Obwohl die Sicherheitsvorkehrungen in der Villa Bellasis streng waren und keine der Fallschirmspringergruppen erfahren durfte, welche Missionen den anderen zugeteilt waren, merkten alle bald, daß an Gabčík und Kubiš etwas Besonderes war. Spekulationen wucherten, daß sie für ein Attentat ausgebildet worden seien. Vielleicht wegen dieser Gerüchte wurden die beiden Männer Mitte Dezember nach London gebracht, wo man sie in einem vom tschechischen Geheimdienst in der Stanhope Terrace angemieteten Haus unterbrachte. Dort warteten sie darauf, daß ein Flugzeug sie zum ersten Etappenziel ihrer Mission brachte. Gabčík und Kubiš waren im ersten Stock einquartiert, ihre Waffen und der Sprengstoff im Keller deponiert. Irgendwann während dieses Monats hatten sie ein geheimes Gespräch mit Beneš. Sein Sekretär Táborský berichtete später, eines Morgens sei Moravec in Begleitung von zwei oder drei jungen Männern erschienen, um den Präsidenten zu sprechen. Dieser Termin wurde nicht in das amtliche Tagebuch eingetragen. Die jungen Männer, habe Moravec gesagt, hätten »eine lange Reise vor sich«. Sie fielen Táborský durch ihr ruhiges Auftreten und ihre Jugend auf. »Einer von ihnen kam mir eher wie ein Halbwüchsiger als wie ein Soldat vor, geschweige denn ein Fallschirmspringer, der auf alles gefaßt, den Sprung mitten in diese Hölle tun wollte.« Diese Darstellung bestätigte Moravec in seinen Erinnerungen: »Die beiden Männer wurden von Präsident Beneš empfangen. Er hob die historische Bedeutung dessen hervor, was sie vor sich hatten. Er wußte, es war eine Mission auf Tod oder Leben, und ich sah, daß er – wie ich selbst – tief berührt war von der bewegenden Schlichtheit, mit der sie ihr Los akzeptierten. Als er von ihnen Abschied nahm, standen ihm Tränen in den Augen.« Beneš achtete darauf, daß die Begegnung nicht offiziell festgehalten wurde – ein Beweis seiner politischen Vorsicht wie auch der strengen Diskretion, die den ganzen Plan kennzeichnete. Nur ein einziges Mal wurde das Geheimnis gelüftet. Während noch mit der SOE die Details ausgearbeitet wurden, informierte Moravec' Stellvertreter, Major Strankmüller, die Russen über ANTHROPOID. Er kann die Weisung dafür nur von Beneš erhalten haben, der gewichtige politische Gründe hatte, seine sowjetischen Bundesgenossen zu beeindrucken. Durch Tschikajew in London und Oberst Píka in Moskau hatten die Sowjets seit dem Beginn von BARBAROSSA auf vermehrte Aktivität des Widerstands gedrängt. Da die Heimatarmee unter Heydrichs Polizeiaktionen ins Wanken geriet, war Beneš außerstande, diesem Wunsch zu entsprechen. Die Unterbrechung der Verbindung mit Prag nahm ihm zur selben Zeit das, woran den Russen besonders viel gelegen war: lückenlose, erstklassige Geheiminformationen von A-54.

So wurde die Wiederherstellung der Verbindung mit Prag ebenso wichtig wie das Attentat auf Heydrich. Noch während der Ausbildung von Gabčík und Kubiš wurden erste Versuche unternommen, unter Nutzung der Mondphasen, die ursprünglich für ANTHROPOID bestimmt waren, ein Funkerteam über dem Protektorat abzusetzen. Diese Mission mit der Tarnbezeichnung SILVER A bestand aus drei Männern, Leutnant Alfred Bartoš, Feldwebel Josef Valčik und dem Funker Korporal Jiří Potuček. Sie hatten den Auftrag, die Verbindung zum UVOD wiederherzustellen, ein Agentennetz aufzubauen und den Kontakt zu Thümmel wiederaufzunehmen. Außerdem sollte das Team weitere, nicht näher angegebene Spezialaufgaben ausführen, die London für notwendig halten konnte. Wie sich zeigen sollte, gehörte dazu der Empfang einer Welle von Fallschirmspringern aus England im Frühjahr 1942, die gegen Industrieanlagen im Protektorat und gegen das Schienennetz eingesetzt werden sollten – Ziele, die dem sowjetischen Generalstab wichtig erschienen. Weder Beneš noch Moravec scheint der inhärente Widerspruch zwischen diesen Aufgaben klar geworden zu sein, der die gesamte Kampagne der Fallschirmspringerteams unter einem Unstern stehen ließ. Die Informationsbeschaffung, mit der SILVER A beauftragt war, ließ sich nicht vereinbaren mit den Schlägen, die von den Sabotagetrupps erwartet wurden und die die Deutschen zum Durchgreifen veranlassen mußten, und beides, Nachrichtenbeschaffung wie Sabotage, würde durch einen Erfolg von ANTHROPOID gefährdet, der sicher schärfste deutsche Repressalien nach sich ziehen würde. Weit davon entfernt, die Bevölkerung um eine neu gestärkte Widerstandsbewegung zu scharen, mußte das Attentat zum Untergang der Überreste des Untergrunds und damit auch der Fallschirmspringertrupps führen. Wie es scheint, hat Beneš sich diese Folgen nie überlegt. Getrieben von dem Drang, seine Position zu Hause und im Ausland zu verbessern, verlangte er von der Kampagne zuviel, was fatale Konsequenzen für die meisten der daran beteiligten Agenten haben sollte.

Es war eine Sache, Missionen zusammenzustellen, aber eine ganz andere, sie in ihre Zielbereiche zu befördern. Die einzige praktikable Möglichkeit bot der Luftweg; er war aber vielen frustrierenden Einschränkungen unterworfen. Flüge konnten nur in den langen Winternächten stattfinden, die es Flugzeugen erlaubten, nach Böhmen und Mähren und zurück zu fliegen, ohne über dem besetzten Europa vom Morgengrauen überrascht zu werden. Da der Pilot das Absprunggebiet visuell identifizieren mußte, konnten solche Einsätze nur in den zehn Tagen um Neumond geflogen werden und auch dann nur, wenn sowohl in England als auch im Protektorat geeignetes Wetter herrschte. Da während des Winters über Mitteleuropa meist eine dichte Wolkendecke hing, stellte sich die erforderliche Kombination von Mondphase und

Witterungsbedingungen nur selten ein. Und wenn doch, war noch fraglich, ob sich eine Maschine auftreiben ließ. Die Royal Air Force hatte der SOE zwar eine Staffel für Spezialeinsätze zugeteilt, Nr. 138, aber es fehlte an Maschinen. Die RAF setzte höhere Erwartungen in die Bomberoffensive als in Geheimoperationen, die eine niedrige Dringlichkeitsstufe erhielten. Bis 1943 standen nie mehr als generell sechs Langstreckenmaschinen für Spezialeinsätze zur Verfügung – in der Praxis logischerweise weniger, sei es durch den Wartungsbedarf, sei es durch Ausfälle infolge Feindeinwirkung. 1941 war die einzige verfügbare Maschine der zweimotorige Whitley-Bomber, der mit vollen Tanks und leichter Ladung mit knapper Not das Protektorat erreichte. Er stand in keinem guten Ansehen bei der Besatzung und den »Joes«, die ihn unzart den »fliegenden Sarg« nannten. Im Oktober stellte die RAF widerwillig drei moderne Bomber zur Verfügung, viermotorige Halifax-Maschinen mit größerer Flugweite. Sie mußten jedoch für Fallschirmabsprünge umgebaut werden und erhielten eine Luke im Rumpfboden und eine Winde für die Aufziehleinen. Dies nahm einige Zeit in Anspruch, und unterdessen wurde dreimal versucht, mit einer Whitley SILVER A abzusetzen, was jedesmal mißglückte. Die Situation frustrierte Beneš immer mehr. Als es auf Weihnachten zuging, warteten in England drei wichtige Missionen auf eine Transportmöglichkeit: SILVER A, ANTHROPOID und SILVER B, ein zweiter Funkertrupp mit der Aufgabe, in der böhmischen Region Svratka ein Agentennetz aufzubauen und den Empfang von Nachschubabwürfen für den lokalen Widerstand zu organisieren.

In seiner Verzweiflung bestürmte Beneš die Briten um einen der neuen Halifax-Bomber, der alle drei Gruppen gleichzeitig transportieren konnte. Doch obwohl sich Eden und Dalton ins Mittel legten, ließ sich das Luftfahrtministerium nicht erweichen. Es war nicht bereit, der Bomberoffensive gegen Deutschland weitere Maschinen zu entziehen, und erklärte, die Tschechen müßten sich in die Schlange der auf einen der Halifax-Bomber Wartenden einreihen, die bereits für Sondereinsätze abgestellt waren. Schließlich traf Beneš mit den Polen, der anderen Exilgruppe mit Anspruch auf Langstreckenmaschinen der Staffel 138, eine Übereinkunft, die den Tschechen beim nächsten Flug den Vortritt ließ. Trotzdem kam es wegen der Maschinenknappheit zu einer Verzögerung. Die einzige einsatzfähige Halifax stürzte während eines Rückflugs aus Polen über schwedischem Gebiet ab, und die Tschechen mußten warten, bis Ersatz zur Verfügung gestellt wurde. Es war eine frustrierende Zeit für Beneš, dessen politische Zukunft davon abhing, daß möglichst bald Agenten über der Heimat abgesetzt wurden. Das Problem wurde erst am 28. Dezember 1941 gelöst. Am Morgen dieses Tages holte Hauptmann Ron Hockey von der Staffel 138 am Flugplatz Northolt eine neue, für Fallschirmeinsätze umgebaute Halifax ab. Er berichtete später: »Ich ging gegen Mittag in die Wetterstelle und dachte, es gäbe vielleicht eine schwache Chance, in dieser Nacht einen Einsatz mit den Tschechen zu fliegen. Angesichts der unerledigten Einsätze beschloß ich, alle drei aus der Warteliste zu nehmen. Um Zeit zu sparen, alarmierte ich die zuständige Abteilung im Luftfahrtministerium und vereinbarte mit den Leuten dort, in Tangmere zum Beladen zu landen. Tangmere wurde ausgesucht, weil die drei Gruppen aus der Nähe von London kamen.«

Am frühen Nachmittag erhielt Moravec einen kurzen Telephonanruf: »Es geht los.« Er verließ unverzüglich seine Dienststelle und fuhr zur Stanhope Terrace, wo er Gabčík und Kubiš abholte. Er beschloß, sie zu einem zwanglosen Abschiedsessen einzuladen, das die Spannung dämpfen und sie davon abhalten sollte, sich zu sehr mit den Gefahren zu beschäftigen, denen sie entgegengingen. »Sie genossen das Essen, machten kleine Scherze und erwähnten mit keinem Wort ihre Mission oder den Umstand, daß sich bei der Ausrüstung, die sie gerade bekommen hatten, auch zwei Kapseln mit rasch wirkendem Gift befanden, die sie schlucken konnten, wenn sie unerträglich gefoltert würden.« Am Spätnachmittag fuhr Moravec aus London hinaus und durch die einbrechende Winterdämmerung zum Flugplatz Tangmere, wo zu ANTHROPOID die Teams SILVER A und SILVER B stießen, aus der STS II von Hauptmann Šustr hergebracht. Die Männer erhielten ihre gefälschten Papiere und wurden genau kontrolliert, damit sie nicht den kleinsten Beweis, nicht einmal einen Busfahrschein, bei sich trugen, der sie im Fall einer Durchsuchung durch die Gestapo mit England in Verbindung bringen konnte. Bevor sie in ihre schweren Fliegerschutzanzüge stiegen, wurde ihnen eingeschärft, während des Flugs nicht miteinander zu plaudern und schon gar nicht über ihre Missionen zu sprechen, eine notwendige Sicherheitsvorkehrung. Dann wurden sie über das Rollfeld zu Hockeys Maschine NF-V L9613 gefahren, die sie mit laufenden Motoren erwartete. Bevor sie über die Leiter in den Rumpf stiegen, drehte sich Gabčík zu Moravec um, streckte ihm die Hand hin und sagte:

»Sie können sich auf uns verlassen, Oberst. Wir werden unsere Mission ausführen wie befohlen.« Die Einstiegsluke schlug zu, die Bremskeile wurden weggezogen, und die Halifax donnerte den Leuchtpfad entlang und verschwand am dunklen Dezemberhimmel.

Hockeys Kurs führte ihn über Frankreich und Deutschland. Es war ein nervenaufreibender Flug; mit dem Treibstoff und neun Passagieren neben der Crew war die Maschine schwer beladen. Im Falle eines Angriffs wären Ausweichmanöver schwergefallen. Kurze Zeit sah es mulmig aus, als die Halifax über Darmstadt zwanzig Minuten lang von Nachtjägern verfolgt wurde, doch die Deutschen verloren den Bomber in der Dunkelheit und fanden ihn nicht wieder, obwohl sie Leuchtbomben abwarfen. Danach bestand das Hauptproblem darin, die Absprunggebiete ausfindig zu machen, die den drei Teams zugewiesen worden waren. Dies war wegen des Wetters kein Kinderspiel. Hockey trug in sein Flugbuch ein: »Wegen der schweren Schneefälle, die sämtliche Straßen, Bahnstrecken, Flüsse und Kleinstädte unsichtbar machten, war eine genaue Zielbestimmung unmöglich.« In Wirklichkeit war die Situation gefährlicher, als aus dieser lakonischen Bemerkung hervorgeht. Es war sehr schwierig, unter den gegebenen Bedingungen die Flughöhe abzuschätzen, namentlich wenn die Maschine aus einer geschlossenen Wolkendecke nach unten stieß, aber Hockey mußte auf 500 Fuß hinuntergehen, um seine Agenten abzusetzen. Damit bestand das ernste Risiko, daß die Halifax sich in den Grund bohrte, und beim ersten Versuch, ihre Position einzunehmen, verfing sich die Schleppantenne in Bäumen und riß ab. Hauptmann Šustr, der mitflog, weil er die Landschaft kannte, war außerstande, irgendwelche Orientierungspunkte zu identifizieren. Daraufhin wurde beschlossen, die Agenten an einer annähernd geschätzten Stelle abzusetzen, statt sie nach England zurückzufliegen, was die Moral gefährdet und möglicherweise dazu geführt hätte, daß durch Klatsch innerhalb der Gruppen Sicherheitslecks entstanden. Die erste Gruppe, die die Luke verließ, war das ANTHROPOID-Team; dem Flugbuch zufolge wurde es am 29. Dezember, 2.24 Uhr, östlich von Pilsen abgesetzt. Ehe Gabčík sprang, packte er Šustr an der Hand und sagte: »Denken Sie dran, Sie werden von uns hören. Wir werden alles tun, was in unseren Kräften steht.« Dem ANTHROPOID-Team folgten rasch SILVER A und SILVER B ins nächtliche Dunkel. Hockey, der seine Mission erfüllt hatte, drehte die Halifax auf Heimatkurs, verfolgt von sporadischem Flakfeuer über Pilsen. Hinter ihm trudelten Gabčík und Kubiš an ihren getarnten Fallschirmen langsam der schneebedeckten Erde des Protektorats entgegen, wo der Gegenstand ihres Auftrags, Reinhard Heydrich, in seinem Streben nach einer führenden Rolle im neuen, nazistischen Europa Triumphe feierte.

7. Heimkehr

Während Beneš' Agenten sich noch auf britischem Boden die Beine in den Bauch standen, kam es zu einer dramatischen Veränderung der militärischen Lage. Am 5. Dezember starteten die Sowjets vor Moskau einen Gegenangriff und zwangen die Deutschen zu einem Rückzug, der vorübergehend in eine wilde Flucht auszuarten schien. Zugleich trat eine neue Großmacht in den Krieg ein. Am 7. Dezember griffen die Japaner Pearl Harbor an, und vier Tage später erklärte Hitler den Vereinigten Staaten den Krieg. Um einen raschen Sieg im Osten gebracht, mußten die Deutschen neue ökonomische und menschliche Ressourcen mobilisieren, um die Russen als Kriegsgegner auszuschalten, bevor Briten und Amerikaner im Westen eine zweite Front eröffnen konnten. Hitler reagierte auf die kritische Lage, indem er sich die militärischen Operationen unterstellte und hohe Offiziere scharenweise kaltstellte. Von nun an waren die Generale »gleichsam nur noch Briefträger, die Hitlers Befehle ablieferten«. Die Reihen der Wehrmacht sollten dadurch aufgefüllt werden, daß freigestellte Arbeiter eingezogen und durch Zwangsarbeiter aus den besetzten Gebieten ersetzt wurden. Am 10. Januar ordnete Hitler eine maximale Produktionssteigerung an, um seine Bodentruppen für die entscheidenden Schlachten in der Sowjetunion auszurüsten, ein Schritt, der längst überfällig war. 1941 produzierte die deutsche Rüstungsindustrie monatlich nur 200 Panzer, 400 weniger, als gebraucht wurden, um die Verluste auf den gefräßigen Schlachtfeldern im Osten auszugleichen. Zu Beginn des Rußlandfeldzugs im Juni 1941 hatte Heydrich über Zweifelnde gespottet, die die Möglichkeit eines raschen Sieges in Frage stellten. In seinen Ansichten wurde er im Oktober bestärkt, als Hitler prahlte, der sowjetische Feind stehe am Rand der Niederlage und werde sich nie mehr davon erholen. Die Russen, so meinte Heydrich, würden hinter den Ural zurückgetrieben und ihr Territorium von deutschen Bauernkriegern besiedelt werden. Deutschland müsse sich daran gewöhnen, großräumig zu denken, wie es einer Herrenrasse anstehe. Doch Ende November zeigte sich unverhüllt, daß es doch nicht so gut um Barbarossa stand, was von den Ereignissen Anfang Dezember bestätigt wurde. Heydrich hielt zwar an der SS-Vision von der Zukunft fest, aber er erkannte, daß sie vorläufig vertagt worden war. Da er nur zu gut wußte, daß seine politische Karriere davon abhing, wie sehr er Hitler zu beeindrucken vermochte, reagierte er sofort auf die neue Situation. Das Protektorat sollte durch die komplette Reorganisation der Wirtschaft auf einen längeren Krieg eingestellt werden. Dies wiederum erforderte politische Reformen. Aus Effizienzgründen hielt Heydrich es für besser, daß die Tschechen selbst für die notwendigen Veränderungen sorgten, was eine Reduzierung des deutschen Stabs im Amt des Reichsprotektors ermöglichen und Männer für die Front freisetzen würde. Hinter der Fassade der Autonomie sollten Böhmen und Mähren voll in die Kriegswirtschaft des Deutschen Reichs integriert werden.

Die SS hatte die Protektoratsregierung schon immer als gefährliches Überbleibsel aus der Zeit der Unabhängigkeit betrachtet, das die angebrachte Unterordnung des tschechischen Volkes unter die Herrenrasse behinderte. Als Heydrich in Prag eintraf, ignorierte er die tschechischen Minister, die absichtlich im Ungewissen und führerlos gelassen wurden und fürchten mußten, daß sie das gleiche Schicksal wie Eliáš erwartete. Der Gesundheitsminister, Ladislav Klumpar, suchte in seiner Verzweiflung immer wieder deutsche Beamte in ihren Büros auf, um herauszufinden, ob sein Name auf der Liste der zu verhaftenden Personen stand. Heydrich sah in dieser Periode der Ungewißheit die notwendige Vorphase zu einer politischen Umstrukturierung. Am 16. November teilte er Bormann mit, das Regime müsse so reorganisiert werden, daß die tschechische Autonomie schrittweise von innen her liquidiert werde. Den Katalysator lieferte die Situation an der Ostfront. Als die Operation BARBAROSSA vor Moskau im Schnee steckenblieb, schritt Heydrich zur Tat. Die Protektoratsregierung wurde zu einem effizienten Werkzeug der NS-Politik umgeformt, einem Exekutivorgan, das nur auf Anweisungen aus dem Hradschin hin tätig wurde. Nach Heydrichs Worten sollte sie nicht länger »die oberste Verrechnungsstelle für tschechische Beschwerden gegen das Reich« darstellen, sondern den »verlängerten Arm des Reichsprotektors«. In dem neuen System, so brüstete er sich an anderer Stelle, »ist der tschechische Minister kein Minister in dem Sinne, wie wir das Wort verstehen; wir wissen, daß er Befehle ausführt . . . Ich werde mir keinen tschechischen Ministerrat bieten lassen, der darüber berät, *ob* meine Instruktionen ausgeführt werden sollen oder nicht. Die tschechischen Minister haben nur zu überlegen, *wie* sie auszuführen sind«.

Ein Schlüsselelement der Reform war die Schaffung eines Ministeriums für Wirtschaft und Arbeit unter einem deutschen Technokraten, Walter Bertsch, der als Heydrichs Spitzel im Kabinett fungierte und verhinderte, daß tschechische Minister gegen ihre NS-Herren konspirierten. Mit Rücksicht auf seine Gegenwart mußten alle Besprechungen auf deutsch geführt werden, ein Wink an seine tschechischen Kollegen, wo nun die wahre Macht lag. Eine wichtige Rolle wurde auch dem Ministerium für Schulwesen und Volkskultur unter Emanuel Moravec zugeteilt, der ohne Scheu für die Kollaboration mit den Nazis eintrat. Moravec, einst ein glühender Nationalist, der dafür gewesen war, sich dem Münchner Abkommen zu widersetzen, hatte seit 1939 eine völlige Kehrtwendung vollzogen und wurde von Heydrich als nützliches Werkzeug betrachtet. Seine Aufgabe war es, durch ein neugeschaffenes Amt für Volksaufklärung die tschechische Bevölkerung psychologisch für die deutschen Kriegsanstrengungen zu mobilisieren. Zugleich sollte er das Schulwesen »reformieren«, um den Einfluß nationalistischer Lehrer auf die Jugend zu brechen und gefügigere Arbeiter für die deutsche Industrie heranzuziehen. Der widerstrebende Hácha wurde gezwungen, diese Veränderungen hinzunehmen, und das neue Kabinett am 19. Januar 1942 vereidigt. Bei der Zeremonie versprach Eliáš' Nachfolger Krejčí, seine Regierung werde sich mit allen Kräften für den deutschen Endsieg in Europa einsetzen. Als Gegenleistung für diese Loyalitätsbeteuerungen hob Heydrich den Ausnahmezustand in Prag und Brünn auf und ließ einige tschechische Studenten aus den Konzentrationslagern entlassen, wo sie seit 1939 eingekerkert gewesen waren. Den Tschechen sollte demonstriert werden, daß die Kollaboration sich lohnte.

In den folgenden Monaten leitete Bertsch eine gewaltige Reorganisation der tschechischen Industrie in die Wege. Für die Kriegswirtschaft unnötige Firmen wurden geschlossen, andere mit größeren Werken verschmolzen. Mehr als 100000 Arbeiter wurden aus »ungeeigneten« Arbeitsplätzen herausgeholt und vom Ministerium für Arbeit umgesetzt, was auf ein System der Arbeitsverpflichtung hinauslief. Vom Dezember 1941 an konnten Tschechen zur Arbeit irgendwo in Deutschland »eingezogen« werden, und vom April bis zum November 1942 wurden rund 79000 freigesetzte Arbeitskräfte ins Reich verpflanzt. Im Februar 1942 änderte sich die Struktur der Arbeitszeiten in der Rüstungsindustrie des Protektorats. Der Achtstundentag wurde von Zwölfstundenschichten abgelöst, um die Produktion zu maximieren. Die SS hatte ein besonderes Interesse an dieser Reorganisation der Industrie. Himmler hatte seit 1939 unter Karl Hermann Franks wohlwollendem Blick sein Wirtschaftsimperium in Böhmen und Mähren Zug um Zug ausgedehnt, und dieser Prozeß beschleunigte sich mit Heydrichs Ankunft. SS-Firmen in der pharmazeutischen und der holzverarbeitenden Branche erzielten schon bald deftige Gewinne aus deutschen Kriegsaufträgen. Im März 1942 ging Himmler noch weiter und versuchte mit Hitlers Billigung die Produktion der gewaltigen Škoda-Rüstungswerke der Waffen-SS zukommen zu lassen. Der Generaldirektor des Konzerns, ein SS-Standartenführer ehrenhalber, wurde angewiesen, in systematischer Zusammenarbeit mit dem SS-Waffenamt neue Produktionsserien für leichte und schwere Waffen zu entwickeln. Himmler hatte den Zeitpunkt gut gewählt, als er für die Interessen der SS an der Rüstungsindustrie warb, denn Hitler war auf die Wehrmacht nicht gut zu sprechen, weil sie vor Moskau die Nerven verloren hatte. Die Situation war ein Alptraum für den neuen Rüstungsminister Albert Speer, der schon bald klagte, daß die SS in der Wirtschaft wie im Politischen Böhmen und Mähren wie ihre eigene Provinz behandle.

Um die bittere Pille der längeren Arbeitszeit ohne Lohnerhöhung zu versüßen, machte Heydrich ein paar Extrakonzessionen an die Arbeiterklasse. Im April 1942 wurde das System der tschechischen Sozialversicherung reformiert, und die Renten wurden um dreißig Prozent erhöht, um das Protektorat dem Standard im Großdeutschen Reich anzugleichen. Heydrich argumentierte zynisch, daß diejenigen, die loyal für das Reich arbeiteten, auch an seinen sozialen Errungenschaften teilhaben sollten. Der 1. Mai wurde zum öffentlichen Feiertag erklärt, und zur Feier des Anlasses wurde 3000 Rüstungsarbeitern kostenloser Urlaub in Luxushotels in Badeorten angeboten, die früher ausschließliches Reservat für die Reichen gewesen waren. An die anderen wurden durch die Gewerkschaften Gratiseintrittskarten für Fußballspiele, Theater und Kinos verteilt. Die offizielle Propaganda, die diese Maßnahmen begleitete, stellte Heydrich als Freund der Arbeiter dar. Wenn man der gelenkten Presse glauben wollte, führte er eine beispiellose Sozialreform durch, die zum erstenmal in der tschechischen Geschichte den Wert der Arbeiterschaft anerkannte. In Wahrheit waren Heydrichs Maßnahmen rein kosmetischer Natur und dienten allein dem Zweck, die Produktion für die Kriegführung zu steigern. Verbesserungen der Arbeitslosenunterstützung hatten in einem System der Arbeitsverpflichtung wenig zu besagen, und bessere Renten waren bedeutungslos angesichts seiner für die Nachkriegszeit bestimmten Pläne, einen großen Teil der Bevölkerung deportieren oder ermorden zu lassen. Was den Gratisurlaub betraf, kostete er die Deutschen keinen Pfennig. Die Hotels wurden beschlagnahmt, und die übrigen Ausgaben trugen tschechische Unternehmer und Versicherungsgesellschaften.

Während Bertsch die Industrie mobilisierte, begann sich Emanuel Moravec das Schulwesen vorzunehmen, um mehr Arbeitskräfte für Deutschland bereitzustellen. Die Universitäten waren schon seit November 1939 geschlossen, und nun richteten die Nazis ihren Angriff auf die höheren Schulen. In seiner ersten Pressekonferenz verschrieb sich der Propagandaminister der Beseitigung der »unproduktiven« Intelligenz, die einer neuen Klasse weichen sollte, die technische Positionen in der Industrie auszufüllen vermochte. Im Rahmen dieses Projekts plante Heydrich, die Ausbildung an den höheren Schulen um zwei Jahre zu kürzen und einen Zwangsdienst für die Jugend nach dem Vorbild der Hitlerjugend und des Arbeitsdienstes im Reich einzuführen. Bei dieser Reorganisation verlor er nie aus den Augen, was er seine »innere Zielsetzung« nannte – den Geheimplan, bei dem es um Eindeutschung, Deportation und Massenmord ging. Wie er in einer geheimen Ansprache am 4. Februar erklärte, sollte die tschechische Jugend soweit wie möglich im Reich, dem Einfluß patriotischer Lehrer entzogen, ausgebildet werden. Diejenigen, die für eine Eindeutschung in Frage kamen, sollten niemals nach Böhmen und Mähren zurückkehren. Die anderen würden in den Osten deportiert werden, »ideales Heimatland der elf Millionen Juden aus Europa«, wo sie als Vorarbeiter oder Aufseher von Arbeitskräften in den Konzentrationslagern ihr Brot verdienen konnten. Für Heydrich war Umsiedlung ein Synonym für Ausrottung. Die vierzig bis sechzig Prozent der tschechischen Bevölkerung, die sich nach seiner Schätzung für eine Eindeutschung nicht eigneten, sollten das Schicksal der Juden in dem »idealen Heimatland« teilen, das die SS zu dieser Zeit in Auschwitz und Treblinka vorbereitete. An ihre Stelle würden arische Siedler treten, von Himmler in seiner Eigenschaft als Reichskommissar für die Festigung des deutschen Volkstums ins Protektorat geholt. Dies sollte laut Heydrich eine der ersten »Etappen für die langsame Eindeutschung des näheren Ostens« darstellen.

Der erste Schritt, den Heydrich in dieser Hinsicht unternahm, war eine »völkische Bestandsaufnahme« der Bevölkerung anhand von Informationen, welche die SS aus Quellen wie alten Militärakten bereits seit 1940 zusammengetragen hatte. Gegenüber seinem Stab betonte er in der abschreckenden Sprache des SS-Sozialingenieurs, es sei von dringlicher Bedeutung, »einen einmaligen Querschnitt durch die völkische und sippenmäßige Substanz zu haben und darauf die erforderlichen Maßnahmen aufzubauen«. Um eine Bevölkerung, der die Propaganda die Kollaboration als Überlebensgarantie darstellte, nicht zu beunruhigen, sollten die Ermittlungen von der Sicherheitspolizei geheim betrieben und als etwas anderes getarnt werden. Zu den Maßnahmen gehörten die medizinische Überprüfung der tschechischen Jugend während des Arbeitsdienstes und die Einführung eines neuen Personalausweises, für den jeder Haushaltsvorstand ausführliche Auskünfte über seine Familie und ihre Abstammung liefern mußte. Die Bestandsaufnahme erleichterte nicht nur die Mobilisierung von Arbeitskräften und die Gängelung des Volkes, sondern lieferte auch die Daten, die die Experten des Rasse- und Siedlungshauptamts der SS brauchten. Am 18. Mai schrieb Heydrich an Bormann, »getarnt unter dem Motto der Einführung der deutschen Kennkarte als Inlandspaß – jahrgangsweise im Rahmen einer ärztlichen Untersuchung der gesamten Bevölkerung Böhmens und Mährens, die erst einen Gesamtüberblick über die Prozente der Eindeutschungsfähigkeit ergibt –«, werde die Erhebung durchgeführt. Zur Unterstützung dieses Vorhabens wurde im Frühling desselben Jahres ein SS-Sonderkommando mit fünf mobilen Röntgeneinheiten ins Protektorat entsandt, um die gesamte Bevölkerung einer systematischen rassischen Untersuchung – diesmal als Kampagne gegen die Tuberkulose getarnt – zu unterziehen.

Zugleich ließ Heydrich sich keine Gelegenheit entgehen, die deutsche Kultur zu fördern. Wie er Bormann wissen ließ, verfolgte er das Ziel, den deutschen Einfluß auf jede mögliche Weise zu stärken und den Tschechen ihr Nationalbewußtsein zu nehmen. Deutsche Bücher und Filme gelangten zuhauf ins Protektorat, und Beamten wurde nahegelegt, deutsch zu lernen. Im Verlauf dieses Umerziehungsprogramms begann sich Heydrich für die Vergangenheit zu interessieren. Er durchstöberte die tschechische Geschichte nach Beispielen, um zu beweisen, daß das Gebiet nur dann Frieden und Wohlstand habe genießen können, wenn es sich mit Deutschland gegen die »barbarischen Horden« aus dem Osten verbündete. Eines der angeblichen Vorbilder war der heilige Wenzel, Schutzpatron der Tschechen, von dem Heydrich behauptete, er habe gegen die slawische Welt Posten bezogen und sei sich »des geschichtlichen Schicksals dieses Raumes und seiner ewigen Wechselbeziehung zum Reich« bewußt gewesen. Ein weiteres Vorbild war Wallenstein, und laut Lina Heydrich geriet ihr Mann ganz in den Bann des Friedländers und unternahm zahlreiche Fahrten zu historischen Stätten, die mit dessen Namen verbunden waren. »Böhmen, das war sein Problem. Und Böhmen war auch Wallensteins Problem. Da sah er die Parallele.« Eine andere Taktik wurde mittels eines Rasseexperten der SS eingeschlagen, den Heydrich ins Protektorat geholt hatte. »Um die Tschechen ... davon zu überzeugen, daß sie lediglich als Stamm und nicht als eigentliches Volk zu werten sind ... Er beschäftigt sich damit, die Abstammung weit bekannter Persönlichkeiten zu erforschen und nachzuweisen, daß ... diese ... deutsches Blut in sich tragen. Bei der publizistischen Auswertung dieser Nachforschungen ... sind die erkundeten Personen mehr als ›Große Meister dieses Raumes‹ herauszustellen, um ... das tschechische Nationalgefühl zu verwaschen.« Der Begriff »Raum« wurde bewußt gewählt, um den Tschechen den Status einer Nation zu bestreiten und eine kulturelle Leere zu suggerieren, die nur darauf warte, von Deutschland ausgefüllt zu werden. Im kleinen Kreis gab Heydrich zu, daß diese ganze Propaganda reiner Zynismus war. Sein wahres Ziel war, die Tschechen schrittweise zu »erziehen«, sich als Deutsche zu fühlen – als Vorstufe zur Eingliederung der Protektoratsbewohner ins Reich. Wie er seinen Mitarbeitern erläuterte, müsse er wegen der militärischen Lage seine wahre Absicht verbergen. »Wenn ich im Moment Maßnahmen ergreifen würde, die deutlich zeigen, daß ich einen Teil der Bevölkerung nicht im Lande behalten will, dann würde ich in kurzer Zeit eine Revolution bekommen, die uns Schwierigkeiten macht.«

Während Heydrich bemüht war, Kultur und nationale Identität der Tschechen zu untergraben, gerierte er sich unversehens als Förderer der Künste, eine ungewöhnliche Rolle für einen Mann der Sicherheitspolizei. Das höhere Schulwesen der Tschechen wurde systematisch unter Feuer genommen, doch Heydrich förderte die deutsche Universität in Prag, stiftete mehrere neue Lehrstühle und versuchte, sie aus einer Provinzhochschule in eine führende akademische Institution zu verwandeln. Er hoffte, sie werde sich als Herrschaftsinstrument eignen und der SS bei dem schauerlichen Plan, in den slawischen Gebieten im Osten eine neue, nazistische Kultur zu schaffen, als Ideenlieferant dienen. Da er selbst musizierte, vernachlässigte er auch diesen Zweig der schönen Künste nicht, benutzte die Musik jedoch als ein Werkzeug, um deutsche Überlegenheit zu demonstrieren. Er wurde zu einem Gönner des deutschen Philharmonischen Orchesters, eine Rolle, die ihm angesichts der Schwierigkeiten seines Vaters mit dem musikalischen Establishment in Preußen wohltat. Er sorgte für die Wiedereröffnung des im 19. Jahrhundert als Konzerthaus gegründeten Rudolfinums, das nach der Erringung der Unabhängigkeit zum Abgeordnetenhaus umgebaut worden war – in seinen Augen ein Akt der Entweihung. Mit schneidender Stimme erklärte er bei der Wiedereröffnung: ». . . Der Spieltisch der Orgel, an dem einst Anton Bruckner gesessen hatte, wurde mit der Axt zertrümmert, um einer Büste Masaryks zu weichen.« Mit diesem einen Satz wurde die künstlerische Überlegenheit der Deutschen proklamiert und die tschechische Unabhängigkeit als barbarische Abnormität abgetan. Eine ähnliche Note wurde aus Anlaß einer Mozartwoche im Dezember 1941 angeschlagen, als Frank in einer Rede Prag als »Mozarts zweite Heimatstadt«, als eine Wiege der deutschen Kunst und Kultur feierte. Um keine Unklarheiten zu lassen, wurde der Smetana-Platz in Mozart-Platz umbenannt. Heydrichs höchstes Ziel bestand darin, Prag zu einer der führenden Städte des Großdeutschen Reichs zu machen, zum Tor des neuen Naziimperiums auf dem Balkan und in den besetzten Ostgebieten. Er träumte davon, die Stadt in ein seiner eigenen Größe geweihtes Monument zu verwandeln; dabei sollte ihm Hitlers Architekt Albert Speer helfen, den Heydrich eifrig hofierte, weil er mit dem »Führer« befreundet war. Wie seine Frau berichtete, sah er schon in Speers Bereitschaft, das Protektorat zu besuchen und über das Projekt zu sprechen, ein Zeichen von Hitlers besonderer Gunst. Heydrich plante, Prag wie Berlin im bombastischen Stil der Nazis umzugestalten, mit einem neuen Opernhaus und einem Regierungszentrum hinter dem Hradschin. Die Stadt sollte mit einer Ringautobahn umgeben und durch diese mit dem Reich verbunden werden. Diese grandiose Vision, die Hitlers Pläne für Berlin und andere große Städte nachäffte, ließ erkennen, wie weit Heydrich schon aus dem Schatten Himmlers herausgetreten war. Er betrachtete sich nun eindeutig als einen Kandidaten für den inneren Kreis des NS-Regimes, eine Sicht, die durch den begeisterten Empfang bestätigt wurde, den man ihm im Februar 1942 im Führerhauptquartier bereitete.

Heydrichs energisches Auftreten beeindruckte, wie er beabsichtigt hatte, höheren Orts und wurde zu seinem Vorteil mit der Unentschlossenheit und Stümperei seines Vorgängers verglichen. Am 23. Januar gab Hitler seine Zufriedenheit mit der SS-Herrschaft zu Protokoll. »Neurath hat sich vom tschechischen Adel völlig an der Nase herumführen lassen. Noch sechs Monate dieses Regimes, und die Produktion wäre um 25 Prozent gefallen. Der Tscheche ist von allen Slawen der gefährlichste, weil er arbeitet. Er hat Sinn für Disziplin, er ist ordentlich . . . er versteht es, seine Pläne zu verbergen. Jetzt werden sie arbeiten, weil sie wissen, daß wir gnadenlos und brutal sind.« In der folgenden Woche tönte Hitler in Heydrichs Gegenwart: »Wir werden die Tschechen erledigen, wenn wir über Personen hinweg ununterbrochen gleichmäßig durch lange Zeiträume so handeln . . . Ein großer Teil von ihnen ist germanischen Ursprungs und kann eingedeutscht werden.« Auch stand der »Führer« mit seiner Bewunderung nicht allein. Am 15. Februar führte Goebbels, der Reichspropagandaminister, ein langes Gespräch mit Heydrich, der sich seiner jüngsten Taten rühmte. Beifällig notierte Goebbels in sein Tagebuch: »Die Maßnahmen Heydrichs wirken sich gut aus. Jedenfalls ist die Gefahr, die seitens des Tschechentums . . . drohte, gänzlich überwunden. Heydrich operiert erfolgreich. Er spielt mit den Tschechen Katz und Maus, und sie schlucken alles, was er ihnen vorlegt . . . Die Slawen, das betont er, können nicht erzogen werden, so wie man ein germanisches Volk erzieht, man muß sie brechen oder ständig beugen. Er verfolgt augenblicklich den zweiten Weg, und zwar mit Erfolg. Unsere Aufgabe im Protektorat liegt ganz klar. Neurath hat sie vollkommen verkannt, und daraus ist überhaupt erst die Krise im Protektorat entstanden.« Nach Goebbels' Urteil war Heydrichs Politik »geradezu vorbildlich . . . und die Folge davon ist, daß sich das Protektorat augenblicklich in der besten Stimmung befindet, sehr im Gegensatz zu anderen besetzten oder angeschlossenen Gebieten«.

Heydrichs erfolgreiche Mobilisierung der Wirtschaft und die Installierung einer Regierung, die offen mit den Nazis kollaborierte, erhöhten den politischen Druck auf die Exiltschechen in London. Beneš glaubte noch immer, daß 1942 ein Jahr der Entscheidung sein werde, worin ihn die militärischen Erfolge der Roten Armee vor Moskau und Amerikas Kriegseintritt nach Pearl Harbor bestärkten. In einer Rundfunkansprache an das tschechische Volk, die er zum Jahrestag des deutschen Einmarsches in Prag hielt, erklärte er, die Deutschen wüßten, daß sie nicht mehr siegen könnten; der Krieg werde spätestens im Frühjahr 1943 seinen Höhepunkt erreicht haben. Es sei von höchster Bedeutung, die nächsten achtzehn Monate nicht schwankend zu werden. Sein angeborener Optimismus wurde allerdings von einer zunehmenden Besorgnis über das Schicksal der Tschechoslowakei gedämpft. Wie konnte er die Russen auf die Gestaltung Mitteleuropas nach dem Krieg oder die Briten auf die Zukunft der Sudetendeutschen ansprechen, während tschechische Fabriken am laufenden Band Waffen produzierten, mit denen Soldaten der Alliierten getötet wurden, und Hácha sich dem Kreuzzug gegen den Bolschewismus angeschlossen hatte? Beneš wurde zunehmend von der Furcht verfolgt, das Protektorat könnte schließlich wie die Slowakei den Alliierten den Krieg erklären und Truppen an die Front im Osten entsenden; so etwas mußte den tschechischen Aussichten bei einer künftigen Friedenskonferenz den letzten Schlag versetzen. Und es bestand immer die Gefahr eines Kompromißfriedens. Beneš hielt an der Überzeugung fest, daß Hitler oder seine Generale ein Friedensangebot machen würden, sollte sich das Kriegsglück entscheidend gegen Deutschland wenden. Er argwöhnte in Heydrichs Maßnahmen einen möglichen Auftakt zu Vorschlägen, die den Nazis die Herrschaft über Böhmen und Mähren belassen würden. Folglich war es dringender denn je geboten, die Tschechen nicht als Nation von Quislingen erscheinen zu lassen – ein Eindruck, den jede öffentliche Erklärung Emil Háchas oder Emanuel Moravec' verstärken mußte.

Im Dezember 1941 unternahm die Exilregierung einige wohlberechnete Schritte im diplomatischen Bereich. Beneš brach in aller Form mit Hácha und griff zum erstenmal seit Kriegsbeginn über die BBC das Protektoratsregime an, indem er feststellte, seit Heydrichs Eintreffen gebe es »weder eine Regierung noch einen Präsidenten im sogenannten Protektorat«. Dem Foreign Office wurde zu verstehen gegeben, die Senilität habe den Staatspräsidenten dazu gebracht, mit den Deutschen zu kollaborieren. Der alte Herr sei völlig gaga. In der Woche nach dem Angriff auf Pearl Harbor gab Masaryk bekannt, daß die Tschechoslowakei sich im Kriegszustand »mit allen Ländern befindet, die sich im Kriegszustand mit Großbritannien und den Vereinigten Staaten befinden« – ein Schritt, der an die öffentliche Meinung in beiden Staaten appellieren und verhindern sollte, daß Hácha unter deutschem Einfluß mit einem Kriegseintritt liebäugelte. Am 1. Januar 1942 unterzeichnete die Exilregierung die Deklaration der Vereinten Nationen, in der alle Verbündeten verpflichtet wurden, ihre ganzen Ressourcen gegen Deutschland, Italien und Japan einzusetzen und unter keinen Umständen einen Separatfrieden mit diesen Staaten abzuschließen. Das waren indessen nur Gesten, die kaum etwas bewirken konnten, namentlich bei den Russen, die an der Ostfront in einem Kampf auf Leben und Tod mit den Deutschen lagen. Wenn die tschechische Sache den Krieg überstehen und vorankommen sollte, mußten bis zum Sommer 1942 den Worten Taten folgen, mochten die Opfer noch so groß sein. Wie schon im Ersten Weltkrieg richete Beneš seine Erwartungen auf revolutionäre Aktivitäten in der Heimat, um die Sache der Unabhängigkeit des Landes in den Hauptstrom der internationalen Entwicklung zu leiten. Es war die mit kühler Berechnung getroffene Entscheidung eines Mannes, der ähnlich wie de Gaulle glaubte, daß er und kein anderer den Geist der Nation verkörpere.

Wie Beneš bereits im Oktober 1941 erkannt hatte, waren nach der Zerschlagung der Heimatarmee durch Heydrich Fallschirmagenten in jeder Kampagne zur Erschütterung der politischen Verhältnisse und der Sabotage ein Schlüsselelement. Im Januar 1942, als Heydrichs neuer Kurs sich klar abzeichnete, wurden die Nachrichten- und Sabotageteams, die unter Šustr in der STS II bereits auf Flugzeuge warteten, um zwei weitere Gruppen vermehrt. Am 24. Januar ersuchten die Tschechen die SOE, zwei Teams, die die Deckbezeichnungen Iron und Tin erhielten, für »Angriffe gegen lokale Quislinge« auszubilden. Die Iron-Mission wurde später aufgegeben. Ihr Objekt ist in den verfügbaren Unterlagen nicht näher bezeichnet, vermutlich aber handelte es sich um Hácha, der Verrat an Beneš geübt hatte, als er im Oktober nicht zurücktrat und sich für Heydrichs Propagandafeldzug gegen die Exilanten einspannen ließ. Die Feldwebel Cupal und Švarc von der Gruppe Tin wurden der SOE zu einem Lehrgang überstellt, der »Ausbildung an der Waffe, Bombenwerfen, Sprengungen, Spezialmethoden . . . Leibesertüchtigung und Nahkampf ohne Waffen« umfaßte – in etwa dieselbe Schulung, die ihre Vorgänger Gabčík und Kubiš erhalten hatten. Das für Tin vorgesehene Objekt war Emanuel Moravec, Propagandaminister und Kollaborateur Nr. 1 in der reorganisierten Protektoratsregierung. Anthropoid gehörte nun zu einer umfassenden terroristischen Offensive gegen die von Heydrich im Januar 1943 geschaffene politische Struktur. Die neuen Operationen wurden wahrscheinlich auf Drängen des sowjetischen Geheimdienstes eingeleitet, der von Beneš verlangte, daß er etwas gegen die Kollaboration unternahm.

Gleichzeitig wurde der Sabotageplan erweitert. Für die Exilanten war es ein ständiges Ärgernis, daß tschechische Fabriken für die Deutschen Waffen in einem Umfang produzierten, der nach den Beneš vorliegenden Zahlen ein Drittel der Rüstungsproduktion in den besetzten Gebieten insgesamt ausmachte. Daß die meisten dieser Panzer und Geschütze an die Ostfront gingen, war im Hinblick auf das Verhältnis zu Moskau besonders unangenehm. Beneš wußte natürlich, daß seine Sabotagetrupps allein nichts ausrichten konnten, was eine fühlbare Wirkung erzielte, aber er glaubte, das Problem ließe sich überwinden, wenn er die RAF dazu bewegen könnte, im Zusammenwirken mit den Fallschirmspringerteams die Škoda-Werke zu bombardieren. Seit dem Frühjahr hatten die Exilanten 1941 ergebnislos auf einen Angriff gedrängt. Am 15. März ließ Beneš dem Luftfahrtministerium eine Denkschrift zugehen, in der er darlegte, daß die Škoda-Werke das größte Rüstungszentrum der Nazis nach dem Ruhrgebiet darstellten. Ihre Vernichtung wäre für die Russen eine größere Hilfe als der Angriff, der kurz vorher auf das Renault-Werk in Paris geflogen worden war, und würde beweisen, daß die Westmächte für die Befreiung der Tschechen kämpften, und damit die Moral im Protektorat stärken. Unter dem Schutz der Bombardierung könnten die Arbeiter das Zerstörungswerk vollenden. Neun Tage später wurde STEEL, eine der Sabotagegruppen in der STS II, in OUT DISTANCE umbenannt und darin unterwiesen, eine Funkbake aufzustellen, die britischen Bombern den Weg zu ihrem Ziel zeigen sollte. Dieses Gerät, »Rebecca set« genannt, sandte ein Signal aus, das ein Flugzeug aus einer Entfernung von fünfundzwanzig Meilen zum Ziel dirigieren konnte, und war von der RAF speziell für einen Einsatz in Verbindung mit Agenten entwickelt worden. Es ließ sich, als Keksdose getarnt, in einem Koffer verstauen und von einem einzigen Mann mühelos binnen einer Minute aufstellen. Nachdem »Bomber« Harris um Rat gefragt worden war, erklärte sich das Luftfahrtministerium bereit, in diesem Frühjahr im Zusammenwirken mit OUT DISTANCE einen Luftangriff auf die Škoda-Werke fliegen zu lassen. Die Operation erhielt den Decknamen CANONBURY.

SILVER A, zusammen mit SILVER B und ANTHROPOID in der Nacht vom 28. auf den 29. Dezember 1941 von Hockey abgesetzt, spielte eine Schlüsselrolle bei diesen ehrgeizigen Plänen; dieses Team sollte in der ersten Hälfte des Jahres 1941 Beneš' einzige Verbindung zum Protektorat herstellen. Bartoš konnte nach mehreren Fehlstarts am 15. Januar mit dem tschechischen Funkzentrum in Woldingham Kontakt aufnehmen. SILVER A hatte Glück und überstand die erste Phase der Operation. Das Team landete an der verkehrten Stelle, Valčik wurde während des Absprungs von seinen Kameraden getrennt, und die vom tschechischen Geheimdienst bereitgestellten gefälschten Papiere erwiesen sich als wertlos. Die Männer hatten jedoch noch immer mehr Glück als die von SILVER B, die getrennt untertauchen mußten, da ihr Funkgerät defekt geworden war und die Kontaktadressen, die sie von London erhalten hatten, nichts taugten. Mit Hilfe lokaler Sympathisanten wurde SILVER A in Bartoš' Heimatort Pardubice wieder vereint, wo die Männer sich halten konnten, obwohl sie sich einige schwere Schnitzer leisteten. Bartoš besuchte seine Mutter und ließ zu, daß Potuček das gleiche tat, was unvermeidlich zu Gerüchten über das Eintreffen von Fallschirmspringern aus England führte, die zum Glück nicht zur Kenntnis der Gestapo gelangten. Mit stillschweigender Duldung eines sympathisierenden tschechischen Polizisten wurden Potuček und das Funkgerät in einem verlassenen Steinbruch außerhalb des Ortes untergebracht, während Bartoš und Valčik ein Nachrichtennetz aufzubauen begannen, um Truppenbewegungen in Richtung Ostfront auszukundschaften und Ziele für Sabotageakte und Bombenangriffe zu identifizieren. Bartoš gab sich als Versicherungsvertreter aus, während Valčik sich eine Arbeit in einem Restaurant besorgte, das von deutschen Offizieren frequentiert wurde. Neue Papiere und Lebensmittelkarten beschaffte ihnen der lokale Widerstand.

Von Anfang an arbeiteten die Männer von SILVER A unter schweren psychischen Belastungen, weil die Sicherheitsmaßnahmen der Nazis viel schärfer waren, als sie nach den Darstellungen ihrer Instrukteure erwartet hatten. Einmal, im Februar 1942, entlud sich diese Spannung in einer Auseinandersetzung zwischen Bartoš und Valčik, bei der es um eine Frau ging. Erst als dieser Streit geschlichtet war, konnte die Gruppe effizient arbeiten. Die Belastung wurde in Bartoš' ersten Meldungen nach London angesprochen, in denen er seine Vorgesetzten informierte, daß es zwar noch eine Untergrundbewegung gebe, ihre Mitglieder aber gezwungen gewesen seien, sich zu verteilen und unter neuen Namen zu leben. »Der Terror . . . ist enorm, und auf jeden politisch Aktiven kommt ein Gestapoagent. Für uns . . . ist die Arbeit trotz unserer Kontakte außerordentlich schwierig. Künftige Helfer . . . müssen mit allen möglichen Legitimationspapieren ausgerüstet sein wie Geburtsurkunde, regionale Ausweise etc.« Reisen waren wegen der strengen polizeilichen Überwachung der Hotels gefährlich, und die Bahnstrecken wurden von Sabotagebekämpfungstrupps aus den anliegenden Gemeinden bewacht, die für die Sicherheit ihres Abschnitts geradezustehen hatten. Dieser Bericht, erklärte Lockhart, nachdem er ihn gelesen hatte, zeige »nicht nur die Rigorosität des Heydrich-Regimes, sondern auch den beträchtlichen Erfolg, mit dem dieser Spezialist für Terrortaktik die Tätigkeit der tschechischen Geheimorganisation behindert«. In einem späteren Bericht vom 16. Februar, in dem Bartoš dem tschechischen Geheimdienst Ratschläge erteilte, zog er die naheliegende Bilanz, daß es am besten wäre, »diejenigen [Fallschirmagenten], die hier sind, soweit wie möglich einzusetzen und die Zahl der Neuzugänge möglichst niedrig zu halten«. Beneš war über die Wiederherstellung des Kontakts zum Protektorat hocherfreut und beförderte zum Zeichen seiner Anerkennung Bartoš zum Hauptmann, doch dieser Ratschlag war nicht nach seinem Geschmack. Am 11. Februar hatte SILVER A eine Depesche erhalten, in der betont wurde, wie wichtig es sei, vom Ausland her den Widerstand mit »allen vertretbaren Mitteln« zu stimulieren. »Mit dieser Absicht haben wir . . . Gruppen von Fallschirmspringern in die verschiedenen Regionen unseres Landes geschickt und werden das auch weiterhin tun . . . Sie werden die erforderlichen Schritte unternehmen müssen, um diese Gruppen . . . zu unterstützen und die Ergebnisse ihrer Aufklärungs- und Widerstandstätigkeit nach London zu übermitteln . . . und ihnen unsere Anweisungen und Befehle mitzuteilen.« Bartoš konnte nicht wissen, daß Beneš bereits weitere Teams zusammenstellen ließ, die im Frühjahr aus der Luft abgesetzt werden sollten; aus politischen Zweckdienlichkeitserwägungen kam es für ihn nicht in Frage, das Programm zu beschneiden, mochte das Leben seiner Agenten noch so gefährdet sein. Die Fallschirmspringer mußten hinter dem Fortbestand der Nation zurückstehen.

Die Funkdepesche vom 11. Februar, in der Bartoš über Beneš' Absichten aufgeklärt wurde, enthielt auch die Weisung, festzustellen, was aus SILVER B und ANTHROPOID geworden war, die sich nicht gemeldet hatten, seit sie sechs Wochen vorher aus Hockeys Bomber in die Winternacht gesprungen waren. Heydrichs jüngste Erfolge machten es besonders wichtig, Klarheit über das Schicksal von ANTHROPOID zu gewinnen, da dieses Team in den Plänen für eine Störung der politischen Struktur eine Schlüsselrolle spielte. In

London nahm man irrigerweise an, SILVER B sei an die Deutschen verraten worden und ANTHROPOID könne ein ähnliches Schicksal ereilt haben. Wenn Gabčík und Kubiš getötet oder verhaftet worden waren, mußten Ersatzleute für sie gefunden werden. Die Operation war zu wichtig, um abgeblasen zu werden. Oberst Moravec erinnerte sich später: »Nach meinen Berechnungen würden mindestens zehn Tage vergehen, bis die Männer richtig mit den Vorbereitungen beginnen konnten. Zwei, dann drei Wochen gingen vorüber. Als vier Wochen verstrichen waren, ohne daß etwas geschehen war, begann ich mir Sorgen zu machen. War etwas schiefgegangen?« ANTHROPOID hatte kein Funkgerät und konnte London nicht benachrichtigen, wenn es in Schwierigkeiten geriet. In dieser Situation beschloß Moravec, die strengen Sicherheitsvorkehrungen zu durchbrechen, die ANTHROPOID von den anderen Fallschirmspringergruppen abgesondert hatten, und Bartoš darum zu ersuchen, die verschollenen Attentatsagenten ausfindig zu machen. SILVER A erhielt die Notadressen in Pilsen, die ANTHROPOID zugeteilt worden waren, und die Codewörter für eine persönliche Kontaktaufnahme mit der Gruppe: »Miluska von Station siebzehn grüßt Vyskočil« (Josef Gabčíks Deckname). Station siebzehn bezog sich auf die STS XVII, Brickendonbury Hall in Hertfordshire, wo die tschechischen Fallschirmteams in Sabotage ausgebildet worden waren.

Oberst Moravec' anfängliche Befürchtungen erwiesen sich zwar als unbegründet, doch ANTHROPOID war tatsächlich einer Katastrophe nahe gewesen und hatte nur mit knapper Not die ersten paar Stunden auf tschechischem Boden überlebt. Während Gabčík an seinem Fallschirm durch die Winternacht schwebte, schätzte er den Abstand zum Boden falsch ein und landete hart auf dem gefrorenen Erdreich, wobei er sich den linken Fuß verletzte. Die Folge war, daß er ohne die Hilfe seines Kameraden nicht gehen konnte. Schlimmer noch: Die beiden Agenten mußten feststellen, daß sie sich auf abgeernteten Feldern befanden, ohne die Wälder und Hügel, von denen sie sich Deckung erhofft hatten. Durch die nachtdunklen Wolken fliegend, hatte die Halifax sie nicht über dem Flugplatz Borek bei Pilsen, sondern über dem Dorf Nehvizdy, zwanzig Meilen von Prag entfernt, abgesetzt. Den beiden Agenten war auf der Stelle klar, daß etwas schiefgegangen war, obwohl beide zunächst nicht ahnten, wie weit sie von der vorgesehenen Landestelle entfernt waren. Während Gabčík die Fallschirme im Schnee vergrub, erkundete Kubiš rasch die Umgebung. Er fand eine verlassene Hütte, wo die beiden Männer ihre Ausrüstung unter einem Haufen alter Säcke versteckten. Dann, nach einem kurzen Imbiß aus Rinderpökelfleisch und Schokolade, machten sie sich über die gefrorenen Äcker auf, um ein besseres Versteck zu finden, ehe es Tag wurde. In der Nähe des Dorfes entdeckten sie einen alten, aufgegebenen Steinbruch und tauchten in den Stollen unter. Die nächtlichen Geräusche von Flugzeugmotoren, der zertrampelte Schnee, wo die Agenten gelandet waren, und die flüchtig versteckten Fallschirme – das alles war höchst aufschlußreich für jeden, dem etwas aufgefallen war. Die Gestapo brauchte nur diesen Hinweisen und den Fußspuren über die Äcker zu folgen, um ANTHROPOID ein Ende zu bereiten.

Dank einer glücklichen Fügung befanden sich keine deutschen Soldaten oder Polizisten in der näheren Umgebung; niemand brachte Hockeys Bomber mit Agenten in Zusammenhang, niemand ordnete eine Suchaktion an. Statt dessen wurden Gabčík und Kubǐs von einem Wildhüter entdeckt, der vom Lärm der niedrig fliegenden Halifax geweckt und neugierig gemacht worden war. Am Morgen fand er nach kurzer Suche die vergrabenen Fallschirme, die Ausrüstungsgegenstände in der Hütte und eine weggeworfene Pökelfleischdose mit einem englischen Etikett. Den Fußspuren im Schnee folgend, entdeckte er zwei junge Männer in dem Steinbruch. Die Fremden behaupteten, Landvermesser zu sein, die begutachten sollten, ob sich der aufgegebene Steinbruch wieder in Betrieb setzen ließ, doch dem Wildhüter fiel auf, daß einer der beiden die Hand nicht aus der Tasche nahm, in der offensichtlich ein Revolver steckte. Als er ihre versteckte Ausrüstung zur Sprache brachte, gaben die Männer zu, daß sie aus England gekommen und mit dem Fallschirm abgesprungen waren. Sie baten ihn um Hilfe. Zu ihrer Bestürzung erfuhren sie, daß sie zwanzig Meilen von Prag entfernt waren, was bedeutete, daß ihre Notfalladressen in Pilsen nutzlos waren. Obendrein war Gabčík verletzt – die Aussichten hätten nicht düsterer sein können. ANTHROPOID wurde nur durch einen Zufall gerettet. Ein Müller in einem benachbarten Dorf war gleichfalls von den Geräuschen der Halifax geweckt worden und hatte vermutet, daß die Maschine Agenten absetzte. Er machte sich auf die Suche nach ihnen und fand sie bald in dem Steinbruch, dem weit und breit augenfälligsten Versteck. Der Müller gehörte dem SOKOL an, einem Sportverband, der schon in den frühen Tagen der Republik die Sache der Nation auf seine Fahnen geschrieben hatte. Der Verband war zwar im Oktober 1941 von Heydrich verboten worden, bestand aber heimlich weiter, und der Müller erbot sich, Kontakt zwischen den Agenten und einer im Untergrund wirkenden SOKOL-Gruppe in Prag herzustellen. Dies verstieß gegen eine der wichtigsten in London aufgestellten Regeln, die jeden Kontakt zum lokalen Widerstand untersagte, bis die Operation abgeschlossen war, aber die Fallschirmspringer hatten eigentlich keine andere Wahl. Sie wären in einer Großstadt sicherer als auf dem Land, wo ihre Anwesenheit bereits Anlaß zum Klatsch gab. Gabčík brauchte einen sicheren Unterschlupf, wo er seinen verletzten Fuß ausheilen konnte, und in Prag würden sie ja auch ihr Ziel, Reinhard Heydrich, finden. Dank der Hilfe von SOKOL-Mitgliedern traf das ANTHROPOID-Team zu Beginn des neuen Jahres mit der Bahn in der Hauptstadt ein. Die Ausrüstung, die die beiden Agenten im Steinbruch versteckt hatten, folgte nach und wurde auf mehrere Verstecke an verschiedenen Adressen verteilt.

Das Netz, das sie nun unter seine Fittiche nahm, wurde von Ladislav Vaněk mit dem Decknamen JINDRA, einem ehemaligen Chemielehrer und SOKOL-Funktionär aus Brünn, geleitet, der seit anderthalb Jahren auf der Flucht vor der Gestapo war. Wie er nach dem Krieg berichtete, erfuhr er von der Anwesenheit der beiden Fallschirmagenten gegen Anfang Januar, obwohl er ihnen wahrscheinlich erst später begegnete, vielleicht sogar erst Ende Februar. Alle, die dem Schleppnetz von Heydrichs Polizei entgangen waren, waren auf der Hut, und Vaněk argwöhnte anfangs, die Agenten hätten von den Deutschen den Auftrag erhalten, seine Organisation zu infiltrieren und zu kompromitieren. Er befahl, die Fremden in eine Wohnung im Stadtbezirk Smíchow zu bringen, wo er sie persönlich befragen konnte. Da Gabčík das Gehen schwerfiel, fand sich nur Kubiš ein. Er war zwar nicht bereit, seinen Namen oder seinen Auftrag zu enthüllen, konnte Vaněk aber überzeugen, daß er kein Gestapospitzel war. Die beiden Agenten wurden der Obhut von Jan Zelenka, Deckname HAJSKÝ, übergeben, einem ehemaligen Lehrer, der vor dem Münchner Abkommen im Sudetenland für den tschechischen Geheimdienst gearbeitet hatte. Zelenkas Spezialität war die Beschaffung von geheimen Quartieren und Personalpapieren für »U-Boote« – für Leute, die sich eine neue Identität zulegen mußten, weil sie außerhalb des Gesetzes lebten. Mit seiner Hilfe kamen Gabčík und Kubiš zu Lebensmittelkarten und neuen Ausweispapieren als Ersatz für die in London mit falscher Tinte und fehlerhaften Stempelabdrücken hergestellten, die selbst dem dümmsten deutschen Polizisten hätten auffallen können. Man fand einen sympathisierenden Arzt, der Gabčíks Fuß behandelte und Atteste ausstellte, die die beiden Männer als arbeitsunfähig auswiesen, den einen wegen eines Zwölffingerdarmgeschwürs, den anderen wegen einer Entzündung der Gallenblase. Diese Papiere waren von unschätzbarem Wert. Da die Deutschen sämtliche verfügbaren Arbeitskräfte mobilisierten, mußten junge Männer, die während der Arbeitszeit auf der Straße angetroffen wurden, mit unangenehmen Fragen rechnen.

Zelenka versteckte die Agenten in geheimen Quartieren in Prag, die aus Sicherheitsgründen oft gewechselt wurden. Manche der Familien, bei denen die Männer logierten, wußten, daß sie mit dem Fallschirm abgesprungen waren, andere nicht, aber alle ahnten, daß es sich bei den beiden nicht um die üblichen »U-Boote« handelte, die sich vor den Deutschen versteckten. Die Leute, die die beiden bei sich aufnahmen, erinnerten sich ihrer als fröhlicher, extravertierter Männer, die immer mit Pistolen unter den Kopfkissen schliefen und jedes Haus zuerst auf Fluchtwege für den Notfall untersuchten. Im Zentrum des Netzes befand sich die Wohnung der Familie Moravec in der Vorstadt Žižkov, das Heim eines älteren Eisenbahners, seiner Frau und des einundzwanzigjährigen Sohns Ata, der von der Jindra-Gruppe häufig als Kurier eingesetzt wurde. Durch ihre Arbeit für die Liga zur Bekämpfung der Tbc und das Rote Kreuz verfügte Frau Moravec über eine Reihe höchst wertvoller Kontakte in ganz Prag und besaß eine ausgezeichnete Tarnung für die Untergrundarbeit. Gabčík und Kubiš kamen »Tante Marie« und ihren Angehörigen schon bald sehr nahe. Ata war beeindruckt von den Waffen der beiden Agenten und von ihren Erzählungen vom Soldatenleben in England, wo sein Bruder bei den tschechischen Streitkräften stand. Seine Haltung gegenüber Gabčík und Kubiš war eine Mischung aus Scheu und Heldenverehrung. Doch trotz ihrer lockeren Art und ihrer Bereitwilligkeit, über die Politik und den Krieg zu sprechen, wahrten die Agenten in einem wichtigen Punkt Zurückhaltung – sie gaben nie preis, was ihre Mission war. Wenn man sie ausfragen wollte, lachten sie nur und sagten: »Wir zählen die Enten auf der Moldau.«

Hier, in diesem Netz von Geheimquartieren, die die Jindra-Organisation beschaffte, spürte Valčík sie gegen Ende Februar auf; die Begegnung war von Frau Moravec vermittelt. Gabčík und Kubiš waren froh, ein vertrautes Gesicht aus der Tschechischen Brigade zu sehen, und die drei Männer tauschten ihre Erlebnisse seit dem Absprung aus. Am 1. März konnte Bartoš nach London melden, daß die beiden Agenten in Sicherheit und wohlauf seien, obwohl Gabčík noch nicht genesen war. Der Entdeckung des ANTHROPOID-Teams folgte eine weitere ermutigende Entwicklung, die Wiederaufnahme des Kontakts zu dem Abwehrspion Paul Thümmel, der Schlüsselfigur in den Aktivitäten des tschechischen Geheimdienstes seit 1937. Dies war die dringlichste Aufgabe, die SILVER A im Dezember 1941 zugeteilt worden war, obwohl Sicherheitsüberlegungen dringend geboten, daß Bartoš und seine Männer niemals die Identität, ja nicht einmal das Geschlecht des geheimnisvollen Agenten erfuhren, dem in London so große Bedeutung beigemessen wurde. Sie sollten durch einen Mittelsmann operieren – Hauptmann Morávek beziehungsweise OTA, der Thümmels einzige Verbindung zum Untergrund war. Morávek ausfindig zu machen war nicht einfach; seit er seinen letzten Sender verloren hatte, war er auf der Flucht und stand auf der Fahndungsliste der Gestapo an oberster Stelle. Im Dezember entkam er mit knapper Not der Verhaftung, als die Deutschen in der Prager Altstadt ein Geheimquartier aushoben. Er schoß sich den Weg frei und verwundete dabei drei Sicherheitspolizisten – ein Vorfall, den Heydrich als so gravierend einschätzte, daß er ihn am 4. Februar in einer Rede vor NS-Amtsträgern erwähnte. Als Valčik in Prag Erkundigungen einzuziehen begann, traf er auf eine Mauer des Schweigens. Der SS-Terror und der umfassende Einsatz von Spitzeln hatten ein solches Mißtrauen gegenüber Unbekannten ausgelöst, daß er nicht weiterkam. Erst als die BBC über den tschechischen Dienst eine verschlüsselte Botschaft ausstrahlte, die bestätigte, daß er ein Fallschirmagent und kein Nazispion sei, war überhaupt jemand bereit, Morávеks Aufenthaltsort zu enthüllen. Am 14. März konnt Bartoš schließlich melden: »Wir haben persönlichen Kontakt zu OTA aufgenommen. Seine Berichte folgen.«

Mit beträchtlicher Erleichterung nahm Beneš diese Nachricht auf; zum Dank überhäufte er Bartoš mit Lobeshymnen. Nun, am Vorabend einer Reihe – wie allgemein prophezeit wurde – entscheidender – Schlachten im Osten, konnte er erleichtert neuen Informationen entgegensehen. Sogleich bat ihn der Kreml, A-54 dringend nach deutschen Plänen in Rußland und auf dem Kriegsschauplatz im Mittelmeer zu befragen: »Vorbereitungen für Frühjahrsoffensive: Wo und welche vermutliche Richtung des Hauptstoßes? Was kann daraus abgeleitet werden? Für welche Länder werden im Augenblick neue Einsatzgruppen aufgestellt? Beziehungen zur Türkei und zu Schweden. Vorbereitungen für neue Kriegsschauplätze: Nordafrika, Spanien, Norwegen.« Die Fragenliste verriet, was den sowjetischen Geheimdienst und den SIS in erster Linie beschäftigte, die beide von dem, was die Tschechen seit Oktober 1941 geboten hatten, enttäuscht waren. Die Antworten darauf sollten sie nie erhalten. Die Gestapo zog bereits das Netz um A-54 zusammen. In einer zweiten Meldung von Morávek, die Bartoš am 14. März nach London weitergab, hieß es, daß Thümmel in Gefahr sei und vielleicht in die Schweiz oder die Türkei werde fliehen müssen. Er habe den Wunsch geäußert, die Untergrundbewegung möge eine Entführung vortäuschen, um seine Familie vor Repressalien zu bewahren. Diese Nachricht schlug wie eine Bombe ein; sie war Folge der Großfahndung, die Heydrichs Amtsantritt als stellvertretender Reichsprotektor begleitet hatte.

Als die Gestapo fünf Monate zuvor in der Nacht vom 4. auf den 5. Oktober 1941 Moráveks letzten Sender ausgehoben hatte, waren ihr auch die Informationen ins Netz gegangen, die er nach London übermittelt hatte. Sie bestätigten, daß ein Verräter Verbindung zum tschechischen Widerstand hatte, und engten die Fahndung auf drei hochrangige Angehörige der deutschen Administration ein: den Staatssekretär Karl Hermann Frank, den Chef der Prager Gestapo Otto Geschke, und den Mann, der das Abwehrnetz leitete, Paul Thümmel. Da Frank und Geschke über jeden Verdacht erhaben waren, blieb nur Thümmel übrig, und am 13. Oktober wurde er verhaftet. Heydrich nahm von Anfang an starkes persönliches Interesse an diesem Fall. Thümmel war sowohl ein hochrangiger Abwehrmann als auch Parteimitglied, ein hochdekorierter »alter Kämpfer«. Sein Verrat ließ sich zum Vorteil der SS ausbeuten – nicht nur im alten Zwist mit der Wehrmacht, sondern auch gegenüber der Partei, mit der sie neuerdings um die politische Vorrangstellung in den besetzten Ostgebieten rivalisierte. Der Fall Thümmel konnte helfen, die Rivalen anzuschwärzen und Hitler vor Augen zu führen, daß die SS die einzige zuverlässige Stütze der neuen Ordnung in Europa sei. Aber es war nicht einfach, einem Mann mit so guten Beziehungen Hoch- und Landesverrat nachzuweisen. Die Gestapo mußte behutsam vorgehen; sie konnte nicht zu den Methoden greifen, die bei weniger prominenten Häftlingen üblich waren. Im Verhör bestritt Thümmel rundweg alles, und niemand wagte, ein Geständnis aus ihm herauszuprügeln. Einer der Polizeibeamten, die ihn verhörten, berichtete später: »Im Verlauf des Verhörs lenkte er geschickt den Verdacht auf andere ab. Nach mehreren Tagen verlangte er von uns, ihm die Erlaubnis zu erteilen, die hohen Parteiinstanzen zu benachrichtigen . . . Die Folge war eine Flut von Protesten, von Bormann im Namen der NSDAP, von Himmler namens der SS und von Canaris im Namen der Abwehr.« Am 25. November gab die Gestapo nach und setzte Thümmel unter Entschuldigungen auf freien Fuß.

Trotz dieser Niederlage war Heydrich von der Schuld Thümmels überzeugt und ließ ihn weiter beschatten. Nach einer von mehreren Darstellungen nahm sich die Gestapo wieder ihre Dossiers vor und förderte Indizien zutage, die Thümmel mit einer Reihe von Spionagefällen unter Beteiligung eines namentlich nicht bekannten deutschen Offiziers – von Geheimkontakten mit den Alliierten 1939 bis zu Informationen über deutsche Pläne, die 1941 den Jugoslawen zugespielt wurden – in Verbindung brachten. Eine Überprüfung ergab, daß Thümmel sich jedesmal zur entsprechenden Zeit am entsprechenden Ort aufgehalten hatte. Nach einer anderen Darstellung wurden überzeugende Beweise gegen ihn in alten Dossiers des tschechischen Geheimdienstes entdeckt, die Moravec im März 1939 zu vernichten versäumt haben soll. Wie auch immer – die Sicherheitspolizei fühlte sich jetzt in der Lage, zu handeln. Am 22. Februar wurde Thümmel zu einer routinemäßigen Geheimdienstbesprechung nach Prag gebeten, erneut verhaftet und unauffällig zu der Gestapobehörde der Provinzstadt Kladno geschafft, wo er im geheimen, ohne Einmischung von seiten Canaris' oder der NS-Größen, verhört werden konnte. Diesmal gab er zu, daß er Kontakte zum tschechischen Widerstand unterhalten hatte, behauptete aber, sie seien Teil eines Täuschungsmanövers der Abwehr gewesen, um den Untergrund zu infiltrieren. Diese Erklärung war nicht völlig von der Hand zu weisen, denn in der zwielichtigen Welt der Geheimdienste während des Krieges waren solche Operationen an der Tagesordnung. Die Gestapo versuchte immer wieder durch den Einsatz von *Agents provocateurs*, die sich nicht selten als Fallschirmagenten ausgaben, Widerstandsgruppen zu infiltrieren. Thümmel wurde daher das Benefizium des Zweifels gewährt, und man bot ihm eine Chance, seine Loyalität zu beweisen. Am Monatsende wurde er unter der Bedingung, die Polizei zu Morávek zu führen, auf freien Fuß gesetzt. Thümmel versuchte, Zeit zu gewinnen und sich mit Hilfe seiner Kontaktleute aus dem Untergrund abzusetzen. Zumindest einmal konnte er sich der Beschattung durch die Gestapo entziehen; und bei dieser Gelegenheit sprach er jene Bitte an Morávek aus. Doch es war ein aussichtsloser Appell, denn es gab keine Möglichkeit, ihn aus dem Protektorat hinauszuschmuggeln. Ohnedies war Morávek keine Zeit zum Handeln mehr beschieden. Am 20. März war die Geduld der Sicherheitspolizei zu Ende, und Thümmel wurde endgültig festgenommen. Am Tag darauf wurde Morávek auf dem Weg zu einem Treffen mit ihm in einem Prager Park aus dem Hinterhalt überfallen. Nach einer Schießerei, bei der er über fünfzig Schüsse auf die Gestapobeamten abgab, durchbrach er den Polizeikordon und versuchte mit einer vorüberfahrenden Straßenbahn zu entkommen. Doch das Glück ließ ihn im Stich, und er fiel, in beide Beine getroffen, in den Rinnstein. Als die Gestapo ihn umzingelte, schoß er sich in den Kopf, um der Verhaftung zu entgehen. Das war das Ende der DREI KÖNIGE und des Informationsstroms von A-54 nach London. Zwei Monate danach, am 23. Mai, sandte Heydrich einen ausführlichen Bericht über die Affäre an Bormann, in dem er Thümmel als wichtigen Agenten des tschechischen Geheimdienstes bezeichnete und um seinen Parteiausschluß ersuchte. Der Fall kam nie vor ein Gericht, vielleicht um einen öffentlichen Skandal zu vermeiden. Statt dessen wurde Thümmel unter falschem Namen in Theresienstadt gefangengehalten und dort am 27. April 1945, zwölf Tage vor Kriegsende, von SS-Schergen ermordet.

Die Verhaftung von A-54 war ein weiterer Erfolg für Heydrich und erlaubte ihm, neue Intrigen gegen die Abwehr und gegen die Partei zu spinnen. Ein schwerer Schlag war sie für Beneš, und in dieser Hinsicht trug sie dazu bei, Heydrichs Untergang zu besiegeln. Nunmehr schienen die Zukunftsaussichten der Exilanten allein vom Erfolg der geplanten Subversions- und Sabotagekampagne abzuhängen, in der das Attentat eine führende Rolle spielte. Die Ereignisse Anfang März hatten auch folgenschwere Auswirkungen auf SILVER A und ANTHROPOID. In der Aktentasche des toten Morávek fanden sich Aufnahmen von Bartoš, Valčik und Potuček, die den Firmenstempel eines Photographen in Pardubice trugen. Er hatte sie mit sich geführt, weil die Männer von SILVER A in Schwierigkeiten geraten waren. Anfang März hatten sie versucht, ihre Existenz zu legalisieren, und sich polizeilich angemeldet, wobei sie gestohlene, von ihren lokalen Kontaktleuten beschaffte Ausweise benutzten. Bei einer stichprobenartigen Überprüfung von Neuanmeldungen durch die Gestapo wurde

Valčik für eine Routinebefragung ausgewählt; es stellte sich rasch heraus, daß seine Personalangaben reine Erfindung waren. Er entkam der Verhaftung nur, weil er sich nicht in der Stadt befand, als die Gestapo in dem Restaurant erschien, wo er arbeitete. Man leitete eine Fahndung nach dem verdächtigen Fremden ein, und in Pardubice und Umgebung wurden alle Ausweise kontrolliert. Bartoš wies Valčik an, in Prag Zuflucht zu suchen, und bat Morávek, für SILVER A neue Papiere zu beschaffen, für die er ihm die Photos liefern wollte, die er bei seinem Tod bei sich trug. Valčik wurde sofort als der verschwundene Kellner aus Pardubice erkannt, und sein Arbeitgeber wurde verhaftet. Die beiden anderen Männer waren der Gestapo unbekannt, aber man vermutete, daß es sich bei allen dreien um Fallschirmagenten handelte. Ihre Personenbeschreibungen gingen sämtlichen Polizeiposten im Protektorat zu, während in Pardubice eine intensive Fahndung nach den Männern und dem Geheimsender begann, der, wie es hieß, in der Umgebung betrieben werde. Da es für Valčik zu gefährlich war, in den Ort zurückzukehren, blieb er in Prag und veränderte sein Äußeres, indem er sein Haar färbte und sich einen kleinen Schnauzbart wachsen ließ. Er suchte Zuflucht bei der JINDRA-Gruppe und fand Unterschlupf in der Wohnung der Moravecs in Žižkov und in verschiedenen anderen Geheimquartieren in der Stadt. Dort kam er mit Gabčík und Kubiš zusammen, die ihn Anfang April für ANTHROPOID anwarben. Dies war ein weiteres Abweichen von den von London verfügten Sicherheitsvorkehrungen, aber ein zusätzlicher Mann war nützlich, und die Zeit drängte. Sollte die Gestapo SILVER A und das Netz in Pardubice hochgehen lassen, würde die Spur rasch zu JINDRA in Prag führen und den gesamten Attentatsplan gefährden.

8. *Vorbereitungen*

Als die Agenten mit der Planung der Operation begannen, brauchten sie als erstes zuverlässige Informationen über Heydrich, der viel unterwegs war und sich häufig außerhalb von Prag aufhielt. Ohne verläßliche Daten über seine Tageseinteilung und seine Bewegungen ließen sich Zeitpunkt und Schauplatz für das Attentat nicht festlegen. Es gelang den Agenten zwar, durch die Beobachtung der Straße zwischen Heydrichs Wohnsitz in Panenské Břežany und Prag einiges in Erfahrung zu bringen – sie standen dafür früh auf und kehrten frierend und dreckbespritzt in ihre Geheimquartiere zurück, nachdem sie stundenlang in Gräben und hinter Hecken versteckt gelauert hatten. Doch das Bild, das sich auf diese Weise zusammenfügen ließ, war keineswegs komplett. Es mußte mit Interna abgerundet werden, die eine bedeutende Rolle bei dem Attentat spielen sollten. Der Hradschin war durch eine SS-Wachkompanie gesichert, aber innerhalb der Mauern herrschte ein laxer Umgang mit der Sicherheit. Die Nazis beschäftigten tschechisches Hauspersonal, interessierten sich aber nicht für dessen Privatleben. Die Hausangestellten wurden als Teil der Einrichtung behandelt und waren in einer idealen Position, Informationen zu liefern. Mit Zelenkas Hilfe wurden Gabčík und Kubiš mit František Šefařík bekanntgemacht, einem Tischler, der zum Wartungspersonal gehörte. Šefařík, ein verheirateter Mann mit einem kleinen Kind, war über die Erkundigungen der geheimnisvollen jungen Fremden zuerst beunruhigt. »Ich habe zu diesen Jungen gesagt, daß es mir nicht gefällt – die ganze Geschichte roch nach Friedhof –, aber sie haben mich beruhigt.« Šefařík führte die beiden Agenten zu dem kopfsteingepflasterten Platz vor der Hofburg, neben dem Mathias-Tor, wo er ihnen Heydrichs Wagen und die SS-Wachen zeigte. Um kein Risiko einzugehen, mied er weitere Kontakte mit ihnen und bediente sich der Vermittlungsdienste zweier junger Frauen, die Zelenka in einer Wohnung nahe dem Hradschin einquartiert hatte. Jeden Abend warf er einen Zettel durch das Fenster, der detaillierte Angaben zu Heydrichs Ortswechsel enthielt und meldete, ob er mit oder ohne Eskorte gefahren war. Šefařík wußte nicht, daß die Agenten über einen zweiten Spion namens Josef Novotný verfügten, einen Uhrmacher, der für die Burguhren zuständig war. Seine Arbeit führte ihn in jeden Raum des Hradschin, und da er für die deutsche Garnison Uhren reparierte, konnte er viel nützlichen Klatsch aufschnappen. Nach einigen Darstellungen knüpften sie auch Kontakte zu Panenské Břežany. Die Heydrichs sahen im Personal des Gutes kein Sicherheitsrisiko, sondern ein Statussymbol. Lina Heydrich sagte: »Jeder Diener hatte noch einen Diener. Das war eben alles noch sehr österreichisch.« So forschten die Agenten Heydrichs Tageseinteilung aus und begannen, sich nach einer geeigneten Stelle für den Hinterhalt umzusehen.

Schon bald war klar, daß die Tat weder im Hradschin noch auf dem Gut auszuführen war. Beide Örtlichkeiten waren zu gut bewacht. Die Agenten waren von der SOE für einen Angriff auf Heydrichs Dienstwagen geschult und ausgerüstet worden, und ihr Augenmerk konzentrierte sich auf seine häufigen Fahrten zwischen Panenské Břežany, Prag und dem Flughafen, wo seine Sondermaschine, eine Ju-52, bereitstand. Unterwegs war Hitlers Vizekönig am verwundbarsten, weil er, anders als sein Vorgänger Neurath, meist ohne Begleitschutz fuhr. Nun galt es, längs seiner üblichen Route von und nach Prag einen geeigneten Hinterhalt zu finden. Verschiedene Möglichkeiten wurden in Betracht gezogen, darunter ein steiler Winkel in der Altstadt nahe der Burg, die aber alle verworfen wurden. Ein Überfall im Zentrum von Prag wäre zu riskant und könnte die Polizei und die SS zum Eingreifen alarmieren. Damit blieb nur die Landstraße zwischen Prag und Panenské Břežany übrig, die Heydrich zweimal täglich befuhr, wenn er sich im Protektorat aufhielt. Nach einer eingehenden Erkundung wählten die Agenten für den Hinterhalt ein Wäldchen südlich des Dorfes Břežany. Zwar konnte der Lärm der Schüsse bis zu den SS-Wachen auf dem Landsitz dringen, aber bis diese eingreifen konnten, wäre alles vorbei. Der größte Nachteil bestand darin, daß die Straße kurvenfrei war, was Heydrichs Chauffeur die Möglichkeit gab, ein hohes Tempo zu halten. Wenn Gabčíks Sten-Gun und Kubiš' Bombe ihr Ziel nicht verfehlen sollten, mußte eine Möglichkeit gefunden werden, den Wagen anzuhalten. Mit Hilfe eines Mechanikers aus einer Prager Fabrik, mit der Familie verschwägert, die ihnen zu jener Zeit Unterschlupf gewährte, verschafften sich die Agenten ein Stahlkabel. Sie planten, es quer über die Straße zu spannen, um den Mercedes zum Anhalten zu bringen oder einen Unfall zu verursachen. Dann würden Heydrich und sein Fahrer mit Schüssen und den Spezialgranaten erledigt werden.

Der Haken an diesem Plan: Wie sollte man nach begangener Tat verschwinden? Vaněk berichtete später: »Das Umland von Panenské Břežany bot nicht die geringste Möglichkeit, sich zu verstecken oder abzusetzen. Ein Anschlag an dieser Stelle hätte für die, die ihn ausführten, den sicheren Selbstmord bedeutet.« Vom Lärm der Schüsse alarmiert, würden die SS-Wachen auf dem Gut rasch nach Prag telephonieren. Die Deutschen würden Straßensperren errichten und das ganze Gebiet von Polizisten und Soldaten durchkämmen lassen. Der tschechische Geheimdienst in London betrachtete ANTHROPOID zwar als Selbstmordmission, aber die jungen Männer, die sie ausführten, wollten nicht sterben, wenn es sich vermeiden ließ. Beide hatten sich inzwischen in Prag eine Freundin zugelegt. Kubiš hatte eine Beziehung zu Anna Malinová angeknüpft, einer Bekannten von Frau Moravec, und Gabčík wollte nach dem Krieg die neunzehnjährige Libena Fafek heiraten, die Tochter einer der Familien, die den Agenten Unterschlupf gewährten. Zumindest eines der beiden Mädchen war schwanger. So nimmt es kaum wunder, daß die beiden Agenten am Leben bleiben wollten. Die Chancen, mit Fahrrädern, den einzigen verfügbaren Fahrzeugen, zu entkommen, waren sehr gering. Die Agenten versuchten deshalb, ein Fluchtauto zu beschaffen, das Valčik fahren sollte, während die beiden anderen die Tat begingen, aber an motorisierte Fahrzeuge war in Prag während des Krieges nur schwer heranzukommen. Die Agenten verfeinerten ihren Plan unentwegt, stießen aber immer wieder gegen dieses entscheidende Hindernis. Ohne Auto hatten sie keine Fluchtchance, und selbst wenn man eines auftrieb, war das Risiko groß, getötet oder verhaftet zu werden. »Die ganze Geschichte konnte leicht sehr schlecht ausgehen.«

In diesem Stadium wurden die Agenten durch neue Weisungen aus London abgelenkt. Am 28. März wurden zwei weitere Gruppen über dem Protektorat abgesetzt. Die erste, ZINC, war ein drei Mann starkes Nachrichtenteam, das SILVER A unterstützen und ein Netz zur Beschaffung von Geheiminformationen aufbauen sollte. Die zweite, OUT DISTANCE, brachte einen Rebecca-Leitstrahlsender mit, der Bombern der Royal Air Force die Richtung zu den Škoda-Werken weisen sollte. Bartoš war davon in Kenntnis gesetzt worden; durch verschlüsselte Zeitungsanzeigen wollte man den Kontakt zu den Neuankömmlingen herstellen. Das Ganze ging von Anfang an für beide Teams schief. Das Protektorat lag unter einer Wolkendecke, der Pilot verflog sich und setzte die Agenten meilenweit von ihren Zielen entfernt ab. ZINC hatte das Pech, in der Slowakei, dem NS-Satellitenstaat, zu landen; das Team teilte sich auf, und die Männer versuchten, einzeln die

Grenze zu überqueren. Der Gruppenführer, Leutnant Pechal, wurde an der Grenze verhaftet, schoß sich den Weg frei und verlor bei dem Handgemenge seine Ausweispapiere und eine Aktentasche voll Geld. Als polizeilich Gesuchter hielt er sich fortan in den Wäldern in der Nähe seines Elternhauses versteckt. Feldwebel Mikš konnte Bartoš in Pardubice ausfindig machen und wurde an die JINDRA-Organisation weitergeleitet. Das jüngste Mitglied der Gruppe, der zweiundzwanzigjährige Korporal Gerik, fand seine Anlaufadressen nutzlos und floh nach Prag, wo er sich der tschechischen Polizei stellte. Er wurde sofort der Gestapo übergeben. Im Verhör behauptete Gerik, daß er sich als Slowake nicht zur Loyalität gegenüber der Exilbewegung verpflichtet fühle und sich für den Spezialeinsatz nur gemeldet habe, um so nach Hause zu kommen. Um seine Aussage zu untermauern, zeigte er den Deutschen, wo das ZINC-Team seine Funkausrüstung versteckt hatte. OUT DISTANCE hatte ähnliches Pech. Das Team hatte ursprünglich vier Mann stark sein sollen, doch aus einem unbekannten Grund war ein Mitglied in letzter Sekunde ausgeschieden. Der Anführer, Leutnant Opálka, verletzte sich bei der Landung am Bein, während Korporal Kolařík die Nerven und seine Papiere verlor. Nur das dritte Mitglied der Gruppe, Feldwebel Čurda, überstand den Absprung unversehrt. Die Männer vergruben den hochwichtigen Sender und trennten sich. Opálka und Čurda schlugen sich getrennt nach Pardubice durch und wurden von Bartoš nach Prag weitergeschickt, wo sie in Geheimquartieren untertauchen konnten. Kolařík versteckte sich in der Kleinstadt Zlín, wurde aber am 1. April von der Gestapo aufgespürt und beging Selbstmord, um sich der Verhaftung zu entziehen. Ihr Rebecca-Sender wurde von einem Bauern ausgegraben und den Behörden ausgehändigt. Wie ZINC schien auch OUT DISTANCE dazu bestimmt, als Mißerfolg zu enden.

Als Beneš von diesen Entwicklungen erfuhr, wollte er wenigstens aus den Trümmern etwas retten. ZINC mußte abgeschrieben werden, aber OUT DISTANCE war ein anderer Fall. Die Briten hatten sich erst nach monatelangem Drängen bereit erklärt, im Zusammenwirken mit einer Fallschirmspringergruppe die Škoda-Werke zu bombardieren, und die Russen waren vermutlich schon über das Vorhaben unterrichtet worden. Es konnte nicht abgeblasen werden, ohne die Exilanten politisch zu blamieren. Als man in London am 14. April zum erstenmal von den Problemen der OUT-DISTANCE-Mission erfuhr, war das Ausmaß des Desasters noch nicht bekannt. Die Mission schien bedroht, nicht durch den Verlust von Gerät, sondern durch den Mangel an Männern. Es ging ja nicht nur darum, einen Rebecca-Leitstrahlsender aufzustellen, wozu ein einziger Mann genügt hätte. Das OUT-DISTANCE-Team sollte auch zu beiden Seiten der Werksanlagen Feuer als Zielmarkierung für die anfliegenden Bomber entzünden. Aber nur Opálka hatte Kontakt zu Bartoš aufgenommen, und Opálka war verletzt. Angesichts dessen, daß für Ende April ein CANONBURY-Luftangriff geplant war, wurde beschlossen, ANTHROPOID hinzuzuziehen, um die Aktion zu retten. Diese Entscheidung brachte die prospektiven Attentäter und ihre ganze Operation in Gefahr. Sie war bezeichnend für Beneš' Versuche, mit zu geringen Mitteln zuviel zu erreichen. Trotz Bartoš' Warnungen scheint er sich nicht im klaren gewesen zu sein, welche Gefahren seinen Agenten im Protektorat drohten, oder er entschied sich dafür, die Schwierigkeiten zu ignorieren, um seine politischen Ziele durchzusetzen. Ihren neuen Befehlen gehorchend, fuhren Gabčík, Kubiš und Valčik mit Opálka nach Pilsen, um Vorbereitungen für den Luftangriff zu treffen. Dort stieß Čurda am 23. April zu ihnen. Mittlerweile hatte sich eine neue Komplikation ergeben – der Rebecca-Sender war nicht zu finden, da er sich ja bereits in den Händen der Gestapo befand. Damit der Angriff auf die Škoda-Werke nicht abgesagt werden mußte, wurde beschlossen, ohne den Sender zu operieren, in der Hoffnung, daß die Bomber auch ohne das Gerät die Zielmarkierung finden würden. Die Agenten wurden angewiesen, die Brände vorzubereiten und das Signal zum Handeln abzuwarten, das über den tschechischen Dienst der BBC kommen sollte: »Habt Geduld, der Tag der Rache ist nahe.«

Die Škoda-Werke wurden am 26. April durch Stirling-Maschinen der Gruppe Nr. 3 angegriffen, die sich von einem größeren Verband mit den Daimler-Benz- und Bosch-Werken in Stuttgart als Ziel gelöst hatten. Trotz klarer Sicht und der Brände, die die Agenten entzündet hatten, fand nur eine einzige Maschine die Werke, und ihre Bomben schlugen in fünf Meilen Entfernung ein. Auch bei einem zweiten RAF-Angriff, der ohne Unterstützung vom Boden her am 3. Mai durchgeführt wurde, erzielte man keinerlei Treffer. Er wurde von einer symbolischen Streitmacht von drei Maschinen geflogen, und keine gelangte auch nur in die Nähe der Werke. Das einzige Ergebnis der CANONBURY-Angriffe bestand darin, daß die Flakstellungen um Pilsen verstärkt wurden. Die Arbeiter, die die Bombardierung als Tarnung für Sabotageakte nutzen sollten, wurden von Heydrich gewarnt, daß Zerstörungsakte in den Werken ihre sofortige Deportation ins Reich zur Folge haben würden. Die Agenten kehrten bitter enttäuscht über das Scheitern von CANONBURY und zornig auf den tschechischen Geheimdienst, der ihr Leben für ein so sinnloses Unternehmen aufs Spiel gesetzt hatte, nach Prag zurück. Besonders für Bartoš markierte diese Episode wohl einen Wendepunkt. Hatte er vorher schon an Beneš' Verständnis für die Realitäten im Protektorat gezweifelt, so war er nun über seine Vorgesetzten in London vollends desillusioniert. Seine Probleme waren jedoch noch nicht vorbei.

Ende April landete eine neue Welle von Fallschirmspringern im Protektorat, da Beneš bestrebt war, möglichst viele Agenten absetzen zu lassen, ehe die Sommernächte zu kurz wurden. Überwiegend handelte es sich um Sabotagetrupps mit Aufträgen, wie sie die Sowjets bereits im August 1941 erbeten hatten – Aktionen gegen das Schienennetz, gegen Öldepots und gegen das Stromnetz. Von den fünf Teams, die nach ZINC und OUT DISTANCE abgesetzt wurden, war kein einziges erfolgreich. Es besteht kaum ein Zweifel, daß Beneš mit diesen Unternehmen Moskau beeindrucken wollte, aber die Ergebnisse waren katastrophal. Der Luftangriff auf die Škoda-Werke und Geriks Entschluß, sich der Polizei zu stellen, hatten die Nazis vorgewarnt. Wie Heydrich am 3. Mai Bormann berichtete, vermutete man, die britischen Luftangriffe sollten eine Deckung für das Absetzen von Agenten abgeben, weswegen die Sicherheitskräfte in Alarmzustand versetzt wurden. Die tschechischen Agenten waren schon bald mehr damit beschäftigt, die eigene Haut zu retten, als ihre Missionen auszuführen. Am 27. April wurden drei Gruppen über dem Waldgebiet Křivoklát in der Nähe von Prag abgesetzt – zwei jeweils drei Mann starke Sabotageteams, BIOSCOPE und BIVOUAC, und ein einzelner Agent, STEEL, mit einem neuen Sender für den UVOD. STEEL hatte auch Ersatzkristalle für Bartoš' Funkgerät dabei, das allmählich schwächer wurde. Die Männer landeten unversehrt, vergruben ihre Ausrüstung und gingen anscheinend unentdeckt auseinander. Am nächsten Vormittag jedoch förderte ein Bauer, der seine Äcker pflügte, STEELS Sender zutage und meldete seinen Fund unverzüglich den Behörden. Das Gebiet wurde unter Gestapoüberwachung von tschechischen Polizisten abgesucht, die schon bald einen zweiten Behälter, vollgepackt mit Sabotagegeräten und mehreren Fallschirmen, entdeckten. An der betreffenden Stelle wurde ein Hinterhalt gelegt, und die Deutschen warteten ab, wer in die Falle gehen werde.

Das Bioscope-Team gelangte unbehelligt nach Prag und nahm Kontakt zu Opálka auf. Der Führer der Gruppe, Feldwebel Kouba, wollte sofort mit den Operationen beginnen und ersuchte um Unterstützung bei der Wiederbeschaffung seines Sabotagematerials. Am 30. April kehrte er nach Křivoklát zurück, begleitet von Mikš von Out Distance, Valčik von Silver A und dem jungen Ata Moravec. Als sie sich der Landestelle näherten, trennten sie sich. Valčik und Moravec gerieten ahnungslos in die polizeiliche Absperrung und entkamen nur, weil ein sympathisierender tschechischer Gendarm sie zurückschickte. Ihre Kameraden hatten weniger Glück; sie versuchten, sich den Rückweg freizukämpfen. Mikš wurde erschossen, nachdem er einen Polizisten getötet und einen zweiten verwundet hatte. Kouba wurde gefangengenommen. Am 3. Mai beging er in seiner Zelle Selbstmord, um dem Verhör durch die Gestapo zu entgehen. Was das Bivouac-Team betraf, so wurden alle drei Männer binnen fünf Tagen nach ihrer Landung in Brünn verhaftet. Der Anführer, Feldwebel Pospíšil, erschoß einen tschechischen Polizisten und entkam, wurde aber an einem Bein verwundet und rasch wieder gefangengenommen. Seine Kameraden gaben der Gestapo eine ziemlich vollständige Schilderung ihrer SOE-Ausbildung und verrieten ihre Anlaufadressen im Protektorat, was zur Verhaftung und Hinrichtung von zehn tschechischen Bürgern führte. Nachfolgenden Gruppen erging es nicht besser. Am 29. April wurden Tin und Intransitive in der Nähe von Trebon in Südböhmen abgesetzt. Die Mission von Tin, der Zwei-Mann-Gruppe, die ein Attentat auf Emanuel Moravec verüben sollte, stand von Anfang an unter einem Unstern. Feldwebel Švarc verstauchte sich bei der Landung die Beine und erlitt innere Verletzungen. Da er weder seine Ausrüstung noch seinen Kameraden, Feldwebel Cupal, fand, nahm er schließlich durch eine verschlüsselte Anzeige in einer Zeitung Kontakt zu Bartoš auf und wurde in ein Geheimquartier in Prag gebracht. Cupal, der sich gleichfalls die Beine verletzt hatte, suchte in Mähren Zuflucht, begleitet von einem Mitglied der Intransitive-Gruppe, einem aus drei Mann bestehenden Sabotageteam, das sich auflöste, nachdem es seinen Ausrüstungsbehälter während des Absprungs verloren hatte. Sie alle wurden später entweder getötet oder gefangengenommen. Die Deutschen waren sprachlos über den Umfang des Materials, das ihnen in dieser Periode in die Hände fiel, darunter »Waffen, Munition, ein großes Quantum Sprengstoff, 5 Sender/Empfänger, 1 Leitstrahlsender, 72 Spezialsprengladungen für Sabotagezwecke, 6 Sprengsätze für Attentate, 40 Brandsätze und über 1000 Zünder und Zündschnüre verschiedener Arten«. Dieser traurige Katalog besiegelte das Versagen der Pläne Beneš' für einen aktiven, von Fallschirmagenten angeführten Widerstand. Seine Anstrengungen hatten nur die Nazis aufgerüttelt und – was Bartoš seit langem vorausgesehen hatte – das Leben der bereits dort befindlichen Agenten in Gefahr gebracht. Am 21. Mai bilanzierte der Anführer von SILVER A die bestürzenden Ergebnisse der Aktion und ersuchte darum, keine weiteren Fallschirmagenten abzusetzen. Seine Meldung war in einem Ton bitterer Kritik an seinen Vorgesetzten in London gehalten: »Sie schicken uns tatsächlich Leute, für die wir keine Verwendung haben. Im Gegenteil, sie sind für das organisatorische Netz eine Belastung, die in der gegenwärtigen, schwierigen Zeit unerwünscht ist. Die tschechischen und deutschen Sicherheitsorgane verfügen über so viele Erkenntnisse und Informationen über uns, daß es eine Vergeudung von Menschen und Ausrüstung wäre, solche Operationen zu wiederholen.«

In dieser Situation wurde die Mission ANTHROPOID überhaupt in Frage gestellt – eine wirre Episode, die von den Hauptbeteiligten nie richtig erklärt werden konnte. In Umrissen läßt sie sich immerhin rekonstruieren. Ende April konnten Gabčík und Kubiš die Natur ihrer Mission nicht länger vor der JINDRA-Gruppe verbergen. Daß sie sich so angelegentlich mit Heydrich und seinen Fahrten beschäftigten, legte den Schluß nahe, daß sie den Auftrag hatten, Hitlers Vizekönig zu töten. Vaněk behauptete später, er habe ihr Vorhaben bereits im Januar 1942 erraten, aber er ist in diesem Punkt ein unzuverlässiger Zeuge. Anscheinend interessierte er sich kaum für die beiden Agenten, bis er im April – vermutlich von Zelenka – auf ihre Aktivitäten hingewiesen wurde. Während Zelenka den Attentatsplan billigte, war Vaněk entsetzt. Er hatte mit knapper Not den früheren SS-Terror überlebt und wollte unbedingt eine neue Welle der Repression vermeiden, die möglicherweise den nationalen Widerstand auslöschen würde und zur Folge hätte, daß nach Kriegsende die Kommunisten den dominierenden politischen Faktor stellten. Um das Attentat zu verhindern, hielt er irgendwann gegen Ende April, vermutlich unmittelbar nach dem Fehlschlag der Operation CANONBURY, eine Besprechung mit Bartoš, Opálka, Gabčík und vielleicht auch mit Kubiš ab. Offenbar hoffte Vaněk, daß Bartoš als der Ranghöchste unter den Fallschirmagenten die Vollmacht besitze, die Operation zu stoppen, oder daß er seine

Vorgesetzten in London dazu bewegen könnte, sie abzublasen. Seiner eigenen Darstellung zufolge teilte Bartoš Vaněks Besorgnis wegen ANTHROPOID – verständlicherweise. Die CANONBURY-Affäre hatte Bartoš zu der Ansicht gebracht, daß die Londoner Pläne leichtsinnig seien und auf einer gewollten Blindheit für die Verhältnisse im Protektorat basierten. Er war damals bereits ein kranker Mann und wurde kurze Zeit danach von einem schweren Anfall von *Arthritis deformans* heimgesucht, was sich vermutlich auf sein Urteil auswirkte. Sein Instinkt riet ihm, auf keinen Fall die Nazis aufzuscheuchen, weil dies die geschwächte Widerstandsbewegung und das von SILVER A aufgebaute Nachrichtennetz gefährden würde. Ganz anders reagierten die prospektiven Attentäter. In ihrem Fall führte die Enttäuschung über das CANONBURY-Fiasko zu einem »Jetzt erst recht«. Vaněk berichtete: »Die jungen Männer erklärten, ihre Aufgabe sei sonnenklar: Sie sollten die Tat vorbereiten und ausführen. Sie waren Soldaten, und so konnten sie an dem Attentat nichts auszusetzen haben oder die Frage stellen, ob es Sinn habe oder nicht, ob es zur richtigen Zeit oder zur Unzeit ausgeführt werde. Bestenfalls konnten sie darüber nachdenken; aber sie würden nicht gegen einen Befehl handeln, den sie erhalten hatten.« Als Bartoš weiterzudiskutieren versuchte, brauste Gabčík auf und brüllte: »Das Attentat ist notwendig, und ich jedenfalls werde den Befehlen gehorchen, die ich bekommen habe!« Dann verließ er die Wohnung und schlug die Tür hinter sich zu. Fortan machte er kein Hehl aus seiner Abneigung gegen jene, die wie Opálka Vaněk unterstützten, während er gegenüber Zelenka, der bereit war, die Sache durchzuziehen, Dankbarkeit bezeigte.

Da es Bartoš nicht gelang, Gabčík und Kubiš umzustimmen, beschloß Vaněk, an London direkt zu appellieren. Anfang Mai nahm er Kontakt zu Arnošt Heidrich, einem ehemaligen tschechischen Diplomaten und Angehörigen des UVOD, auf. Heidrich kannte Vaněk nicht persönlich und lehnte es ab, sich mit ihm einzulassen, ehe nicht eine vom tschechischen Dienst der BBC ausgestrahlte verschlüsselte Nachricht bestätigte, daß Vaněk kein Nazispitzel war. Heidrich hatte anscheinend bereits aus eigenen Quellen über ANTHROPOID gehört und teilte Vaněks Vorbehalte. Er fand sich bereit, eine Depesche nach London aufzusetzen, in der im Namen des tschechischen Widerstands gegen die Operation protestiert wurde: »Dieses Attentat hätte für die Alliierten nicht den geringsten Wert und für unsere Nation unvorhersehbare Folgen. Es würde nicht nur Geiseln und politische Gefangene, sondern auch

Tausende andere in Gefahr bringen. Die Nation müßte noch nicht dagewesene Vergeltungsmaßnahmen erdulden. Zugleich würde es die letzten Überreste jeglicher Organisation [des Widerstands] liquidieren. Der Widerstand könnte danach für die Alliierten nicht mehr von Nutzen sein. Daher bitten wir Sie eindringlich, durch SILVER A den Befehl zu erteilen, daß das Attentat nicht stattfindet. Gefahr im Verzug – erteilen Sie den Befehl sofort.« Das war eine verständliche Bitte von Männern, die mit knapper Not die früheren Terroraktionen der SS überlebt hatten und intakt halten wollten, was von ihrer Organisation übriggeblieben war. Zugleich war der UVOD sich bewußt, daß Beneš in London das nationale Interesse möglicherweise klarer sah als die gejagten Reste des Widerstands in Prag. Im abschließenden Satz der Botschaft wurde dies anerkannt. »Wenn aus außenpolitischen Gründen das Attentat dennoch unterläßlich ist, ist die Nation bereit, selbst die schwersten Opfer auf sich zu nehmen.« Da der UVOD keinen eigenen Funksender besaß, seit das zusammen mit STEEL abgesetzte Sendegerät verlorengegangen war, wurde der Text Vaněk übergeben, damit SILVER A ihn nach London funken konnte.

Die Botschaft, die schließlich am 12. Mai an Beneš abging, unterschied sich erheblich vom Originaltext. Der entscheidende Schlußsatz war folgendermaßen abgeändert worden: »Wenn aus außenpolitischen Gründen das Attentat dennoch unerläßlich ist, sollte ein anderes Objekt ausgewählt werden.« Die Depesche schlug den Quisling Emanuel Moravec vor. Der veränderte Schluß sollte den Eindruck erwecken, daß die gesamte Widerstandsbewegung in der Heimat den Attentatsplan einhellig ablehne. Vaněk behauptete später, die Änderungen habe Bartoš vorgenommen, obwohl aus seiner Wortwahl indirekt hervorgeht, daß er dabei die Hand im Spiel hatte. Mit einem »anderen Objekt«, berichtete er, »meinten *wir* Emanuel Moravec, Minister in der Protektoratsregierung.« [Hervorhebung durch den Verfasser.] Moravec wurde anscheinend Heydrich als Ziel vorgezogen, bevor Bartoš von Beneš' zweitem Attentäterteam, TIN, erfuhr. Für den heimischen Widerstand lag er als Objekt nahe. Bereits am 6. Februar hatte Bartoš gemeldet, Moravec werde als ein Verräter verachtet, den sich »am Tag der Abrechnung der erste Tscheche, der ihm begegnet, vornehmen wird«. Die abgeänderte Botschaft war ein Versuch, Beneš' Verlangen nach Taten zu befriedigen und den für das Attentat ausersehenen Agenten weiterhin Beschäftigung zu geben, ohne massive deutsche Repressalien zu provozieren, die die JINDRA-

Gruppe und Silver A gefährden mußten. Vaněk bewog die Agenten, das Attentat aufzuschieben, bis eine Antwort aus London vorlag. Wie Opálka nach dem Krieg berichtete, fuhr er sogar mit dem Fahrrad hinaus in die Wälder von Panenské Břežany, um sie zu überreden, noch zu warten. In Wahrheit hatte Vaněk wenig Anlaß zur Besorgnis. Als die Botschaft nach London abging, befand sich Heydrich nicht im Protektorat, sondern auf einer Inspektionsreise durch Frankreich und die Niederlande. Er kehrte erst in der folgenden Woche zurück, als die Entscheidung bereits gefallen war.

Die Nachricht von Silver A muß Beneš überrascht und in Verlegenheit gebracht haben, da sie anscheinend die Wünsche des gesamten Widerstands zum Ausdruck brachte und obendrein offenbarte, daß Anthropoid kein Geheimnis mehr war. Es gibt mehrere Darstellungen seiner Reaktion. Einer Version zufolge wurde Vaněks Ersuchen bei einer Besprechung mit zwei Exilpolitikern und zwei hohen Offizieren des tschechischen Geheimdienstes erörtert, die um den 13. Mai herum stattfand. Die Politiker wollten die Wünsche des Widerstands in der Heimat respektieren und waren dafür, die Operation abzublasen, während die Vertreter des Geheimdienstes argumentierten, die Alliierten erwarteten irgendeine spektakuläre Aktion und es sei zu spät, zurückzutreten. Über Beneš' Reaktion gibt es keine Aufzeichnungen. Diese Darstellung wird teilweise von einem von Beneš' Sekretären, Prokop Drtina, gestützt, der sich lange nach dem Krieg erinnerte, daß der Präsident ihn in Gegenwart von Oberst Moravec nach seiner Meinung zu dem Attentatsplan gefragt habe. »Ich als ehemaliges Mitglied der tschechischen Widerstandsorganisation . . . äußerte die Auffassung, daß die Einstellung des Widerstands in der Heimat respektiert werden müsse und daß ohne die Zustimmung der heimatlichen Organisationen nichts unternommen werden sollte. Der Präsident sprach in einem ähnlichen Sinn zu Oberst F. Moravec, der die Zusammenkunft mit der direkten Weisung des Präsidenten, des Oberstkommandierenden der Armee, verließ, die Fallschirmspringer unverzüglich zu instruieren, daß sie ihre Mission aufgeben sollten.« Moravec selbst erinnerte sich anders. »Ich brachte die Botschaft Präsident Beneš und dem Chef des britischen Geheimdienstes, Stewart Menzies. Präsident Beneš wies mich an, nicht zu antworten. Der Chef des SIS sagte kein Wort, aber ich habe nach dem Krieg erfahren, daß die Briten . . . auf der Ausführung des Befehls bestanden.« Dies ist die einzige Erwähnung des

SIS statt der SOE im Zusammenhang mit der Affäre, obwohl bekanntermaßen der SIS Moravec zuerst unter die Arme gegriffen hatte. Menzies hatte zweifellos einleuchtende Gründe, ANTHROPOID zu unterstützen. Heydrich trug viele Geheimnisse in seinem Kopf umher, die mit ihm sterben würden, und ein geglückter Anschlag auf ihn könnte dem Sicherheitsdienst der Nazis erheblichen Schaden zufügen. Andererseits war der SIS normalerweise nicht für spektakuläre Attentate, da sie die Nazis wachrüttelten und damit die Nachrichtennetze der Alliierten gefährdeten, und für eine Beteiligung Menzies' gibt es keinen überzeugenden Beweis. Was die SOE betraf, so wußte sie nichts von der Kontroverse, denn sie wurde nie darüber informiert. Die Tschechen, im Punkt ihrer Souveränität überaus empfindlich, pflegten mit keiner der beiden Organisationen über innenpolitische Belange zu diskutieren, und Moravec' Darstellung wirkt wie ein Versuch, die Schuld auf mehrere Schultern zu verteilen. ANTHROPOID war zu einem Zankapfel in der Exilgemeinschaft geworden, und viele glaubten, daß Moravec die Operation hinter Beneš' Rücken aufgezogen habe, was ihn dann schließlich veranlaßte, ein klares Wort zu sprechen. Nach seiner Version billigte der Präsident, von den Briten ermutigt, stillschweigend das Attentat, indem er es ablehnte, die Befehle für das ANTHROPOID-Team zu widerrufen.

Nach dem Krieg behauptete Vaněk, daß Beneš über taktisches Nichtstun hinausgegangen sei und einen Befehl erteilt habe, in dem er das Attentat explizite nochmals anordnete: »Während der letzten Tage, in denen wir warteten, unterhielt ich mich mit Zelenka-HAJSKÝ, der mir etwas Interessantes berichtete: Kubiš und Gabčík hätten enthüllt, daß ihnen ein Funkspruch in einer nur ihnen bekannten Verschlüsselung zugegangen sei. Bartoš, der ihn durch den Verbindungsmann in Pardubice an sie weitergeleitet habe, sei nicht imstande gewesen, ihn zu entschlüsseln. Und diese Nachricht soll eine Bestätigung des Befehls enthalten haben – daß das Heydrich-Attentat ausgeführt werden solle.« Seine Darstellung wurde von den Aussagen anderer Überlebender gestützt. Ein ehemals für das Netz von SILVER A tätiger Kurier erinnerte sich, daß Bartoš eine Funkdepesche für Gabčík und Kubiš erhalten habe, die er nicht entschlüsseln konnte. »Ich fuhr nach Prag, um sie zu überbringen . . . Später vermutete Bartoš, es habe sich um den Befehl gehandelt, die Tat auszuführen.« Einem anderen Zeugen zufolge soll Gabčík gesagt haben: »Wir können nichts anderes tun, *weil der Befehl eingetroffen ist.*« [Hervorhebung durch den

Verfasser.] Die Gestapo fand zwar keine Spur von der geheimnisvollen Depesche, als ihr Bartoš' Unterlagen in die Hände fielen, aber ehemalige Nachrichtenoffiziere des tschechischen Geheimdienstes erklären, es sei durchaus möglich gewesen, daß die Zentrale sich mit dem ANTHROPOID-Team in einem Code verständigte, den Bartoš nicht kannte. Obwohl ursprünglich beabsichtigt gewesen sei, daß Gabčík und Kubiš ganz selbständig operieren sollten, hätten sie bestimmt einen Chiffrierschlüssel für einmaligen Gebrauch bei sich gehabt, der ihnen im Notfall eine sichere Chiffrierung erlaubt hätte.

Wie dem auch sei, eines ist klar: Selbst wenn Beneš den Attentatsbefehl nicht noch einmal bestätigte, so widerrief er ihn doch nie. Falls Drtina sich richtig erinnert, spielte Beneš nur Theater, um sich von einer Operation zu distanzieren, die inzwischen offensichtlich Gegenstand einer Kontroverse geworden war. ANTHROPOID würde fortgeführt werden, doch die offiziellen Dokumente würden den Präsidenten von der Verantwortung entlasten, sollte die Mission nach dem Krieg zu einer politischen Streitfrage werden. In der zwielichtigen Welt der Geheimoperationen war eine solche Taktik nichts Ungewöhnliches. Als Vaněks Ersuchen London erreichte, war bereits offenkundig, daß Beneš' Sabotage- und Subversionskampagne gescheitert war, ehe sie richtig begonnen hatte. Seine Fallschirmspringertrupps waren getötet, verhaftet oder auseinandergerissen worden. Nur SILVER A und ANTHROPOID waren noch intakt. Die Škoda-Werke produzierten am laufenden Band Waffen für die Wehrmacht, während sich die für Beneš peinliche Kollaboration zwischen der Protektoratsregierung und den Nazis immer mehr einspielte. An Hitlers Geburtstag machte Hácha dem »Führer« einen voll ausgerüsteten Lazarettzug für die Ostfront als Symbol der Solidarität im Kampf gegen den Bolschewismus zum Geschenk. Die Russen, über solche Gesten erzürnt, forderten die Exilanten auf, ein Gesetz gegen die Kollaboration zu erlassen, das, wie sie meinten, »eine gewisse Lähmung« im Protektorat zur Folge haben und dem Feind schaden würde. Der sowjetische Außenminister Molotow sollte später im Mai zu einem Besuch nach London kommen, und Beneš wollte mit ihm über die Vertreibung der Sudetendeutschen und die Zukunft Mitteleuropas sprechen. Es nimmt kaum wunder, daß er in dieser Situation nicht auf Vaněks Ersuchen einging.

Neben seinem Wunsch, die Russen zu beeindrucken, bewegte Beneš' Gedanken noch immer das Gespenst eines Kompromißfriedens. Im Frühjahr 1942 erhielten die Briten mehrere Avancen deutscher Oppositionsgruppen. Diese Friedensfühler, in denen Eden einen Versuch sah, einen Keil zwischen die Alliierten zu treiben, wurden vom Foreign Office abgewiesen, aber in mehreren neutralen Hauptstädten zirkulierten Gerüchte darüber. Beneš, immer auf dem Quivive wegen einer solchen Möglichkeit, schnappte sie anscheinend auf. Er war sich sicher, daß Großbritannien den Kampf fortsetzen werde, solange Churchill an der Macht blieb, argwöhnte aber, daß im Hintergrund einflußreiche Befürworter einer Beschwichtigungspolitik lauerten und auf ihre Chance warteten. In der Konservativen Partei gab es Stimmen, die der Regierung vorhielten, sie verkaufe, indem sie am englisch-sowjetischen Bündnis festhielt, Europa an den Bolschewismus. Der sowjetische Botschafter Maisky, mit dem Beneš auf gutem Fuß stand, mag seine Befürchtungen verstärkt haben. Am 15. Mai sandte der Präsident dem Widerstand in der Heimat eine Nachricht, in der er seine Besorgnis wegen eines Kompromißfriedens betonte – vielleicht seine eigentliche Antwort auf Vaněks Appell. Beneš meinte, die Nazis würden ihre letzte Kraft für die bevorstehende Sommeroffensive in Rußland einsetzen. Sollte es ihnen gelingen, bis in den Kaukasus vorzudringen, könnte man ein Friedensangebot erwarten, das vielleicht das Bündnis der Alliierten erschüttern würde. Angesichts dessen, daß Hácha und Moravec mit den Deutschen kollaborierten und der slowakische Ministerpräsident ebenfalls ein willfähriges Werkzeug der Nazis war, könnte es leicht dazu kommen, daß die Tschechoslowakei im Rahmen eines Friedens ohne Sieger geopfert würde. »In einer solchen Lage könnten auch bei uns Gewaltakte, Revolten, direkte Aktionen, Sabotageakte und Kundgebungen wünschenswert oder unerläßlich werden. Das wäre vom internationalen Standpunkt aus für den Fall eventueller Verhandlungen eine Erleichterung oder sogar die Rettung, *auch wenn es große Opfer kosten würde.*« [Hervorhebung durch den Verfasser.] Mit anderen Worten: Die Tschechen sollten ihre feindseligen Gefühle gegenüber der Naziherrschaft demonstrieren, koste es, was es wolle.

Es blieb abzuwarten, ob nun, da die Deutschen auf der Hut waren, ANTHROPOID mehr Erfolg beschieden sein würde als den anderen Springergruppen. Im Frühjahr 1942 machte der deutschen Führung die Bedrohung der Sicherheit im besetzten Europa durch Widerstandsbewegungen zusehends zu schaffen, die von Großbritannien und der Sowjetunion ideell und materiell unterstützt wurden. Goebbels kam in seinen Tagebucheintragungen immer wieder auf dieses Thema zurück und notierte Sabotage- und Subversionsakte in Frankreich, Holland, Norwegen und den besetzten Gebieten im Osten, wo sowjetische Partisanenverbände im deutschen Hinterland eine zweite Front eröffnet hatten. Wie der Propagandaminister unterstrich, schloß diese Kampagne auch Terrorakte und Attentate ein. Am 24. Februar sollte Papen, Heydrichs alter Feind, der nun deutscher Botschafter in der Türkei war, durch eine Bombe getötet werden. Die Spur des Anschlags führte zum Sowjetkonsulat in Ankara. Zwei Tage später notierte Goebbels: »Auf Botschafter von Papen und seine Frau ist . . . ein Bombenattentat verübt worden. Der Täter wurde dabei völlig zerrissen, Papen und seine Frau blieben unverletzt. Die Hintergründe dieses Attentats sind ganz klar. Es ist zweifellos vom Secret Service mit der GPU vorbereitet worden.« Im März wurde Walter Stahlecker, der die Einsatzgruppe A, eines von Heydrichs Mordkommandos, befehligte, von sowjetischen Partisanen in einen Hinterhalt gelockt und getötet. Im selben Monat nahm die Gestapo auf dem Warschauer Hauptbahnhof einen Reisenden fest, der sich verdächtig benahm. Er behauptete, ein deutscher Musiker und nach Prag unterwegs zu sein, doch eine Durchsuchung seines Gepäcks förderte ein Gewehr mit Zielfernrohr und Schalldämpfer zutage. Im Verhör gestand der Mann, daß er aus Moskau geschickt worden war, um Heydrich zu töten.

Zur Zeit dieser Entdeckung begann sich die SIPO im Protektorat bereits Sorgen um die Sicherheit von Hitlers Vizekönig zu machen. Zwar besaß die Gestapo vor diesem Vorfall keine Beweise für eine Gefährdung Heydrichs, aber überall im besetzten Europa wurden Deutsche das Ziel von Angriffen, und die erbeutete Ausrüstung tschechischer Fallschirmspringertrupps deutete auf eine mögliche terroristische Kampagne hin, hinter der die Exilanten in London steckten. So berichtete Heinz von Pannwitz, der die Abteilung zur Sabotagebekämpfung bei der Prager Gestapo befehligte: »Aus dem Abwurfmaterial, das so in unsere Hände fiel, war deutlich zu ersehen, daß die Agenten über nachrichtendienstliche und Sabotageaufträge hinaus nunmehr auch Aufträge für Terror- und Attentatshandlungen erhalten hatten. Es befanden sich u. a. Sprengsätze dabei, die man mit Hilfe von Haftmagneten an Autos anbringen konnte, und auch solche, die aus schwarzem Bakelitmaterial bestanden und Form und Größe hatten, um sie als Untersatz unter einen Telephonapparat zu stellen. Beim Abnehmen des Hörers ging die Sprengladung aus etwa 200 Gramm Plastiksprengstoff los, die vollkommen ausreichte, um einen Menschen zu töten . . . Durch die Forcierung des Abwurfs dieses modernen Materials in den Monaten April und Mai 1942 bestärkte sich bei uns der Attentatsverdacht immer mehr, und es wurden von uns alle Abwehrmaßnahmen in diesen Tagen genauestens überprüft.« Am 1. Mai kam Himmler nach Prag und ließ sich die von BIOSCOPE und BIVOUAC erbeuteten Sprengstoffe vorführen. Als Folge dieses Besuches wurden Heydrichs Bewachung verstärkt und die Sicherheitsmaßnahmen bei allen öffentlichen Auftritten verschärft. Er wurde ersucht, künftig keine Fahrten ohne Eskorte mehr zu unternehmen, und um ihn gegen Bombenattentate abzusichern, erging Weisung, Karosserie und Rückenlehnen seines Dienstwagens mit Panzerplatten zu verstärken. »Heydrich war mit den allgemeinen Maßnahmen einverstanden, lehnte jedoch einen persönlichen Begleitschutz entschieden ab, mit der Begründung, daß es dem deutschen Ansehen im Protektorat schaden würde . . . Ein gewisser arroganter Stolz und seine sportliche Haltung mögen Heydrich zu dieser Stellung gebracht haben. Er glaubte, daß ihm niemand von den Tschechen was tun würde.« Nach den Worten seiner Ehefrau konnte Heydrich nicht glauben, daß die Tschechen durch die Tötung des Reichsprotektors den nationalen Selbstmord in Kauf nehmen würden. Seine Untergebenen sahen zwar mit Unbehagen, daß er auf seinen Fahrten nach wie vor ohne Eskorte war, konnten aber nicht viel mehr tun, als darüber nach Berlin zu berichten.

In seinem tödlichen Hochmut wurde Heydrich durch den Glauben bestärkt, das Land befinde sich im festen Griff der SS. Die von den Fallschirmspringern drohende Gefahr war neutralisiert, eine imposante Menge an Ausrüstungsmaterial sichergestellt worden. Was die Bevölkerung betraf, so ließ sie sich mit der altbewährten Politik von Zuckerbrot und Peitsche gebührend gefügig halten. Im Mai 1942 startete er eine Propagandakampagne, die die im Kampf mit Fallschirmspringern getöteten oder verwundeten Polizisten benutzte, um zu demonstrieren, daß sich die Kollaboration lohne. Die Familien der Toten erhielten ein großes Geldgeschenk und stark erhöhte Hinterbliebenenrenten. Die Verwundeten bekamen vom Reichsprotektor neue Pistolen und deutsche Auszeichnungen, und für ihre Kinder wurden Sparkonten eröffnet. Das Spitzel- und Denunziantenwesen wurde durch großzügige Belohnungen von bis zu 10000 Kronen gefördert. In einer Depesche an Bormann erklärte Heydrich großspurig, diese Maßnahmen hätten eine positive psychologische Wirkung auf die tschechische Gendarmerie und die Bevölkerung der betreffenden Orte. Gleichzeitig wurde mit widersetzlichen Elementen weiterhin kurzer Prozeß gemacht. Personen, die dabei ertappt wurden, daß sie Fallschirmagenten unterstützten, wurden exekutiert, und Heydrich erwog eine Neuauflage des Polizeiterrors, um den Tschechen die Konsequenzen von Ungehorsam vor Augen zu führen. Von der politischen Spitze des Hitler-Reichs wurde der Kontrast zwischen dem Protektorat und dem übrigen besetzten Europa aufmerksam vermerkt. In den Tagebucheintragungen, in denen Goebbels ständig Klage über eine nicht abreißende Kette von Attentaten, Sabotageakten und antideutschen Anschlägen, von Frankreich über Holland bis zur Ukraine, führte, hatte er über die vorbildliche Politik, die Heydrich verfolgte, nur Schmeichelhaftes zu sagen. Auch Hitler war nach wie vor beeindruckt. In einem Tischgespräch am 20. Mai 1942 bemerkte er: »Die richtige und für das Deutsche Reich in der Tat auf der Hand liegende Politik ist es, zuerst das Land von allen gefährlichen Elementen zu säubern und danach die Tschechen freundlich und wohlwollend zu behandeln. Wenn wir eine solche Politik einschlagen, werden alle Tschechen dem Beispiel Präsident Háchas folgen. Auf jeden Fall . . . wird die Furcht, aufgrund der Bevölkerungsumsiedlung, die wir durchführen, aus ihrem Heim vertrieben zu werden, sie begreifen lassen, daß es in ihrem eigensten Interesse liegt, sich als eifrige Mitarbeiter des Reichs zu beweisen. Diese Furcht, unter der sie stehen, erklärt, warum die Tschechen zum gegenwärtigen Zeitpunkt – insbesondere in den Kriegsfabriken – zu unserer vollen Zufriedenheit arbeiten und ihr Bestes leisten unter der Losung: ›Alles für unseren Führer, Adolf Hitler!‹« Mochte er auch übertreiben – vollmundigeres Lob konnte Heydrich sich kaum wünschen.

Der Stellvertretende Reichsprotektor hatte seine Aufgabe schon immer als eine vorübergehende, als ein Sprungbrett zu noch größerer Macht betrachtet. Bereits im Januar 1942 wurde in der Presse neutraler Staaten berichtet, daß Heydrich nach der Umgestaltung der Protektoratsregierung zu einem untergeordneten Organ der Nazis der Ansicht sei, seine Aufgabe in Prag sei abgeschlossen. Die sich verschlechternde Sicherheitslage im ganzen besetzten Europa bot ihm nun eine einmalige Chance, seine berüchtigten Talente anderswo zur Geltung zu bringen, und alsbald begann er auf eine persönliche Begegnung mit Hitler zu drängen, um das Problem im Licht seiner Erfahrungen in Böhmen und Mähren zu erörtern. Er war bereits daran gegangen, die steigende Flut des Widerstands in Europa gegen seine alten Rivalen in der Wehrmacht zu verwenden. Sein Augenmerk konzentrierte sich auf den besetzten Teil Frankreichs, wo seine Sicherheitspolizei nicht dieselbe mörderische Freiheit genoß wie in Rußland. In Frankreich regierte die Wehrmacht, und die SS wurde in Schranken gehalten. Dies führte zu einem verdeckten Machtkampf mit den Militärbehörden. Anfang 1942 hatte sich die Waagschale zugunsten Heydrichs geneigt. Nach dem Fiasko vor Moskau und den anschließenden Ablösungen innerhalb der Generalität war die Wehrmacht in der Defensive, was Heydrich sich umgehend zunutze machte. Außerdem waren hochgestellte Nazis der Ansicht, die Wehrmacht habe die Situation in Frankreich nicht im Griff. Am 28. Februar klagte Goebbels: »In den französischen Städten nimmt die Attentatsseuche bedenklich zu. Vor allem gehen unsere Wehrmachtsdienststellen nicht mit der nötigen Energie dagegen vor.« In einem Gespräch mit Schellenberg in jenem Frühjahr berührte Heydrich kurz Frankreich und Belgien. Heydrich, so Schellenberg, verfolgte das Ziel, zur Stärkung seiner eigenen Autorität dort oberste SS- und Polizeiführer einzusetzen, denn von der Wehrmacht sei wohl kein Einwand dagegen zu erwarten. Als der Stern der Wehrmacht noch mehr verblaßte, wurde seine Hartnäckigkeit belohnt. Anfang Mai reiste er nach Paris, um einen neuen Polizeichef, SS-Obergruppenführer Karl Oberg, in sein Amt einzuführen, und die Militärverwaltung verlor die Zuständigkeit für Sicherheitsangelegenheiten. Heydrich nutzte die Gelegenheit, um das Nachtleben in der französischen Hauptstadt zu genießen, ohne daß er die Geschäfte vernachlässigt hätte. Bei einer Zusammenkunft mit dem Chef der Vichy-Polizei machte er klar, daß die Gendarmerie im unbesetzten Teil Frankreichs in Zukunft ihre Anweisungen von der SS erhalten werde, wie es in der besetzten Zone bereits geschah. Ihre Führung sei zu säubern, verdächtige Offiziere müßten durch Nazisympathisanten abgelöst werden. Dieser Schritt war nicht nur zur Bekämpfung der Résistance erforderlich, sondern auch als Auftakt zur »Endlösung« in Frankreich, der Verhaftung und Deportation aller Juden in die Vernichtungslager im Osten. In einer langen Diskussion mit dem Militärbefehlshaber, General Otto von Stülpnagel, unterstrich Heydrich die neuen Machtbefugnisse seines Polizeichefs. Am 7. Mai berichtete er Bormann, die Situation biete die Gelegenheit, auf seinen eigenen Erfahrungen im Protektorat beruhende Reformen einzuführen.

Parallel zu dem Machtkampf mit der Wehrmacht in Frankreich wurde die alte Fehde mit der Abwehr intensiviert. Im Herbst 1941 verlangte Heydrich vom militärischen Geheimdienst weitreichende Zugeständnisse und versuchte, die »Zehn Gebote« aus dem Jahr 1935 zu seinen eigenen Gunsten zu revidieren. Er gab sich keine Mühe mehr, so zu tun, als erkenne er Canaris' Vorrang an; den Ehrgeiz, die Abwehr in sein eigenes Imperium einzugliedern, verhehlte er nicht länger. Als Canaris ihn hinhielt, bröckelte der Firnis der Freundschaft ab, der seit 1934 ihre wachsende Rivalität notdürftig vertuscht hatte, und Heydrich weigerte sich für einige Zeit, seinen ehemaligen Vorgesetzten bei der Marine zu sehen. Trotz der Hinhaltetaktik, die Canaris betrieb, wurde seine Position bald durch Vorkommnisse untergraben, die kein gutes Licht auf seinen Dienst warfen. Nach dem erfolgreichen britischen Kommandounternehmen gegen eine geheime Radaranlage in Bruneval nahe Le Havre am 27. Februar 1942 verlor Canaris die Gunst des »Führers«. Hitler war empört über diesen Coup des Feindes und wollte wissen, welche Fortschritte die Briten im Bereich der Radartechnik gemacht hatten. In einem Gespräch mit Himmler, so wird berichtet, habe er sich bitter über Canaris beklagt, der ihm zu diesem Thema bislang noch keine wirklichen Informationen geliefert habe, und zu verstehen gegeben, daß die SS Besseres leisten könne. Wenige Tage danach wurde Paul Thümmel verhaftet, was die Probleme der Abwehr noch vermehrte. Heydrich, von jeher ein politisches Raubtier, stimmte diesen Schritt vermutlich mit Canaris' plötzlicher Unbeliebtheit im Führerhauptquartier ab. Unfähig zurückzuschlagen, kapitulierte der Abwehrchef schließlich. Am 18. Mai traf er in Begleitung seiner ranghöchsten Mitarbeiter zu einer Konferenz in Prag ein. Dort, im Prunk des Hradschin, unterzeichnete er einen »Friedensvertrag«, in dem er auf Heydrichs Forderungen einging. Canaris gab sich nicht der Täuschung hin, daß die Sache damit abgetan sei. Gegenüber Schellenberg räumte er ein, für den Augenblick sei zwar eine Lösung gefunden worden, aber er könne sich des Gefühls nicht erwehren, daß Heydrich wieder angreifen werde und daß ihm das Abkommen nur eine Atempause verschaffe.

Während Heydrich seine alte Vendetta gegen das militärische Establishment weiterführte, vergaß er keineswegs den neuen Konflikt mit der Partei um die Vorherrschaft in dem Naziimperium, das hinter der russischen Front Gestalt annahm. Dort mußte sich die SS mit regionalen Größen wie dem Reichskommissar Erich

Koch in der Ukraine, der unterderhand von Martin Bormann unterstützt wurde, die Macht teilen. Dieses System des Teilens und Herrschens führte zu einer »autoritären Anarchie«, während die Kontrahenten ihre Position zu verbessern trachteten. Nach Auskunft seiner Ehefrau mißtraute Heydrich den NS-Amtsträgern, die von Berlin entsandt wurden, um die Slawen zu unterjochen. Die »Goldfasane« im Osten waren zweifellos korrupt und unfähig, aber Heydrichs Einwände waren gewiß von Machtdenken und nicht von moralischen Bedenken gespeist. Die zunehmende Gefahr der Partisanen bot die ideale Gelegenheit, die Vorteile eines integrierten Vorgehens gegen den Widerstand zu predigen und damit die Position der SS-Polizeikommandeure zu stärken; Heydrich hoffte auch, Hitler bewegen zu können, die Erfahrungen aus dem Protektorat anzuwenden. Zweifellos sah er in dem Fall Thümmel ein Mittel, um Bormann zu neutralisieren. Thümmel war wie die regionalen Reichskommissare im Osten ein alter Nazi, und Bormann hatte ihn zu schützen versucht, was ihn, Hitlers wendigen Sekretär, in Verlegenheit bringen konnte. Vielleicht im Vorgriff auf eine umfassendere Kampagne versuchten Himmler und Heydrich Hans Frank, den Chef des sogenannten Generalgouvernements, zu diffamieren. Bis zum Frühjahr 1942 hatten sie bereits eine auf der Sicherheitspolizei basierende Alternativverwaltung aufgebaut, und Heydrich glaubte, ausreichende Beweise für Franks unvorstellbare Korruptheit zusammengetragen zu haben, um seine Entlassung zu bewirken. Ein beherrschender Einfluß auf den Generalgouverneur würde der SS zusätzlich zu der Stellung, die sie bereits im Protektorat erreicht hatte, eine beispiellose Machtfülle in Ost- und Mitteleuropa und eine zuverlässige Ausgangsposition sichern, von der aus sie ihre Intrigen im besetzten Rußland vorantreiben konnte.

In einem Schreiben an Karl Hermann Frank, am 7. Mai in Paris verfaßt, spekulierte Heydrich, daß Hitler ihn vielleicht schon bald mit der Aufsicht über das Okkupationsregime in Frankreich und der Überwachung der Vichy-Regierung betrauen werde. Diese Ernennung hätte der SS zum erstenmal die Herrschaft über eine (ehemalige) europäische Großmacht verschafft, eine Bastion im Westen als Gegenstück zu der, die sie sich im Osten zu schaffen bemühte. Heydrichs eigene Ambitionen beschränkten sich jedoch nicht auf Frankreich. Vor seiner Parisreise hatte er sich mit dem Problem des Widerstands überall in Europa beschäftigt, und dieses Thema griff er in den folgenden Wochen wieder auf. Nach seiner eigenen Aussage skizzierte er eine Reihe von Empfehlungen für Hitler, die die gesamte Frage der deutschen Verwaltung in den besetzten Gebieten betrafen. Möglicherweise hoffte er, Hitler bewegen zu können, ihn zum Reichskommissar für alle besetzten Regionen Europas zu ernennen, mit der Vollmacht, rivalisierende Kompetenzbereiche zu koordinieren oder aufzulösen. Neben dem Auftrag, die Deportation der europäischen Juden abzuwickeln, hätte ein solches Amt Heydrich eine gewichtige Rolle bei der Gestaltung der »neuen Ordnung« verschafft. Offensichtlich argwöhnten andere, daß er etwas Derartiges im Schilde führe, denn sein Zusammentreffen mit Hitler wurde wiederholt verschoben. Heydrich machte dafür den Neid Himmlers und Bormanns verantwortlich und behauptete, sie mißgönnten ihm die Gunstbeweise, mit denen er überschüttet worden sei, und versuchten, mit einem Strom von hinterhältigen Andeutungen und Verleumdungen sein Ansehen beim »Führer« zu untergraben. In seinen Augen war Bormann der Gefährlichere, Himmler hingegen eher schäbig und stur. Heydrichs Triumphe waren schließlich Siege für die SS, wie argwöhnisch Himmler auch den Ehrgeiz seines ehemaligen Schützlings sehen mochte.

Obwohl Heydrich sich Sorgen machte und erwog, als Sachwalter seiner Interessen Schellenberg ins Führerhauptquartier zu schicken, blieb er zuversichtlich, daß er zu Höherem bestimmt sei. Sein Erfolg in Prag war ein wichtiger Schritt dem Ziel entgegen, »der erste Mann im Deutschen Reich« zu werden. Heydrich feierte seinen Aufstieg mit einer Huldigung an seinen Vater, den angeblichen Juden, der von der vornehmen Gesellschaft im alten Deutschland nie ganz akzeptiert worden war. Im Rahmen der Prager Musikwochen ließ er am 26. Mai von einem Quartett aus ehemaligen Schülern des Hallensischen Konservatoriums ein Kammermusikwerk Bruno Heydrichs aufführen. Dieses Ereignis war für ihn, wie seine Ehefrau berichtete, die Erfüllung eines alten Traums. Von den tonangebenden Kreisen der preußischen Musikwelt verschmäht, wurde das Talent des Vaters durch den Sohn, ein führendes Mitglied der neuen NS-Aristokratie, rehabilitiert. Als er an diesem Abend in den Saal schritt, in seiner imposanten SS-Uniform und umgeben von unterwürfigen Adjutanten, hatte er allen Anlaß zur Genugtuung. Am nächsten Tag sollte er nach Berlin fliegen und mit Hitler zusammentreffen, der am 29. Mai dort bei einer Parade von Offizierskadetten eine Rede halten wollte. Gerüchte gingen um, daß Heydrich nicht nach Prag zurückkehren werde. Es ist nicht geklärt, welche neue Position er von Hitler zu erlangen hoffte. Heydrich beabsichtigte, in den folgenden Wochen Frankreich und Belgien zu besuchen, eine Reise, bei der es um die Durchführung der »Endlösung« im Westen gehen sollte. Ob er danach strebte, Chef des Besatzungsregimes zu werden, ist weniger sicher – vermutlich wollte er höher hinaus. Als er seine Aktentasche für die Unterredung mit Hitler packte, hatte er mindestens einen Monat lang an seinen Empfehlungen für ein koordiniertes Vorgehen zur Errichtung der »neuen Ordnung« in Europa gearbeitet. Es besteht kaum ein Zweifel, daß er sich als den richtigen Mann für die Durchführung dieser Reformen betrachtete. Seine Zusammenkunft mit dem »Führer« sollte allerdings nicht stattfinden.

Während Heydrich seine Unterlagen zusammenpackte, waren Gabčík und Kubiš mit ihren eigenen Vorbereitungen beschäftigt. Sie hatten von Heydrichs Reiseplänen durch den Uhrmacher Josef Novotný erfahren, der ihnen auch von dem Gerücht erzählt hatte, daß Heydrich möglicherweise nicht ins Protektorat zurückkehren werde. Die Neuigkeiten setzten die Agenten unter Zeitdruck: Wollten sie nach den demütigenden Fehlschlägen der vergangenen Wochen etwas zustande bringen, mußten sie sofort handeln. Hitlers Vizekönig durfte Prag nicht im Triumph verlassen. Er mußte am 27. Mai getötet werden, an dem Tag, für den dank Novotný seine Pläne bekannt waren. Das Problem bestand darin, eine Stelle für den Hinterhalt zu finden. Seit Himmlers Besuch wurde Heydrich gut bewacht. Das ANTHROPOID-Team entdeckte die rege militärische Aktivität in Panenské Břežany und gab den Plan auf, das Attentat in der Nähe des Landsitzes auszuführen. Die Risiken waren zu hoch, die Chancen eines Entkommens gleich null. In aller Eile entschieden sich die Agenten für eine Stelle in der Prager Vorstadt Holešovice, wo die Straße in einer Haarnadelkurve zur Troja-Brücke hinabführte. Wegen der Kurve und des Gefälles mußte Heydrichs Mercedes hier auf der Fahrt in die Stadt langsamer werden und bot ein ideales Ziel. Hier würde Heydrich am verwundbarsten sein, weitab von den SS-Einheiten auf dem Landsitz und dem Hradschin. In der Nähe gab es keine Polizeiwache oder -kaserne; die Attentäter konnten rasch auf Fahrrädern entkommen und einen Unterschlupf erreichen, ehe die Nazis Zeit hatten zu reagieren. Die Agenten wußten, wann Heydrich normalerweise seinen Wohnsitz verließ, und konnten ausrechnen, wann er ungefähr die Steilkurve erreichen mußte. Die Straßenbahnhaltestelle in der Nähe der Kurve erlaubte ihnen, sich unter die morgendlichen Pendler zu mischen, ohne Verdacht zu erregen. Der Plan wurde vermutlich von Gabčík entworfen, der sich selbst die Hauptrolle zuteilte. Valčik sollte sich oberhalb der Kurve postieren und mit einem Taschenspiegel ein Signal geben, sobald der Mercedes am Beginn des Gefälles auftauchte, Gabčík sollte mit seiner Sten-Gun Heydrich töten, Kubiš seine Bombe als Reserve bereithalten und nach dem Attentat Heydrichs Aktentasche an sich reißen. Es war ein primitiver und verzweifelter Plan, aber er hatte den Vorzug der Einfachheit. Alles hing davon ab, daß Heydrich sich an seinen Zeitplan hielt.

Ehe dieser Plan beschlossen wurde, war es noch einmal zu einer Auseinandersetzung über das Attentat gekommen. Obwohl Vaněks Appell an London nicht gefruchtet hatte, drängten die Gegner des Vorhabens weiterhin darauf, daß es abgeblasen wurde. Am 26. Mai fand – anscheinend auf Betreiben von Leutnant Opálka von OUT DISTANCE – eine Besprechung in der Wohnung des Prager Lehrers Josef Ogoun statt, der den prospektiven Attentätern Unterschlupf gewährt hatte. Opálka brachte noch einmal die Argumente gegen ANTHROPOID vor und appellierte an Gabčík und Kubiš, die Sache zu überdenken. Da Bartoš in Pardubice an Arthritis darniederlag, war Opálka der Ranghöchste unter den Fallschirmagenten, aber das bewirkte nichts. Gabčík wollte von einem Aufschub nichts wissen und wies Opálkas Argumente zurück. Trotz des Ersuchens, das Vaněk an London gerichtet hatte, seien seine Befehle nicht zurückgenommen worden, und als Soldat müsse er sie ausführen. Er sei nicht bereit, sich die beste und vielleicht einzige Gelegenheit entgehen zu lassen, sein Ziel zu treffen. Gabčík wurde von Zelenka unterstützt, und die Diskussion endete im Dissens. Das Attentat sollte wie geplant am 27. Mai stattfinden. Es ist kaum zu bezweifeln, daß Opálka sowohl für Bartoš als auch für viele aus der JINDRA-Gruppe sprach, als er fünf Minuten vor zwölf intervenierte. Daß Gabčík kein einziges Mal wankend wurde, obwohl wochenlang moralischer Druck auf ihn ausgeübt worden war, ist ein beredtes Zeugnis für seine hervorragende Ausbildung und Willensstärke. Im Dezember 1941 war er Beneš persönlich begegnet, und er wußte, daß die Operation von höchster Stelle gebilligt wurde. Als schlichter Unteroffizier stand es ihm nicht zu, Befehle des Präsidenten der Republik, des Freundes des großen Tomáš Masaryk in Frage zu stellen. Nach der Auseinandersetzung mit Opálka waren die Agenten angespannt und nervös.

Gabčík verließ die Wohnung, wahrscheinlich um seine Ausrüstung zu holen, und ließ Kubiš allein zurück. Während Heydrich sich an diesem Abend bei deutscher Kammermusik entspannte, trafen sie ihre abschließenden Vorbereitungen. Gabčík überprüfte seine Sten-Gun, Kubiš setzte seine Bomben zusammen und brachte die Aufschlagzünder an. Am folgenden Morgen, fast fünf Monate nach ihrer Ankunft, sollten sie ihre Mission ausführen.

9. *Das Attentat*

Der Morgen des 27. Mai zog hell und klar herauf und verhieß einen vollkommenen Frühlingstag. Gabčík und Kubiš verließen die Wohnung der Ogouns früher als sonst, ohne gegenüber ihren Gastgebern irgend etwas anzudeuten. Die beiden Männer trugen abgewetzte Aktentaschen. Darin befanden sich die in drei Teile zerlegte Sten-Gun und zwei mit Zündern versehene Bomben, versteckt unter Gras, das als Tarnung für den Fall einer flüchtigen Kontrolle durch die Polizei dienen sollte. Seit es 1941 zu Versorgungsengpässen gekommen war, hatten viele Tschechen begonnen, Kaninchen zu züchten, und es war nichts Ungewöhnliches, daß Prager Bürger in den Anlagen der Stadt Futter für ihre Nager sammelten. Gabčík und Kubiš trugen Mützen, um ihre Haarfarbe zu verbergen, und Gabčík hatte trotz der schönen Witterung einen hellen, von einem Nachbarn geborgten Regenmantel an. Der Mantel mußte seine Hände tarnen, während er die Sten-Gun zusammensetzte und in den Händen hielt. Josef Ogoun berichtete später, daß die beiden Männer gelassen und fröhlich gewirkt hätten. Als Gabčík an der Wohnungstür war, drehte er sich um und sagte: »Machen Sie sich keine Gedanken, wenn wir nicht zur gewohnten Zeit zurückkommen; wir haben ja viele Freunde, und vielleicht werden wir bei ihnen bleiben.« Die beiden Agenten nahmen eine Straßenbahn in die Vorstadt Žižkov, wo sie ihre Fahrräder holten und die Aktentaschen an den Lenkstangen befestigten. Gabčíks Veloziped, ein altmodisches Damenfahrrad, von Frau Moravec entliehen, sollte bald Hauptgegenstand einer Untersuchung durch die Gestapo sein. Kurz vor 9.00 Uhr erreichten sie Holešovice, stiegen ab und lehnten die Fahrräder gegen zwei Laternenmasten. Valčik war bereits da, und die drei Männer besprachen sich kurz. Valčik ging die Steigung hinauf und postierte sich an der rechten Straßenseite; den Spiegel hatte er griffbereit in seiner Hosentasche. Gabčík kniete sich auf den Boden, öffnete seine Aktentasche und setzte unter dem Mantel die Sten-Gun zusammen. Er brauchte nicht zu sehen, was seine Hände taten. Mit geschlossenen Augen eine Maschinenpistole zusammenzusetzen, gehörte zur Standardausbildung an der Waffe, ein Handgriff, in dem er oft genug Soldaten der Tschechischen Brigade unterwiesen hatte. Den Mantel lässig über einen Arm gefaltet, überquerte er die Straße und stellte sich nahe der Straßenbahnhaltestelle hinter eine kleine, grasbewachsene Kuppe in den Graben. Dort wartete er auf Valčiks Signal. Kubiš blieb auf der linken Straßenseite, ein paar Meter von der Biegung entfernt, gedeckt durch einen Lampenmast und den Schatten mehrerer überhängender Äste. Nachdem so der Hinterhalt gelegt war, warteten die Attentäter auf das Erscheinen ihres Objekts.

Kurz vor 9.00 Uhr beendete Heydrich in Panenské Břežany sein Frühstück, und sein Fahrer, Oberscharführer Klein, fuhr den Dienstwagen, einen offenen Mercedes-Tourenwagen, vor den Eingang des Schlößchens. Doch der sonst so pünktliche Heydrich verzögerte an diesem schönen Frühlingsmorgen seinen Aufbruch, schlenderte mit seiner Frau durch den Schloßgarten und spielte mit seinen beiden Söhnen Klaus und Heider und der kleinen Tochter Silke. Sie gaben eine ideale Nazifamilie ab: Heydrich in SS-Uniform, seine Söhne in Hitler-Jugend-Hemden, die Tochter im Reitanzug und seine Frau, das Blondhaar in Zöpfen streng aufgesteckt, hochschwanger mit ihrem vierten Kind. Es war fast 10.00 Uhr, als sein Wagen den Landsitz verließ, am Tor an den salutierenden Wachen vorbeifuhr und in die Straße nach Prag einbog. Heydrich saß neben dem Chauffeur. Wie üblich wurde er nicht eskortiert. Sollte es zu einem Überfall kommen, mußten Heydrich und Klein sich mit ihren eigenen Waffen, automatischen Pistolen, Kaliber 7.65 mm, verteidigen. Trotz der Anfang Mai ergangenen Weisungen, in Karosserie und Rückenlehnen Panzerplatten einzubauen, war nichts dergleichen geschehen – vielleicht weil angenommen wurde, daß Heydrich schon bald das Protektorat endgültig verlassen werde. Dieses Versäumnis sollte sich als tödlich erweisen.

Minute um Minute verging, ohne daß Heydrichs Wagen an der Biegung in Holešovice auftauchte; die Passantenmenge begann sich zu lichten. An der leeren Straße standen nur noch Gabčík und Kubiš untätig herum, zwei Männer, die bei jedem vorbeikommenden Polizisten Verdacht erwecken konnten. Straßenbahnen kamen und fuhren davon, aber noch immer kein Zeichen von dem Mercedes mit dem SS-Stander. Nach 10.00 Uhr wurde die Spannung beinahe unerträglich. Die beiden Männer wußten, daß dies vielleicht ihre letzte Chance war, Heydrich zu töten. Wenn er eine andere Route genommen oder seine Pläne geändert hatte, würde ANTHROPOID mit einem Fehlschlag enden. Kubiš wollte die Straße überqueren, um sich kurz mit seinem Kameraden zu besprechen, wurde aber in die Deckung zurückgewiesen. Sie warteten weiter. Plötzlich, um 10.32 Uhr, signalisierte Valčiks Taschenspiegel den

Attentätern, daß ihr Objekt oben am Ende der Steilstrecke gesichtet worden war. Gabčík entsicherte seine Sten-Gun und rannte zum Gehsteig auf der anderen Straßenseite, wo er an der stärksten Krümmung der Haarnadelkurve Aufstellung nahm. Kubiš öffnete seine Aktentasche und zog eine Bombe heraus. Zur selben Zeit begann eine von der Troja-Brücke kommende Straßenbahn die Steigung hinaufzufahren. Obwohl sie ins Schußfeld geraten würde, war es zu spät, die Operation abzublasen. Die Attentäter hatten bereits über die Möglichkeit gesprochen, daß Zivilisten zu Schaden kommen könnten, und waren sich einig gewesen, daß man dieses Risiko eingehen müsse.

Als Heydrichs Wagen langsamer fuhr und um die scharfe Krümmung bog, ließ Gabčík den Regenmantel fallen, hob die Maschinenpistole und drückte aus kürzester Entfernung ab. Nichts geschah. Die Sten-Gun gab keinen Schuß ab, entweder weil sie fehlerhaft zusammengesetzt oder, wahrscheinlicher, weil Gras in den Mechanismus geraten war. Hilflos stand Gabčík am Bordstein, während der Mercedes vorüberfuhr. Nun beging Heydrich einen verhängnisvollen Fehler. Statt Klein zu befehlen, Gas zu geben, um der Gefahr zu entkommen, stand er auf, zog die Pistole und befahl dem Fahrer, anzuhalten. Weder er selbst noch Klein hatten Kubiš erspäht; sie glaubten, sie hätten es mit einem einzigen Attentäter zu tun. Als der Wagen vor ihm bremste, trat Kubiš aus der Deckung und schleuderte seine Bombe gegen die beiden Männer auf den Vordersitzen. Er verschätzte sich in der Entfernung. Statt in dem Mercedes zu landen, prallte die Bombe gegen das rechte Hinterrad, explodierte, schleuderte Kubiš Splitter ins Gesicht und zertrümmerte die Fensterscheiben der Straßenbahn, die auf der Straßenseite gegenüber angehalten hatte. Die Passagiere schrien auf, als sie von fliegenden Glasscherben und Metallsplittern getroffen wurden. Der Mercedes kam ins Schlingern und rutschte qualmend in den Rinnstein, wo er stehenblieb. Zwei Uniformjacken, die auf dem Rücksitz zusammengefaltet gelegen hatten, wurden von der Detonation hochgewirbelt und landeten auf der Fahrleitung.

Während der Explosionsknall verebbte, sprangen Heydrich und Klein mit gezogenen Pistolen aus dem beschädigten Wagen, um den Kampf gegen die Angreifer aufzunehmen. Klein rannte auf Kubiš zu, der vom Blut halb blind gegen ein Geländer getaumelt war, und Heydrich wandte sich Gabčík zu, der weiter oben an der Steigung wie gelähmt dastand, die Sten-Gun in der Hand. Als

Klein auf ihn zukam, raffte sich Kubiš auf, packte sein Fahrrad und erzwang sich, indem er mit seiner Pistole in die Luft schoß, einen Fluchtweg zwischen den vom Schock benommenen Fahrgästen hindurch, die aus der Straßenbahn drängten. Klein versuchte ihn zu Boden zu strecken, drückte aber auf den Magazinhaltehebel, was eine Ladehemmung zur Folge hatte. Kubiš strampelte wie verrückt das Gefälle hinunter und ließ seinen Verfolger hinter sich. Schon wenige Minuten nach der Bombenexplosion hatte er in der Vorstadt Žižkov einen Unterschlupf erreicht. Dort wurde sein blutbespritztes Fahrrad versteckt, und man gab ihm die Uniform eines Eisenbahners. Dann mischte er sich unter die zahlreichen Passanten, die mittags auf den Straßen unterwegs waren, und gelangte in ein anderes Geheimquartier, wo ein Arzt sich seiner Splitterwunden annahm. Er war entkommen, glaubte aber, daß der Attentatsversuch mißglückt sei. Heydrich hatte er zum letztenmal gesehen, als dieser aus dem schwer beschädigten Mercedes sprang, um Gabčík zu verfolgen.

Gabčík entkam nicht so leicht. Als Heydrich durch den von der Detonation aufgewirbelten Staub auf ihn zukam, taumelnd wie ein Betrunkener, ließ Gabčík seine Maschinenpistole fallen und versuchte sein Fahrrad zu erreichen. Er mußte diesen Versuch aufgeben, suchte hinter einem Telegraphenmast Deckung und wechselte Schüsse mit Heydrich, der hinter der stehengebliebenen Straßenbahn in Hockstellung ging. Mit jeder weiteren Sekunde wurde die Situation gefährlicher. Je länger Gabčík von Heydrich festgehalten wurde, desto größer war das Risiko, daß er getötet oder verhaftet wurde, wenn die Polizei auf dem Schauplatz erschien. Plötzlich krümmte sich Heydrich zusammen und wankte zum Straßenrand, offensichtlich verwundet und von Schmerzen gepeinigt. Kubiš' Bombe hatte Heydrich schwer verletzt, eine Rippe gebrochen und Fragmente von Roßhaar und Draht aus der Polsterung in die Milz getrieben. Als Heydrich am Geländer zusammenbrach und sich mit einer Hand daran festklammerte, ergriff Gabčík seine Chance und rannte nach rechts die Steigung hinauf. Aber damit war er nicht außer Gefahr. Während er vom Schauplatz des Attentats davonspurtete, kehrte der Fahrer Klein, der Kubiš vergebens verfolgt hatte, zurück, um seinem Chef beizustehen.

Das Gesicht kalkweiß vor Schmerzen, fuchtelte Heydrich mit der freien Hand herum und keuchte: »Fassen Sie ihn.« Während Klein dem fliehenden Attentäter nachrannte, wankte Heydrich über die Straße und fiel auf die Kühlerhaube des Mercedes. Seine Bewegungen wurden von den Leuten aus dem Straßenbahnwagen beobachtet. Niemand trat vor, um der zusammengesunkenen Gestalt in der zerfetzten SS-Uniform zu helfen.

Am oberen Ende der Steigung bog Gabčík in eine Seitenstraße ab, um sich in einem Fleischerladen zu verstecken. Er hätte es nicht schlechter treffen können. Der Besitzer, ein Mann namens Brauer, war Nazisympathisant und hatte einen Bruder, der für die Gestapo tätig war. Ohne auf Gabčíks Bitte um Hilfe zu achten, lief er auf die Straße und machte durch Rufe und Handbewegungen Klein auf sich aufmerksam. Der SS-Mann, dessen Waffe noch immer Ladehemmung hatte und unbrauchbar war, stürmte in den Laden, um zu verhindern, daß der Attentäter durch einen Hinterausgang entkam. Gabčík hatte aber schon entdeckt, daß es nur einen einzigen Weg ins Freie gab. Er machte kehrt und stieß in der Tür mit seinem Verfolger zusammen. In dem Durcheinander schoß er Klein in die Beine, worauf der SS-Mann nach vorne fiel und seine Waffe fallen ließ. Gabčík machte einen Satz über ihn hinweg, gab dabei Schüsse ab und gelangte auf die Straße. In dem verzweifelten Versuch, Gabčík nicht entkommen zu lassen, befahl Klein dem Fleischer, seine Pistole zu nehmen und den fliehenden Attentäter zu verfolgen. Der Fleischer zeigte wenig Begeisterung für diesen Auftrag und gab das Unternehmen auf, nachdem er ein paar zögernde Schritte die Straße entlang getan hatte. Gabčík verschwand in einer Seitenstraße. Kurz danach erreichte er ein Geheimquartier, wo er sich das Haar mit Kamille spülte, um die Farbe zu verändern. Als er sich freigekämpft hatte, war er gestürzt, so daß er jetzt hinkte, und er war bitter enttäuscht, daß seine Maschinenpistole versagt hatte.

Auf dem Schauplatz des Attentats begannen sich die Leute vom Schock der Explosion zu erholen. Eine junge, blonde Frau erkannte Heydrich, übernahm das Kommando und rief nach einem Wagen, um ihn ins Krankenhaus schaffen zu lassen. Einer der Straßenbahnfahrgäste, ein tschechischer Polizist, der dienstfrei hatte, stoppte den vorüberfahrenden Lieferwagen eines Bäckers. Der Fahrer wollte mit der Sache nichts zu tun haben, so daß sich ein Streit entspann. Heydrich lag noch immer mit dem Oberkörper auf der Kühlerhaube seines Mercedes, während sich auf seiner Uniform ein unheilkündender dunkler Fleck ausbreitete. Ein zweites Fahrzeug wurde angehalten und requiriert, ein kleiner Lastwagen mit einer Ladung Bohnerwachs. Mit der Hilfe des Polizisten wurde Heydrich in das winzige Fahrerhaus gequetscht, und der Lastwagen fuhr an, die Gefällstrecke hinab, wobei er schwerfällig über die Straßenbahnschienen holperte. Das Gerüttel war zuviel für Heydrich, der den Fahrer bat, anzuhalten. Er wurde auf die Ladefläche verfrachtet, wo er zwischen den Kisten voll Wachs und Bodenpolitur auf dem Bauch lag, die eine Hand über dem Gesicht, die andere an die Wunde gepreßt. In diesem Zustand traf der mächtigste Mann der Tschechoslowakei im Krankenhaus Bulovka ein. Es war kurz nach 11.00 Uhr.

Heydrich wurde unverzüglich in die Notaufnahme gebracht, wo ein junger tschechischer Arzt, Dr. Vladimir Šnajdr, seine Wunden säuberte. Heydrich war bei Bewußtsein und hatte seine eisige Selbstbeherrschung wiedergewonnen. Dr. Šnajdr berichtete später: »Ich nahm eine Pinzette und Tupfer und versuchte festzustellen, ob die Wunde tief war . . . er zuckte nicht mit der Wimper, obwohl ich ihm wehgetan haben muß.« Der deutsche Direktor des Krankenhauses, Prof. Diek, wurde gerufen und nahm eine eingehendere Untersuchung vor. Die Prognose schien günstig. Das Schrapnell hatte das Rückgrat und die Nieren verfehlt und anscheinend nur Fleischwunden verursacht. Prof. Diek bestand jedoch auf einer Röntgenaufnahme. Diese ergab, daß die Lage ernster war. Heydrich hatte eine zertrümmerte Rippe, einen Zwerchfellriß und in der Milz Splitter, entweder von der Bombe oder vom Metall des Wagens. Diese Verletzungen hätten sich vermeiden lassen, wenn die Sitzlehnen des Mercedes durch Panzerplatten gesichert gewesen wären. Prof. Diek empfahl eine sofortige Operation, doch Heydrich wollte sein Leben nicht einem deutschen Provinzmedikus anvertrauen und verlangte einen Chirurgen aus Berlin. Nach einigem Hin und Her wurde ein Kompromiß erreicht. Heydrich willigte in die Operation ein, aber nur unter der Bedingung, daß die erste deutsche Kapazität in Prag, Prof. Hollbaum von der Deutschen Chirurgischen Klinik, zugezogen wurde. Kurz nach Mittag wurde Heydrich in den Operationssaal gerollt.

Die Gestapo wurde gegen 10.45 Uhr von der tschechischen Polizei über das Attentat unterrichtet. Der tschechische Verbindungsmann, Inspektor Ženatý, gab keine Details durch, sondern nur das Gerücht weiter, daß eine hochgestellte deutsche Persönlichkeit bei einem Attentatsversuch verletzt worden sei. Heinz Pannwitz, der die Sache in die Hand nahm, bemerkte dazu: »Derartige Meldungen, die angebliche Angriffe auf Wehrmachtsangehörige mitteilten, waren schon viel gekommen, und meist war überhaupt nichts daran, so daß man in der Dienststelle der Geheimen Staatspolizei geneigt war, gar nicht ernstlich darauf zu reagieren und erst Einzelheiten von Seiten der tschechischen Polizei abzuwarten.« Es verging einige Zeit, bis Pannwitz beschloß, in Begleitung zweier Kollegen zu der Polizeiwache zu fahren, die das Attentat gemeldet hatte. Dort wurde ihnen mitgeteilt, daß ein verwundeter General, vielleicht der Reichsprotektor selbst, in die Bulovka-Klinik gebracht worden sei. Im Krankenhaus schien niemandem etwas über einen verwundeten Deutschen bekannt zu sein, und Pannwitz war genötigt, selbst eine Suche in der chirurgischen Abteilung zu veranstalten. Dort fand er Heydrich ohne Hemd auf einem Operationstisch sitzend, während ihm zwei Schwestern Eisbeutel auf die Stirn legten. Pannwitz war entsetzt, als er Heydrich allein und ungeschützt sah. Er überließ ihn der Obhut seiner beiden Kollegen und ging in das Dienstzimmer von Prof. Diek. Von dort aus rief er in der Gestapozentrale an, forderte die sofortige Entsendung eines Trupps von SS-Männern, der die Klinik sichern sollte. Er hatte Schwierigkeiten, seine Kollegen zu überzeugen, daß es sich nicht um einen Witz handelte, aber schließlich erfaßten sie den Ernst der Lage. Karl Hermann Frank wurde informiert und eilte zur Bulovka-Klinik; kurz danach folgten Hácha und die Protektoratsregierung. SS-Männer räumten die chirurgische Abteilung von sämtlichen Patienten und strichen zur Vorsorge gegen Scharfschützen die Fenster mit weißer Tünche an. Auf dem Dach wurden Maschinengewehre aufgestellt, an den Eingängen zogen Wachtposten auf. Zum Führerhauptquartier wurde eine direkte Leitung geschaltet. Auf dem Schauplatz des Überfalls übernahm Pannwitz das Kommando. Er ließ das Gebiet absperren, Zeugen zusammentrommeln und machte eine vorläufige Bestandsaufnahme der *corpora delicti*. Diese bestanden aus einem Damenfahrrad, zwei Aktentaschen – eine davon mit einer Bombe samt Zünder –, einer Männermütze, einem hellfarbenen Regenmantel, einer Sten-Gun und ein paar leeren Patronenhülsen. Pannwitz war auf der Stelle überzeugt, daß es sich bei den Attentätern um Fallschirmagenten handelte. Die nicht verwendete Bombe enthielt britischen Plastiksprengstoff, britische Zündschnüre und britische Zünder. »Da auch eine englische Maschinenpistole verwendet worden war, bestand schon eine Stunde nach dem Attentat kein Zweifel mehr daran, aus welcher Richtung das Attentat inszeniert worden war.«

Kurz nach Mittag wurde Hitler in seinem Hauptquartier in Ostpreußen über das Attentat unterrichtet. Um 12.30 Uhr rief er im Krankenhaus an und sprach mit Frank, dem er bis zu Heydrichs Genesung die Verantwortung übertrug. Franks Notizen zufolge fragte Hitler, ob Heydrich die Fahrt ohne Eskorte unternommen habe, und verurteilte dies mit scharfen Worten. Er verbot Frank, ähnliche Risiken einzugehen, und kündigte an, daß man ihm aus Berlin eine gepanzerte Limousine schicken werde, die ihn gegen Bombenattacken schützen solle. Auf die Festnahme der Attentäter solle eine Belohnung von einer Million Reichsmark ausgesetzt werden. Jeder, der der Beihilfe überführt werde, sei mitsamt seiner Familie zu erschießen. Als Vergeltungsmaßnahme sollten 10000 Tschechen verhaftet werden. Alle Personen, die sich wegen politischer Vergehen bereits in Gewahrsam befanden, sollten unverzüglich hingerichtet werden. Frank sträubte sich gegen die Verhaftungen, wenn auch weniger aus moralischen als aus praktischen Erwägungen. Auf Repressalien in diesem Ausmaß zurückzugreifen, hieße Heydrichs Politik durchkreuzen und den Exilanten in die Hände spielen. Es würde zu schweren Produktionsstörungen kommen, und die Tschechen, die das Gefühl bekämen, daß sie nichts mehr zu verlieren hätten, würden zur Revolution getrieben werden. Er wagte nicht, Hitler offen zu widersprechen, sondern fragte an, ob er am nächsten Tag zu weiteren Gesprächen ins Führerhauptquartier fliegen könne, ein Ersuchen, dem entsprochen wurde. Um 15.00 Uhr besprach Frank mit den leitenden Männern seiner Sicherheitspolizei die Situation. Sie teilten seine Bedenken ob derart umfassender Vergeltungsmaßnahmen. Pannwitz legte dar, daß das auf dem Schauplatz des Verbrechens gefundene Beweismaterial auf Fallschirmagenten und nicht auf den tschechischen Widerstand deute. Hitlers Befehl würde nur der Exilregierung und den mit ihr verbündeten Großmächten nützen. Nach Pannwitz' Darstellung verließ Frank die Besprechung, um Hitler anzurufen und ihm die Beweise für eine Beteiligung der Briten zu präsentieren.

Hitler blieb jedoch blutrünstig gestimmt. Am selben Nachmittag wütete er in einem Gespräch mit Himmler gegen die Tschechen. Wenn ihnen Heydrich nicht passe, werde er ihnen einen Schlimmeren schicken, einen Mann, der sich nicht davor fürchten würde, durch Blut zu waten. Offensichtlich überzeugt, daß Frank nicht die Nerven dafür hätte, meinte er, der richtige Mann wäre Erich von dem Bach-Zelewski, Chef der deutschen »Bandenkampfverbände« im Osten. Als Himmler einwandte, dieser Offizier sei wegen der militärischen Lage nicht zu entbehren, wurde Kurt Daluege, der Chef der ORPO, der Ordnungspolizei, zum einstweiligen Reichsprotektor ernannt. Hinter dieser Entscheidung scheint wenig Logik gestanden zu haben, abgesehen davon, daß Daluege eine hohe SS-Charge war und sich bereits an Ort und Stelle befand, da er am Vormittag offenbar zu einem Arztbesuch in Prag eingetroffen war. Er war früher im Ringen um die Macht ein Rivale Heydrichs gewesen und war innerhalb der SS wegen seiner Dummheit schlecht angesehen. Heydrich nannte ihn immer verächtlich bei seinem Spitznamen »Dummi-Dummi«. Wieder war Franks Ehrgeiz ein Riegel vorgeschoben worden. Nur wenige Stunden lang hatte er die Macht im Protektorat unangefochten innegehabt.

Nach dem Gespräch mit Hitler kehrte Himmler zu seinem auf einem Nebengleis abgestellten Salonzug zurück. Das Attentat auf Heydrich, seinen perfekten SS-Mann, hatte ihn tief aufgewühlt, und bei Erhalt der Nachricht war er in Tränen ausgebrochen. Jetzt stellte er sich hinter Hitlers Verlangen nach Rache. Um 21.05 Uhr ließ er ein Fernschreiben an Frank abgehen, in dem er Hitlers Befehl zur Vergeltung unterstützte und verlangte, »unter den befohlenen 10000 Geiseln . . . in erster Linie die gesamte oppositionelle Intelligenz zu verhaften« und »daß heute nacht hundert Geiseln« zu erschießen seien. Zur selben Zeit wurde Professor Gebhardt, Himmlers Leibarzt und beratender Chirurg der Waffen-SS, an Heydrichs Krankenlager entsandt; er sollte regelmäßig über den Zustand »unseres guten Reinhard« Bericht erstatten. Goebbels in Berlin war ebenso entsetzt wie Himmler. Am 27. Mai trug er in sein Tagebuch ein: »Eine alarmierende Nachricht kommt aus Prag. Auf Heydrich ist in einer Vorstadt von Prag ein Bombenattentat verübt worden.« Die brutalsten Methoden seien notwendig, um die Situation zu bewältigen. Goebbels war der Überzeugung, ein »Verlust von Heydrich wäre für den augenblicklichen Stand der Dinge . . . unersetzlich«. Seinem Grimm ließ er gegenüber den bequemsten Opfern, den Juden, freien Lauf. Am 29. Mai notierte er: »Ich lasse in Berlin die von mir geplante Verhaftung von 500 Juden vornehmen und den jüdischen Gemeindevorstehern eröffnen, daß für jedes jüdische Attentat oder für jeden jüdischen Revolteversuch 100 oder 150 in unserer Hand befindliche Juden erschossen werden. In den ersten Tagen nach dem Attentat wurden im Konzentrationslager Sachsenhausen mehrere hundert Juden ermordet, ein Akt, der Goebbels' ungeteilten Beifall fand. »Je mehr von diesem Dreckzeug beiseite geschafft wird, um so besser für die Sicherheit des Reiches.«

Furcht heizte die Grausamkeit der führenden Nazis an. Die Attentatswelle im besetzten Europa hatte zum erstenmal ihre eigenen Reihen erreicht und bedrohte nun den inneren Zirkel der Macht. Am 31. Mai bemerkte Goebbels: »Die politische Lage beurteilt der Führer fast genau so wie ich sie beurteilt hatte. Er sieht die Möglichkeit eines Anschwellens der Attentate, wenn wir im Protektorat nicht ganz energisch und rücksichtslos . . . vorgehen.« Bei der Gestapo war man der Auffassung, das Attentat sei Teil einer vom britischen und vom sowjetischen Geheimdienst im Bunde mit dem »internationalen Judentum« geschürten Kampagne. Das höchste Ziel sei Hitler selbst, der »Garant unseres Sieges«. Wenn die Naziführung von dem Attentat erschüttert war, so befanden sich ihre Untergebenen in Prag in einem Zustand kompletter Konfusion. Nichts geschah, um die Flucht der Attentäter zu unterbinden; erst am Spätnachmittag verhängte Frank den Ausnahmezustand und ein nächtliches Ausgehverbot. Der Straßen- und Eisenbahnverkehr aus der Stadt wurde gestoppt, und für die Festnahme der Täter wurde eine Belohnung von zehn Millionen tschechischer Kronen (eine Million Reichsmark) ausgelobt. Alle, die den Tätern halfen oder sie versteckten, sollten zusammen mit ihrer ganzen Familie hingerichtet werden. Später am selben Abend wurde der Ausnahmezustand auf das gesamte Protektorat ausgedehnt. Hinter diesen Maßnahmen verbarg sich ein anhaltendes großes Durcheinander. Kopkow und Wehner, zwei aus Berlin entsandte hohe Kriminalbeamte, fanden in Prag ein »katastrophales Durcheinander« vor. Die Gestapozentrale sei »ein Ameisenhaufen. SS-Männer und SS-Führer wimmelten in unvorstellbarer Zahl durcheinander, dazwischen hohe Polizei- und Wehrmachtsoffiziere. Die höchsten der Anwesenden . . . standen um die Karten auf den großen Tischen. Sie warfen Regimenter und Hundertschaften hin und her, besprachen Standgerichtsbefehle, neue Verbote, Erschießungen«. Die plötzliche Beauftragung Dalueges, einstweilen die Geschäfte des Reichsprotektors zu übernehmen, besserte die Situation mitnichten. Während Frank sich Pannwitz' Ansicht anschloß, das Attentat sei das Werk von Fallschirmagenten gewesen, befürchtete Daluege, es könnte sich um das Signal für eine allgemeine Erhebung gegen die deutsche Herrschaft handeln. Als erstes forderte er Polizeiverstärkung aus anliegenden Provinzen des Reiches an, die frühmorgens am 28. Mai im Protektorat einzutreffen begann. In öffentlichen Verlautbarungen betonte er, daß er als SS-General wisse, wie mit einer Revolution umzugehen sei, und vor nichts zurückschrecken werde, um die öffentliche Sicherheit aufrechtzuerhalten. In einem Punkt jedoch waren Frank und Daluege derselben Meinung: Auf wessen Konto das Attentat auf Heydrich auch ging, den Tschechen müsse gezeigt werden, daß die Herrenrasse die Zügel fest in der Hand behielt. Infolgedessen wurden die polizeilichen Aktivitäten einer Machtdemonstration untergeordnet – ein Vergehen, das auch noch Wochen später die Ermittlungen behinderte.

Die Ausgangssperre trat am 27. Mai um 21.00 Uhr in Kraft. Während die Tschechen sich hinter geschlossenen Türen verkrochen, begann eine Großfahndung unter Einsatz von deutschen und tschechischen Polizisten, unterstützt von Kontingenten der Waffen-SS und drei Bataillonen regulärer Truppen. An der Durchsuchung von mehr als 36000 Häusern waren annähernd 21000 Mann beteiligt. Die Deutschen waren rachsüchtig und schießlustig gestimmt. Nach der Schilderung eines aus der Kriegsgefangenschaft entflohenen britischen Offiziers, der sie im Einsatz sah, verloren vor allem die SS-Männer völlig den Kopf und benahmen sich wie Verrückte. Sein Bericht wird von Kopkow und Wehner bestätigt: Die Deutschen seien in voller Schlachtordnung aufmarschiert und hätten sich verhalten, als erwarteten sie, jeden Augenblick unter Beschuß zu geraten. Es war lebensgefährlich, sich auf die Straßen zu wagen; vielerorts wurde willkürlich in offene oder beleuchtete Fenster geschossen. Die beiden Kriminalbeamten brauchten militärischen Begleitschutz, um sicher in ihr Hotel zu gelangen. Kopkow stellte mißmutig fest: »Sie sind total verrückt . . . Bei dem Durcheinander, das die hier anrichten, finden sie sich selbst nicht wieder heraus, geschweige denn die Attentäter.« Im Netz der Großrazzia verfingen sich 541 Personen, die sich nicht legitimieren konnten. 430 wurden später wieder auf freien Fuß gesetzt. Der einzige wirkliche Fang war Jan Zika, ein Mitglied des Zentralkomitees der kommunistischen Partei. Von den Attentätern war keine Spur zu entdecken.

Am 28. Mai flog Frank ins Führerhauptquartier, wo er sich für ein selektives Durchgreifen statt massenhafter Vergeltungsmaßnahmen gegen die Tschechen aussprach. Die Indizien sprächen dafür, daß Heydrichs Attentäter Fallschirmagenten gewesen seien. Die Verhaftung von 10000 Geiseln würde nur die Produktion lahmlegen, 50000 bis 100000 ihrer Angehörigen und Freunde zu aktiven Feinden Deutschlands machen und letztlich Beneš zum Vorteil gereichen. Als Alternative empfahl er, das Protektoratsregime für eine Propagandakampagne gegen die Exiltschechen und ihre Helfershelfer in London und Moskau einzuspannen. Hácha und seine Minister seien derart verängstigt, daß sie zu allem bereit seien, um das Reich zu beschwichtigen. Sollten die Verbrecher nicht gefaßt werden oder weitere Ruhestörungen erfolgen, könnten immer noch schärfere Maßnahmen ergriffen werden, darunter die Aufhebung der Autonomie und Massenexekutionen. Hitler stimmte diesen Vorschlägen zwar zu, doch schon bald sollte sich zeigen, daß sein Verlangen nach blutiger Rache nicht erloschen war. Franks Empfehlungen, die der von Heydrich vervollkommneten Linie folgten, wurden rasch in die Tat umgesetzt. Hácha und seine Minister ließen sich für eine Kampagne einspannen, die die Bevölkerung aufforderte, das Attentat zu verurteilen und die Täter auszuliefern. Überall in Böhmen und Mähren wurden Demonstrationen und Betriebsversammlungen organisiert. Am 30. Mai setzte Hácha zehn Millionen Kronen für die Ergreifung der Heydrich-Attentäter aus, womit er die Belohnung verdoppelte, und nannte Beneš den Feind Nr. 1 der Nation, weil er drohe, das tschechische Volk ins Unglück zu stürzen. Am Tag darauf hielt Propagandaminister Emanunel Moravec eine Rundfunkansprache, in der er seine Zuhörer warnte, daß die Deutschen nicht Worte hören, sondern Taten sehen wollten. Die Tschechen müßten ihre Loyalität zum Reich beweisen oder die Konsequenzen auf sich nehmen. Die Nation dürfe nicht Beneš' Söldnerbande und ihren Brotgebern zuliebe untergehen. Diesen Warnungen wurde durch gezielt von der Gestapo in die Welt gesetzte Gerüchte über das schreckliche Schicksal Nachdruck verliehen, das den Tschechen drohte, falls die Täter nicht gefunden würden.

Propaganda und psychologische Kriegführung wurden durch eine Machtdemonstration und Massenexekutionen unterstützt. Überall im Protektorat wurden Wohnblocks, Vorstädte und Dörfer willkürlich umstellt und durchsucht. Alle Personen, die älter als fünfzehn Jahre waren, wurden angewiesen, sich bis zum 30. Mai polizeilich registrieren zu lassen. Diejenigen, die sich nicht daran hielten, wurden ebenso erschossen wie alle, die ihnen nachweislich Unterschlupf gewährt hatten. Die auf dem Schauplatz der Tat entdeckten Beweisstücke wurden im Schaufenster des Baťa-Schuhgeschäfs im Zentrum von Prag ausgestellt; Aufnahmen davon wurden zusammen mit einer Personenbeschreibung der gesuchten Männer jedem Haushalt in Böhmen und Mähren zugeschickt. Da einer der Attentäter durch die Bombenexplosion verwundet worden war, mußten sämtliche 7000 Ärzte im Protektorat schriftlich beschwören, daß sie keinen verletzten Mann behandelt hatten, auf den die Beschreibung eines der Verdächtigen paßte. Eine Welle von Exekutionen verlieh den Drohungen Nachdruck. Zu den Opfern gehörten auch Personen, die wegen Vergehen gegen den Ausnahmezustand verurteilt worden waren oder lediglich das Attentat gutgeheißen hatten. Die ersten Familien starben am 31. Mai vor deutschen Erschießungskommandos. Bis zum 4. Juni wurden 174 Personen getötet. In einem amerikanischen Geheimdienstbericht ist zu lesen: »Die Opfer wurden aus jeder Klasse der Gesellschaft gewählt; und die Deutschen hatten anscheinend keine andere erkennbare Absicht als die Befriedigung ihres Grimms . . . Demnach war das Gemetzel nicht völlig wahllos, und man nahm die Gelegenheit wahr, um jene Klassen zu dezimieren, bei denen man den Geist des Widerstands am tiefsten verwurzelt wähnte.« Diesem Vorgehen fiel die prominenteste Persönlichkeit zum Opfer, die in den Terrortagen des Oktober 1941 verhaftet worden war – General Eliáš, der schließlich am 19. Juni hingerichtet wurde. Die umfassende Menschenjagd dehnte sich bis ins Reich selbst aus, wo die Polizeireserven zusammen mit Parteiorganisationen wie der Hitler-Jugend und der Deutschen Arbeitsfront aufgeboten wurden. Reisende auf Straße und Schiene mußten strenge Identitätskontrollen über sich ergehen lassen. Wiederholt wurden die Quartiere von »Fremdarbeitern«, Scheunen und Heumieten auf dem Land durchsucht. Doch noch eine Woche nach dem Attentat hatte dieses ganze Fahndungsaufgebot keinen einzigen nennenswerten Hinweis auf den Aufenthaltsort der Täter erbracht. In Berlin begannen Gerüchte die Runde zu machen, Heydrichs Attentäter seien überhaupt keine Tschechen, sondern das Attentat sei das Ergebnis einer mörderischen Fehde innerhalb der Partei gewesen.

Gabčík und Kubiš suchten zunächst Zuflucht bei dem Netz von Geheimquartieren, das die JINDRA-Gruppe über Prag gespannt hatte. Bei den Diskussionen vor dem Attentat hatte man sich nicht weiter mit den möglichen Folgen beschäftigt, so daß es keinen Fluchtplan gab. Die Großfahndung am Abend nach dem Attentat überrumpelte alle. Es ist nicht geklärt, wie die beiden Attentäter es schafften, der Verhaftung zu entgehen; zwei andere Fallschirmagenten kamen nur mit knapper Not davon. Opálka mußte sich in einem Wandschrank verstecken, vor den in aller Eile ein Sofa geschoben wurde. Čurda verbrachte ein paar qualvolle Minuten, während er sich am Sims eines Badezimmerfensters über einem Luftschacht festhielt. Angesichts dessen, daß in den folgenden Tagen die Durchsuchungen aufs Geratewohl fortgesetzt wurden, lag es auf der Hand, daß es in Prag keinen sicheren Unterschlupf mehr gab. Die Gegenwart der Fallschirmagenten brachte die JINDRA-Gruppe und die Familien, die sie versteckten, in große Gefahr. Andererseits war jeder Versuch, die Stadt zu verlassen, wegen der strengen Kontrollen an sämtlichen Straßen und Bahnstrecken so gut wie aussichtslos. Zelenka fand dann die Lösung. Durch seine Kontakte vereinbarte er, alle Fallschirmspringer in den Katakomben der Karel-Boromejský-Kirche zu verstecken, einem griechisch-orthodoxen Gotteshaus nahe dem Zentrum Prags. Die Kirche war seit langem mit dem tschechischen Nationalismus verbunden und sorgte für die Familien von Mitgliedern der Tschechischen Legion, die während des ersten Weltkriegs in Rußland geheiratet hatten. Der Laienprediger Vladimir Petřek fand sich bereit, den Fallschirmagenten Unterschlupf zu gewähren, und erhielt dafür die Einwilligung seines Bischofs Gorazd. Die in der Kirche Beschäftigten mußten vor dem Altar Schweigen geloben, und dann begann Zelenka, die Agenten einzeln und paarweise in die Krypta zu schmuggeln. Als letzter traf Gabčík ein, vermutlich am 1. Juni. Nur Čurda war nicht zu finden. Im Gefolge der Großfahndung am 28. Mai war es ihm geglückt, die deutschen Straßensperren zu umgehen, und er war in seinen Heimatort in Südböhmen geflohen, wo er sich in der Scheune seiner Mutter versteckte. Seine sieben Kameraden richteten sich, so gut es ging, in ihrem neuen Refugium ein; sie hofften, Prag verlassen zu können, wenn das Schlimmste vorüber war. Zu dem ANTHROPOID-Team hatten sich Valčik von SILVER A, Opálka von OUT DISTANCE, Švarc von TIN und die beiden überlebenden Teamkameraden von BIOSCOPE, Bublik und Hrubý, gesellt. Die Katakomben waren ein dumpfiger und kalter Ort, was aufs Gemüt schlug; hinzu kam, daß die Attentäter glauben mußten, gescheitert zu sein. Heydrich war nicht tot, und das tschechische Volk mußte einen furchtbaren Preis für nichts und wieder nichts zahlen. Besonders Gabčík war außer sich und machte sich verzweifelte Vorwürfe, weil seine Sten-Gun versagt hatte.

Die Exilanten erfuhren von dem Attentat auf Heydrich zuerst am Nachmittag des 27. Mai durch den Prager Rundfunk. Oberst

Moravec berichtete, daß die Nachricht mit Erleichterung aufgenommen worden sei. ». . . Also war es passiert. Gabčík und Kubiš hatten es geschafft. Offenbar hatten sie ihre Mission planmäßig ausgeführt und waren nicht an Ort und Stelle getötet oder verhaftet worden.« Präsident Beneš dankte persönlich Oberst Moravec für seinen Beitrag zur Planung der Operation und schüttelte ihm wiederholt die Hand. Infolge der strikten Sicherheitsmaßnahmen auf deutscher Seite verloren die Tschechen in London jegliche Verbindung zu den Fallschirmagenten in Prag, aber die Funkverbindung zu SILVER A in Pardubice blieb intakt. Am 3. Juni sandte Beneš an Bartoš eine Gratulationsbotschaft, in der er den Anschlag guthieß: »Vom Präsidenten: Ich bin hocherfreut, daß Sie Kontakt halten, und danke Ihnen aufrichtig. Ich stelle fest, daß Sie und Ihre Freunde absolute Entschlossenheit zeigen. Es ist für mich ein Beweis, daß die ganze Nation fest zusammensteht. Ich kann Ihnen versichern, daß es zum Erfolg führen wird. Die Ereignisse dort drüben haben hier eine große Wirkung und tragen dem Widerstand des tschechischen Volkes Anerkennung ein.« Beneš nutzte sogleich die dramatische Wirkung des Geschehnisses, um die tschechische Position im alliierten Lager zu verbessern. In offenkundigem Widerspruch zum Protektoratsregime in Prag erwähnte er keine Fallschirmagenten und bezeichnete das Attentat als ein Werk des nationalen Widerstands. Am 29. Mai gab die tschechische Exilregierung eine Verlautbarung heraus, in der es hieß, der Angriff auf »das Monstrum Heydrich« sei gleichermaßen ein Racheakt, ein Ausdruck der Ablehnung der Naziherrschaft und eine Tat von Symbolcharakter für alle unterdrückten Völker Europas gewesen. Die von tschechischen Patrioten abgefeuerten Vergeltungsschüsse seien ein Zeichen der Solidarität mit den Alliierten und des Glaubens an den letztendlichen Sieg, das wie ein Echo um die Welt gehen werde. »Schon fallen weitere tschechische Opfer auf den deutschen Hinrichtungsstätten. Aber auch diese neue Raserei der Nazis wird vom standhaften Widerstand des tschechischen Volkes gebrochen werden und seinen Durchhaltewillen nur stärken.« Die Exilanten appellierten an die Bevölkerung, die »unbekannten Helden« zu verstecken, und drohten jedem, der sie verriete, »gerechte Strafe« an. Aus Moskau schlug der Führer der tschechischen Kommunisten, Klement Gottwald, einen ähnlichen Ton an. »Unser erstes Wort gilt den noch unbekannten Helden, die Reinhard Heydrich, diesen blutbefleckten Folterknecht, niederstreckten und damit die Menschheit von einem der schlimmsten Ungeheuer Hitlers befreiten und den Namen der Tschechoslowakei in aller Welt mit Ruhm bedeckten.«

Während die Propagandaschlacht weitertobte und die größte Menschenjagd in der Geschichte des Dritten Reichs gegen die Attentäter entfesselt wurde, schwebte Heydrich in dem von der SS streng bewachten Bulovka-Krankenhaus zwischen Leben und Tod. Kein Tscheche durfte ihm nahe kommen, ärztliche Kapazitäten drängten sich um sein Bett. Himmler rief beinahe stündlich an und erkundigte sich, wie es um Heydrich stehe. Prof. Gebhardt, der ihn inzwischen betreute, war zunächst optimistisch und glaubte, daß die Professoren Diek und Hohlbaum gute Arbeit geleistet hätten. Doch wenige Tage nach der Operation verschlechterte sich Heydrichs Zustand. Er bekam eine Bauchfellentzündung, auf die rasch eine Sepsis folgte. Die Temperatur schnellte hoch, er litt große Schmerzen, brauchte immer höhere Morphiumdosen und wiederholte Bluttransfusionen. Gebhardt lehnte es ab, die infizierte Milz operativ zu entfernen, und verließ sich statt dessen auf einen Vorläufer der Sulfonamide, um die um sich greifende Vergiftung in Schach zu halten. Das Medikament war weder so stark noch so wirksam wie Penicillin, das es in Deutschland nicht gab, und Heydrichs Zustand blieb bedenklich. Am 2. Juni sprach der tiefbesorgte Himmler in Prag zum letztenmal mit seinem Protegé. Bei dem Gespräch, das um das Thema Schicksal und Tod kreiste, zitierte Heydrich ein paar Zeilen aus seines Vaters Oper *Amen:*

> »Ja, die Welt ist nur ein Leierkasten,
> den unser Herrgott selber dreht.
> Jeder muß nach dem Liede tanzen,
> das gerade auf der Walze steht.«

In gewisser Weise war dieser sentimentale, holprige Vers, in dem Bruno Heydrichs ganzes künstlerisches Unvermögen zum Ausdruck kam, ein passendes Epitaph für ein Leben, das im Grunde weder Moral gekannt noch Sinn gehabt hatte. Am Rand des Grabes war er außerstande, sich auf irgendeine große Sache oder Idee zu berufen. Der Mann, der Herr über Millionen Menschen gewesen war, mußte am Ende seines Lebens seine Zuflucht zum Trivialen und zum Kitsch nehmen. Es fehlte ihm an einem geistigen oder sittlichen Kern ebenso wie der Bewegung, die ihn geformt hatte. Anders gesehen, sprach aus diesen Worten die unbegreifliche Denkart eines Mannes, der sich vor jeder persönlichen Verantwortung davonstahl. Bei Heydrich, der in seiner Gier nach totaler Macht Tausende ermordet hatte, war ein Appell an Schicksal oder Vorbestimmung schiere Heuchelei.

Bald nach seiner letzten Unterhaltung mit Himmler begann er ins Koma zu gleiten. Am 4. Juni, um 4.30 Uhr morgens, während Daluege und Frank bange vor der Tür warteten, tat Heydrich seinen letzten Atemzug. Der Befund seiner Ärzte lautete: »Der Tod trat ein als Folge von Läsionen parenchymatöser Organe; Bakterien und möglicherweise Giftstoffe drangen über Bombensplitter insbesondere in Pleura, Diaphragma und das Gewebe um die Milz ein und gelangten in den Blutkreislauf.« Das Sterberegister des Krankenhauses faßte sich kürzer. Neben den Namen Reinhard Tristan Heydrich schrieb ein unbekannter Angestellter als Todesursache: »Wundinfektion«. Hitler reagierte erbost auf die Nachricht, wenngleich sich sein Zorn in erster Linie gegen Heydrich selbst richtete. Am 4. Juni schimpfte er (bei einem Tischgespräch): »Da die Gelegenheit nicht nur Diebe, sondern auch Meuchelmörder macht, sind heroische Gesten wie die, ein offenes, ungepanzertes Fahrzeug zu benutzen oder unbewacht auf die Straße zu gehen, nichts weiter als sträflichste Dummheit, die dem Vaterland nicht den geringsten Dienst erweist. Daß ein so unersetzlicher Mann wie Heydrich sich unnötig Gefahren aussetzte, kann ich nur als dumm und idiotisch verurteilen. Männer von seiner Bedeutung sollten wissen, daß man ihnen ständig nachstellt, als wären sie Jagdwild, und daß unzählige nur auf die Gelegenheit lauern, sie zu töten.« Ähnlich kritisch dachte Himmler. Am 9. Juni mahnte er eine Gruppe hoher SS-Offiziere: »Wenn Sie von Ihrer Wohnung, wie es beim Obergruppenführer Heydrich der Fall war, jeden Tag zu einer bestimmten Zeit einen bestimmten Weg fahren – das ist Ihr Wechsel! –, dann kann der Jäger, der auf Sie ansitzt, Sie erledigen . . . Trotzdem sollten wir nicht alles dem lieben Gott überlassen und sagen, er kann meinen persönlichen Sicherheitsschutzmann machen.« Nach Himmlers Ansicht wurde Dummheit immer bestraft. In Zukunft sollten alle hochrangigen SS-Offiziere sich eskortieren lassen. Hitler erließ einen ähnlichen Befehl, der für die gesamte NS-Führung galt.

Der Öffentlichkeit hingegen wurde Heydrich als der größte Märtyrer seit Horst Wessel dargestellt, als ein vorbildlicher Nationalsozialist, der für das Vaterland im Kampf gefallen sei. Am Abend des 5. Juni wurde seine Leiche vom Krankenhaus zum Hradschin gebracht, wo sie zwei Tage feierlich aufgebahrt lag, umgeben von flammenen Graburnen und bewacht von hohen Offizieren der Polizei, der SS und der Wehrmacht. Über dem Sarg hing eine riesige SS-Fahne, deren silberne Runen im Licht der Fakkeln funkelten. Es war eine jener barbarischen Zurschaustellungen, in denen sich die Nazis hervortaten. Am 7. Juni hielt Daluege, in Gegenwart Himmlers und der Protektoratsregierung, eine Trauerrede voll Heuchelei und triefender Sentimentalität, in der er Heydrich als Freund der Tschechen feierte, als edlen Arier, dessen Name dereinst in der Ehrenhalle der SS in Stein gehauen stehen werde. Eine englische Stimme nannte Dalueges Rede »ein typisches Beispiel für die Geschmacklosigkeit der Nazis . . . komisch und sogar bizarr anzuhören aus dem Mund eines der berüchtigsten Schurken auf dem Angesicht der Erde«. Was seine Zuhörer dachten, ist nicht verzeichnet, obwohl in der ganzen SS bekannt war, welche Verachtung und welcher Haß zwischen Daluege und seinem teuren gefallenen Kameraden geherrscht hatten. Nach Beendigung der Ansprache wurde Heydrichs Sarg auf eine Lafette gehoben und durch die stummen Straßen mit feierlichem Pomp zum Bahnhof gefahren. Für die Tschechen war die ganze Angelegenheit eine grausige Parodie auf das Begräbnis Tomáš Masaryks, des Gründers der Republik. Überall im Protektorat wartete die Bevölkerung bange auf die unvermeidliche Vergeltung der Nazis. SD-Berichten vom 4. Juni zufolge war die Grundstimmung der Tschechen Angst und Besorgnis vor den zu gewärtigenden Ereignissen; zahlreiche Gerüchte kursierten über die zu erwartenden Massenhinrichtungen und die eventuelle Auflösung des Protektorats. Um solche Folgen abzuwenden und um ihre Loyalität zu bekunden, begleiteten Hácha und seine Minister den Sarg nach Berlin und nahmen neben den führenden Würdenträgern des Dritten Reichs am Staatsbegräbnis am 9. Juni teil.

Die Grabrede hielt Himmler, den Heydrichs zwei kleine Söhne begleiteten. Die Witwe, die ihr viertes Kind jeden Tag erwartete, war in Panenské Břežany geblieben. Himmlers Rede bestand aus einer sorgfältig redigierten Darstellung von Heydrichs Leben, die über die Umstände seiner Entlassung aus der Marine hinwegglitt und ihn als einen überzeugten Träger des nationalsozialistischen Ideenguts präsentierte. Im Gegensatz zu seiner privat geäußerten Kritik an Heydrichs Unbesonnenheit hob er Heydrichs Verhalten in Prag als einen Beweis seiner Männlichkeit und Tapferkeit hervor. Sicherheitsvorkehrungen seien der Natur eines Mannes fremd gewesen, der einer der besten Sportler in der SS gewesen sei, ein kühner Reiter, Fechter, Schwimmer und Fünfkämpfer. Es sei typisch für seine kämpferische Art gewesen, daß er, obwohl schwer verwundet, die Söldlinge der Briten, die die Bombe gegen seinen Wagen geschleudert hatten, verfolgt und unter Beschuß genommen habe. Heydrichs Name werde in der SS fortleben als der eines Vorbilds an Pflichterfüllung für »Führer« und Vaterland. Himmler war unstreitig bestürzt über den Tod seines Protegés; wie Goebbels sah er ihn als unersetzlich an, worin ihm auch Hitler zustimmte, trotz seiner früheren Bemerkungen über Heydrichs Dummheit. Hitler war so aufgewühlt, daß er nur ein paar Worte herausbrachte, aber er erkannte Heydrichs Leistung für die Sache des Nationalsozialismus dadurch an, daß er ihm post mortem »die größte Auszeichnung, die ich zu vergeben habe«, die höchste Stufe des Deutschen Ordens, verlieh. Die Auszeichnung wurde an diesem Tag zum zweiten und letzten Mal während des gesamten Krieges vergeben.

Nach der Trauerfeier wurde die Protektoratsregierung vor Hitler zitiert. Um diesen zu beschwichtigen, verurteilte Hácha zunächst die Rolle der Briten bei dem Attentat, bewirkte damit jedoch nur einen Zornesausbruch. Hitler steigerte sich in einen wahren Paroxysmus, wurde lauter und lauter, bis seine heisere Stimme durch den Saal hallte. Er werde sich »weitere schwere Verletzungen der Reichsinteressen im Protektorat« nicht bieten lassen. Wenn die Tschechen nicht in sich gingen und die Attentäter auslieferten, könnte ihn nichts daran hindern, die Bevölkerung auszusiedeln. »In diesem Fall . . . werde ich zu den äußersten Konsequenzen schreiten. Dann wird jede mittlere Lösung ausgeschlossen sein.« Als Hácha um die Erlaubnis bat, dem Volk von Böhmen und Mähren die Situation zu erklären, willigte Hitler großmütig ein. Die Tschechen seien ja »fleißige und intelligente Arbeiter«. Er wolle ihnen eine Chance geben, ihre Loyalität gegenüber dem Reich zu beweisen. Nach dem Empfang machten die tschechischen Minister, begleitet von Staatsminister Otto Meißner, einen Rundgang durch den Garten der Reichskanzlei. Sie setzten ihm mit ängstlichen Fragen über Hitlers Ausbruch zu, worauf er ihnen versicherte, daß der »Führer« nicht bluffe und daß seine »Hinweise auf eine eventuelle Aussiedlung der Tschechen, so wie ich ihn kenne, sein letztes Wort in dieser Sache« seien. In Wahrheit war die ganze Szene nur darauf berechnet, Hácha unter äußersten psychologischen Druck zu setzen. Hitler bluffte vermutlich, wie seine Bemerkungen über die Bedeutung der tschechischen Rüstungsindustrie zeigen, aber seinen Zuhörern, die tagtäglich mit der Brutalität der Nazis leben mußten, blieb kaum etwas anderes übrig, als ihn ernst zu nehmen.

Doch mit Reden war es für Hitler nicht getan. Es mußte etwas geschehen, um Hácha zu zeigen, daß es ihm ernst war mit seinen Drohungen. Außerdem war ein Blutopfer notwendig, um Heydrichs Tod zu rächen. Die Juden waren die ersten, die auf den Scheiterhaufen gelangen sollten. Am 9. Juni verließ ein mit »AaH« (*Attentat auf Heydrich*) markierter Sonderzug Prag, der tausend tschechische Juden in die Vernichtungsfabriken der SS brachte. Ihm folgten zwei weitere Transporte aus dem Getto Theresienstadt. Von den 3000 Opfern überlebte nur ein einziger Mann, dem es gelang, von dem Zug abzuspringen, der seine Leidensgenossen in den Tod fuhr. In Polen weihte die SS ihr schauerliches Werk des Massenmordes dem Gedenken an den verlorenen Helden unter dem Titel »Einsatz Reinhard«. Treblinka, Belzec und Sobibor wurden zur letzten Station für Juden, die von SS-Obergruppenführer Odilo Globocnik und seinem »Umsiedlungsstab« aus den Gettos des Generalgouvernements nach Osten deportiert wurden. Doch für die Nazis war die Ermordung von Juden schon fast etwas Alltägliches. So hielten sie nach einer schärferen Remedur Ausschau, einem dramatischen Symbolakt, der nicht nur den Tschechen, sondern ganz Europa die Konsequenzen eines Aufbegehrens gegen die deutsche Herrschaft vor Augen führen sollte. Am Abend des 9. Juni wurde ein geeignetes Objekt ausgewählt – das Dorf Lidice im böhmischen Regierungsbezirk Kladno. Es war weder die erste noch die größte Greueltat der Nazis, erlangte aber als eine der ärgsten gräßliche Berühmtheit.

In seinem Prozeß 1945 wurde Frank unter anderem wegen des Verbrechens von Lidice verurteilt. Doch wenn er auch selbst den Befehl zu dieser Vergeltungsaktion gab, so stammte die Idee, das Dorf dem Erdboden gleich zu machen, ursprünglich nicht von ihm, sondern vom Chef des SD in Böhmen und Mähren, Karl Böhme, einem selbst nach den Maßstäben der Sicherheitspolizei brutalen und skrupellosen Unmenschen. Lidice war der Gestapo schon vor dem Attentat aufgefallen. Korporal Pavelka von der Operation PERCENTAGE, im Oktober 1941 gefangengenommen, hatte die Adressen zweier dort lebender Familien bei sich namens Horak und Stříbrný, die Söhne bei der Tschechischen Brigade in England hatten. Außerdem war bekannt, daß in der Gegend um Lidice Fallschirmagenten gelandet waren. Die vom Unglück verfolgte Bivouac-Gruppe hatte sich in der nahe gelegenen Kleinstadt Slaný versteckt, ehe sie am 2. Mai 1942 gefangengenommen worden war. Vermutlich aus diesen Gründen wurde Lidice am 28. Mai, unmittelbar nach dem Attentat auf Heydrich, von der Gestapo umstellt und durchsucht. Das Schicksal des Ortes besiegelte jedoch ein tragischer Zufall. Am 27. Mai schickte ein verheirateter Mann namens Vaclav Řiha einen Brief an eine gewisse Anna Maruscakova, in dem er ihr Verhältnis beendete. Er war an ihre Arbeitsstätte adressiert und aus Diskretionsgründen bewußt zweideutig formuliert. Der Brief fiel dem Arbeitgeber der Maruscakova, Jaroslav Pala, einem Nazisympathisanten in die Hände. Er vermutete, daß es sich um eine verschlüsselte Nachricht handle, die sich auf das Attentat beziehe, und benachrichtigte die tschechische Polizei. Die Polizisten betrachteten die Sache als Bagatelle – ein einfacher Liebesbrief –, informierten aber die Deutschen, um sich für alle Fälle abzusichern. Unter dem Druck, einen Fahndungserfolg vorweisen zu müssen, verhaftete die Gestapo die Maruscakova und ihren Liebhaber. Im Verhör behauptete die Frau, sie sei von Řiha gebeten worden, den Horaks die Nachricht zu überbringen, daß ihr Sohn in England in Sicherheit sei und daß es ihm gutgehe. Řiha bestätigte dies und fügte hinzu, die Nachricht stamme von dem Sohn Horaks selbst, Leutnant Josef Horak, dem er ein paar Tage vor dem Attentat auf seinem Weg zur Arbeit in Kladno begegnet sein wollte. Es ist ungeklärt, warum diese Aussagen gemacht wurden, da Horak damals in einer tschechischen Staffel der RAF diente, weitab vom Protektorat. Aufschluß gibt vielleicht eine Feststellung Vaněks, lange nach Kriegsende abgegeben, daß der geheimnisvolle Mann, dem Řiha begegnet sein wollte, nicht Horak, sondern Valčik gewesen sei, der nach einem Unterschlupf gesucht habe, um die Fallschirmagenten nach dem Attentat zu verstecken. Während des Gesprächs habe Valčik die Nachricht über Horak weitergegeben. Mithin besteht die Möglichkeit, daß Řiha die Agenten zu schützen hoffte, indem er die Gestapo auf die vergebliche Jagd nach einem Mann schickte, der sich in Wahrheit in England befand. Doch wie viele Behauptungen Vaněks ist auch diese mit Vorsicht zu genießen. Sie ist der einzige Hinweis, der Lidice direkt mit den Attentätern verbindet – eine Aussage, die sich nicht überprüfen läßt, weil sämtliche Hauptbeteiligten tot sind.

Aber wie die Wahrheit auch beschaffen sein mochte, Řihas Aussage sollte katastrophale Folgen zeitigen. Die Gestapo in Kladno zog aus ihr den Schluß, daß sich in Lidice Fallschirmagenten versteckt hielten. Am 4. Juni wurde das Dorf zum zweitenmal durchsucht, wobei die Familien Horak und Stříbrný festgenommen wurden. Von Fallschirmagenten fand sich zwar keine Spur, doch die Deutschen blieben überzeugt, daß eine Verbindung zwischen den Attentätern und Lidice bestehe. Während sich nach Heydrichs Tod die Gerüchte von bevorstehenden Vergeltungsmaßnahmen mehrten, wurde das Dorf zu einem Ziel, das sich anbot. Nach einigen Berichten prophezeiten bereits am 6. Juni Gestapoangehörige in Kladno die Zerstörung Lidices. Den ausschlaggebenden Schritt unternahm jedoch Böhme, der am Tag des Heydrich-Begräbnisses Himmler in Berlin anrief, ihm das »Beweismaterial« gegen das Dorf präsentierte und eine Vergeltungsaktion empfahl. Er hielt es nicht für nötig, Frank, seinem unmittelbaren Vorgesetzten, Bericht zu erstatten, vielleicht wegen dessen bekannter Ablehnung von Massenrepressalien. Hitlers Entscheidung fiel noch am selben Abend, nach dem Empfang Háchas und seiner Minister; vermutlich war sie das Ergebnis eines Gesprächs mit Himmler, aber auch Bormann und Daluege können daran beteiligt gewesen sein. Wenn Frank irgendwelche Einwände hatte, behielt er sie jedenfalls für sich. Daß er sich am 27. Mai gegen eine umfassende drakonische Vergeltung gewandt hatte, hatte seiner politischen Karriere geschadet, und er war nicht bereit, sich den gleichen Fehler noch einmal zu leisten. Um 19.45 Uhr rief er Böhme in Prag an und teilte ihm die Anweisungen Hitlers mit. Lidice sollte zerstört werden. Die Männer seien an Ort und Stelle zu erschießen, die Frauen in ein Konzentrationslager zu verbringen. Die eindeutschungsfähigen Kinder sollten SS-Familien übergeben werden. Das Dorf sei niederzubrennen, die Überreste müßten eingeebnet werden, bis keine Spur von ihnen verblieb.

Die Operation begann am 9. Juni kurz nach 21.30 Uhr. Die Ortschaft wurde umstellt und durchsucht, die Frauen und Kinder wurden abtransportiert und die männlichen Bewohner über fünfzehn Jahre zusammengetrieben. Dann begann ein Exekutionskommando der Sicherheitspolizei unter SS-Hauptsturmführer Max Rostock sein grausiges Werk. Die Leichen der in Zehnergruppen erschossenen Opfer wurden von einem Arbeitstrupp, tschechischen Juden aus dem Konzentrationslager Theresienstadt, in einem Massengrab verbrannt. Die Häuser wurden in Brand gesteckt und die Ruinen von einer Einheit des Deutschen Arbeitsdienstes eingeebnet, die monatelang damit beschäftigt war, jede

Spur von Lidice zu tilgen. Zeuge der letzten Phasen dieser Operation wurde Frank, der am 10. Juni von Berlin zurückflog und auf dem Schauplatz eintraf, als die Mordaktion zu Ende war. Frank erklärte, dort, wo Lidice gestanden hatte, werde Mais wachsen als ständige Mahnung, welches Schicksal alle erwarte, die sich gegen die deutsche Herrschaft auflehnten. Die Gestapo meldete, daß bei der Operation 199 Männer erschossen und 195 Frauen verhaftet worden seien. Von den 95 Kindern wurden schließlich acht für würdig befunden, eingedeutscht zu werden. Die übrigen verschwanden spurlos, und nur sechzehn konnten nach dem Krieg wieder aufgespürt werden. In der Protektoratspresse wurde dieser Massenmord als gerechtfertigte Vergeltung für das Attentat hingestellt: Die Gestapo verfüge über unwiderlegbare Beweise, daß die Dorfbewohnerschaft Fallschirmagenten beherbergt habe, die das Attentat auf Heydrich vorbereitet hätten, und daß sie sich geweigert habe, die Täter an die Polizei auszuliefern. Daluege behauptete, in Lidice seien Waffen, Munition und ein illegaler Sender entdeckt worden. In Wahrheit aber hatten die drei Durchsuchungen der Sicherheitspolizei am 28. Mai, am 4. und am 10. Juni lediglich zwei Jagdgewehre, einen verrosteten Revolver und ein Säckchen mit Flintenpatronen zutage gefördert.

Die Zerstörung von Lidice verlieh der »erzieherischen Kampagne«, die die Protektoratsregierung nach ihrer Rückkehr aus Berlin startete, starkes Gewicht. Hierin tat sich vor allem Propagandaminister Emanuel Moravec hervor, der Tod und Zerstörung prophezeite, sollten die Attentäter nicht gefaßt werden. In einer am 12. Juni in Brünn gehaltenen Rede betonte er, daß es nur eine einzige Alternative gebe. Die Tschechen könnten entweder für das Reich arbeiten und Beneš ignorieren oder sich Beneš anschließen und so den eigenen Untergang besiegeln und vernichtet werden, wie das Dorf Lidice vernichtet worden war. Seine Warnungen wurden jeden Tag von der gelenkten Presse verstärkt, die die Bevölkerung aufforderte, nicht nur jeden Saboteur zu denunzieren, sondern auch jeden, der sich neutral verhielt, bevor die Reichsjustiz die ganze Nation bestrafte. Angesichts solch unheilkündender Prophezeiungen brach im ganzen Protektorat Panik aus. Jeden Abend drängten sich an den Zeitungskiosken die Prager Bürger, um die neueste Liste der von den Standgerichten verhängten Todesurteile zu lesen. Wie ein deutscher Beamter berichtete, ging das Gerücht um, die Nation werde buchstäblich dezimiert werden, falls die Agenten nicht gefaßt würden. Die Opfer würden anhand der Personalausweise ausgewählt werden. »Die auf Null endigenden Ziffern würden dann automatisch das Todesurteil bedeuten.« Die nervöse Spannung erreichte ein solches Ausmaß, daß sogar tschechische Beamte nicht mehr imstande waren, ordentlich zu arbeiten. Doch dieser wohlberechnete Einschüchterungsterror erbrachte keinen nennenswerten Hinweis auf eine Spur der Attentäter. In den zwei Wochen nach dem Attentat konnte die Gestapo nur 309 Aussagen, ausnahmslos unbrauchbar, verbuchen. Die Fahndung schien in eine Sackgasse geraten zu sein.

In der düsteren Krypta der Karel-Boromejský-Kirche wurde die Erleichterung über Heydrichs Tod von der Verzweiflung über die massiven Vergeltungsmaßnahmen der Nazis überschattet. Das Schicksal Lidices entsetzte die Agenten ebensosehr wie Moravec' Drohung, daß die tschechische Nation noch Schlimmeres erwarte, sollten die Schuldigen nicht gefunden werden. Um dem Mord an Unschuldigen Einhalt zu gebieten, beschlossen sie, sich selbst zu opfern. Sie baten Vladimir Petřek um seine Meinung zu ihrer Idee, in einer öffentlichen Anlage mit Plakaten um den Hals, auf denen sie sich als Heydrichs Attentäter bekannten, Selbstmord zu begehen. Mit den anderen Fallschirmagenten diskutierten sie einen noch verzweifelteren Plan: Um ein Gespräch mit Moravec persönlich zu ersuchen, zu gestehen, daß sie die Attentäter waren, und ihn in seinem Amtszimmer zu erschießen. Anschließend wollten sie mit ihren Zyankalikapseln Selbstmord begehen. Gabčík und Kubiš ließen sich das Vorhaben schließlich von ihren Kameraden ausreden, vor allem von Opálka, der meinte, selbst wenn es ihnen gelingen sollte, würde ihr Opfer kaum Repressalien der Nazis abwenden. Es sei ihre soldatische Pflicht, am Leben zu bleiben und den Kampf so lange wie möglich fortzusetzen. So wurden dramatische Schritte vorläufig aufgeschoben, aber es war klar, daß die sieben Fallschirmagenten nicht auf unbestimmte Zeit in der Kirche bleiben konnten. Die Terroratmosphäre in Prag und die gruftähnliche Düsternis in der Krypta zehrten unvermeidlich an ihrer Moral. Außerdem verlangte Bischof Gorazd, aufgeschreckt von der Brutalität der Vergeltungsaktionen, die Entfernung der Attentäter: Ihre Gegenwart gefährde die Interessen der orthodoxen Kirche. Die Widerstandsbewegung begann nach Verstecken außerhalb von Prag zu suchen. Dies war schwierig, denn fast niemand fand sich bereit, die damit verbundenen Risiken auf sich zu nehmen. Ein prominenter katholischer Prälat, der gebeten wurde, den Männern zu einem Unterschlupf in einem Kloster zu verhelfen, wollte mit der Sache nichts zu tun haben. Vaněk zufolge wurde schließlich ein Plan ersonnen, Bublik, Hrubý, Švarc und Valčik aus der Stadt und in die Berge zu schmuggeln, wo sie eine Partisanengruppe bilden sollten. Gabčík und Kubiš sollten per Flugzeug nach England entkommen. Er selbst, Vaněk, habe sie begleiten und die Verantwortung für das Untergrundnetz Opálka überlassen sollen. Doch in diesem Punkt ist seine Aussage wie so oft unzuverlässig. Sollte eine solche Lösung im Ernst erwogen worden sein, wäre sie reines Wunschdenken gewesen. Die RAF besaß zu jener Zeit keine Maschine, die imstande war, das Protektorat zu erreichen und auf einer Graspiste zu landen. Der Plan trug alle Merkmale einer Illusion, wie sie Männer in einer ausweglosen Situation träumen.

Während die Diskussion in der Krypta andauerte, wurde die Lage für die Gestapo, die die Attentäter nicht zu fassen bekam, immer mißlicher. Nun begann man nach einem Sündenbock Ausschau zu halten und fand ihn in Wilhelm Dennler, einem deutschen Beamten in Bertschs Arbeitsministerium. Kurz nach Heydrichs Begräbnis erhielt Dennler einen in drohendem Ton gehaltenen Anruf des Chefs der Prager Gestapo: »Sie haben am 27. Mai abends, also am Tage des Attentats, obwohl für ganz Prag Eisenbahnsperre angeordnet war, einen Transportzug mit tschechischen Arbeitern in Richtung Berlin auslaufen lassen. Wir haben inzwischen festgestellt, daß die drei Attentäter diesen Zug zur Flucht benutzt haben. Sie hielten sich während der Fahrt unter den Bänken verborgen und haben bei einem kurzen Aufenthalt in Dresden den Zug verlassen. Sind Sie sich darüber klar, was diese Feststellungen für Sie bedeuten können?« Dennler war sprachlos. Er war sich im klaren, daß die Gestapo ihm etwas anhängen wollte, um ihr eigenes Versagen zu vertuschen, und spürte schon, wie sich die Schlinge um seinen Hals zuzog. Er hatte tatsächlich am Tag nach dem Attentat einen Zug mit wichtigen Arbeitskräften für die Flugzeugwerke bei Magdeburg freigegeben, nachdem das Reichsluftfahrtministerium auf ihre Bedeutung für die Kriegswirtschaft hingewiesen hatte. Zu seinem Glück hatte er Unterlagen aufbewahrt und konnte Zeugen angeben, die bestätigten, daß der Zug im Einvernehmen mit der Sicherheitspolizei abgegangen war. Wenn die Attentäter auf diese Weise entkommen sein sollten, war die Gestapo mitverantwortlich. Trotzdem verbrachte er ein paar unerquickliche Stunden, bis die Sache geklärt war.

Pannwitz war es, der einen Weg vorschlug, um den Fall zu lösen. Als Berufspolizist, der Massenrepressalien ablehnte, war er überzeugt, daß sich die nach dem 27. Mai planmäßig erzeugte Atmosphäre des Terrors gegen die deutschen Interessen auswirke. Niemand würde sich melden, um die Belohnung zu bekommen, weil jedermann fürchtete, des Zurückhaltens von Informationen, die ihm schon länger bekannt waren, beschuldigt und mit all seinen Angehörigen hingerichtet zu werden. ». . . Unsere Nachrichtenkommandos aber bestätigten immer wieder die Meinung der Kriminalisten, daß Angst und Furcht auch jene zurückhielt, die sonst zu einer Aussage bereit gewesen wären, sei es aus welchen Motiven.« Der Terror habe zwar seine Berechtigung, aber den Leuten müsse auch eine Möglichkeit geboten werden, ihre Haut zu retten. Deshalb sollte jedem, der bereit sei, die Attentäter anzuzeigen oder Informationen zu geben, die zu ihrer Verhaftung führten, Straffreiheit zugesagt werden. Die Anregung wurde Frank vorgetragen, der am 13. Juni eine Proklamation erließ, in der es hieß, daß niemandem, der bis zum 18. Juni die Attentäter anzeige oder der Polizei Informationen liefere, die zu ihrer Ergreifung führen würden, etwas geschehen werde. Für die Politik des selektiven Terrors wurde die Zeit knapp. Zwei Tage später leitete ihm Himmler einen Befehl Hitlers zu, 30000 politisch verdächtige Tschechen exekutieren zu lassen – eine Rückkehr zur Politik der Massenvergeltung, wie sie die Naziführung unmittelbar nach dem Anschlag favorisiert hatte.

Franks neuer Initiative war, wie Pannwitz berichtete, ein gewaltiger Erfolg beschieden. ». . . In drei Tagen gingen über 2000 persönliche Mitteilungen von tschechischer Seite ein . . .« Darunter war auch ein anonymer, an die tschechische Polizei in Benešov adressierter Brief, in dem es hieß: »Hört auf, nach den Heydrich-Attentätern zu fahnden; hört auf, unschuldige Leute zu verhaften und hinzurichten. Das Attentat haben ein gewisser Gabčík aus der Slowakei und Jan Kubiš begangen, dessen Bruder ein Gastwirt aus Mähren ist.« Der Absender wußte, wovon er sprach, denn es war ein Fallschirmagent, Feldwebel Čurda von Out Distance. Nach diesem Verrat erklärten viele, Čurda sei von Anfang an ein unsicherer Kantonist gewesen, ein Trinker und erklärter Bewunderer Hitlers, der niemals für die Fallschirmspringerausbildung hätte ausgewählt werden dürfen. Dies war vermutlich einer der Fälle, in denen man hinterher immer klüger ist. Čurda hatte während des Luftangriffs auf die Škoda-Werke seine Pflicht als Soldat getan, aber die auf das Heydrich-Attentat folgende Terrorwelle hatte ihn an die Grenzen seiner Tapferkeit geführt. Er war über seine Vorgesetzten desillusioniert und der Ansicht, daß Beneš keine realistische Vorstellung von der Situation in der Heimat habe. Die Exekution ganzer Familien als Vergeltung für das Attentat, die im Verbrechen von Lidice gipfelte, zehrte an seinen Nerven, und er wurde unter der Belastung schwach. Von seinen Kameraden in der Karel-Boromejský-Kirche abgeschnitten, begann er sich Gedanken zu machen, wie er sich und seine Angehörigen retten könnte. Der anonyme Brief an die Polizeistation in Benešov war der erste Schritt auf dem Weg zum Verrat. Als keine unmittelbare Reaktion folgte, faßte Čurda einen verhängnisvollen Entschluß. Am 16. Juni nahm er einen Zug nach Prag und suchte die Staatspolizeileitstelle im Palais Peček auf, einem Gebäude, das nur wenige Tschechen freiwillig betraten. Dort erklärte er, daß er etwas über eine der beiden von den Attentätern zurückgelassenen Aktentaschen mitzuteilen habe. Vielleicht glaubte er in diesem Augenblick noch, daß sein Verrat sich auf diese Angaben beschränken ließ.

10. *Das Ende*

Der nervöse Mann, der das Palais Peček aufsuchte, wurde unverzüglich dem Chef der deutschen Untersuchungskommission, Heinz Pannwitz, vorgeführt. Er stotterte derart, daß es zuerst schwierig war, sich einen Reim auf das zu machen, was er sagte, doch die Gestapo erkannte, wie wichtig ihr unerwarteter Zeuge war, als Čurda Gabčíks Aktentasche unter zwanzig ähnlichen erkannte und sie anhand eines Risses an der Seite identifizierte. Im Bericht über seine Vernehmung hieß es: »Seiner Aussage . . . wurde sofort größter Wert beigemessen, und Čurdas Glaubwürdigkeit unterlag keinem Zweifel . . . Er hatte die Aktentasche gesehen . . . bevor die Tat geschah . . . in der Wohnung der Svatoš-Familie und im Besitz eines Fallschirmagenten und hatte entdeckt, daß sie eine englische Maschinenpistole eines ihm wohlbekannten Typs enthielt. Da Zeugenbeschreibungen zu diesem Agenten paßten, richtete sich das Augenmerk auf einen Josef Gabčík (Deckname ZDENĚK), der in der Nähe von Žilina gewohnt hatte und dessen derzeitigen Aufenthaltsort Čurda nicht kannte . . . Čurda äußerte auch den Verdacht, daß der zweite Attentäter Gabčíks bester Freund Jan Kubiš sein könnte (Deckname OTA NAVRÁTIL).« Diese Namen waren bis dahin den Deutschen unbekannt gewesen. Angesichts der detaillierten Kenntnisse, die Čurda preisgab, vermutete Pannwitz, daß der Mann ebenfalls ein Fallschirmagent sei. Er wurde durchsucht, und dabei entdeckte man die Zyankalikapsel, die jeder SOE-Agent besaß. Dies hatte weitere intensive Vernehmungen zur Folge. Čurda berichtete später: »Sie zeigten mir Photos von ein paar Fallschirmspringern und fragten, ob sie mir bekannt seien. Ich erkannte sie alle: Es waren die Aufnahmen von Leutnant Pechal und von Kolařík, Mikš und Gerik. Aber ich sagte, sie seien mir nicht bekannt. Sie prügelten mich und behaupteten, sie hätten Gerik bereits festgenommen und wüßten mehr über die Geschichte, als ich mir vorstellen könnte. Da gab ich zu, daß ich die Männer kannte . . . Ich gestand auch, daß ich ein Fallschirmspringer war, am 27. März 1942 in der Nähe von Telč in Mähren abgesetzt . . .« Čurda gab an, er sei über die Exilregierung desillusioniert und habe sich gestellt, um seine Familie vor Verfolgungen zu schützen.

Čurda war zwar nicht in der Lage, die Gestapo zum Versteck der Fallschirmagenten zu führen, weil es ihm nicht bekannt war, aber er verriet mehrere der Geheimquartiere, die die JINDRA-Gruppe organisiert hatte, darunter – und am wichtigsten – die Wohnung der Familie Moravec in Žižkov, die das Zentrum des Netzes bildete. Pannwitz ließ die Häuser umstellen und beschatten. Am Morgen des 17. Juni um 5.00 Uhr wurden sie von der Polizei in einer sorgfältig koordinierten Operation gestürmt. Die Familie Moravec und ihre Nachbarn wurden von Gewehrkolben, die gegen die Türen hämmerten, und deutschen Stimmen geweckt, die brüllten: »Wo sind die Fallschirmagenten?« Die Familie Moravec mußte sich im Korridor an die Wand stellen, während die Deutschen die Wohnung durchsuchten. Die Polizisten waren überaus nervös, fuchtelten aufgeregt mit ihren Pistolen und stürzten sich auf jeden Schatten. In diesem Tohuwabohu bat Frau Moravec, die Toilette aufsuchen zu dürfen, was ihr überraschenderweise erlaubt wurde. Dort schloß sie sich ein und schluckte eine Zyankalikapsel. Die Polizei schlug die Tür ein und rief einen Arzt, doch als er eintraf, war sie bereits tot. Ihr Ehemann und der Sohn wurden im Schlafanzug nach unten zu den wartenden schwarzen Wagen gezerrt. Später am selben Tag wurde Zelenkas Wohnung gestürmt, doch ehe die Deutschen ihn verhaften konnten, hatte er eine Giftkapsel geschluckt. Die Tips, die Čurda geliefert hatte, schienen in lauter Sackgassen zu führen. Die Attentäter waren nicht mehr in den Geheimquartieren, und die wichtigsten Zeugen hatten sich umgebracht, um nicht verhört zu werden.

Die Gestapo nahm sich nun die Überlebenden vor und konzentrierte sich auf den jungen Ata Moravec. Er wurde in den Keller des Palais Peček geschleppt und den ganzen Tag über gefoltert. Als sein Widerstand erlahmte, setzte man ihn unter Alkohol und zeigte ihm den Kopf seiner Mutter, der in einem Aquarium schwamm. Er brach unter dem Schock schmerzgepeinigt zusammen und lieferte seinen Folterern den ersten brauchbaren Hinweis auf den Aufenthaltsort der Attentäter. Wenn er je in Schwierigkeiten kommen sollte, habe seine Mutter zu ihm gesagt, solle er die Krypta der Karel-Boromejský-Kirche aufsuchen. Inzwischen war es beinahe Mitternacht. Pannwitz rief in aller Eile sämtliche städtischen Beamten zu sich, die er auftreiben konnte, um von ihnen Informationen über die Kirche und ihre Umgebung zu erhalten. Es gelang ihm allerdings nicht, einen Plan der Krypta aufzutreiben oder festzustellen, ob es mögliche Fluchtverbindungen zur Kanalisation der Stadt gab. Man beschloß, das ganze Areal mit einer doppelten Postenkette zu zernieren, wofür 700 Waffen-SS-Angehörige der Prager Garnison aufgeboten wurden. Um jeden Fluchtweg abzuschneiden, sollten sämtliche Kanalschächte bewacht und Soldaten auf den Dächern der die Kirche umgebenden Häuser postiert werden. Die Kirche sollte anschließend von Gestapoleuten, eskortiert von einem Zug Waffen-SS mit automatischen Waffen, durchsucht werden. Pannwitz betonte, wie wichtig es sei, die Attentäter lebend in die Hand zu bekommen. Als Polizeibeamter der alten Schule wollte er den Fall damit abschließen, daß er jemanden vor Gericht brachte.

Am 18. Juni um 4.10 Uhr näherten sich Lastwagen mit Angehörigen der Waffen-SS aus verschiedenen Richtungen der Kirche und errichteten in den menschenleeren Straßen Sperren. Fünf Minuten später näherte sich eine Gruppe von Gestapoleuten, geführt von Pannwitz, dem Gebäude und klingelte. Sie wurden von einem verschlafenen Pförtner eingelassen, der sie in den Kirchenraum führte und die Lampen einschaltete. Die Deutschen verteilten sich, um das Hauptschiff zu durchsuchen, das von den Tritten der Schaftstiefel der SS-Männer widerhallte, fanden aber keine Spur von den Fallschirmagenten. Sie wandten nun ihre Aufmerksamkeit der Gittertür zu, die zur Chorempore führte. Sie war abgeschlossen, und der Pförtner behauptete, er könne den Schlüssel nicht finden. Pannwitz ließ die Tür mit einem Gewehrkolben aufbrechen. Als sie aufging, war ein klapperndes Geräusch zu hören, und um die Biegung der Treppe kam eine Handgranate gerollt. Zugleich kam von oben ein Feuerstoß. Die Geschosse verletzten einen der Deutschen und zertrümmerten die meisten Lampen. Als die SS-Männer auf den umliegenden Dächern den Schußlärm hörten, begannen sie wahllos in die Kirche zu feuern. Die hohen Fensterscheiben wurden zerschossen, Kugeln prallten von den Säulen ab. Die Altarbehänge fingen Feuer, und die Flammen durchfluteten den hochgewirbelten Staub und den Qualm der Explosionen mit einem düsteren, roten Glühen. In dem Tohuwabohu gerieten Pannwitz und seine Begleiter in Gefahr, von Kugeln ihrer eigenen Leute getroffen zu werden, so daß er sich eilends mit ihnen zurückzog. Der Kommandeur der Waffen-SS-Einheit stellte unter seinen Männern die Disziplin wieder her, und die blindwütige Schießerei hörte auf.

Ein Trupp Waffen-SS wurde mit dem Befehl in die Kirche geschickt, die Chorempore zu stürmen und die Fallschirmagenten lebend gefangenzunehmen. Das war leichter gesagt als getan. Der einzige Zugang zur Empore führte über eine schmale Wendeltreppe, was die Angreifer benachteiligte. Erst als die Waffen-SS

Handgranaten einsetzte, konnte sie sich nach oben durchkämpfen, und selbst dann setzte sich der Kampf noch zwei Stunden lang in den düsteren Winkeln unter dem Dach fort. Als das Schießen aufhörte, wurden die Leichen von zwei Fallschirmagenten, die Gift genommen hatten, entdeckt, und ein dritter Mann, der verletzt und bewußtlos war. Nach Pannwitz' Angaben war es Kubiš. Er habe sich »auch noch vergiften wollen, hat es aber wohl durch Ohnmacht nicht mehr richtig gemacht. Seine sofortige Überführung in ein Lazarett und alle ärztlichen Versuche konnten ihn nicht mehr am Leben erhalten. Er starb nach zwanzig Minuten.« Die anderen beiden Agenten wurden als Josef Bublik von BIOSCOPE und Adolf Opálka von OUT DISTANCE identifiziert. Sie hatten offenbar die räumliche Enge in der Krypta unerträglich gefunden und auf der Empore im Schlaf gelegen, als die Gestapo die Kirche betrat. Die Deutschen vermuteten, daß ein vierter Fallschirmagent noch auf freiem Fuß sei, denn keine der Leichen entsprach der Beschreibung Gabčíks, und unter dem Schutt hatten sich vier Mäntel gefunden. Daraufhin wurde der Laienpriester Vladimir Petřek vernommen, der zugab, daß sich in den Katakomben vier Männer aufhielten. In der Hoffnung, damit die eigene Haut zu retten, zeigte er den Deutschen den versteckten Zugang neben dem Westeingang. Ein zweiter, größerer Zugang nahe dem Altar war kurz vorher zugemauert worden. Die einzige andere Verbindung zur Außenwelt bildete ein Luftschacht, der durch ein Gitter in einer der Mauern ins Freie mündete.

Angesichts einer Bilanz von bereits drei Toten wollte Pannwitz durch eine Erstürmung des Kellers nicht auch noch die letzten Zeugen verlieren und versuchte, die Agenten zur Aufgabe zu bewegen. Alsbald hallten Lautsprecherdurchsagen durch den frühen Morgen, die den Agenten versprachen, sie würden wie Kriegsgefangene behandelt werden, wenn sie sich ergäben. Petřek wurde zu dem Schachtgitter geschickt, um ihnen zuzureden, doch sie riefen trotzig hinauf, sie seien Tschechen und würden niemals kapitulieren. Karel Čurda und Ata Moravec wurden, mit Handschellen an Gestapomänner gefesselt, zu der Kirche gebracht. Moravec weigerte sich, den Deutschen zu helfen, Čurda aber rief in den Luftschacht: »Ergebt euch, Jungs. Es wird euch nichts passieren.« Ihm antwortete ein Kugelhagel, der alle Deckung suchen ließ. Um die Agenten ins Freie zu treiben, holte Pannwitz die Prager Feuerwehr und befahl, die Krypta zu fluten. Ein Feuerwehrmann stieg auf eine Leiter und schlug das Eisengitter über der Schachtöffnung heraus. Die Schläuche wurden zusammengesetzt, und man begann 250 Liter pro Minute in die Krypta zu pumpen. Die Fallschirmagenten stellten eine kurze Leiter gegen die Wand, duckten sich unter den dicken Wasserstrahlen, die sich durch die Öffnung ergossen, und durchschnitten die Schläuche oder drückten sie nach außen. Als die tschechischen Feuerwehrmänner sie wieder hineinzudrücken versuchten, wurden sie mit Gewehrfeuer und Molotow-Cocktails zurückgetrieben. Im deutschen Bericht über die Aktion heißt es, die Waffen-SS habe darauf den Befehl erhalten, Tränengasgranaten in den Schacht zu werfen. Den »Verbrechern« sei es allerdings immer wieder gelungen, sie zurückzuschleudern. Dann seien neue Schläuche in den Schacht geschoben und die Agenten mit Handgranaten daran gehindert worden, sie wieder hinauszudrücken. Pannwitz hoffte, die Flutung der Krypta und das Gas würden die Agenten schließlich dazu bewegen, sich zu ergeben. Er rechnete nicht mit ihrer eisernen Entschlossenheit und der Einmischung seines politischen Chefs, Karl Hermann Frank, der kurz nach Tagesanbruch auf dem Schauplatz erschien.

Als sich der Morgen dahinzog, ohne daß sich eine Lösung ergab, wurde Frank ungeduldig. Da sich die Karel-Boromejský-Kirche in der Nähe des Prager Zentrums befand, konnten große Teile der Einwohnerschaft das Schießen hören. Der anhaltende Widerstand in der Krypta lieferte den Tschechen ein gefährliches Beispiel, das er durch eine brutale Machtdemonstration beenden wollte. Dieses primitive Gefühl obsiegte bald über Pannwitz' Wunsch, die Männer lebend gefangenzunehmen. Franks Ungeduld wurde vom Kommandeur der Waffen-SS-Einheit geteilt, nach dessen Ansicht die von der Gestapo verfügte Zurückhaltung seine Männer behindere und sie lächerlich mache. Die Sache wurde schließlich entschieden, als man feststellte, daß das Wasserniveau in den unterirdischen Gewölben nur sehr langsam stieg. Man fürchtete, daß das Wasser ins Freie fand und – schlimmer – daß die Agenten dies nutzen könnten, um einen Fluchtweg durch irgendeinen Abwasserkanal oder unterirdischen Gang zu finden. Der Waffen-SS-Kommandeur empfahl, die Krypta zu stürmen. Aus dieser Unternehmung sollten sich die Polizisten besser heraushalten. Pannwitz protestierte heftig, verwies »auf den Unsinn dieses Befehls . . . und machte . . . klar, daß die Lebenden wichtig sind, und Tote hätte man schon vor sechs Stunden haben können . . .« Nach einer hitzigen Diskussion setzte Frank sich über Pannwitz hinweg. Ein Sturmtrupp der Waffen-SS drang durch den Zugang neben der westlichen Tür und versuchte, mit automatischen Waffen und Handgranaten der Sache ein Ende zu machen. Sie mußten durch hüfthohes Wasser waten und trugen zum Schutz gegen die Tränengasschwaden Masken. Im Dunkeln konnten sie die Agenten nicht finden und wurden von verborgenen Wandnischen aus unter Feuer genommen, bis sie unter Mitnahme von zwei Verwundeten zurückwichen.

Der Waffen-SS-Kommandeur, dem dieses Scheitern höchst peinlich war, befahl, den Haupteingang neben dem Altar aufzusprengen. Er hoffte, die Verteidiger mittels eines gleichzeitigen Angriffs durch beide Zugänge in die Zange nehmen zu können. Während die SS sich darauf vorbereitete, hallten vier Schüsse durch die Krypta, denen Stille folgte. Ein SS-Mann wurde hinuntergeschickt und erschien ein paar Augenblicke später mit dem Ruf: »Fertig!« In dem deutschen Bericht über die Aktion hieß es, in der Krypta seien vier tote »Verbrecher« gefunden worden. Außer schweren Verletzungen hätten sie Schläfenwunden aufgewiesen, die zeigten, daß sie sich mit ihren eigenen Revolvern getötet hatten. Die Fallschirmagenten hatten der Waffen-SS mehr als sechs Stunden Widerstand geleistet und sich, um nicht kapitulieren zu müssen, mit ihren letzten Kugeln das Leben genommen. Die Leichen wurden aus der zerschossenen Kirche geholt und auf das Pflaster geworfen, wo Gabčík von Čurda als der zweite Attentäter identifiziert wurde. Unter den elf Schußwaffen, die im Schutt gefunden wurden, waren die beiden Colt-Revolver, die bei dem Überfall in Holešovice benutzt worden waren. Während Frank noch seinen Triumph genoß, traf vom Reichsführer SS die dringende Weisung ein: »Attentäter hinhalten und vertrösten, um sie lebend zu fangen.« Die Agenten brauchte Himmler als lebenden Beweis, um die alliierte Propaganda zu kontern und der Welt zu zeigen, daß das Heydrich-Attentat »made in England« war.

Drei Tage nach der Schlacht um die Karel-Boromejský-Kirche wurde Bartoš von SILVER A in Pardubice aufgespürt und bei einer Schießerei mit der Gestapo tödlich verletzt. Das gleiche Ende fand sein Funker Jiří Potuček am 2. Juli, der von tschechischen Polizisten erschossen wurde. Das Dorf Ležáky, wo der Sender von SILVER A versteckt gewesen war, erlitt ein noch schlimmeres Schicksal als Lidice. Am 24. Juni wurden sämtliche erwachsenen Bewohner ermordet. Von den Kindern wurden nur zwei Mädchen für würdig befunden, eingedeutscht zu werden, und Nazifamilien übergeben. Die übrigen verschwanden spurlos. Die JINDRA-Gruppe wurde aufgerollt, ihr Anführer wurde verhaftet. Als Vaněk von Pannwitz verhört wurde, erbot er sich, mit der Gestapo zusammenzuarbeiten, und schlug vor, die Funkverbindung mit London wiederherzustellen. Auf diese Weise würden die Deutschen über neue Fallschirmspringergruppen im voraus Bescheid wissen und könnten sie bei der Landung festnehmen. Die so gefangenen Agenten könnte man bis zum Kriegsende in Haft halten, und den Exilanten könnte man Falschinformationen über die Aktivitäten der Fallschirmspringer zuspielen. Zum Beweis seiner Ehrlichkeit bot er an, Geiseln aus seiner eigenen Widerstandsgruppe zu benennen. Vaněk, so schrieb Pannwitz, ». . . machte den Eindruck eines Mannes der bürgerlichen Seite, die nach dem Kriege, den sie für Deutschland wahrscheinlich als verloren ansahen, in der Tschechoslowakei die kommunistische Entwicklung fürchteten. Außerdem war er der Meinung, daß die Alliierten jetzt das tschechische Volk nicht mehr als einen Faktor der Kriegsführung einsetzen sollten, nachdem sie es in den Jahren 1938/39 schmählich im Stich gelassen hatten . . . Außerdem sei das Rüstungspotential der Deutschen so bedeutend, daß die Deutschen im Falle von Unruhen sicher vor keinem Mittel zurückschrecken würden, um dieses Territorium zu halten . . . Unruhe oder Aufstand [wäre] glatter Selbstmord des tschechischen Volkes . . .« Vaněk wußte nicht, daß bereits ein Versuch im Gange war, ein Täuschungsmanöver zu starten. Dafür benutzten die Deutschen Potučeks Funkgerät und Material aus Bartoš' in Pardubice erbeuteten Funkspruchkopien, die Details über die Chiffrierschlüssel und die von den Fallschirmagenten verwendeten Decknamen lieferten. Die tschechischen Sender in Woldingham antworteten zwar auf die Kennung von SILVER A, aber der Gestapo fehlte ein gefangengenommener Fallschirmagent, der die richtige Funktechnik kannte, und so wurde die Operation HERMELIN im September 1942 eingestellt. Im darauffolgenden Jahr wurde ein neuer Versuch unternommen, diesmal mit einem gefangengenommenen Funker aus einer später eingetroffenen Gruppe. Was Vaněk betraf, so erzählte er seinen Vernehmern alles, was er wußte. Er identifizierte für die Deutschen verhaftete Kameraden aus dem Widerstand und drängte diese, seinem Beispiel zu folgen und zu gestehen. Er war das einzige bedeutende Mitglied seiner Untergrundgruppe, das den Krieg überlebte.

Die Repressalien der Nazis dauerten den ganzen Sommer hindurch fort. Zwischen dem 28. Mai und dem 1. September 1942 wurden 3188 Tschechen verhaftet und 1357 von den Standgerichten zum Tod verurteilt. Einen hohen Prozentanteil stellten ehemalige Offiziere und Intellektuelle, Gruppen, die in den Augen der Nazis unversöhnliche Vertreter des »nationalen Gedankens«, eines unabhängigen tschechoslowakischen Staates waren. Diese Zahl schloß nicht die Opfer in Lidice oder die nach dem Osten deportierten Juden ein und ebensowenig die 252 Verwandten und Helfer der Fallschirmagenten, die am 29. September in Prag zum Tod verurteilt wurden. Während ihrer Verhöre wurden sie geprügelt und mit den aufgespießten Köpfen der sieben Agenten konfrontiert. Ihre Tapferkeit angesichts dieser brutalen Behandlung beeindruckte sogar ihre Folterer. Am 25. Juni berichtete der Leiter der Prager Gestapo, die meisten der Personen, die den Attentätern geholfen hatten, hätten eine entschieden chauvinistische, antideutsche Haltung eingenommen, namentlich die Frauen. Oft habe man sie sagen hören, sie seien stolz darauf, für ihr Land zu sterben. Die Urteile wurden am 24. Oktober im Konzentrationslager Mauthausen vollstreckt. Die Männer wurden erschossen, die Frauen und Kinder in die Gaskammern geschickt. Unter den Opfern waren zwölf Verwandte von Kubiš und dreizehn von Valčik. Gabčíks Angehörige entgingen der Vergeltung, weil er Slowake war und die Nazis Wert darauf legten, die Fiktion aufrechtzuerhalten, daß die Slowakei, ihr Satellit, ein unabhängiger Staat sei.

Bischof Gorazd, die beiden Priester und der Kirchenälteste der Karel-Boromejský-Kirche wurden am 3. September zum Tod verurteilt. Die Rolle der Geistlichkeit ergrimmte Hitler, der nach dem Krieg mit den Kirchen abzurechnen gedachte. Am 3. Juli schimpfte er, daß den Kirchen nicht zu trauen sei: »Man erinnere sich nur an die enge Zusammenarbeit zwischen der Kirche und den Mördern Heydrichs. Katholische Priester [*sic*] haben ihnen nicht nur erlaubt, sich zu verstecken . . . sondern ihnen sogar erlaubt, sich im Heiligtum des Altarraums zu verschanzen.« Nach dem Prozeß wurde die orthodoxe Kirche im gesamten Protektorat aufgelöst und ihr Besitz konfisziert. Um von weiteren Attentaten abzuschrecken, ließ Frank 4000 Personen mit Verwandten unter den Exilanten festnehmen und in Lagern in Mähren als Geiseln gefangenhalten. Unter den Internierten waren auch Mitglieder der Familie Beneš'. Die Deutschen erwogen, Beneš selbst *in absentia* den Prozeß zu machen und ihn zum Tod zu verurteilen, gaben die Idee aber auf. Die Abrechnung mit dem Exilpräsidenten wurde auf die Zeit nach dem erhofften »Endsieg« vertagt. Čurda erhielt fünf Millionen Kronen für den Verrat an seinen Kameraden, die eine deutsche Bank in Prag in Monatsraten ausbezahlte. Seine Mutter und seine Schwester wurden aus der Haft entlassen und entgingen dem schrecklichen Schicksal, das die Angehörigen der anderen Fallschirmagenten erdulden mußten. Čurda nahm einen anderen Namen und die deutsche Staatsbürgerschaft an, heiratete die Schwester eines SS-Offiziers und begann eine neue Laufbahn als Gestapospitzel. Er reiste durch das Protektorat und gab sich als Fallschirmagent aus – eine Rolle, die er ja bestens kannte –, denunzierte diejenigen, die ihm ihre Unterstützung anboten, und half den Deutschen, die Funkergruppe ANTIMONY aufzuspüren, die im Oktober 1942 abgesetzt wurde. Er identifizierte auch die Leichen von Fallschirmagenten, die im Kampf gefallen waren, und ermöglichte es den Deutschen, deren Familien festzunehmen und zu ermorden. Überzeugt, daß die Nazis den Krieg gewinnen würden, hoffte er, sich später im Osten als einer der Wehrbauern aus Hitlers Weltreichillusionen anzusiedeln.

Solange das Protektorat besetzt blieb, bemühten sich die Nazis, die Erinnerung an Heydrich als eine heldische Gestalt, die für das Großdeutsche Reich ihr Leben gegeben hatte, am Leben zu erhalten. Er wurde den Tschechen als ein Symbol dessen, was durch Kollaboration zu gewinnen war, und als Warnung vor den Folgen widersetzlicher Handlungen vorgehalten. In Prag wurde eine Reinhard-Heydrich-Stiftung ins Leben gerufen, die sich mit den nationalen, wirtschaftlichen und kulturellen Verhältnissen der Gebiete, »für die er kämpfte und fiel«, beschäftigen sollte, und überall im Protektorat wurden zu seinen Ehren Straßen und Plätze umbenannt. Als sich im Juni 1943 sein Tod jährte, fand in der tschechischen Hauptstadt ein sorgfältig einstudiertes Propagandaspektakel statt. An diesem Vormittag wurde an der schicksalhaften Biegung in Holešovice ein Monument mit einer Heydrich-Büste enthüllt, an dem SS-Männer »ewige« Ehrenwache hielten. Künftig mußten Passanten, die daran vorbeikamen, zum Zeichen der Achtung vor dem toten Heros den Hut ziehen. Am Nachmittag empfing seine Witwe, mit Karl Hermann Frank an ihrer Seite, Deputationen von Arbeitern und Bauern, Vertretern jener gesellschaftlichen Gruppen, denen Heydrich angeblich unter die Arme hatte greifen wollen. Eine Sondermarke wurde herausgegeben, die Heydrichs Totenmaske, umgeben von SS-Runen, und die Inschrift *Deutsches Reich* zeigte. Im ganzen Protektorat brachte die Presse Lobeshymnen auf sein Leben und Werk, während in Berlin Kränze an seinem Grab niedergelegt wurden.

Im April 1943 schenkte Hitler Heydrichs Witwe und Kindern den Besitz Panenské Břežany zum Zeichen der dauerhaften Verbindung von Böhmen und Mähren mit dem Reich. Himmler nahm die Familie seines SS-Ideals unter seine Fittiche, eine Aufgabe, die ihm nicht nur Freude bereitete. Die Witwe stritt mit ihm über die Bedingungen der Schenkung und ließ sich in ein übles Gezänk mit der SS um die Bezahlung für die KZ-Häftlinge ein, die zur Verschönerung des Hauses und der Gartenanlagen eingesetzt wurden. Der Reichsführer SS betrachtete das Besitztum als Zentralpunkt eines künftigen Korridors arischer Bauern, deren Ansiedlung die slawische Bevölkerung in immer kleinere, leicht zu beherrschende Einheiten aufspalten sollte. Einer seiner Untergebenen betonte im April 1943, eine solche Lösung würde von der Familie Heydrich begrüßt werden, der eine richtige deutsche Umgebung fehle. Noch 1944 wurden nördlich von Prag 1300 Volksdeutsche angesiedelt, doch das Eintreffen der Roten Armee wenige Monate später bereitete diesen Projekten ein jähes Ende. Panenské Břežany, die Schenkung des »Führers«, blieb ohne Bewohner zurück, als die Familie Heydrich alles an Wert, was sie tragen konnte, zusammenpackte und zusammen mit Scharen deutscher Flüchtlinge nach Bayern floh.

Die Tschechen mußten einen hohen Blutzoll für den Tod des Tyrannen entrichten: Mehr als 5000 Personen fielen den Repressalien der Nazis zum Opfer. Angesichts dieser Zahl – zumeist unschuldige Zivilisten – muß die unvermeidliche Frage gestellt werden: Wurde, ohne den Heroismus der Fallschirmagenten und ihrer Helfer schmälern zu wollen, mit dem Attentat irgend etwas bewirkt? ANTHROPOID hat zweifellos eines der Hauptziele der Operation erreicht: die Augen der Welt auf die tschechische Sache zu lenken. Heydrichs Tod kam zu einer Zeit, als die Alliierten an beinahe allen Fronten auf dem Rückzug waren. Am 27. Mai begann Rommel in Nordafrika eine Offensive, die Ende Juni in der Eroberung der Festung Tobruk gipfelte und die Deutschen bis an die Schwelle Ägyptens führte. Im Nordatlantik verbuchten deutsche Unterseeboote Erfolg um Erfolg und versenkten allein im Juni 1942 Schiffsraum im Umfang von 834000 Bruttoregistertonnen. An der Ostfront schlugen die Deutschen am 17. Mai die Rote Armee bei Charkow und drangen auch auf der Krim weiter voran, wo sie am 3. Juli Sewastopol einnahmen. Alexander Cadogan, beamteter Staatssekretär im Foreign Office, notierte am 15. Juni trübsinnig gestimmt: »Libyen schlecht, Schiffsverluste schrecklich.

Geleitzüge nach Malta übel zugerichtet. Nirgendwo gute Nachrichten.« Bei den Neutralen habe die Diplomatie der Alliierten »einen fürchterlichen Schlag« erhalten. Nur im fernen Pazifik, wo die amerikanische Kriegsmarine in der Schlacht um Midway den Japanern Einhalt gebot, gab es etwas Positives zu verzeichnen.

Deshalb war es kaum überraschend, daß Großbritannien, die Sowjetunion und die Vereinigten Staaten das Heydrich-Attentat als einen bedeutenden Sieg feierten, als ein Symbol dafür, daß die Bevölkerung im besetzten Europa die Naziherrschaft ablehnte und daß sich das Kriegsglück schließlich wenden werde. Am 29. Mai erklärte die *Iswestija*, die Meldung von einem Attentat auf »Hitlers Henker Heydrich zeigt, wie ernst die Lage in der Tschechoslowakei ist . . . Die Schüsse auf Heydrich sind ein weiterer Beweis dafür, daß die slawischen Völker niemals Sklaven des deutschen Imperialismus sein werden«. Der Europäische Dienst der BBC schlug einen ähnlichen Ton an und nutzte das Attentat, um die Moral der Völker des besetzten Europa zu stärken. Am 29. Mai hieß es in einer *General News* Direktive: »Die Russen halten dem Schlimmsten stand, was Hitler anrichten kann, die Briten halten stand, und die Tschechen halten stand. Alle drei Völker erleiden schwere Verluste, doch das trifft auch auf die Deutschen zu, und die Alliierten brauchen nicht mehr zu tun, als festzubleiben und Schlag mit Schlag zu vergelten . . . Der Blitzkrieg ist tot, und das Instrument des Terrors ist in Hitlers Hand zerbrochen. Der Krieg wird jetzt an den Fronten im Feld und im Untergrund geführt. Die Tage, an denen nur die Deutschen hart zuschlagen konnten, sind vorüber . . . Was jetzt geschieht, muß den Deutschen Furcht einjagen. Die Tschechen und alle anderen versklavten Völker müssen Stolz empfinden in dem Wissen, daß sie die Furcht abgelegt und den Terror gegen die Nazis selbst gewendet haben.« Wie Beneš es gewollt hatte, schrieb man im alliierten Lager das Attentat dem Widerstand im Protektorat zu und feierte es als Ausdruck des Abscheus, den die Tschechen der Naziherrschaft entgegenbrachten. Von Fallschirmspringern kein Wort.

Die weitverbreitete öffentliche Sympathie für die Tschechoslowakei wurde durch das Verbrechen von Lidice gemehrt, das in der ganzen zivilisierten Welt als Akt der Barbarei angeprangert wurde. In einer für die Haltung im Lager der Alliierten typischen Rede erklärte der amerikanische Marineminister Frank Knox: »Wenn künftige Generationen uns fragen, wofür wir in diesem Krieg gekämpft haben, werden wir ihnen berichten, was in Lidice geschah.« Jan Masaryk berichtete, daß die Repressalien der Nazis den Exilanten merklich genützt hätten. »Ich war zur Zeit von Lidice in den USA und kam mit unserer Propaganda nicht weiter, nachdem ich alle gegebenen Möglichkeiten ausgeschöpft hatte. Dann kam Lidice, und für mich begann ein neues Leben. Die Tschechoslowakei wurde wieder auf die Landkarte gesetzt, und von nun an hatten wir es leicht.« In Großbritannien konnte Beneš von der günstigen Atmosphäre profitieren und sich die Konzessionen sichern, um die er seit 1939 hartnäckig gerungen hatte. Das Foreign Office war sorgsam bedacht, das Attentat, das es als eine innertschechische Angelegenheit betrachtete, nicht direkt gutzuheißen. Frank Roberts von der Zentralabteilung notierte am 11. Juni: »So sehr wir Heydrichs Schicksal auch begrüßen mögen, ist es doch wohl nicht die Politik der Regierung Seiner Majestät . . . politische Attentate zu glorifizieren.« Zugleich aber konnte man den Tschechen eine gewisse Anerkennung nicht vorenthalten. Am 8. Juli wurde den Premierministern der Dominions mitgeteilt: »Angesichts der Heimsuchungen, die das tschechoslowakische Volk seit Heydrichs Tod erdulden muß, halten wir es aus psychologischen Gründen für angebracht, Beneš möglichst viel Entgegenkommen zu zeigen.« Großbritannien hatte zwar noch immer Vorbehalte bezüglich des rechtlichen Fortbestands des tschechoslowakischen Staates und wollte sich in Grenzfragen nicht festlegen, aber die Regierung war bereit, das Münchner Abkommen unzweideutig für hinfällig zu erklären, und wertete die britische Gesandtschaft zur Botschaft auf, um klarzustellen, daß der Rechtsstatus der tschechischen Regierung in London im Vergleich zu dem anderer Regierungen in keiner Weise minderen Werts sei. Die Regelung wurde am 5. August im Unterhaus bekanntgegeben, als Anthony Eden feststellte, da Hitler von sich aus das Münchner Abkommen gegenstandslos gemacht habe, sei Großbritannien »in dieser Hinsicht jeglicher Verpflichtung ledig«. Wenn über eine endgültige Festlegung der tschechoslowakischen Grenze entschieden werde, werde London »sich durch keinerlei Veränderungen, die 1938 und seither vorgenommen wurden, beeinflussen lassen«. Anschließend pries er das »entschiedene und mutige Auftreten« des tschechoslowakischen Volkes gegen die »erbarmungslosen deutschen Unterdrücker«. Untaten wie die Vernichtung von Lidice hätten das Gewissen der zivilisierten Welt aufgerüttelt und würden nicht vergessen sein, wenn die Zeit komme, »mit den Schuldigen abzurechnen.«

Die Briten erklärten nicht nur das Münchner Abkommen für hinfällig, sondern auch, daß sie mit der Frage der Sudetendeutschen nichts zu tun haben wollten, womit sie einer radikalen Lösung der Minderheitenfrage nach Kriegsende den Weg freimachten. Während der Verhandlungen im Juli, die der Regelung vorausgingen, ließ der britische Botschafter Beneš und Masaryk wissen, daß London nach dem Krieg »nicht beabsichtigt, sich dem Prinzip einer Aussiedlung der Minderheitsbevölkerung aus der Tschechoslowakei zu widersetzen, die dem Ziel diente, die Tschechoslowakei vom Nationalitätsstandpunkt aus zu einem möglichst homogenen Land zu machen«. Die Republik sollte niemals wieder mit einem deutschen Revolver leben müssen, der dauernd gegen ihr Herz gerichtet war. In Gesprächen mit den Russen erhielten die Exilanten ähnliche Zusicherungen. Am 4. Juni bestätigte der bei der Exilregierung akkreditierte sowjetische Botschafter Bogomolow, Rußland wünsche die Wiederherstellung »einer starken, unabhängigen Tschechoslowakei. Das bedeutet . . . die vollkommene Wiederherstellung der Tschechoslowakei in ihren Grenzen vor München«. Er erhob keinen Einwand gegen die Vertreibung der Sudetendeutschen. Molotow, der zu dieser Zeit London besuchte, äußerte sich in einer langen Unterredung mit Beneš am 7. Juni in ähnlichem Ton und bekräftigte, daß für die Sowjetunion das Münchner Abkommen nicht existiere. Der sowjetische Außenminister versprach, die Vertreibung von bis zu anderthalb Millionen Sudetendeutschen nach dem Krieg zu unterstützen. Prokop Drtina, einer von Beneš' engsten Mitarbeitern, sah darin die bedeutendste Folgewirkung der Operation ANTHROPOID. »Die Reaktion, die das Attentat und Lidice bei der öffentlichen Meinung auf alliierter Seite auslösten, war so gewaltig, daß sie für uns einer siegreichen Schlacht gleichkam . . . Ohne Gabčík, Valčik, Kubiš und andere zum Äußersten entschlossene Kämpfer hätten wir niemals die Säuberung der tschechischen Lande von den deutschen Ansiedlungen zustande gebracht.« Beneš selbst jubelte mit Recht. In einer Botschaft an die tschechische Bevölkerung, am 8. August von der BBC ausgestrahlt, erklärte er, daß die Schmach von München endlich getilgt worden sei. »Ich weiß heute mit absoluter Gewißheit, daß wir diesen Krieg gewinnen werden und daß die Gewinne, die wir in den soeben abgeschlossenen Verhandlungen mit der Sowjetunion und Großbritannien erzielt haben, in die Wirklichkeit umgesetzt werden. Daher betrachte ich die diplomatische Aufgabe, die ich unserer ganzen Widerstandsbewegung und mir selbst gestellt hatte, als im wesentlichen erfüllt.«

Beneš war der Ansicht, daß das Attentat mit all seinen Folgen die Nation nicht nur von München erlöst, sondern auch gegen einen neuen Akt des Verrats gesichert habe. Nach Lidice bemerkte er zu Jaromír Smutný: »Es ist schrecklich, was die Nazis anrichten, aber politisch gesehen, haben uns diese Ereignisse *eine* Sicherheit gebracht: Jetzt kann sich nicht [mehr] die Situation ergeben, in der die Tschechoslowakei nicht als ein unabhängiger Staat anerkannt würde. Die ganze Zeit fürchtete ich einen Verständigungsfrieden. Ein Verständigungsfriede ist noch immer die einzige Hoffnung für Deutschland, aber jetzt fühle ich mich sicher ... Ich hatte Angst, daß man unser Land in der einen oder anderen Weise mit Deutschland zusammengeschlossen ließe ... Die Exekutionen ... haben unsere Position konsolidiert. Das ist die große politische Folgewirkung dieser Geschehnisse.« Unter dem Trauma dessen, was er 1938 erlebt hatte, übertrieb Beneš die Wirkung des Attentats und der Nazirepressalien. Mit dem Vorteil des Rückblicks weiß man heute, daß nach drei Jahren erbitterten Krieges und nach zahllosen gebrochenen Versprechen für einen Kompromißfrieden mit Hitler kaum Aussichten bestanden. Wäre es aber doch dazu gekommen, ist es äußerst fraglich, ob die Position der Tschechoslowakei, welche Opfer sie für die Sache der Alliierten auch gebracht hatte, gegen das Eigeninteresse der Großmächte gefeit gewesen wäre. Beneš, der dies sehr wohl wußte, sprach im März 1943 gegenüber Lockhart davon, daß er einen separaten Friedensschluß zwischen der Sowjetunion und der Achse und einen neuen deutsch-sowjetischen Pakt fürchte. Zum Teil aus diesem Grund entwickelte er sich zu einem glühenden Befürworter der baldigen Eröffnung einer zweiten Front.

Oberst Moravec behauptete, die Auswirkungen des Attentats seien über diese diplomatischen Geländegewinne hinausgegangen. Heydrichs Tod habe den deutschen Kriegsanstrengungen geschadet und so die Opfer, die er kostete, mehr als gerechtfertigt. Das ist schwerer zu belegen. Hitler verglich zwar Heydrichs Tod mit einer verlorenen Schlacht, aber das Attentat hatte keine Auswirkungen auf die militärischen Operationen, und was die »Endlösung« betraf, so rollten die Deportationszüge weiterhin durch Europa den Vernichtungszentren im Osten entgegen. Ernst Kaltenbrunner, der schließlich Heydrichs Nachfolge im Reichssicherheitshauptamt antrat, fehlte es vielleicht an der Kombination von Intelligenz und jener zu allem entschlossenen Energie, die seinen Vorgänger gekennzeichnet hatte, doch die Sicherheitspolizei blieb überall in den besetzten Gebieten ein machtvolles Terrorinstrument. Im Protektorat selbst mußten die Nazis als Folge der Ereignisse im Juni und Juli vermutlich Produktionseinbußen hinnehmen, doch dies war nur ein kleineres und temporäres Problem. Die tschechische Rüstungsindustrie leistete bis zum Kriegsende Hitler gute Dienste, während Heydrichs Geschöpf, Karl Hermann Frank, die von seinem toten Vorgesetzten eingeführte Taktik von Zuckerbrot und Peitsche fortführte. Wenn das Attentat irgendeine länger anhaltende Wirkung hatte, dann im weniger greifbaren Bereich der psychologischen Kriegführung. Die Deutschen fühlten sich in ihrem früher so vorbildlichen Protektorat, wo sie ihre Position für gänzlich ungefährdet gehalten hatten, nicht mehr sicher. Franks Androhung schrecklicher Vergeltungsmaßnahmen für den Fall eines weiteren Attentats und die schwerbewaffnete Eskorte, die seinen mit einer Spezialpanzerung versehenen Wagen immer begleitete, bewiesen dies. Auch Heydrichs Familie, Symbol der »ewigen« Verbindung zwischen den tschechischen Gebieten und dem Reich, war nicht gegen Furcht gefeit. Im Januar 1944 erhielt die Witwe einen Drohbrief, der eine Korrespondenz mit Himmler auslöste, wie Panenské Břežany am besten zu sichern sei. Der Reichsführer SS nahm die Angelegenheit überaus ernst und wies die Gestapo an, sie mit absolutem Vorrang zu behandeln. Später im selben Jahr ersuchte Frau Heydrich darum, ihren Sohn bis zum Kriegsende von der Hitler-Jugend freizustellen, damit er sich nicht ohne Schutz in Prag bewegen mußte. Wie sie Himmler wissen ließ, betrachte sie es als einen Skandal, daß deutsche Jungen sich allein den Gefahren der Straße aussetzen müßten. Mit der Legende von der besonders engen Beziehung zwischen Heydrich und den »einfachen Menschen« im Protektorat war es nicht mehr weit her.

In einer breiteren Perspektive gesehen, war es nicht so falsch, wenn die Propaganda der Alliierten Repressalien wie die Vernichtung Lidices auf Furcht zurückführte. Das Attentat zeigte, daß selbst die mächtigsten Männer des Dritten Reichs nicht mehr unverletzlich waren, und kündete den Nazis ein böses Ende an, sollten sie den Krieg verlieren. In dieser Hinsicht verliehen ANTHROPOID und seine Folgen dem Bestreben, die Achsenführer wegen ihrer Verbrechen abzuurteilen, einen starken Impuls. Am 17. Juni sandten die Londoner Exiltschechen eine Note an alle alliierten Regierungen, in der sie ihre Entschlossenheit bekundeten, eine gerechte Vergeltung für die Zerstörung Lidices und andere Nazirepressalien herbeizuführen. Für diese Verbrechen gegen die

Menschlichkeit und die Gerechtigkeit wurden Hitler, Himmler, Daluege und Frank verantwortlich gemacht sowie jene Befehlsempfänger, die die Mordtaten ausgeführt, und sämtliche Deutschen, die ihnen geholfen hatten, »wenn auch nur mittelbar oder indem sie ihre Taten billigten«. Nach Kriegsende würden für die Aburteilung der Täter Sondergerichte gebildet werden. Das Foreign Office, das zu keiner schlüssigen Haltung in der Frage der Kriegsverbrechen gefunden hatte, nahm diese weitgefaßte Erklärung zwar mit gewissen Vorbehalten auf, erkannte aber, daß es unmöglich war, sich zu diesem Punkt nicht verbindlich zu äußern. Am 1. Juli 1942 sandte Außenminister Eden zur Eröffnung einer Ausstellung von Kriegsbildern eine Grußadresse folgenden Wortlauts: »Die Regierung Seiner Majestät wird die von den Nazihorden begangenen Verbrechen nicht vergessen – schon gar nicht Lidice und Ležáky. Der Standpunkt der Regierung Seiner Majestät wurde im vergangenen Oktober vom Premierminister ein für allemal dargelegt, als er sagte: ›Eine gerechte Vergeltung für diese Verbrechen muß künftig zu den großen Kriegszielen zählen.‹« Am 21. August ging Präsident Roosevelt noch weiter und gab eine Erklärung ab, in der die Nazis gewarnt wurden, daß sie eines Tages »gezwungen sein würden, sich vor Gerichten für ihre Taten zu verantworten«. Am Ende dieses Weges warteten der Internationale Militärgerichtshof in Nürnberg und der Galgen.

Sogar Moravec räumte ein, daß das Attentat auch andere, weniger positive Auswirkungen gehabt hatte. Weit davon entfernt, das tschechische Volk um den nationalen Widerstand zu scharen, wie Beneš erwartet hatte, zertrümmerte es die Überreste einer bereits vom SS-Terror im Jahr 1941 geschwächten Organisation. Von Lidice und Ležáky abgesehen, vermieden die Nazis Massenrepressalien, die die Bevölkerung wahrscheinlich an den Rand der Verzweiflung getrieben hätten. Frank war gerissen genug, der Mehrheit die Aussicht auf ein Überleben zu bieten und zugleich die gefährlichsten antinazistischen Elemente zu beseitigen – eine Politik, die die Exilanten nicht verhindern konnten. Im November 1942 hob ein alliierter Bericht über die politische Situation in Prag hervor, daß die Bevölkerung eingeschüchtert sei und nur ungern Risiken auf sich nehme. Die Tschechen seien zwar überzeugt, daß die Alliierten den Krieg gewinnen würden, erwarteten aber, daß dieser noch lange dauern werde, »und ängstigten sich vor dem, was ihnen die Deutschen während dieser Zeit antun könnten«. Die Briten registrierten auch, daß Frank mit seiner Linie Erfolg hatte. In einem Bericht des Außenministeriums vom November 1942, erstellt nach einer Rücksprache mit der SOE und der Political Warfare Executive, hieß es: »Wir sind alle der Meinung, daß die deutsche Repressionspolitik in einem gewissen Maß erfolgreich ist, insofern als sie den Widerstand entmutigt, die Verbindungen mit London unterbrochen und dafür gesorgt hat, daß die Tschechen keinen unerheblichen Beitrag zur deutschen Kriegsmaschinerie liefern. Leider gibt es Hinweise, daß ein gewisser Teil der Bevölkerung . . . kollaboriert, wenn auch nicht aus freien Stücken. Die SOE schätzt diesen Anteil auf 65 Prozent und General Sikorski [Ministerpräsident der polnischen Exilregierung] auf nicht weniger als 80 Prozent.« Die SOE kam zu dem Befund, »der Geist des offenen Widerstands« im Protektorat sei gebrochen. In den folgenden Jahren mußte der Untergrund aus den Trümmern der alten Netze neu aufgebaut werden.

Das Ausmaß der deutschen Repressalien von 1942 und die Folgen für den Widerstand bewirkten, daß die Exilanten behutsamer wurden, was die Opfer betraf, die sie von der heimischen Bevölkerung forderten. Als die Russen im Frühjahr 1943 darauf drängten, die Škoda-Werke zu zerstören, wurde ihre Forderung abgelehnt. Einer ähnlichen Reaktion begegneten die Briten am 28. Februar, als sie um umfassende Anschläge gegen das Schienennetz ersuchten, um am Vorabend der Frühjahrsoffensive im Osten deutsche Truppenbewegungen zu behindern. »Bei einer zweiten Front ließe sich etwas tun; ohne eine solche keine großen Chancen. Wenn Churchill und Roosevelt es verlangten, würde er [Beneš] dazu aufrufen. Aber Verantwortung läge bei uns. Die Russen – und die Tschechen seien prorussisch – hätten direkte Aktionen verlangt, damit aber keinen Erfolg gehabt.« Was Attentate betraf, war Beneš zwar weiterhin bereit, Aktionen gegen prominente Kollaborateure wie Emanuel Moravec zu erwägen, er untersagte aber Anschläge auf Daluege und Frank, denn »der Tod eines deutschen Bürgers würde schwere Repressalien nach sich ziehen«. Daß es in der Heimat noch so spät im Krieg an ausgedehnten Widerstandsaktionen fehlte, war dem Präsidenten nach wie vor sehr unangenehm. Moravec bemerkte dazu: »Besonderen Neid empfand er auf Frankreich, wobei er Frankreichs ungleich günstigere Lage nicht bedachte, die es relativ leicht machte, Verbindung zu England zu halten, von wo aus der Maquis mit Waffen und anderen notwendigen Dingen versorgt wurde.« Bis 1944 war das Protektorat einfach zu weitab von den Fronten, als daß der Untergrund Beistand von den Westmächten oder der Sowjetunion – zu deren strategischem Bereich Ost- und Mitteleuropa in erster Linie gehörten – hätte erhalten können. Im Juli 1943 berichtete Philip Nichols, der britische Botschafter bei der tschechischen Exilregierung, es sei unrealistisch, von den Tschechen ähnlich umfassende Widerstandsaktionen zu erwarten wie in Frankreich und den Niederlanden, ehe die Front näher kam, besonders angesichts der rigorosen deutschen Sicherheitsmaßnahmen. Seit 1939 seien mehr als 50000 Tschechen gefoltert und ermordet worden, eine viel größere Gesamtzahl, als »tschechische Regierungskreise in London jemals für wahrscheinlich gehalten hätten«. Dabei habe es sich in der Mehrzahl »um die aktivsten und entschlossensten Patrioten, die bittersten Feinde Deutschlands« gehandelt. »Dieser Umstand ... hat offensichtlich die Stärke der ... einsatzfreudigsten Elemente in hohem Maß reduziert.« Aktiver Widerstand flammte im Protektorat erst wieder auf, als die Russen in der Lage waren, direkten Beistand zu leisten. Inzwischen war Beneš infolge der militärischen Strategie der Alliierten von der Sowjetunion abhängig geworden und konnte mit den tschechischen Kommunisten nicht mehr aus einer Position der Stärke verhandeln, wie es sein Wunsch gewesen war. Als er im April 1945 in Košice seine erste Regierung in der befreiten Heimat bildete, geschah dies dank der Sowjetunion, und die Kommunisten besetzten die meisten Schlüsselministerien. Danach mußte er einen Großteil seiner Zeit und Energie dem Bemühen widmen, zu verhindern, daß sie ein Machtmonopol erlangten.

Wie die Exilanten 1942 gelobt hatten, mußten die Nazis für ihre Verbrechen zahlen, als die Tschechoslowakei befreit wurde. Beim Zusammenbruch des Protektorats 1945 kam es zu einem Ausbruch des Volkszorns gegen alles Deutsche. Bei den erbitterten Kämpfen in den letzten Tagen der Naziherrschaft wurden Mitglieder der SS und der Parteigliederungen erbarmungslos gejagt, bis sie zur Strecke gebracht waren. Manche wurden lebend verbrannt oder an Laternenpfosten in den Straßen Prags aufgehängt. In den folgenden Monaten hatten die Sudetendeutschen, das Trojanische Pferd innerhalb der Tschechoslowakei, am meisten zu leiden. Wer nicht von sich aus die Flucht antrat, wurde über die deutsche Grenze getrieben. Bis zum Jahresende 1946 wurden 1859541 Menschen vertrieben. Konrad Henlein, Gauleiter des Sudetenlands und 1938 Hitlers Werkzeug, nahm sich das Leben, um dem Galgen zu entgehen, der ihn ohne Zweifel erwartete. Karl Hermann Frank hoffte sich durch einen Deal mit den westlichen Alliierten zu retten, wurde aber von den Amerikanern an Prag ausgeliefert. Bei seinem Prozeß im März 1946 legte die Anklage besonderes Gewicht auf seine Rolle bei »dem Holocaust, der auf das Heydrich-Attentat folgte, und dem Verbrechen von Lidice«. Er versuchte, sich der Verantwortung zu entziehen, indem er Hitler die Schuld zuschob, aber seine früheren Prahlereien über seine Rolle in dieser Affäre holten ihn ein. »Damals mußten Sie nicht den Kopf einziehen!« bemerkte einer der Zeugen. Frank wurde zum Tod verurteilt und am 22. Mai 1946 im Pankrác-Gefängnis gehängt, wo die Gestapo viele seiner tschechischen Opfer ermordet hatte. 5500 Personen, unter ihnen die überlebenden Mütter aus Lidice, wurden eingeladen, um Zeugen seines Endes zu werden. Am 20. Oktober folgte ihm Kurt Daluege zum Galgen. Die Minister der tschechischen Protektoratsregierung wurden verhaftet und wegen Kollaboration vor Gericht gestellt. Hácha hingegen lebte nicht lange genug, um vor seine Richter zu treten. Am 1. Juni 1945 starb er in seiner Zelle, »ein alter und schwerkranker . . . Mann, für den niemand das geringste Mitleid bekundete«. Es gelang nicht, die Auslieferung von Heydrichs Witwe aus der britischen Besatzungszone zu erwirken, und im Oktober 1947 wurde sie *in absentia* zu lebenslanger Haft verurteilt. Lisa Heydrich verbrachte den Rest ihres Lebens als Hotelbesitzerin auf Fehmarn, wo ihr alte Bekannte aus der SS immer herzlich willkommen waren. 1953 wurde ihr als Witwe des Mannes, der »als Reichsprotektor für Böhmen und Mähren . . . den Soldatentod« gestorben sei, eine Pension zugesprochen. Weniger Glück hatte der Verräter Karel Čurda. Er wurde am 5. Mai 1945, als er mit deutschen Papieren und einer großen Menge Banknoten zu den Amerikanern zu fliehen versuchte, in der Nähe von Pilsen vom Widerstand verhaftet. Vor ein Revolutionsgericht gestellt, trat er mit trotziger Unverfrorenheit auf. Als ihn der Richter fragte, wie er es habe fertigbringen können, seine Kameraden zu verraten, antwortete er: »Ich nehme an, für eine Million Mark würden Sie das gleiche tun.« Čurda ging ohne jede Reue aufs Schafott »und machte noch obszöne Scherze mit seinem Henker«.

Obwohl das Attentat der Sache der Exiltschechen unstreitig genützt hatte, fanden die Fallschirmagenten und ihre Tapferkeit nach dem Krieg kaum Anerkennung. 1947 wurde zwar ein kleines Denkmal an der Karel-Boromejský-Kirche zum Gedenken an ihre Verteidigung gegen eine erdrückende Übermacht errichtet, doch Beneš war entschlossen, sich nicht mit ANTHROPOID in Verbindung bringen zu lassen, und sprach nie über das Thema. Diese

Haltung reichte in ihren Ursprüngen bis 1942 zurück. Als die Deutschen Bartoš' Funkdepeschen erbeuteten, fanden sie darunter Vaněks Ersuchen, die Operation abzublasen, und Beneš' Gratulationsbotschaft nach dem Ereignis, Beweisstücke, daß das Attentat »made in England« gewesen war. Goebbels witterte eine große propagandistische Chance, und das Material wurde am Jahrestag des Heydrich-Attentats von Frank publiziert, um einen Keil zwischen die tschechische Bevölkerung und die Exilanten zu treiben. Beneš wurde bezichtigt, die Existenz der Nation aufs Spiel zu setzen, während er selbst in seinem bequemen und sicheren Schlupfloch in England sitze. Er habe, behauptete Frank, das Attentat geplant, um seine »Emigrantenclique« für die offiziellen Kreise in England wieder interessant zu machen. Die Exilanten bestritten daraufhin jegliche Beteiligung an der Sache und erklärten, das Attentat sei vom Untergrund ohne jede Unterstützung aus London ausgeführt worden. Dem Foreign Office wurde erklärt, die Behauptung der Nazis sei eine Mischung aus Halbwahrheiten und Lügen. »Die von Frank angeführte Funkdepesche, in der die Geheimorganisation angeblich darum ersuchte, keinen Anschlag auf Heydrich auszuführen, ist eine komplette Fälschung. Aus London ist nie ein Befehl zur Ermordung Heydrichs ergangen. Ja, die ganze Nazitheorie, daß von London aus ein Freiheitskampf gelenkt . . . werde, ist falsch, da alle Widerstandsaktionen in der Heimat von der eigenen Zentrale gesteuert und beschlossen werden.« Die angebliche Gratulationsdepesche vom 3. Juni 1942 existiere zwar, beziehe sich aber auf die »Aufrechterhaltung der geheimen Verbindung mit London« und die allgemeine Tätigkeit des Widerstands, nicht auf das Attentat gegen Heydrich. Die ganze Angelegenheit hätten sich die Deutschen aus den Fingern gesogen, um »bei den Willensschwachen und Defätisten Widerstand gegen die Regierung in London zu schüren«. Sollte im Foreign Office irgend jemand den Widerspruch zwischen dieser Erklärung und Beneš' früheren Behauptungen, sämtliche Geschehnisse in der Heimat zu steuern, bemerkt haben, enthielt er sich eines Kommentars.

Auch nach dem Krieg änderte sich an dieser Situation nichts. Unter den ehemaligen tschechischen Exilanten »war kein einziger, der aufstand und voll Stolz sagte: ›Ich bin derjenige, der das Attentat befohlen oder, zumindest, organisiert hat.‹« Beneš war die hohe Zahl der Opfer unangenehm, welche die Repressalien der Nazis gefordert hatten, und er wußte, daß die Sache innenpolitisch noch immer entzweiend wirken könnte. Er war verwundbar für den Vorwurf, daß er ein Blutbad der Nazis heraufbeschworen und es seinem Volk überlassen habe, die Folgen zu tragen. Im Interesse der nationalen Einigkeit und des staatlichen Wiederaufbaus nach dem Krieg war es nicht ratsam, eine Kontroverse zwischen denen, die den Krieg im Ausland verbracht hatten, und jenen zu entfesseln, die in der Heimat geblieben waren. Solche Meinungsverschiedenheiten wären nur von den Kommunisten ausgenutzt worden. In Gesprächen mit ehemaligen Führern des Widerstands bestritt er kategorisch jede Beteiligung an dem Attentat. Inoffizielle Bemühungen, die Wahrheit ans Licht zu bringen, stießen gegen eine Mauer des Schweigens. Als die Kommunisten im beginnenden kalten Krieg die Macht ergriffen, hatten sie kein Interesse, den Attentätern Anerkennung zu zollen, da sie selbst kein Verdienst an Heydrichs Tod hatten. Jeder, der für die Londoner Tschechen oder die SOE gearbeitet hatte, schwebte in Gefahr, als imperialistischer Agent verhaftet zu werden. Gottwalds Lob für die unbekannten Helden des Juni 1942 wurde aus den Geschichtsbüchern getilgt. Was Oberst Moravec betrifft, der die Wahrheit kannte, so behielt er sie aus Loyalität gegenüber Beneš bis 1964 für sich, als er sie schließlich in einem öffentlichen Vortrag aussprach, um den Vorwurf zu widerlegen, er habe den Briten zuliebe die Operation hinter Beneš' Rücken aufgezogen. Als ein Mann, der dafür eingetreten war, sich gegen das Münchner Abkommen zur Wehr zu setzen, bereute er nichts an ANTHROPOID, trotz des Ausmaßes, das die Repressalien der Nazis angenommen hatten. Für Moravec befand sich sein Land damals im Krieg und mußte für seine Befreiung kämpfen. »Wenn . . . die Tschechoslowakei, statt sich der Entscheidung in München zu fügen, gegen Deutschland gekämpft hätte – was nach meiner Überzeugung hätte geschehen sollen –, hätte sie viel schwerere Verluste erlitten als nach Heydrichs Tod, aber auch einen ehrenvolleren Platz in der Geschichte errungen . . . Angesichts der Umstände, in denen wir uns damals befanden, war es ein guter Versuch . . . eine würdige Seite in den Annalen der Tschechoslowakei während des Zweiten Weltkriegs. Das tschechische Volk sollte stolz darauf sein. Ich bin es.« Diese Ansicht teilten die überlebenden ehemaligen Soldaten der Tschechischen Brigade, die in einem Park in Leamington dem Gedenken an ihre Kameraden, die Fallschirmagenten, ein Denkmal errichteten. Auf der daran angebrachten Tafel stehen die Worte: »Dem Andenken aller tschechoslowakischen Soldaten, Piloten und Patrioten geweiht, die im Zweiten Weltkrieg gefallen sind. Von Leamington Spa aus wurden 1941 im Ort stationierte Freiwillige der freien tschechoslowakischen Streitkräfte mit Fallschirmen über ihrer Heimat abgesetzt, um sie von dem tyrannischen Protektor SS-General Heydrich zu befreien. Zwei von ihnen – Jan Kubiš und Josef Gabčík – führten ihre Mission im Mai 1942 erfolgreich aus. Sie und ihre Kameraden gaben ihr Leben FÜR DIE FREIHEIT.«

Bezeichnungen der tschechischen Fallschirmspringergruppen

Benjamin Otmar Riedl mit Chiffrierschlüsseln und Kristallen für die Heimatarmee. Aufgrund von Navigationsfehlern in der Nacht vom 16. auf den 17. April 1941 über Österreich abgesetzt; verhaftet, nachdem er seine Ausrüstung vergraben konnte. Nicht als Fallschirmagent erkannt und nur wegen illegaler Grenzüberschreitung angeklagt.

Percentage Korporal František Pavelka mit einem Sender und Chiffren für die Heimatarmee. Er wurde am 4. Oktober 1941 nahe Časlav abgesetzt und am 25. Oktober in Prag verhaftet.

Anthropoid Die Feldwebel Josef Gabčík und Jan Kubiš, die Heydrich töten sollten. Sie wurden in der Nacht vom 28. auf den 29. Dezember 1941 abgesetzt. Vorgesehene Landestelle war der Flugplatz Borek bei Pilsen, tatsächliche Landestelle das Dorf Nehvizdy nahe Prag. Beide Männer starben am 18. Juni 1942 bei der Erstürmung der Karel-Boromejský-Kirche.

Silver A Leutnant Alfred Bartoš (»an der Front« zum Hauptmann befördert), Feldwebel Josef Valčik und Korporal Jiří Potuček mit der Mission, Kontakt zu A-54 herzustellen, Nachrichtennetze aufzubauen und den Empfang weiterer Teams zu koordinieren. Sie wurden vom 28. auf den 29. Dezember 1941 zwischen Kolin und Poděbrady abgesetzt. Valčik wurde in der Karel-Boromejský-Kirche getötet. Bartoš wurde in Pardubice am 21. Juni 1942 verhaftet und erlag einen Tag später seinen Verletzungen, Potuček wurde am 2. August 1942 auf der Flucht von der tschechischen Polizei erschossen.

Silver B Feldwebel Vladimir Škácha und Feldwebel Jan Zemek, in der Nacht vom 28. auf den 29. Dezember 1941 mit dem Auftrag abgesetzt, den Untergrund mit einem Funksender zu versorgen und den Empfang von Nachschubabwürfen vorzubereiten. Tauchten unter, nachdem sie ihre Ausrüstung verloren hatten.

Zinc Leutnant Oldřich Pechal, Feldwebel Arnost Mikš und Korporal Vilem Gerik, ein Funkerteam mit dem Auftrag, Silver A zu unterstützen, ein Nachrichtennetz in Mähren aufzubauen und den Widerstand mit Geld zu versehen. Irrtümlich nahe Gbely in der Slowakei in der Nacht vom 27. auf den 28. März 1942 abgesetzt. Pechal erschoß bei der Überquerung der Grenze zum Protektorat zwei deutsche Zollbeamte und wurde später verhaftet. Mikš schloß sich der Jindra-Gruppe in Prag an und wurde von tschechischen Polizisten erschossen, als er im Waldgebiet Křivoklát nahe Kladno in der Nacht vom 30. April auf den 1. Mai 1942 dort verstecktes Ausrüstungsmaterial holen wollte. Gerik stellte sich am 4. April in Prag der tschechischen Polizei und wurde der Gestapo übergeben. Er kollaborierte und leistete nach Ansicht der Gestapo »einen ansehnlichen Beitrag zur Entdeckung anderer Fallschirmspringergruppen, da er sich Zugang zu ihren Geheimquartieren verschaffte«.

OUT DISTANCE Leutnant Adolf Opálka, Feldwebel Karel Čurda und Korporal Ivan Kolařík, in der Nacht vom 27. auf den 28. März 1942 nahe Telč in Mähren abgesetzt, mit der Mission, einen Rebecca-Leitstrahlsender aufzustellen, der RAF-Bombern den Weg zu den Škoda-Werken in Pilsen weisen sollte. Ursprünglich ein Team von vier Männern, von denen sich einer absetzte. Kolařík wurde in Brünn von der Gestapo verhaftet und beging am 1. April 1942 Selbstmord. Opálka starb am 18. Juni 1942 in der Karel-Boromejský-Kirche. Čurda stellte sich am 16. Juni der Gestapo und wurde Denunziant. Seine Informationen führten zur Zerstörung des JINDRA-Netzes und zum Tod der Fallschirmagenten in der Kirche.

BIVOUAC Feldwebel František Pospíšil, Feldwebel Jindřich Čoupek und Korporal Libor Zapletal, vom 27. auf den 28. April 1942 auf dem Gut Požáry im Nordwesten des Waldgebiets Křivoklát mit dem Auftrag abgesetzt, die Eisenbahnbrücke und Signalanlage von Přerov und das Elektrizitätswerk von Brünn durch Sabotageakte zu zerstören. Zapletal und Čoupek wurden am 2. Mai 1942 von der Gestapo verhaftet. Pospíšil wurde wenige Tage später gefangengenommen.

BIOSCOPE Die Feldwebel Bohuslav Kouba, Josef Bublik und Jan Hrubý, in derselben Nacht und am selben Ort wie BIVOUAC abgesetzt, mit dem Auftrag, die Eisenbahnbrücke bei Hradnice und die Transformatorenanlage von Vsetín durch Sabotageakte zu sprengen. Kouba wurde am 3. Mai 1942 in Kutná Hora von der tschechischen Polizei festgenommen und nahm sich in der Zelle das Leben. Seine Gefährten starben am 18. Juni in der Karel-Boromejský-Kirche.

STEEL A Gefreiter Oldřich Dvořák, in derselben Nacht und am selben Ort wie BIVOUAC und BIOSCOPE abgesetzt, mit einem Funksender für die Heimatarmee und Ersatzkristallen für SILVER A. Der Sender wurde vergraben, von einem Bauern gefunden und der Gestapo verraten. Dvořák wurde am 30. Juni 1942 erschossen, als er zu seiner Familie in der Slowakei fliehen wollte.

INTRANSITIVE Leutnant Václav Kindl, Feldwebel Bohuslav Grabovský und Korporal Vojtěch Lukaštík, in der Nacht vom 29. auf den 30. April 1942 nahe Třeboň in Südböhmen abgesetzt, mit dem Auftrag, Sabotageakte gegen die Ölraffinerie von Kolín zu unternehmen. Das Team verlor beim Absprung die Ausrüstung und tauchte unter. Kindl und Grabovský wurden im März 1943 gefangengenommen. Kindl wurde zum Denunzianten und wurde im Verlauf einer Gestapooperation, an der er teilnahm, am 20. Mai 1944 irrtümlich erschossen. Grabovský wurde im Oktober 1944 in Theresienstadt ermordet. Lukaštík wurde am 8. Januar 1943 erschossen.

Tin Die Feldwebel Ludvik Cupal und Jaroslav Švarc, in derselben Nacht und am selben Ort wie Intransitive abgesetzt, mit dem Auftrag, Emanuel Moravec, den Minister für Erziehung und Propaganda in der Protektoratsregierung, zu töten. Die Agenten verloren sich beim Absprung aus den Augen und konnten ihre Ausrüstung nicht finden. Beide verletzten sich an den Beinen, Cupal erlitt zudem schwere innere Verletzungen. Švarc tauchte bei der Jindra-Gruppe in Prag unter und starb am 18. Juni 1942 in der Karel-Boromejský-Kirche. Cupal traf in Velehrad in Böhmen auf Lukaštík von Intransitive. Am 18. September unternahmen beide einen Sabotageversuch, der der Eisenbahnlinie zwischen Polešovice und Nedakonice galt, und lösten eine Gestapofahndung aus. Cupal erschoß sich am 15. Januar 1943, als er in Velehrad gestellt wurde.

Chrome Nachschubabwurf am 25.Mai 1942. Keine Ortsangaben.

Shale Nachschubabwurf am 29. Juni 1942. Keine Ortsangaben.

Antimony Leutnant František Závorka, Feldwebel Stanislav Srazil und Gefreiter Lubomír Jasínek, ein Funkerteam, das vom 23. auf den 24. Oktober 1942 abgesetzt wurde, um den Kontakt zur Heimatarmee wiederherzustellen und das Schicksal von Silver A zu eruieren. Mit Hilfe Karel Čurdas (vormals Out Distance) wurden sie im Januar 1943 von den Deutschen aufgespürt. Jasínek und Závorka nahmen sich das Leben. Srazil erklärte sich bereit, unter Aufsicht der Gestapo Funkkontakt mit London aufzunehmen; beim Absetzen seines Funkspruchs ließ er die Sicherheitskombination weg, um London zu zeigen, daß er gefaßt worden war. Als die Nazis dahinterkamen, wurde er nach Theresienstadt gebracht und dort Ende 1944 erschossen.

Quellenverzeichnis und Auswahlbibliographie

Quellen

(a) BBC Written Archives Centre, Caversham Park, Reading: Daily Digest of World Broadcasts (From Germany and German-Occupied Countries), European News Service, Broadcasts and Guidelines.

(b) Modern Military Records, National Archives, Washington DC:
Microfilm T-77, Roll 1050, Sammlung von übersetzten Funkdepeschen des Geheimsenders Sparta-1.
Mikrofilm T-84, Roll 437, Der Reichsprotektor in Böhmen und Mähren.
Mikrofilm T-175, Roll 9, Befehlshaber der Ordnungspolizei.
Mikrofilm T-175, Roll 82, Persönlicher Stab Reichsführer-SS.
Mikrofilm T-175, Roll 90, Gedenkrede zur Trauerfeier für den durch Mörderhand gefallenen SS-Obergruppenführer und General der Polizei Reinhard Heydrich.
RG-238, Interrogation of Walter Friedrich Schellenberg.
RG-266, OSS Records.

(c) Foreign and Commonwealth Office, London:
SOE Papers.

(d) Public Record Office, London:
AIR 20/307.
AIR 27.
CAB 79.
FO 371.

(e) YIVO Institute, New York: Abschlußbericht über den Mordanschlag auf SS-Obergruppenführer Heydrich.

Auswahlbibliographie

Peter Allen: *The Crown and the Swastika: Hitler, Hess and the Duke of Windsor*. London, 1983.

Čestmír Amort: *Heydrichiáda*. Prag, 1965.

Čestmír Amort und I. M. Jedlička: *The Canaris File*. London 1970.

Christopher Andrew: *Secret Service*. London, 1986.

Shlomo Aronson: *Reinhard Heydrich und die Frühgeschichte von Gestapo und SD*. München, 1971.

Eduard Beneš: *My War Memories*. London, 1928.

Eduard Beneš: *Memoirs of Dr. Eduard Beneš*. London, 1954.

Volker Berghahn: *Modern Germany*. Cambridge, 1985.

Stanislav F. Berton: »Das Attentat auf Reinhard Heydrich vom 27. Mai 1942. Ein Bericht des Kriminalrats Heinz Pannwitz« in: *Vierteljahreshefte für Zeitgeschichte*, Bd. 33, 1985.
Stanislav F. Berton: »Who Ordered the Assassination of R. Heydrich and Why?« (unveröffentlicht).
Stanislav F. Berton: »Secrets of Lidice« (unveröffentlicht).
George Bilainkin: *Second Diary of a Diplomatic Correspondent*. London, 1946.
Keith W. Bird: *Weimar, the German Naval Office Corps and the Rise of National Socialism*. Amsterdam, 1977.
Heinz Boberach (Hrsg.): *Meldungen aus dem Reich: Die geheimen Lageberichte des Sicherheitsdienstes der SS* 1932-1945. Berlin, 1984.
Detlef Brandes: *Die Tschechen unter deutschem Protektorat*, Bd. I. München, 1969.
André Brissaud: *The Nazi Secret Service*. London, 1975. Deutsche Ausgabe: *Die SD-Story*. Zürich, 1975.
André Brissaud: *Canaris*. London, 1973. Deutsche Ausgabe: *Canaris*. Frankfurt a.M., 1976.
Anthony Cave Brown: *»C«: The Secret Life of Sir Stewart Menzies*. New York, 1987.
Alan Burgess: *Seven Men at Daybreak*. London, 1960. Deutsche Ausgabe: *Sieben Mann im Morgengrauen*. Das Attentat auf Heydrich. Gütersloh, 1961.
F. L. Carsten: *The Rise of Fascism*. London, 1967. Deutsche Ausgabe: *Der Aufstieg des Faschismus in Europa*. Frankfurt a.M., 1968.
Leopold Chmela: *The Economic Aspects of the German Occupation of Czechoslovakia*. Prag, 1948.
Gordon A. Craig und Felix Gilbert (Hrsg.): *The Diplomats* 1919-1939. Bd. I. New York, 1967.
Czechoslovak Information Service: *Czechoslovak Sources and Documents No. 2: The Struggle for Freedom*. New York, 1943.
Alexander Dallin: *German Rule in Russia*. New York, 1957. Deutsche Ausgabe: *Deutsche Herrschaft in Rußland*, 1941-1945. Düsseldorf, 1958.
Hugh Dalton: *The Fateful Years*. London, 1957.
Lucy Dawidowicz: *The War Against the Jews*, London, 1983. Deutsche Ausgabe: *Der Krieg gegen die Juden*, 1933-1945. München, 1979.
Wilhelm Dennler: *Die bohemische Passion*. Freiburg, 1953.
Günther Deschner: *Reinhard Heydrich, Statthalter der totalen Macht*. Esslingen, 1977 und München, 1980.
Günther Deschner und Edouard Calic: *Reinhard Heydrich, Schlüsselfigur des Dritten Reiches*. Düsseldorf, 1982.
Harold C. Deutsch: *The Conspiracy Against Hitler in the Twilight War*. Minneapolis, 1970. Deutsche Ausgabe: *Verschwörung gegen den Krieg*. München, 1969.

David Dilks (Hrsg.): *The Diaries of Sir Alexander Cadogan 1938-1945*. London, 1971.
Douglas Dodds-Parker: *Setting Europa Ablaze*. London, 1984.
Jiří Doležal und Jan Křen (Hrsg.): *Czechoslovakia's Fight 1938-1945: Documents on the Resistance Movement of the Czechoslovak People*. Prag, 1964.
Eugen Dollmann: *Dolmetscher der Diktatoren*. Bayreuth, 1963.
E. V. Erdely: *Prague Braves the Hangman*. London, 1942.
Joachim C. Fest: *Das Gesicht des Dritten Reiches*. München, 1963.
Gerald Fleming: *Hitler and the Final Solution*. Oxford, 1986. Deutsche Ausgabe: *Hitler und die Endlösung*. München, 1982.
M. R. D. Foot: *Resistance*. London, 1978.
M. R. D. Foot: *SOE: The Special Operations Executive 1940-1946*. London 1984.
Arvid Fredberg: *Behind the Steel Wall*. London, 1944.
Elke Fröhlich (Hrsg.): *Die Tagebücher von Joseph Goebbels*. München, 1987.
Julius Fuchik: *Notes from the Gallows*. New York, 1984.
Koloman Gajan und Robert Kvaček: *Germany and Czechoslovakia 1918 bis 1945*. Prag, 1965.
Enno Georg: *Die wirtschaftlichen Unternehmungen der SS*. Stuttgart, 1963.
Martin Gilbert: *The Holocaust: The Jewish Tragedy*. London, 1987.
G. S. Graber: *The Life and Times of Reinhard Heydrich*. London, 1980.
Sheila Grant Duff: *A German Protectorate: The Czechs Under Nazi Rule*. London, 1942.
Helmut Groscurth: *Tagebücher eines Abwehroffiziers 1938-1940*. Stuttgart, 1970.
John Haag: »Knights of the Spirit: The Kameradschaftsbund« in: *Journal of Contemporary History*, Vol. VIII, No. 3, 1973.
D. Hamšik und J. Pražák: *Eine Bombe für Heydrich*. Berlin (DDR), 1964.
Robert Harris und Jeremy Paxman: *A Higher Form of Killing*. London, 1982.
John. L. Heinemann: *Hitler's First Foreign Minister Constantin von Neurath: Diplomat and Statesman*. Stanford, 1979.
Holger H. Herwig: *The German Naval Officer Corps*. Oxford, 1973.
Lina Heydrich: *Leben mit einem Kriegsverbrecher*. Pfaffenhofen, 1976.
Gerald Hirschfeld (Hrsg.): *The Policies of Genocide: Jews and Soviet Prisoners of War in Nazi Germany*. London, 1981.
Hitler's Table Talk, 1941-1944 (übersetzt von Norman Cameron und R. H. Stevens). London, 1973.
Heinz Höhne: *Der Orden unter dem Totenkopf*. Gütersloh, 1967, München 1978.
Heinz Höhne: *Canaris*. München, 1976, 1978.
Wilhelm Hoettl: *Die geheime Front*. Zürich, 1950.

Peter Hoffmann: *Die Sicherheit des Diktators.* München, Zürich, 1975.
Cordell Hull: *The Memoirs of Cordell Hull.* Bd. II, New York, 1948.
Pierre J. Huss: *Heil! and Farewell.* London, 1943.
J. B. Huták: *With Blood and with Iron: The Lidice Story.* London, 1957.
Miroslav Ivanov: *Target: Heydrich.* New York, 1974.
Zdenek Jelínek: *Operace Silver A.* Kolin, 1984.
Werner Jochmann (Hrsg.): *Monologe im Führerhauptquartier 1941-1944.* München, 1982.
Felix Kersten: *Totenkopf und Treue. Aus den Tagebuchblättern eines finnischen Medizinalrates.* Hamburg, 1955.
Jaroslav Koutek: *Tichá Fronta.* Prag, 1985.
Václav Král (Hrsg.): *Die Vergangenheit warnt.* Prag, 1962.
Helmut Krausnick und Martin Broszat: *Anatomie des SS-Staates.* Freiburg i. Br., 1965.
Guenther Lewy: *The Catholic Church and Nazi Germany.* New York, 1965. Deutsche Ausgabe: *Die katholische Kirche und das Dritte Reich.* München, 1965.
Godfrey Lias: *Beneš of Czechoslovakia.* London, 1940.
Louis P. Lochner (Hrsg.): *The Goebbels Diaries.* London, 1948. Deutsche Ausgabe: *Goebbels' Tagebücher aus den Jahren 1942-43.* Zürich, 1948.
Robert Bruce Lockhart: *Comes the Reckoning.* London, 1947.
Radomír Luža: *The Transfer of the Sudeten Germans.* New York und London, 1964.
Compton Mackenzie: *Dr. Beneš.* London, 1946.
Ivan Maisky: *Memoirs of a Soviet Ambassador: The War 1939-43.* London, 1967. Deutsche Ausgabe: *Memoiren eines sowjetischen Botschafters.* Berlin, 1967.
Victor S. Mamatey und Radomír Luža (Hrsg.): *A History of the Czechoslovak Republic 1918-1948.* Princeton, 1973. Deutsche Ausgabe: *Geschichte der Tschechoslowakischen Republik*, 1918-1948. Wien und Köln, 1980.
Vojtech Mastny: *The Czechs Under Nazi Rule.* New York, 1971.
František Moravec: *Master of Spies.* London, 1970.
Leonard Mosley: *On Borrowed Time.* London, 1971. Deutsche Ausgabe: *Der gespenstische Friede.* Bergisch Gladbach, 1970.
Robert J. O'Neill: *The German Army and the Nazi Party.* London, 1968.
Libuše Otáhalová und Milada Červinková (Hrsg.): *Dokumenty z historie československé politiky 1939-1943.* Prag, 1966.
Lauran Paine: *The Abwehr: German Military Intelligence in World War Two.* London, 1984.
Franz von Papen: *Der Wahrheit eine Gasse.* München, 1952.
Henry Picker und Gerhard Ritter (Hrsg.): *Hitlers Tischgespräche im Führerhauptquartier 1941-42.* Bonn, 1951.
Ben Pimlott: *Hugh Dalton.* London, 1986.

Ben Pimlott (Hrsg.): *The Second World War Diary of Hugh Dalton, 1940 bis 1945*. London, 1986.
Gerald Reitlinger: *Die Endlösung*. Berlin, 1956.
Gerald Reitlinger: *Die SS-Tragödie einer deutschen Epoche*. Wien, München, 1957.
Hubert Ripka: *Munich Before and After*. London, 1939.
Stephen H. Roberts: *The House That Hitler Built*. London, 1938.
Walter Schellenberg: *The Schellenberg Memoirs*. London, 1956. Deutsche Ausgabe: *Aufzeichnungen*. Wiesbaden und München, 1979.
Karl A. Schleunes: *The Twisted Road to Auschwitz*. London, 1972.
Gustav von Schmöller: »Heydrich im Protektorat Böhmen und Mähren« in: *Vierteljahreshefte für Zeitgeschichte*, Bd. 27, 1979.
William L. Shirer: *The Rise and Fall of the Third Reich*. London, 1967.
Ronald M. Smelser: *The Sudeten Problem 1933-1938: »Volkstumpolitik« and the Formulation of Nazi Foreign Policy*. London, 1975.
Albert Speer: *Der Sklavenstaat. Meine Auseinandersetzung mit der SS*. Stuttgart, 1981, Berlin, 1984.
Der Spiegel vom 9.2.1950: »Das Spiel ist aus.«
David Stafford: *Britain and European Resistance 1940-1945*.London, 1983.
John M. Steiner: *Power Politics and Social Change in National Socialist Germany*. Den Haag, 1975.
William Stephenson: *A Man Called Intrepid: The Secret War 1939-1945*. London, 1976.
Rudolf Ströbinger: *Das Attentat von Prag*. Landshut, 1977.
Edward Táborský: *President Edward Beneš Between East and West 1938 bis 1948*. Stanford, 1981.
Fred Taylor (Hrsg.): *The Goebbels Diaries 1939-1941*. London, 1982.
Jürgen Thorwald: *Die große Flucht*. München, 1979.
Ladislav Vaněk: »Atentát na Heydricha« in: *Dějiny a Současnost*, Bd. IV, Nr. 5, 1963.
Völkischer Beobachter vom 10.10.1938.
Nigel West: *MI6*. London, 1985.
J. W. Wheeler-Bennet: *The Nemesis of Power: The German Army in Politics 1918-1945*. London 1967. Deutsche Ausgabe: *Die Nemesis der Macht*. Düsseldorf, 1954.
John Wiener: *The Assassination of Heydrich*. New York, 1969.
Charles Wighton: *Heydrich: Hitler's Most Evil Henchman*. London, 1962.
S. J. Woolf (Hrsg.): European Fascism. New York, 1969.
Kenneth Young (Hrsg.): *The Diaries of Sir Robert Bruce Lockhart 1939 bis 1965*. London 1980.

Anmerkungen

Nähere bibliographische Angaben zu den einzelnen in den Anmerkungen angegebenen Titeln finden sich in der Auswahlbibliographie auf den Seiten 266 bis 270. Wo deutschsprachige Ausgaben existieren, wurden diese konsultiert. Die Seitenangaben für Deschner: *Reinhard Heydrich, Statthalter der totalen Macht* beziehen sich auf die Taschenbuchausgabe. Die Paginierung von Jochmann (Hrsg.): *Monologe im Führerhauptquartier* ist identisch mit der von Picker und Ritter (Hrsg.): *Hitlers Tischgespräche im Führerhauptquartier.* Zitate, die nach der englischen Ausgabe von *Hitler's Table Talk* übersetzt wurden, befinden sich nur in dieser – gegenüber den deutschen Veröffentlichungen erweiterten – Ausgabe. (Ch. S.)

Einführung

Die Ansicht, daß Heydrich getötet worden sei, um einen prominenten deutschen Verräter vor der Aufdeckung zu schützen, wird von L. Paine in *The Abwehr* vertreten, von D. Hamšik und J. Pražák in *Eine Bombe für Heydrich* und von Č. Amort und I. M. Jedlička in *The Canaris File.*

Die Theorie, daß er ermordet worden sei, um der Massenvernichtung der Juden Einhalt zu gebieten, findet sich in *A Man Called Intrepid* von W. Stephenson. Das Buch ist zu ungenau, um ernsthafter Beachtung würdig zu sein.

Die Geschichte über den Herzog von Windsor findet man in *The Crown and the Swastika* von P. Allen.

František Moravec' Memoiren wurden unter dem Titel *Master of Spies* in England im Jahr 1970 zum erstenmal veröffentlicht. Die Ergebnisse von Miroslav Ivanovs Forschungen erschienen auf englisch 1974 in New York unter dem Titel *Target: Heydrich.*

Erstes Kapitel: Begräbnis in Berlin

Die Einzelheiten der Trauerfeierlichkeiten auf den Seiten 13 und 14 sind G. Deschners Buch *Reinhard Heydrich* und Charles Wightons *Heydrich: Hitler's Most Evil Henchman* entnommen.

Die Zitate auf Seite 13 stammen aus Deschner, S. 279-280, und aus Wighton, S. 277.

Das erste Zitat auf Seite 14 stammt aus H. Krausnick und M. Broszat: *Anatomie des SS-Staates,* Bd. 1, S. 303.

Die Aussagen über Heydrichs Charakter auf den Seiten 14 und 15 sind entnommen E. Dollmann: *Dolmetscher der Diktatoren* (S. 102),

W. Hoettl: *Die geheime Front* (S. 28-29), P. Huss: *Heil! and Farewell* (S. 117 bis 120) und W. Schellenberg: *Aufzeichnungen* (S. 35-37).

Die Einzelheiten zu Heydrichs Herkunft und Jugend auf den Seiten 15 bis 21 sind entnommen Deschner, G. Deschner und E. Calic: *Reinhard Heydrich, Schlüsselfigur des Dritten Reiches,* Shlomo Aronson: *Reinhard Heydrich und die Frühgeschichte von Gestapo und SD* sowie G. S. Graber: *The Life and Times of Reinhard Heydrich.* Deschner und Calic heben die nationalistische und antisemitische Einstellung Bruno Heydrichs hervor.

Die sozialen Hintergründe wurden geschildert in Anlehnung an V. Berghahn: *Modern Germany,* L. Dawidowicz: *The War Against the Jews,* F. L. Carsten: *The Rise of Fascism* und S. J. Woolf (Hrsg.): *European Fascism.*

Das Zitat auf Seite 16 stammt aus Berghahn, S. 12; die Auskünfte über Bruno Heydrichs Stiefvater beruhen auf J. M. Steiner: *Power Politics and Social Change in National Socialist Germany,* S. 264.

Die Einzelheiten auf den Seiten 19 und 20 sind entnommen Graber, S. 14 und S. 23-24.

Die Schilderung der Marinelaufbahn Heydrichs auf Seite 20 bis 27 basiert auf Deschner, Aronson, Deschner und Calic, Graber und Lina Heydrich: *Leben mit einem Kriegsverbrecher.* Calic und Deschner weisen auf Heydrichs autoritäre Neigungen und auf sein frühzeitiges Interesse an den Nazis hin.

Die Darstellung der Marine bezieht sich auf H. H. Herwig: *The German Naval Officer Corps* und auf K. W. Bird: *Weimar, the German Naval Officer Corps and the Rise of National Socialism.*

Das Zitat auf Seite 21 stammt aus Deschner, S. 27.

Das Zitat auf Seite 22 stammt aus Bird, S. 268.

Das Zitat auf Seite 26 stammt aus Deschner und Calic, S. 36.

Die Schilderung auf Seite 26 beruht auf Graber, S. 26-27.

Die Zitate auf Seite 27 und auf Seite 28 stammen aus Lina Heydrich (S. 20) und aus Deschner (S. 37).

Einzelheiten zu Heydrichs Entschluß, in die SS einzutreten, finden sich in Deschner und Calic, Deschner und Lina Heydrich.

Die Darstellung der SS beruht auf H. Höhne: *Der Orden unter dem Totenkopf.*

Die Schilderung von Heydrichs Aufstieg in der SS und seiner Beziehungen zu Himmler auf den Seiten 31 bis 34 basiert auf Deschner, Aronson, Lina Heydrich und Graber.

Das Zitat auf Seite 31 stammt aus Wighton, S. 35.

Das Zitat auf Seite 33 stammt aus Felix Kersten: *Totenkopf und Treue,* S. 131.

Als Quellen für die Seiten 33 bis 35 dienten Kersten, Graber, Deschner und Höhne.

Das Zitat auf Seite 36 stammt aus J. C. Fest: *Das Gesicht des Dritten Reiches,* S. 147.

Zweites Kapitel: Hitlers Geheimpolizist

Die Darstellung der Ereignisse auf den Seiten 37 und 41 basiert auf Deschner, Aronson, Krausnick und Broszat, Höhne und A. Brissaud: *Die SD-Story*.

Die Schilderung des »Röhm-Putsches« und der nachfolgenden Säuberungen auf Seite 40 bis 42 basiert auf Deschner, Graber, Höhne, Brissaud und R. J. O'Neill: *The German Army and the Nazi Party*.

Die Zitate auf Seite 40 und 41 stammen aus J. W. Wheeler-Bennet: *Die Nemesis der Macht* (S. 310), St. H. Roberts: *The House That Hitler Built* (S. 106-107) und Höhne (S. 96).

Der Ausbau der polizeilichen Macht auf den Seiten 41 bis 44 ist dargestellt in Entsprechung zu Deschner, Aronson, Krausnick und Broszat, Höhne, Brissaud und Graber.

Das Zitat auf Seite 44 stammt aus Höhne, S. 191.

Die Darstellung der Sicherheitspolizei und der »Judenpolitik« auf den Seiten 44 und 45 basiert auf Höhne, Deschner, Dawidowicz, Gerald Reitlinger: *Die Endlösung* und K. A. Schleunes: *The Twisted Road to Auschwitz*.

Die Darstellung der Angriffe gegen die katholische Kirche auf Seite 45 bis 47 basiert auf Deschner, Hoettl, Guenther Lewy: *Die katholische Kirche und das Dritte Reich* sowie F. v. Papen: *Der Wahrheit eine Gasse*.

Das Zitat auf Seite 46 stammt aus Hoettl, S. 35.

Die Darstellung der Intrigen gegen Armee und Abwehr auf den Seiten 47 bis 53 basiert auf Deschner, O'Neill, Höhne, Schellenberg, Brissaud: *Canaris*, Höhne: *Canaris* und Wheeler-Bennet. Näheres zur Formis-Affäre in Höhne: *Der Orden unter dem Totenkopf* und in Brissaud: *Die SD-Story*.

Einzelheiten der Tuchatschewski-Affäre basieren auf Schellenberg, Brissaud, Höhne und Hoettl. Schellenberg ist nicht immer zuverlässig, und es kann durchaus sein, daß Hitler nicht persönlich in diese Affäre eingriff.

Das Zitat auf Seite 50 stammt aus Brissaud: *Canaris*, S. 104.

Die Einzelheiten der Operation TANNENBERG auf den Seiten 54 bis 56 sind Deschner und Calic entnommen sowie Höhne: *Der Orden unter dem Totenkopf*.

Die Schilderung der »Einsatzgruppen« in Polen und der Spannungen zwischen Wehrmacht und SS auf Seite 56 und Seite 57 sind entnommen Höhne: *Der Orden unter dem Totenkopf*, Höhne: *Canaris*, Brissaud: *Canaris*, Deschner, Deschner und Calic, O'Neill und H. C. Deutsch: *The Conspiracy Against Hitler*.

Einzelheiten über die »Einsatzgruppen« in Rußland, über die Wannsee-Konferenz und die »Endlösung« auf den Seiten 57 bis 60 sind entnommen, Deschner, Deschner und Calic, Dawidowicz, Höhne: *Der Orden unter dem Totenkopf*, Reitlinger: *Die Endlösung*, G. Hirschfeld (Hrsg.): *The*

Policies of Genocide, M. Gilbert: *The Holocaust*, G. Fleming: *Hitler und die Endlösung* und Reitlinger: *Die SS*.

Die Zitate auf Seite 57 stammen aus Reitlinger: *Die SS* (S. 178) und aus Deschner und Calic, S. 432-448.

Das erste Zitat auf Seite 59 stammt aus Gilbert, S. 283.

Die Aussagen Schellenbergs finden sich in Schellenberg, S. 169-172.

Die Zitate auf Seite 60 stammen aus Gilbert, S. 285, Fleming, S. 62-68, und Krausnick und Broszat, Bd. 1, S. 303.

Die Einzelheiten aus Heydrichs Privatleben auf den Seiten 60 bis 63 sind entnommen Deschner, Graber, Wighton, Schellenberg und dem *Spiegel* vom 9. 2. 1950 (»Das Spiel ist aus«).

Das erste Zitat auf Seite 61 stammt aus Brissaud: *Canaris*, S. 253, das zweite Zitat aus Fest, S. 161, das dritte aus dem *Spiegel* (»Das Spiel ist aus«) vom 9. 2. 1950; Autor des Artikels ist Arthur Nebe.

Das erste Zitat auf Seite 62 stammt aus »Das Spiel ist aus«, das zweite Zitat aus Dollmann, S. 99.

Das Zitat auf Seite 63 stammt aus Fest, S. 143.

Drittes Kapitel: Die tschechische Verbindung

Die Darstellung der Sudetenkrise auf den Seiten 64 bis 67 basiert auf Schellenberg, Hoettl, Brissaud: *Die SD-Story*, Brissaud: *Canaris*, Höhne: *Der Orden unter dem Totenkopf*, Höhne: *Canaris*, R. M. Smelser: *The Sudeten Problem*, R. Luža: *The Transfer of the Sudeten Germans*, H. Groscurth: *Tagebücher* und J. Haag: »Knights of the Spirit«.

Das Zitat auf Seite 64 stammt aus W. L. Shirer: *The Rise and Fall of the Third Reich*, S. 447.

Das Zitat auf Seite 66 stammt aus Brissaud: *Die SD-Story*, S. 193.

Das Zitat auf Seite 67 stammt aus Brissaud: *Die SD-Story*, S. 195.

Die Einzelheiten aus Beneš' Laufbahn auf den Seiten 67 bis 70 basieren auf E. Beneš: *My War Memories*, E. Beneš: *Memoirs*, G. Lias: *Beneš of Czechoslovakia*, C. Mackenzie: *Dr. Beneš*, V. S. Mamatey und R. Luža (Hrsg.): *A History of the Czechoslovak Republic*, E. Táborský: *President Edward Beneš* und G. A. Craig und F. Gilbert (Hrsg.): *The Diplomats*, Bd. 1.

Die Zitate auf Seite 68 und Seite 69 stammen aus Beneš: *My War Memories*, S. 74-75, R. Bruce Lockhart: *Comes the Reckoning*, S. 64, Mackenzie, S. 122 und S. 262, und Táborský, S. 13.

Die Einzelheiten zur nachrichtendienstlichen Zusammenarbeit auf Seite 70 bis 76 basieren auf F. Moravec: *Master of Spies*, R. Ströbinger: *Das Attentat von Prag*, Č. Amort und I. M. Jedlička: *The Canaris File*, Hamšik und Pražák, Ch. Andrew: *Secret Service* und N. West: *MI6*.

Die Zitate auf Seite 70 stammen aus Moravec, S. xix und S. 20.

Die Zitate auf Seite 71 stammen aus Moravec, S. 21 und S. 35.

Das Zitat auf Seite 72 stammt aus Moravec, S. 49.

Das Zitat auf Seite 73 stammt aus Moravec, S. 93.

Das Zitat auf Seite 75 stammt aus Andrew, S. 533.

Die Folgen des Münchner Abkommens sind dargestellt analog zu Mamatey und Luža, Beneš, Moravec, H. Ripka: *Munich Before and After* und L. Mosley: *Der gespenstische Friede.*

Das Zitat auf Seite 78 stammt aus Beneš: *My War Memories,* S. 197.

Die Diskussion der Pläne Beneš' auf Seite 77 bis 80 basiert auf Moravec' Darstellung, S. 124-135.

Das Zitat auf Seite 79 stammt aus Andrew, S. 580.

Die Hintergründe der Pläne Hitlers sind auf Seite 80 bis 82 in Entsprechung zu Brissaud: *Canaris,* Höhne: *Canaris,* Groscurth, Luža und Mosley dargestellt.

Das Zitat auf Seite 80-81 stammt aus dem *Völkischen Beobachter* vom 10. 10. 1938.

Die Zitate auf S. 81 stammen aus Brissaud: *Canaris,* S. 202 und S. 209. Näheres zum Kameradschaftsbund findet sich in Haag.

Moravec' Flucht ist auf Seite 83 und 84 basierend auf Moravec sowie auf Amort und Jedlička geschildert.

Die Zitate auf Seite 83 stammen aus Moravec, S. 137-142.

Das Zitat auf Seite 84 stammt aus Moravec, S. 143.

Das Zitat auf Seite 84-85 stammt aus Mackenzie, S. 245.

Die Darstellung der Besetzung Prags auf Seite 85 bis 86 basiert auf Mamatey und Luža, Luža, D. Brandes: *Die Tschechen unter deutschem Protektorat,* Bd. 1, V. Mastny: *The Czechs Under Nazi Rule* und Heinemann.

Viertes Kapitel: Exilanten

Die Darstellung der Situation, in der sich die tschechische Exilregierung in Großbritannien befand (S. 89 bis 93), basiert auf Beneš, Moravec, Mamatey und Luža, Mackenzie, Táborský und Bruce Lockhart. Die Haltung des Foreign Office Beneš gegenüber läßt sich in den Akten C6283/2/12 FO 371 und C7647/2/12 FO 371/24289 nachlesen.

Das Zitat auf Seite 89 stammt aus Moravec, S. 145.

Die Zitate auf Seite 91 stammen aus Mastny, S. 143, und aus Bruce Lockhart, S. 60.

Die Zitate auf Seite 92 stammen aus Moravec, S. 148, und aus L. Otáhalová und M. Červinková (Hrsg.): *Dokumenty z historie československé politiky,* Dokument 84.

Die Darstellung der Beziehungen zum britischen Geheimdienst auf Seite 93 bis Seite 94 basiert auf Moravec, Beneš, Otáhalová und Červinková, M. D. R. Foot: *Resistance,* M. D. R. Foot: *SOE,* und auf C1739/2/12 FO 371/24287.

Das erste Zitat auf Seite 93 stammt aus K. Young (Hrsg.): *The Diaries of*

Sir Robert Bruce Lockhart, S. 83, das zweite Zitat stammt aus Moravec, S. 218.

Die Zitate auf Seite 94 stammen aus Otáhalová und Červinková, Dokument 135.

Das Zitat auf Seite 95 stammt aus C4850/2/12 FO 371/24288.

Das Zitat auf Seite 96 stammt aus C7642/2/12 FO 371/24289.

Die Beschreibung der Gründung der SOE auf Seite 96 bis 97 basiert auf Andrew, Foot, B. Pimlott: *Hugh Dalton,* H. Dalton: *The Fateful Years* und D. Stafford: *Britain and European Resistance.* Den Einfluß strategischer Erwägungen auf die Haltung des Foreign Office gegenüber Beneš kann man aus C7642/2/12 FO 371/24289 ersehen.

Das Zitat auf Seite 97 stammt aus Bruce Lockhart, S. 94.

Die Schilderung der diplomatischen und geheimdienstlichen Aktivitäten der Tschechen auf den Seiten 97 bis 101 basiert auf Moravec, Amort und Jedlička, Beneš, Bruce Lockhart und Táborský. Einzelheiten über die SOE sind entnommen Foot, Stafford und Andrew.

Das Zitat auf Seite 99 stammt aus Amort und Jedlička, S. 95.

Das Zitat auf Seite 100 stammt aus C10775/6/18 FO 371/24392.

Die Schilderung der Beziehungen der Exiltschechen zum russischen Geheimdienst auf Seite 101 bis 103 basiert auf Brandes und Moravec.

Das Zitat auf Seite 102 stammt aus St. F. Berton: »Who Ordered the Assassination of R. Heydrich and Why?«, S. 30.

Das erste Zitat auf Seite 103 stammt aus Otáhalová und Červinková, Dokument 178, das zweite Zitat stammt aus C1627/2/12 FO 371/26395; das Zitat auf Seite 103-104 stammt aus Andrew, S. 627.

Beneš' Verhandlungen mit den Briten sind auf Seite 103 bis 105 geschildert, basierend auf Beneš und Bruce Lockhart.

Das erste Zitat auf Seite 104 stammt aus Bruce Lockhart, S. 115, das zweite aus Beneš, S. 158.

Die Darstellung des Untergrunds und der Kontakte zwischen Beneš und dem Eliáš-Hácha-Regime auf Seite 104 bis 106 basiert auf Luža, Mastny, Brandes und C10775/6/18 FO 371/24393.

Das Zitat auf Seite 105 stammt aus Mastny, S. 163.

Das Zitat auf Seite 106 stammt aus Heinemann, S. 200.

Die Einzelheiten des Machtkampfes zwischen Frank und Neurath auf Seite 106 bis 111 sind entnommen Mastny, Luža, Brandes, Mamatey und Luža, Heinemann, E. Fröhlich (Hrsg.): *Die Tagebücher von Joseph Goebbels,* und L. P. Lochner (Hrsg.): *Goebbels' Tagebücher.*

Das Zitat auf Seite 107 stammt aus J. B. Huták: *With Blood and With Iron,* S. 41.

Das Zitat auf Seite 108 stammt aus Mastny, S. 147.

Das Zitat auf Seite 109 stammt aus Fröhlich, Bd. 4, S. 631.

Die Zitate auf Seite 110 stammen aus V. Král (Hrsg.): *Die Vergangenheit warnt,* Dokument 14, Dokument 12 und Dokument 14.

Das Zitat auf Seite 111 stammt aus Stafford, S. 32.

Fünftes Kapitel: Zeit zum Handeln

Die Schilderung der tschechischen Armee auf Seite 113 bis 116 basiert auf Beneš, Moravec, Bruce Lockhart sowie auf C7921/1419/62 FO 371/24366, C8530/1419/62 FO 371/24366, C8316/1419/62 FO 371/24366, CAB85/19 AFO (40) 1, CAB85/19 (40) 25.

Das erste Zitat auf Seite 114 stammt aus CAB85/19 (40) 46, das zweite Zitat aus C1132/6/12 FO 371/26376.

Das Zitat auf Seite 115 stammt aus C12431/12431/12 FO 371/30855.

Das Zitat auf Seite 116 stammt aus M. Ivanov: *Target Heydrich*, S. 40.

Die Beschreibung der Pläne der Tschechen und der SOE auf Seite 116 und 117 basiert auf Beneš, Mastny, Moravec, Ivanov, Stafford und Z. Jelínek: *Operace Silver A*.

Die Schilderung der Ereignisse im Protektorat auf Seite 117 und 118 basiert auf Brandes, Heinemann, Amort und Jedlička und auf Mastny.

Beneš' Haltung gegenüber BARBAROSSA, wie auf Seite 118 und 119 geschildert, ist entnommen Táborský, Otáhalová und Červinková, Beneš sowie Mamatey und Luža.

Das erste Zitat auf Seite 119 stammt aus Táborský, S. 139-140, das zweite Zitat stammt aus Otáhalová und Červinková, Dokument 193.

Die Schilderung der tschechisch-sowjetischen und der tschechisch-britischen Beziehungen auf den Seiten 119 bis 127 basiert auf Beneš, Moravec, Bruce Lockhart, Mastny, Otáhalová und Červinková, Táborský, Amort und Jedlička, Brandes, Ivan Maisky: *Memoiren eines sowjetischen Botschafters*, auf C7680/7140/12 FO 371/26410, C7765/7140/12 FO 371/26410, C7883/7140/12 FO 371/26410, C8376/57/12 FO 371/26381, C9515/57/12 FO 371/26381 sowie auf Mikrofilm T-77, Rolle 1050, »Sammlung von übersetzten Funkdepeschen des Geheimsenders Sparta-1«.

Das Zitat auf Seite 120 stammt aus Táborský, S. 145.

Das Zitat auf Seite 121 stammt aus Moravec, S. 215.

Das Zitat auf Seite 123 stammt aus J. Doležal und J. Křen (Hrsg.): *Czechoslovakia's Fight* 1938-1945, Dokument 14.

Das Zitat auf Seite 125 stammt aus Mikrofilm T-77, Rolle 1050.

Das Zitat auf Seite 127 stammt aus Mikrofilm T-77, Rolle 1050.

Die Schilderung der britischen und sowjetischen Fallschirmspringergruppen auf Seite 128 bis 133 basiert auf Brandes, Ströbinger, Ivanov, Hamšik und Pražák, Huták, Jelínek, Foot, Moravec und Mikrofilm T-77, Rolle 1050.

Das Zitat auf Seite 131 stammt aus A. Burgess: *Sieben Männer im Morgengrauen*, S. 26.

Das Zitat auf Seite 130-131 stammt aus Ivanov, S. 137-138.

Die Darstellung des Presseboykotts auf Seite 133 basiert auf Mastny, Brandes, C10976/57/12 FO 371/26381 und Mikrofilm T-77, Rolle 1050.

Die Prager Pressemeldung vom 27. 9. 1941 ist entnommen Huták, S. 44.

Sechstes Kapitel: Der Henker von Prag

Die Schilderung von Heydrichs Amtsantritt auf den Seiten 137 bis 142 basiert auf Brandes, Mastny, Deschner, Lina Heydrich, Schellenberg, Heinemann, W. Dennler: *Die bohemische Passion* und G. von Schmöller: »Heydrich im Protektorat Böhmen und Mähren«. Mastny, von Schmöller und Dennler sind der Ansicht, daß die Situation im Protektorat keineswegs so gefährlich gewesen sei, wie Heydrich es behauptete.

Das Zitat auf Seite 137 stammt aus Deschner, S. 198.

Heydrichs Behauptung auf Seite 139 ist entnommen Král, Dokument 19.

Das Zitat auf Seite 142 stammt aus dem *Spiegel:* »Das Spiel ist aus«.

Das erste Zitat auf Seite 143 stammt aus E. V. Erdely: *Prague Braves the Hangman,* S. 51; alle weiteren Zitate auf dieser Seite stammen aus Král, Dokument 19.

Die Darstellung der Maßnahmen Heydrichs auf Seite 143 bis 148 basiert auf Brandes, Deschner, Dennler, Mastny, Otáhalová und Červinková, Král und Mikrofilm T-84, Rolle 437: »Der Reichsprotektor in Böhmen und Mähren«.

Das erste Zitat auf Seite 144 stammt aus Dennler, S. 58, das zweite Zitat aus Král, Dokument 20.

Das Zitat auf Seite 145 stammt aus Král, Dokument 20.

Das Zitat auf Seite 146 stammt aus Král, Dokument 20.

Das Zitat auf Seite 147 stammt aus Mastny, S. 197-198.

Das Zitat auf Seite 148 stammt aus Král, Dokument 20.

Die Schilderung des Privatlebens der Familie Heydrich auf Seite 148 und 149 basiert auf Deschner, Lina Heydrich und Huták.

Das Zitat auf Seite 148-149 stammt aus dem *Spiegel:* »Das Spiel ist aus«.

Die Darstellung des Attentatsplanes auf Seite 149 bis 159 basiert auf Moravec, Ivanov, Berton: »Who Ordered the Assassination of Reinhard Heydrich and Why?«, und auf Unterlagen der SOE. Der neueste Verfechter der Theorie, daß der SIS den Plan angeregt habe, ist A. C. Brown mit der Veröffentlichung *»C«: The Secret Life of Sir Stewart Menzies.* Mit seiner Chronologie zieht Brown sich selbst den Boden unter den Füßen weg.

Die Zitate auf Seite 149 und auf Seite 150 stammen aus Unterlagen der SOE und aus *Czechoslovak Sources and Documents No.* 2, Dokument 85.

Das Zitat auf Seite 151 stammt aus Moravec, S. 192.

Die Zitate auf Seite 152 stammen aus Moravec, S. 193 und S. 205.

Das Zitat auf Seite 154 stammt aus Ivanov, S. 43-44.

Die Zitate auf Seite 155 stammen aus Unterlagen der SOE.

Das erste Zitat auf Seite 156 stammt aus Dalton, S. 368, das zweite Zitat aus Unterlagen der SOE.

Das erste Zitat auf Seite 157 stammt aus B. Pimlott (Hrsg.): *The Second World War Diaries of Hugh Dalton,* S. 329, das zweite Zitat stammt aus Unterlagen der SOE.

Die ersten zwei Zitate auf Seite 159 stammen aus Táborskýs Aufzeichnungen, das dritte Zitat stammt aus Moravec, S. 199.

Die Darstellung von SILVER A auf Seite 159 und 160 basiert auf Jelínek. Die Darstellung der Transportprobleme auf Seite 160 bis 161 basiert auf Stafford, Foot, Huták, Ivanov, C1368/10893/12 FO 371/26148, C1394/10893/12 FO 371/26148 und C286/51/2 FO 371/30823.

Das erste Zitat auf Seite 162 stammt aus einem Brief R. Hockeys an den Autor, das zweite und das dritte stammen aus Moravec, S. 199.

Das erste Zitat auf Seite 163 stammt aus AIR 27/956, das zweite aus Hamšik und Pražák, S. 148.

Siebtes Kapitel: Heimkehr

Die Darstellung der politischen, wirtschaftlichen und kulturellen Reorganisation im Protektorat auf den Seiten 165 bis 172 basiert auf Deschner, Mastny, Brandes, Dennler, Mamatey und Luža, Otáhalová und Červinková, A. Speer: *Der Sklavenstaat*, E. Georg: *Die wirtschaftlichen Unternehmungen der SS*, L. Chmela: *The Economic Aspects of the German Occupation of Czechoslovakia*, OSS Report 22900: »Under German Domination – Czechoslovakia May-August 1942« und auf Mikrofilm T-84, Rolle 387.

Das Zitat auf Seite 165 stammt aus Shirer, S. 1065.

Die Zitate auf Seite 166 stammen aus Mastny, S. 199 und S. 200.

Die Zitate auf Seite 169 stammen aus Král, Dokument 22 und Dokument 20.

Die Zitate auf Seite 170 stammen aus Král, Dokument 20 und Dokument 24.

Die Zitate auf Seite 171 stammen aus Deschner, S. 231, S. 227, aus Král, Dokument 20, und aus Král, Dokument 22.

Das Zitat auf Seite 172 stammt aus Deschner, S. 257.

Das erste Zitat auf Seite 173 stammt aus *Hitler's Table Talk*, S. 234, das zweite aus W. Jochmann (Hrsg.): *Monologe im Führerhauptquartier*, S. 243 bis 244, das dritte aus Lochner, S. 90, das vierte ebenfalls aus Lochner, S. 45.

Die Beschreibung der Politik Beneš' auf Seite 174 bis 176 basiert auf Beneš, Táborský, Mastny und Brandes.

Das erste Zitat auf Seite 174 stammt aus dem News Summary vom 31. 5. 1942 der BBC, das zweite aus *Czechoslovak Sources and Documents No.* 2, Dokument 57.

Das Zitat auf Seite 175 stammt aus Unterlagen der SOE.

Die Beschreibung der Operation CANONBURY basiert auf Unterlagen der SOE, auf C5286/5286/12 FO 371/26380, C5694/52/2 FO 371/26380, C2915/589/12 FO 371/30837, C3527/3527/12 FO 371/30844, C3852/3557/12 FO 371/30844, Letter Air Historical Branch, Ministry of Defence und Ivanov.

Die Schilderung der Aktivitäten von SILVER A auf Seite 176 bis 179 basiert auf Jelínek und Ivanov.

Das Zitat auf Seite 177-178 stammt aus C1651/3091/12 FO 371/30837.

Die Zitate auf Seite 178 stammen aus Ivanov, S. 92 und S. 109.

Die Zitate auf Seite 179 stammen aus Moravec, S. 200, und aus Jelínek, S. 30.

Die Erlebnisse des ANTHROPOID-Teams sind geschildert in Anlehnung an Ivanov, Hamšik und Pražák, Ströbinger, Huták und Burgess.

Das Zitat auf Seite 182 stammt aus Ivanov, S. 25.

Die Hintergründe der Verhaftung von A-54 sind auf Seite 183 bis 186 geschildert, basierend auf Jelínek, Ivanov, Amort und Jedlička, Deschner, Brissaud: *Canaris*, J. Koutek: *Tichá Fronta* und Mikrofilm T-84, Rolle 437.

Das Zitat auf Seite 183 stammt aus Amort und Jedlička, S. 133, ebenso das Zitat auf Seite 183-184.

Das Zitat auf Seite 185 stammt aus Brissaud: *Canaris*, S. 415.

Achtes Kapitel: Vorbereitungen

Die Schilderung der Attentatsvorbereitungen auf Seite 188 bis 190 ist entnommen Ivanov, Hamšik und Pražák, Huták und Burgess.

Das Zitat auf Seite 188 stammt aus Ivanov, S. 104.

Das Zitat auf Seite 189 stammt aus Deschner, S. 226.

Das Zitat auf Seite 189-190 stammt aus Ivanov, S. 98.

Das Zitat auf Seite 190 stammt aus Ivanov, S. 98.

Die Beschreibung der Fallschirmspringergruppen auf den Seiten 191 bis 195 basiert auf Jelínek, Ivanov, Burgess, Unterlagen der SOE, Amort: *Heydrichiáda*, Dokument 50, Berton: »Das Attentat auf Reinhard Heydrich vom 27. Mai 1942. Ein Bericht des Kriminalrats Heinz Pannwitz« und auf Mikrofilm T-84, Rolle 437. Bertons Artikel enthält die Erinnerungen von Heinz Pannwitz, der im Auftrag der Gestapo die Ermittlungen zum Attentat leitete.

Die Schilderung des Fiaskos der Operation CANONBURY basiert auf Ivanov, Jelínek, Mikrofilm T-84, Rolle 437, und auf »Abschlußbericht über den Mordanschlag auf SS-Obergruppenführer Heydrich« (RSHA).

Das Zitat auf Seite 192 stammt aus Ivanov, S. 128.

Das Zitat auf Seite 194-195 stammt aus Amort, Dokument 50.

Das Zitat auf Seite 195 stammt aus Jelínek, S. 46-47.

Die Darstellung der Debatte um das Attentat und des Appells an London basiert auf Ivanov, Jelínek, Ströbinger, Hamšik und Pražák und auf Berton: »The Despatch at the Request of JINDRA Pertaining to the Assassination of Reinhard Heydrich« (unveröffentlicht).

Die zwei Zitate auf Seite 196 stammen aus Ivanov, S. 143.

Das Zitat auf Seite 196-197 stammt aus Berton: »The Despatch at the Request of JINDRA«, S. 40.

Die ersten zweite Zitate auf Seite 197 stammen aus Berton: »The Despatch at the Request of JINDRA«, S. 35-36, das dritte stammt aus Ivanov, S. 143-144.

Das erste Zitat auf Seite 198 stammt aus Berton: »Who Ordered the Assassination of R. Heydrich and Why?«, S. 16, das zweite aus Ivanov, S. 146.

Die ersten zwei Zitate auf Seite 199 stammen aus Ivanov, S. 197, das dritte Zitat stammt aus einem Brief Bertons an den Verfasser (siehe auch Ströbinger, S. 138).

Die Darstellung der Bedenken Beneš' auf Seite 200-201 basiert auf Brandes, Mamatey und Luža, Táborský, C3135/29/18 FO 371/30898 und C51225/539/12 FO 371/30837.

Das Zitat auf Seite 200 stammt aus C5404/5404/12 FO 371/30848.

Das Zitat auf Seite 201 stammt aus Brandes, S. 253.

Die Beschreibung der Sicherheitssituation auf Seite 201 bis 203 basiert auf Deschner, Lochner, Amort: *Heydrichiáda* und Berton: »Pannwitz«.

Das erste Zitat auf Seite 202 stammt aus Lochner, S. 102, das zweite aus Berton: »Pannwitz«, S. 678.

Das Zitat auf Seite 203 stammt aus Berton: »Pannwitz«, S. 678.

Die Darstellung der Aktivitäten Heydrichs auf Seite 203 bis 209 basiert auf Brandes, Deschner, Mastny, Wighton, Lina Heydrich, Schellenberg, Brissaud: *Canaris,* Amort: *Heydrichiáda* und auf Mikrofilm T-84, Rolle 437. Einzelheiten zum Dissens mit der Partei hinsichtlich der besetzten Gebiete im Osten finden sich in Höhne: *Der Orden unter dem Totenkopf* und in A. Dallin: *Deutsche Herrschaft in Rußland.*

Das Zitat auf Seite 204 stammt aus *Hitler's Table Talk,* S. 494.

Das Zitat auf Seite 205 stammt aus Lochner, S. 104.

Das Zitat auf Seite 208 stammt aus Hoettl, S. 24.

Die Darstellung der Vorbereitungen der Attentäter auf Seite 209 bis 211 basiert auf Ivanov und auf Ströbinger.

Neuntes Kapitel: Das Attentat

Die Darstellung des Attentats auf Seite 212 bis 218 basiert auf Ivanov, Berton: »Pannwitz«, Huták, Burgess, Deschner und Wighton.

Das Zitat auf Seite 212 stammt aus Ivanov, S. 140.

Das Zitat auf Seite 217 stammt aus Ivanov, S. 176.

Das Zitat auf Seite 217-218 stammt aus Berton: »Pannwitz«, S. 681.

Das Zitat auf Seite 218 stammt aus Berton: »Pannwitz«, S. 683.

Die Schilderung der Reaktion der Nazis auf das Attentat auf den Seiten 219 bis 230 basiert auf Brandes, Deschner, Ivanov, Huták, Dennler, Ströbinger, Berton: »Pannwitz« und auf BBC Monitoring Service, Daily Digest of World Broadcasts (Broadcasts from Germany and German Occupied Countries). Das Gerücht, daß Heydrich von seinen eigenen Leuten ermordet worden wäre, findet sich in A. Fredberg: *Behind the Steel Wall;* Fredberg war 1942 schwedischer Journalist in Berlin.

Das erste Zitat auf Seite 220 stammt aus J. Wiener: *The Assassination of Heydrich,* S. 100, das zweite aus Deschner, S. 260, das dritte aus Fleming, S. 128.

Das erste Zitat auf Seite 221 stammt aus Fleming, S. 128, das zweite aus Fleming, S. 128, Anmerkung 256, das dritte aus P. Hoffmann: *Die Sicherheit des Diktators,* S. 133, das vierte und das fünfte stammen aus dem *Spiegel:* »Das Spiel ist aus«.

Das Zitat auf Seite 222 stammt aus dem *Spiegel:* »Das Spiel ist aus«.

Das Zitat auf Seite 224 stammt aus OSS Report 22900.

Die ersten zwei Zitate auf Seite 226 stammen aus Moravec, S. 200, das dritte stammt aus Amort: *Heydrichiáda,* Dokument 37.

Das Zitat auf Seite 226-227 stammt aus BBC European New Service vom 29. 5. 1942.

Das Zitat auf Seite 227 stammt aus dem *Spiegel:* »Das Spiel ist aus« (siehe auch Deschner, S. 290).

Das erste Zitat auf Seite 228 stammt aus Ivanov, S. 178, das zweite aus *Hitler's Table Talk,* S. 512, das dritte aus Deschner, S. 275.

R. Harris und J. Paxman behaupten in *A Higher Form of Killing,* Heydrichs Tod sei durch ein tödliches Gift in Kubiš' Granate verursacht worden, das britische Wissenschaftler im Dienst der biologischen Kriegführung entwickelt hätten. Ihr Bericht strotzt vor Ungereimtheiten, und sie können keinerlei Belege für ihre These vorweisen. Die Absurdität des Wagnisses, mit hochgiftigen Substanzen im Gepäck aus einem Flugzeug abzuspringen und sie danach fünf Monate lang im Protektorat spazierenzutragen, liegt auf der Hand. Obendrein wurde Kubiš durch Splitter seiner eigenen Bombe verwundet, ohne daß dies letale Folgen gehabt hätte. Foot sagt dazu: »Die Gossen Prags enthielten genug Keime, um Heydrich zu töten, ohne daß man zur biologischen Kriegführung greifen mußte.«

Das Zitat auf Seite 229 stammt aus C6484/539/12 FO 371/30837.

Die Zitate auf Seite 230 stammen aus H. Boberach (Hrsg.): *Meldungen aus dem Reich: Die geheimen Lageberichte des Sicherheitsdienstes der SS 1932-1945,* Bd. 10, Dokument 288, aus Mikrofilm T-175, Rolle 90 und aus Deschner, S. 283 (drittes und viertes Zitat).

Die Darstellung des Lidice-Massakers und der Repressalien gegen Juden auf Seite 231 bis 234 basieren auf Berton: »Pannwitz«, Deschner, Berton: »Secrets of Lidice«, Gilbert, Fleming und Reitlinger: *Die Endlösung.*

Die Darstellung der Propagandakampagne der Protektoratsregierung auf Seite 234 basiert auf Brandes, Dennler, Deschner und Berton: »Pannwitz«.

Das Zitat auf Seite 234 stammt aus OSS Report 22900.

Das Zitat auf Seite 235 stammt aus Dennler, S. 83.

Die Darstellung der Vorgänge in der Karel-Boromejský-Kirche basiert auf Ivanov, Wiener, Burgess, Ströbinger und Hamšik und Pražák.

Die Darstellung der veränderten Taktik der Gestapo auf Seite 236 und 237 basiert auf Berton: »Pannwitz«.

Das Zitat auf Seite 236 stammt aus Dennler, S. 81.

Die ersten zwei Zitate auf Seite 237 stammen aus Berton: »Pannwitz«, S. 687 und S. 688, das dritte Zitat stammt aus Huták, S. 128.

Zehntes Kapitel: Das Ende

Die Schilderung des Aufspürens der Fallschirmagenten und des Kampfes in der Kirche auf Seite 239 bis 244 basiert auf Ivanov, Berton: »Pannwitz«, Amort, Dennler, Huták, Wiener, Burgess, Ströbinger und Hamšik und Pražák.

Das erste Zitat auf Seite 239 stammt aus Amort, Dokument 49, das zweite aus Ivanov, S. 246-247.

Das erste Zitat auf Seite 242 stammt aus Berton: »Pannwitz«, S. 695, das zweite aus Amort, Dokument 42.

Das Zitat auf Seite 243 stammt aus Berton: »Pannwitz«, S. 697.

Das Zitat auf Seite 244 stammt aus Berton: »Pannwitz«, S. 697.

Die Darstellung der Zerstörung von Ležáky und des Schicksals derjenigen, die die Fallschirmagenten unterstützten, auf Seite 244 bis 247 basiert auf Brandes, Jelínek, Berton: »Pannwitz«, Ivanov, Hamšik und Pražák und auf Berton: »Who Ordered the Assassination of R. Heydrich and Why?«.

Das Zitat auf Seite 245 stammt aus Berton: »Pannwitz«, S. 703.

Das erste Zitat auf Seite 246 stammt aus Amort, Dokument 49, das zweite aus *Hitler's Table Talk*, S. 554.

Die Darstellung des Heydrich-Kults und des Ergehens seiner Familie auf Seite 247 und 248 basiert auf Deschner, Lina Heydrich, Reitlinger: *Die SS*, und auf Hamšik und Pražák.

Die Schilderung der Verhandlungen Beneš' mit den Großmächten auf Seite 249 bis 252 basiert auf Beneš, Luža, Mamatey und Luža, Táborský und Berton: »Who Ordered the Assassination of R. Heydrich and Why?«.

Das Zitat auf Seite 248-249 stammt aus D. Dilks (Hrsg.): *The Diaries of Sir Alexander Cadogan*, S. 458-459.

Das erste Zitat auf Seite 249 stammt aus European News Service Broadcast vom 29. 5. 1942, das zweite aus BBC European News General Directive vom 29. 5. 1942.

Das Zitat auf Seite 249-250 stammt aus C6627/5404/12 FO 371/30848.

Die ersten drei Zitate auf Seite 250 stammen aus Young, S. 605, das vierte stammt aus C5922/5404/12 FO 371/30848, das fünfte aus C6788/326/12 FO 371/30835.

Das erste Zitat auf Seite 251 stammt aus *Czechoslovak Sources and Documents*, Dokument 65, das zweite aus Beneš, S. 206, das dritte aus Berton: »Who Ordered the Assassination of R. Heydrich and Why?«, S. 20 und S. 7, das vierte aus Beneš, S. 209-210.

Die Darstellung der Situation im Protektorat nach Heydrichs Tod basiert auf Brandes, Mamatey und Luža und auf Lina Heydrich.

Das Zitat auf Seite 253 stammt aus Luža, S. 236.

Das erste Zitat auf Seite 254 stammt aus *Czechoslovak Sources and Documents*, Dokument 88, das zweite aus C. Hull: *The Memoirs of Cordell Hull*, Bd. 2, S. 1184, das dritte aus Mamatey und Luža, S. 343, das vierte aus C11965/539/12 FO 371/30838.

Das erste Zitat auf Seite 255 stammt aus C10581/326/12 FO 371/30835, das zweite aus Stafford, S. 108, das dritte aus Young, S. 229, das vierte aus Otáhalová und Červinková, Dokument 259, das fünfte aus Moravec, S. 206.

Das Zitat auf Seite 256 stammt aus CC8610/372/69 FO 371/34337.

Die Schilderung des Endes der Naziherrschaft auf Seite 255 bis 257 basiert auf Luža, Brandes, Mamatey und Luža, J. Thorwald: *Die große Flucht* und G. Bilainkin: *Second Diary of a Diplomatic Correspondent*.

Das erste Zitat auf Seite 257 stammt aus CU5559/2828/73 FO 371/57642, das zweite aus *The Times* vom 6. 4. 1946, das dritte aus Mamatey und Luža, S. 340, das vierte aus der *Zeit* vom 19.01.1990, das fünfte aus Moravec, S. 204-205.

Die Darstellung der Propagandakampagne der Nazis gegen Beneš auf Seite 258 basiert auf *Goebbels' Tagebüchern* und auf C7606/372/12 FO 371/34337.

Die ersten drei Zitate auf Seite 258 stammen aus C7606/372/12 FO 371/34337, das vierte stammt aus Berton: »Who Ordered the Assassination of R. Heydrich and Why?«, S. 7.

Das Zitat auf Seite 259 stammt aus Moravec, S. 207.

Register